学术名家文丛

龙永行学术文选

龙永行　著

云南大学出版社

云南人民出版社

作者简介

龙永行，1939 年生，四川大邑（今成都市）人，云南省社会科学院研究员，云南省中法战争史学会会长。1960 年毕业于云南大学历史系，先后在云南省京剧院艺术创作室、云南省文学艺术界联合会工作。1982 年调云南省历史研究所，任副所长兼研究室主任。1985 年后被评聘为副研究员、研究员，1986年被选为云南省中法战争史学会会长。著有《苗族抗法英雄项从周》《中法战争论丛》《纵论历史风云》《再论历史风云》《龙永行学术论文选》等多部著作；参与《云南省情》《新编云南省情》《当代中国的云南》等书的撰写；在国家和省级学术刊物上发表论文 150 余篇，共 200 余万字，以及诗词、书法、摄影作品多项。有 3 篇论文获国际人文学科优秀论文奖，8 项成果获国家和省部级优秀成果奖。成果中有 25 篇论文被国内外权威学术刊物转载、译载。论文《关于白龙尾岛屿及附近海域主权应归中国的研究报告》（1993 年）为中越边界的谈判和划分提供了有利的历史凭证，被收入国务院《领导决策文库》；《关于将海南省更名为南海省并增设南沙、西沙市和增加两地天气预报的建议报告》（1993 年），部分被有关部门采纳；《评百米长卷图》也在中央电视台播映。

总　序

中共云南省委书记　李纪恒

　　"盖文章，经国之大业，不朽之盛事。"一部承载责任与使命的好作品，必将是一部千古不朽的立言典范，也必将是一部历久弥新的传世教科书。千百年来特别是明代以来，许多贤人君子和名人大家在广袤的云岭大地耕耘、思考和写作，留下了闪光的足迹和丰厚的作品，足以飨及后进，启迪晚辈。在搜集、遴选和整理云南明代以来学术大家、学术名家著作的基础上，由云南宣传部门牵头推出了《云南文库》，这一丛书的面世诚为云南学术研究和出版界之盛事。

　　编纂《云南文库》是传承云南地域文明、提高云南文化自觉的有益尝试。"七彩云南"这片神奇的土地孕育了对中国乃至世界文明都有重要影响的古人类，造就了云南文化的丰厚积淀，从而构成了博大精深的云南文化艺术宝库。作为中华文化圈、印度文化圈和东南亚文化圈的交汇地，云南自古以来都不缺乏学贯中西的大师和博古通今的大家，从来都不缺乏魅力四射的光辉著作和壮美奇绝的文化遗存。其中，许多学术作品都凝聚了深邃的思想和超凡的智慧，体现了鲜明的地域特色和民族特色，彰显了有云南自身特点的知识谱系和学术传统。今天，我们将历史长河中的明珠拾起，用心记载云南学术史上的灿烂篇章，正是为了守护云南优秀的地域文化，为了汲取进一步繁荣发展云南哲学社会科学的养分和动力，进而筑牢云南文化自信的根基。

编纂《云南文库》是树立云南文化品牌、增强云南文化影响力的重要举措。云南文化是中华文化的有机组成部分，其悠久的历史文化、多彩的民族文化、独特的生态文化、包容的宗教文化，已经成为文化百花园中一枝流光溢彩、香飘四海的奇葩。千百年来，云南学者中英奇瑰伟之士以及众多寓居云南的外省学者念兹在兹，深植于云南沃土，扎根于传统文化，不懈探索、勤奋撰述，留下了一批经得住历史和实践检验的珍贵成果。特别是抗战时期，随着西南联合大学和相关研究机构的到来，昆明一时风云际会，云集了大批我国现代学术史上开宗立派的学术大师和著名专家，云南成为当时中国学术中心之一，诞生了大批学术经典。新中国成立后，云南学术研究取得很大进展，研究队伍空前壮大，学科建设卓有成效，学术成果日益丰硕，推出了一批享誉国内外的学术精品。近年来，《云南史料丛刊》《云南丛书》等一批历史文献和地方文献丛书相继刊印，云南文化的影响力和竞争力不断增强。今天，我们隆重推出《云南文库》，就是要为更多的人了解云南、熟悉云南、研究云南搭建一个平台和载体，为云南的经济社会发展、文化建设、文史学术研究等提供有益的历史借鉴，为在更广领域传播云南文化、打造云南品牌、增强云南软实力创造更好条件。

编纂《云南文库》是保障人民群众的基本文化权益的有效途径。文化建设的根本就是要用健康高雅的艺术、用智慧明辨的思想、用善良温厚的德行启迪人、引导人。编纂《云南文

云南文库·学术名家文丛

库》一个重要目的是丰富人民群众的精神文化生活、增进人民群众的幸福感。此次收入《云南文库》的著作，涉及哲学、历史、文学、语言、艺术、民族、宗教、政治、军事、外交等诸多方面，包含着丰富的自然、社会和人生哲理知识，体现了高度的人文关怀。阅读这些著作，有助于培育读者自尊自信、理性平和、积极向上的心态，有助于引导人们去发现、享用、珍惜世界和人生之美，能使大众的精神世界得以滋养和美化、人格得以陶冶和熏陶、心灵得以安顿和抚慰、情感得以丰富和升华，从而更好地满足人民群众多层次、多方面、多样性的审美需求。

编纂《云南文库》是推动云南跨越发展的必然要求。云南早在 1996 年就提出了建设"民族文化大省"的目标，是全国最早提出建设民族文化大省的省份之一。2000 年，我省正式确立了"建设绿色经济强省、民族文化大省和中国连接东南亚南亚的国际大通道"的三大目标，把文化事业和文化产业的发展纳入了全省经济社会发展战略的范畴。2009 年召开的中共云南省委八届八次全委会，作出了把云南建设成为"绿色经济强省、民族文化强省、中国面向西南开放的桥头堡"的重大决策，把云南文化建设推向了一个新的阶段。2011 年 11 月，云南省第九次党代会进一步明确了科学发展、和谐发展、跨越发展的发展主题，要求更加自觉、更加主动地推动文化大发展大繁荣。当前，云南人民正豪情满怀地沿着建设民族文化强省的道路阔步前行，具有云南特色的文化模式已经也必将进一步焕发动人而耀眼的光芒。我们将以打造《云南文库》等一批社科品牌和文化精品为契机，继承优良传统，发挥优势，突出特色，以面向现代化、面向世界、面向未来的宏大眼光，锐意进取，积极开展学术研究，努力创造出无愧于时代、无愧于人民、无愧于历史的优秀学术成果和文化产品，更好地弘扬以高远、开放、包容的高原情怀和坚定、担当、务实的大山品质为主要内容的云南精神。

《云南文库》最终得以发行，首先是众位先贤心血和智慧的结晶。在此，我们要对创造了云南学术精品并因此而为中华文化做出杰出贡献的学者们表示崇高的敬意！在《云南文库》的编纂过程中，相关编纂单位、出版单位和参加整理的学者，以高度的责任感和使命感，兢兢业业地做好编校和出版工作，正是有了他们的辛勤劳动和精心工作，才有如今的翰墨流芳。在此，我要诚恳地道一声，大家辛苦了！《云南文库》从构想走向现实，离不开众多读者和社会各界人士的支持，我也一并向你们表示诚挚的谢意！同时，衷心希望同志们一如既往地为云南文化建设献智献策，欢迎更多的同仁志士参与到云南文化建设的伟大事业中来！

谨为序。

前　言

中法战争是中国近代史上的一次重大事件，也是云南近代史上的一件大事。它不仅对中、越、法三国的历史进程有着巨大的影响，而且同英、美、德、日、俄等国也有着直接或间接的关系。这次战争，从它的发生、发展和结果来看，又同云南的关系甚密。法国发动这次战争的直接目的，就是为了攫取云南丰富的矿藏资源。云南地处中法战争的最前线，是援越抗法的主要基地；云南的滇军是中法战争陆路战场西线的主力军；战后，云南又是受害极为深重的地区之一。因此，在从宏观上探讨这次战争的起因、性质，双方的决策部署，列强的态度，各战役的比较分析，以及正确地总结这次战争的历史经验教训的同时，重点研究中法战争与云南的关系，特别是对中法战争中的滇军将士，各族人民对战争之贡献，滇东南人民为收复失土而进行的斗争，战争对云南的影响，战后中越界务的勘定，以及中越历史上的宗藩问题，等等，都是十分重要而有价值的研究课题。这本论著，便是作者试图在一些领域进行开拓性的研究，以期填补中法战争史研究上的空白，把该领域的研究向前推进和深化一步。另外，这些成果，乍看是分散的个体，但实际上它们是集中的、有机的、统一的整体。在研究中，作者力图以马列主义为指导，运用历史唯物主义的方法，通过历史研究，达到古为今用，促进社会主义精神文明建设，加强对各族人民进行爱国主义教育和为现实服务的目的。

本书的一个重点，就是研究了中法战争中的云南。过去，在许多著述中，很少提到中法战争中滇军将士和云南各族人民对战争之贡献，即使提到也是轻轻一笔带过，甚至出现张冠李戴的错误。《略论中法战争中的滇军》《宣光、临洮战役初探》《评中法战争中的岑毓英》《评中法战争中的杨玉科》等论文，集中地、系统地、详尽地论述了滇军将士的功绩，充分地肯定了宣光、临洮战役的历史作用和地位。文章指出，宣光包围战是中法战争的重大转折点，是清军转守为攻、由败而胜的重要标志和里程碑；而临洮大捷则是这次战役发展的必然结果。它们无论在战斗的规模和战役的重要性方面，都与镇南关大捷有着同等的意义。这两个大捷都直接导致了法国茹费理政府的倒台。

云南各族人民在中法战争中和战后反抗外国侵略的斗争和贡献，是中国近代史爱国主义题材的光辉篇章之一。过去，由于历史的原因，这方面的资料很少保留下来，自然在历史书籍中没有他们的位置。作者在经过多次深入边疆进行实地调查、考证后，写成并发表了《项从周抗法斗争事迹调查报告》《苗族首领项从周抗法述评》《云南各族人民在中法战争中之贡献》《中法战争中云南少数民族爱国英雄人物谱》《19 世纪末 20 世纪初滇南矿工武装斗争述评》等文。这些文章，在此次编纂中，由于受篇幅的严格限制，有的只好忍痛割爱了，尚祈读者予以鉴谅。

至于这本论著，云南省社科院陈吕范研究员认为，中法战争是中国近代史研究中的薄弱环节，对中法战争与省区的研究则更为少见。他写道："《中法战争与云南》开拓了此项研究的许多新领域，如中法战争与云南的关系、战争中的滇军、云南边疆各族人民对战争之贡献、战争对云南的影响、战后的中越界务、中越历史上的宗藩关系、西方列强对战争的态度和干预，以及这次战争有何经验教训等，都是前人甚少研究过的课题。龙永行同志运用马列主义的立场、观点、方法，对上述问题进行了深入细致的研究，开拓了新的领域，填补了中法战争史上的许多空白。其中，尤以对中法战争与云南的研究，成果丰硕，立意新颖，颇具特色，因而引起了人们的注目。其他如对中法战争的性质、战争中的事件和人物以及各战役的分析，都是材料充分，立论正确，考评得当，富有新意的研究成果。这些论文，有的在《近代史研究》《中央民族学院学报》《中国边疆史地研究报告》《军事历史研究》《学术论坛》《思想战线》《云南社会科学》等重要刊物上发表，有的被《中国近代史》《世界史》《中国古代史》及国外权威学术刊物多次转载、译载，因此可以说，这本论著是国内具有较高水平的研究，是我国近年中法战争史具有代表性的丰硕成果之一。更可贵的是，龙永行同志不顾个人安危，多次深入边疆进行实地调查、考证，使过去长期湮没无闻的滇东南各族人民，特别是苗族首领项从周领导的抗法斗争及其胜利为全国人民所认识，从而大大地丰富了中法战争史的内容，推动了中法战争史研究的深入发展，并为爱国主义教育提供了一部生动的教材。"此外，中国人民大学的杨遵道教授、云南省社科院的马立叶研究员等都对本书有过相似的评论和意见，这里就不一一赘述了。在此，谨向他们表示衷心的谢意。

这本论集，是作者经过 20 余年的潜心研究，在已发表的 100 余篇论文的基础上，择其要者汇集而成的。这也算是我对第二故乡——云南的一点贡献吧。

作　者

2015 年 5 月

目 录
Contents

上 篇
中法战争的性质、事件、人物、
列强的态度及战争的经验教训

中 篇
中法战争与云南的关系

下　篇
战后的中越界务及历史上的宗藩问题

上 篇

中法战争的性质、事件、人物、列强的态度及战争的经验教训

纪念中法战争一百周年

　　19世纪80年代发生的中法战争（1883—1885年），到现在已经整整一百周年了。这次战争，是近代史上法国侵略越南、中国，中越两国人民为保家卫国，共同反抗法国侵略而进行的一次正义战争。战争的结果，由于清政府的腐败无能，致使法国"不胜而胜"，中国"不败而败"，越南终于沦为法国的殖民地，中国也进一步变为半殖民地半封建的国家。这次战争，中国人民直接用鲜血支援了越南人民抗击法寇的侵略，保卫了祖国的神圣南疆，在中国的近代史上留下了光辉的篇章；中国英雄儿女所表现的可歌可泣的爱国主义精神，一直鼓舞着千百万人前仆后继地为争取民族的独立、自由和解放而英勇斗争。

　　17世纪末叶以后，西方殖民主义者不断地向东方入侵，为瓜分殖民地而进行了拼死的争夺。1840年鸦片战争以后，西方资本主义国家用炮舰打开了中国的大门，使中国逐步沦为半殖民地半封建的国家；越南也于1858年《西贡条约》签订以后，开始变成法国的殖民地。到了19世纪70年代，法国侵略者占领了越南南方，并向北方进攻，企图占领整个越南，进而以此为跳板，侵入中国的西南地区。及至19世纪80年代，世界资本主义从自由竞争走向垄断阶段，即向帝国主义阶段过渡，西方国家加紧对外掠夺和剥削，"开始了夺取殖民地的'大高潮'，分割世界领土的斗争达到极其尖锐的程度"（列宁：《帝国主义是资本主义的最高阶段》）。以镇压巴黎公社起家、代表法国垄断资产阶级利益的臭名昭著的茹费理政府，从19世纪80年代一开始，便疯狂地向越南、中国入侵。1881年7月，法国议会通过了拨款240万法朗提案，作为侵略越南的军费开支。次年3月，又派交趾支那海军舰队司令、海军上校李威利率军5000人，战舰28艘，向越南北圻进攻，先后占领河内、南定和越南首都顺化，强迫越南政府签订了第一次《顺化条约》，把越南完全置于法国的"保护"之下。在强敌入侵，眼看要成为亡国奴的情势下，越南人民在中国的黑旗军首领刘永福的领导下，积极地开展了抵抗法国侵略者的斗争；越南政府也先后两次遣使向清政府求援，要求派兵援助抗法。清廷迫于国内人民的压力和自身的利益，在经过争议之后，决定从云南、广西两路派军进驻北圻。1883 年底，法国议会通过拨款 2000 万法郎、追加军费 900 万法郎、增派 15000 名侵略军到北圻的提案。茹费理穷凶极恶地叫嚷："凡中国兵所据的兴化、山西、北宁三城都要取来，不能顾惜！"于是，中法战争爆发了。

中法战争一开始，清军分为两路，一路由广西布政使徐延旭率领粤西防军 6000 人，出镇南关，驻守北宁；一路由云南布政使唐炯率领滇西防军 800 人，出马白关，驻守山西。以后随着战事的进展，两路军队均有所增加。东线桂粤军队达 49 营约 18000 人，西线滇军最多时（归国前）达 5 万余人，加上刘永福的黑旗军 12 营 5000 人，越南阮光碧的 2 万人，共约 75000 人左右。

法国方面，派遣远东舰队司令孤拔率军 6000 人，带了 200 多门大炮和 500 多部满载军火弹药的车辆，分乘 12 艘兵舰、40 多艘民船，从河内出发，向山西进犯。驻守山西的唐炯所部和驻守北宁的徐延旭所部，由于出关前接到清政府"第不可衅自我开，转滋口实""法人并未与我失和，我军总以剿办土匪为名，未可显露作战之迹，致启衅端"的命令（《清光绪朝中法交涉史料》，卷五），因而处于进退维谷、被动挨打的境地。加之统军主将昏庸无能，毫无布置，又不互通声息，这样就使山西、北宁两地相继落入敌手。接着，法国又施展了一打一拉、软硬兼施的伎俩，强迫清政府于 1884 年 6 月签订了卖国屈辱的《中法简明条约》。条约规定：中国承认法国全部占有越南；中国军队撤回国内；法国商品可从云南、广西自由输入中国内地；等等。不久，法国又强迫越南缔结了第二次《顺化条约》，使越南最后变成了法国的殖民地。

《中法简明条约》签订后，法国侵略者得寸进尺，要求清政府迅速撤兵，声称无论"和与不和，三日内定要谅山"，又咄咄逼人地要求清军"或是投降，或是退到中国境内"。随即开枪打死清军代表，炮轰清军的观音桥阵地。面对法军的猖狂挑衅，中国军队忍无可忍，被迫进行自卫还击，打死打伤法国官兵百余人。这就是 1884 年 6 月震动中外的谅山事变。谅山事变中，法国侵略者没有捞到什么便宜，于是转而对清政府施加外交压力，把破坏《中法简明条约》的责任推给中国方面，要求中国赔偿军费两万万五千万法郎。并扬言要派海军中将孤拔率领舰队进攻中国，以威胁清政府答应上述无理要求。在侵略者的严重挑衅面前，清政府没有采取任何积极的抵抗措施，反而乞怜于英、德政府，幻想通过列强调停来挽救危局。然而帝国主义都是一丘之貉，最后和谈调停不得不宣告破产。

1884 年 8 月，法 4 艘军舰驶入台湾基隆港，将基隆炮台全部击毁。台湾巡抚刘铭传率领驻台将士奋勇地抵抗了法寇的入侵，打死打伤法军 100 多人，将侵略者全部赶回海上。但是，法国侵略者并不死心。8 月 23 日，法国远东舰队司令孤拔率领军舰 8 艘（计 14500 吨）、水雷艇两艘、士卒 1790 人，袭击了马尾港的福建海军。由于清军事先得到“严谕水师，不准先行开炮，违者虽胜亦斩”的命令（唐景嵩：《请缨日记》，卷四），因而再次处于被动不利的地位。海战一起，福建将士还未来得及起锚，便遭到法舰炮火的猛烈攻击。清军被迫仓促应战，结果在不到 30 分钟内，中国方面有 11 艘兵舰（计 6500 吨）和 13 艘旧式炮船被击沉，海军将士伤亡者约 2000 人。马尾海战的失利，完全是由于清朝的投降主义路线和官吏的昏庸腐败所造成的。然而，广大的中下级官兵所表现出的不畏强敌、勇敢战斗的精神，则是永为后人所景仰的。例如，福建海军军舰“振威”号管驾许寿山，在法兵舰首先开炮后，立即下令砍断锚索，开炮还击。此时法舰两艘向“振威”号围攻过来，“振威”的舵轮被击坏，船体被击穿，但舰上的官兵仍然顽强奋战，继续向敌舰发射一发发炮弹。后来法舰“得士达”号横冲过来，“振威”号抓住时机，决定开足马力，与它相撞，同归于尽。不料另一艘敌舰从侧面发来一枚鱼雷，命中“振威”号，该船随即爆炸沉没。但就在它快沉没的一瞬间，这艘仅有 500 吨的小炮船，最后还发射了一发炮弹，重伤法舰舰长和两名士兵。

马尾海战后，清政府不得不正式宣布对法作战（1884 年 8 月 26 日）。一方面命令桂、滇军队收复北圻，另一方面又派人和黑旗军联络，给刘永福以记名提督的官衔，令他准备进攻宣光。10 月，孤拔进攻台湾受挫，转而进攻浙江镇海，次年3月被镇海守军击成重伤，最后死在澎湖岛上，从而结束了这个刽子手罪恶的一生。

陆路方面，1884年12月，西线丁槐率领的滇军、唐景崧率领的桂军，以及刘永福率领的黑旗军，一起向法军发动了猛烈的进攻，包围北圻重镇宣光城达70余日，使城内粮尽弹绝。城中法军不得不用玻璃瓶和竹筒装着书信，投入红河内，向法人告急。黑旗军早就料到敌人会来增援宣光，便将计就计，于宣光下游十里处的左旭埋下火药两万斤，把5000多名河内援军炸得血肉横飞，尸首狼藉。但东线方面，新任广西巡抚潘鼎新畏敌如虎，他完全执行李鸿章的卖国投降政策，在法军还未到来前，首先放弃谅山，退回关内。1885年2月，广东陆路提督、白族将领杨玉科英勇杀敌，不幸中炮身亡，为国捐躯。谅山、镇南关相继失陷。法军东线得手后，回师增援宣光，滇军、黑旗军孤立无援，只好撤了宣光之围。

镇南关的失陷，激起了国内人民强烈的不满和愤怒。在人民的支持下，67岁的老将军冯子材，毅然就任东线前敌主帅。他收集了清军残部，选择了镇南关内十里处的关前隘为与敌决战的主要战场，并在隘口修筑了三里多的长墙，墙外挖沟，沿山又修建了许多炮台，在军事上作了周密的部署。1885年3月23日，法军统帅尼格里率军万人，分三路直扑关前隘长墙，战斗进行得异常激烈，枪弹积地盈寸。是日，冯身先士卒，独挡中路，他的两个儿子和全体官兵也跟随他猛扑敌人，同法军展开了激烈的白刃战。经过三天三夜的拼搏，清军获得大胜，杀死侵略军1000余名，军官数十名。26日，清军收复文渊州。28日，攻克谅山，法军统帅尼格里受重伤，大队法军仓皇逃窜。清军乘胜跟踪追击，过关斩将，直下谷松、屯梅，又向郎甲、船头进军，准备收复北宁。此时法军失去指挥，急急如丧家之犬，忙忙似漏网之鱼，遗弃辎重、弹药无数，把13万银元和无数袋面粉、山炮扔到河里，把留下的两百坛烧酒通通打破，还有八百袋大米、谷物和食盐，先戳穿了，然后混合起来，践踏了事。这次战役，连法人也不得不承认："自入中国以来，从未受此大创。"（《李文忠公全集·电稿》卷五）

与此同时，西线战场也获得了临洮之捷的辉煌胜利。由云南开化府（今文山）苗、壮族首领竹春、陶吴、徐恩、黄明等率领的1000多人的民族军，在临洮之役中，"包打头阵"，英勇杀敌，同刘永福的黑旗军和滇军一起，击败了法国红衣大裤囊兵1000多人，接连收复了临洮、广威、老社、鹤江、黄冈屯等十几个州县。中路的唐景嵩部，也于此时攻克了北圻名城太原。

中国在北圻战场的胜利，特别是镇南关大捷和法军的大溃退，在巴黎引起了极大的震动和惊慌。在举国一致的声讨和示威声中，1885年3月31日，战争贩子茹费理内阁倒了台。这天，成千上万的法国群众到议会门前示威，高呼"打倒茹费理"的口号，茹费理吓得偷偷从侧门溜走。当他过桥要到一个广场的时候，群众发现了他，立即将他包围，要把他推下河去喂鱼。

镇南关、临洮的巨大胜利，使法国在政治、军事上都陷于被动、混乱的境地，形势变得对中国十分有利，只要一鼓作气地继续前进，把法国侵略者赶出越南是完全可能的。然而令人万分痛恨的是，正当中国军队取得节节胜利的时候，卖国投降的清政府却把这些胜利当做向敌求和的资本，命令前线停战撤兵了。三军闻之，无不痛惜扼腕，纷纷要求出战，要清政府撤回这个无理的命令。但腐朽的清政府，一方面威胁说，谁要不执行命令，就得军法从事；另一方面又通过卖国贼李鸿章授权给中国海关总税务司赫德，派中国海关驻伦敦办事处税务司的苏格兰人金登干到巴黎同法国政府谈判。1885年4月4日，金登干代表清政府与法国签订了《巴黎停战协定》，规定两国遵守《中法简明条约》，中国从越南撤兵，两国同时停战。同年6月9日，李鸿章与法国驻华公使巴德诺在天津正式签订《中法会订越南条约》。主要内容有：中国承认越南是法国的"保护国"；在中国边界指定两处通商，一在保胜以上，一在谅山以北，法国商人可在此居住，法政府也可在此设立领事馆；法货进出云南、广西边界时，应减轻税率；日后中国修建铁路时，应向法国商办；法国从澎湖、基隆撤走驻军。

《中法会订越南条约》的签订，法国侵略者得到了在战场上没有得到的东西。它不仅夺取了整个越南，把越南变成它的殖民地，而且打开了中国西南的大门，攫取了中国很大的权益，从而进一步加深了中华民族的危机。中法战争，就这样以中国军事上的胜利，却签订了卖国投降的和约，法国虽然在战场上失败，却达到了发动侵略战争的主要目的而告终。这次战争，使中国人民进一步看到清政府的反动和腐败，同时也更加暴露了帝国主义侵略中国的本质和狰狞面目，促使中国的许多先进分子，"为了救中国，为了改变自己国家的命运，努力去寻找真理"（刘少奇：《关于中华人民共和国宪法草案的报告》，人民出版社 1954 年版）。因而在 19 世纪的末叶，产生了维新变法的资产阶级改良主义运动和以后孙中山先生领导的辛亥革命。

今天，中法战争已经过去一百年了，英雄们抛头颅、洒热血为之奋斗的崇高目标，也在中国共产党的领导下得到了实现。英雄们的鲜血没有白流，他们的丰功伟绩与世长存。他们在斗争中表现出的威武不屈的浩然正气和崇高的爱国主义精神，已经成为中华民族最宝贵的精神财富。现在，值此纪念中法战争一百周年之际，我们各族人民要团结起来，在党中央的领导下，坚决贯彻执行十一届三中全会以来党制定的一系列方针政策，继续发扬爱国主义精神，为建设社会主义的高度物质文明和精神文明而努力奋斗。

（原载《民族工作》1983 年第 6 期）

驳越南陈辉燎等人对中法战争性质的歪曲

19 世纪 80 年代发生的中法战争，到现在已经一百周年了。近年来，越南史学家陈辉燎等人竟然歪曲中法战争的性质，借以对中国人民进行恶毒的攻击。对此，根据历史事实，做出回答是完全必要的。

是中国侵略越南吗？

陈辉燎等人说这次战争是"中法两个帝国主义国家为了争夺越南，进行'狗咬狗'的战争"①。这话的意思很明显，无非是表明中国和法国一样，同是帝国主义，是对越南进行侵略。事实是这样吗？

稍有点历史常识的人都知道，自从 1840 年鸦片战争以后，中国就逐步沦为半封建半殖民地的国家，它没有也不可能去侵略它的邻国，这是众所周知的历史事实。说中国是帝国主义国家，与别的帝国主义国家争夺并且侵略越南，这不仅是对社会发展阶段概念的有意混淆，而且是对历史的严重歪曲和对中国人民的恶意诬蔑！

众所周知，法国一百多年前蓄谋进军越南，其目的不仅是要征服越南，同时要进一步侵略中国。越南的存亡，同中国的安危息息相关。中国应越南政府的邀请，出兵援助越南抵抗法国的侵略，是完全正义的行动。

1883 年，越南国王面对法军的入侵，曾致书于清廷，请求派兵援助："兹法国全不顾名义，肆其蚕毒，深恐下国兵力单虚，难以抵御。现情紧

---

① 广西社会科学院编：《印度支那研究》，1980 年 12 月 1 日，第 113 页。

云南文库 · 学术名家文丛

迫，将谁因极；字小恤患，实为上国是赖。辄此具由布达，统惟贵大人钧照，特派海道水军轮船并接界陆路营兵，迅来下国应援。"① 越南政府贴出布告说："中国来帮助安南打法国，像父亲帮助他受伤的儿子一般。"（马罗尔撰：《李维业远征记》）当时广大的越南爱国官员士民，对于中国派兵援越抗法，莫不欢欣鼓舞，喜形于色，并抱着很大的希望。越南原山兴宣总督充协统军务阮廷润等二十三名越南官员士民联名写信给清政府，说："三十年来，所被法匪侵扰，承天朝……不忍弃绝置之水火，大师出关垂援，下国老幼男妇莫不奔走迎接供役，乐以忘劳，曰：'天朝将有大造于我南也'。"当中国军队在越南军民的配合下，取得战斗胜利的时候，他们兴高采烈地说："庶其复见天日乎？"后来，中国军队奉命撤出越南，法国侵略者压迫越南"以不可忍受之事"时，越南国王一方面委陪臣黄佐炎、阮光碧等赍捧国书，取路广西、云南，向清政府求援；另一方面，又命令阮廷润等"纠集北圻忠义绅豪，随机战守，且料理粮储，以待天兵"。他们翘首以望"大兵早出，天日重临，岂惟下国王，其下国庙社之灵实嘉赖之！"② 这些恳切的言辞，表达了越南人民强烈的心声。

冯子材"统军赴龙、桂、越军民闻其至，若得慈母，称为'冯青天'。越官、越民争为耳目，敌人举动悉来报知，近自北宁，远至西贡，皆通消息。其军出关后，扶老携幼，箪食壶浆，来相犒问，愿供办军米，向导先驱，助官军剿除法人……"③ 冯军进军北宁，"越地义民闻风响应，越官黄廷经纠北宁等处义民立忠义五大团，建冯军旗号，自愿挑浆饭作向导，随军助剿，或分道进攻"（无名氏：《克复谅山大略》）。在越南人民的心中，中国军队是打败法寇，使他们"复见天日"的"天兵"；是"大造于我南"，可以"嘉赖"的"大师"；是"万民戴德，朝廷倚俾"的"长城"（李健儿：《刘永福传》）。

在作战过程中，中国军民与越南的爱国军民一起，团结战斗，这是铁一般的历史事实。就以黑旗军击毙法国侵略军头子安邺一役来说，它的胜利，使"法人寝谋，不敢遽吞越南者，将逾一纪"（罗惇曧撰：《中法兵

---

① 《越南国王咨呈》，载《中法战争》一，第526页。
② 《会办中越勘界事宜周德润等奏摺》，载《中法战争》七，第484–486页。
③ 《钦差办理广东防务彭玉麟等奏摺附片》，载《中法越南交涉资料》。

事本末》)。黑旗军第二次击毙法国侵略军的头子李威利以后，敌人龟缩河内，惶惶不可终日，"日则行坐共见心寒，夜则熟睡亦多惊跳。彼兵头暗以硫磺冲酒，以期壮胆"①。许多法国士兵"情甘回国入狱，不再为兵。七画（指法国的将军——引者）无可如何，只得听去，归者凡三百十数人"②。法人连战连败，"一闻公（指刘永福——引者）名，心胆俱裂，不敢回首一视"（黄海安：《刘永福历史草》）。冯子材率两广战士，在谅山激战三昼夜，大败法国军队。是役，"炮声震天，山谷皆鸣""枪弹积地盈寸"，冯"独当中路于前敌""持矛大呼，跃出；诸军将领见冯如此，俱感奋力战……关外游勇、越民千余人，闻冯亲出战，皆自来助战，伺机邀击……阵斩三画、二画、一画数十级，歼真法兵千余"。冯军乘胜前进，连克文渊、长庆，敌人闻风丧胆，凶焰大挫，一夜数惊。时人说谅山之战是"洋人自入中国以来，未有如此之大败者"（无名氏：《克复谅山大略》）。

当时的一个法国军官写道："在我们的脚下，敌人（指中国军队——引者）从地上的一切缝隙出来，手执短戟，开始了可怖的混战。他们的人数比我们多十倍、二十倍。他们从我们的四周一齐跃出。所有官军和士兵都被围、俘虏。敌人由各方面射杀他们。"（加尔新：《在侵略东京时期》）谅山之役以后，法军风声鹤唳，草木皆兵，向河内方向狼奔豕突。法军司令爱尔加明不得不下令，"把六门口径四公分的山炮抛进洼池内，把食粮毁坏，把所有钱财都入于淇江"（加尔新：《在侵略东京时期》）。

中国军队在越南之所以不惜牺牲，英勇作战，是因为他们深知肩负着越南生死存亡、中国安危休戚的重负。对于中国军队，特别是对于刘永福所领导的黑旗军在越南的援越抗法正义行动，不少越南史学家曾作过正确的评价。越南章收、明洪在1962年第六期《历史研究》上，发表《刘永福在越南人民抗法斗争中的地位的评价》，提出："不能离开当时的历史地位来评价刘永福。"指出当时越南面临亡国的危险，而刘永福"从一开始就站在越南人民一边"，并且一直到后来"仍然忠诚于越南人民的抗法事业"。因此，对刘永福应该作出"正确的评价"。

---

① 《徐延旭来往函牍》，载《中法战争》二，第433页。
② 《广西布政使徐延旭奏据越将刘永福禀报军情片》，载《清光绪朝中法交涉史料》。

陈文甲在 1958 年出版的《黑旗军将领刘永福》一书中，指出刘永福"同情人民，拯救人民，不为个人利益而与外人勾结"。苏忠在 1962 年第 5 期《历史研究》中，发表《对刘永福在越南人民抗法斗争中的地位评价》。陈文饶在 1958 年出版《北圻抗法》，赞誉刘永福是"越中两个民族团结战斗的维系人"，是"越中两个民族战斗联盟的代表"。

但是，这些正确的评价，近年在越南却不时兴了，为了迎合政治上的需要，白的竟然被说成黑的，中国军民援越抗法的正义行动却被说成和法国进军越南一样的"侵略"。陈辉燎等人这样颠倒是非，不仅完全混淆了侵略与反侵略、奴役与反奴役、正义与非正义的界限，而且把用鲜血支援越南的中国军民视若仇敌，其立场不是站在与中国人民和越南人民为敌的方面去了吗？

黑旗军是流寇吗？

陈辉燎等人还对援助越南人民抗击法国侵略、勋功卓著的黑旗军进行了恶毒的诬蔑，骂他们是"抢掠人民的流寇""损伤了越南人民的感情"[1]。事实真相是怎样的呢？

1865 年刘永福率黑旗军三百余人，避开清军的围攻，进入越南。翌年，刘永福用计杀死了"狠恶异常，惨无天日"的白苗头目盘文义，为越民除了一霸。接着，又相继惩办了作恶多端、横行乡里的大小头目数十人。由此越南人民十分感激，刘的声威也传布全越。1870 年，刘率部抵保胜，在越南人民的支持拥护下，打败了在"各处关卡，抽丰甚多，强横霸收"的保胜土霸王何均昌。此后，刘又用五至六年的时间，同越南政府军、清军一起，消灭了勾结法寇、引狼入室的黄崇英所部。

盘、何、黄等是勾结法人、鱼肉乡里、称王称霸、连越南政府也无可奈何的土皇帝，黑旗军代表了越南人民的利益与要求，一举而平之，安定了越南的社会秩序，赢得了越南人民的拥护和爱戴，甚至"十州（越之羁麋州，属兴化，包括三猛——引者）土酋亦颇畏威受约，咸属其子，父呼刘焉"（唐景崧：《请缨日记》）。为此，越南国王屡次颁谕嘉奖，三圻各人民团体和官员亦纷纷称颂刘之功德，有"得公来除巨患，万民感激，朝廷倚若长城"之语（黄海安：《刘永福历史草》）。

黑旗军和帝国主义侵略势力是势不两立的。在越南北部的数次战役中，黑旗军不仅重创侵越法军，打乱法国殖民主义者征服越南的计划，而且当法国侵略者在战场上不能取胜，企图用百万重金来换取黑旗军撤离保胜时，刘永福斩钉截铁地回答："银则我不敢受，但要我先行他徙万不能！"（黄海安：《刘永福历史草》）他无情地揭露法国"虐越南""欺中国"的滔天罪行，说他们"毒比长蛇，贪逾封豕""攻掠越地，荼毒越民"。他庄严表示："我与贼义不俱存"，决心"必使东京（指河内法寇——引者）之余孽扫荡无遗，西贡之腥闻涮除净尽"（《越南三宣提督刘誓师檄》）。

1906年，当刘永福快七十岁的时候，越南的爱国志士潘佩珠等到广州还专门拜会了这位二十年前的抗法老英雄。潘深有感触："余因忆法兵两次取河内城，使无刘团，则是我人无一滴溅敌颈者！彼不可谓难乎哉！予此时崇拜英雄之心，不觉为刘倾倒。"（潘佩珠：《潘佩珠年表》）

以上就是黑旗军在越南的活动和越南人民对黑旗军的反应。哪里有什么"抢掠人民的流寇""损伤了越南人民的感情"的影子呢？可是，近年来越南不仅炮制了一些别有用心的"调查资料"，而且竟然将已被证实为恶意诬蔑的"记载"重新抛出。在这些"调查资料""记载"里，黑旗军竟是一帮杀人放火、奸淫掳掠的匪徒。借此来蛊惑人心，煽动民族仇恨。然而，自诩为马列主义的历史学家、越南民族利益的代表者陈辉燎等人，不正是对越南民族所进行的神圣抗法斗争的攻击和背叛吗？

为何视而不见？

事实很清楚，侵略越南，在越南土地上烧杀抢掠，并使越南沦为殖民地的，是法国帝国主义。我们从法国殖民主义分子百多禄、土尔克、安邺等人的材料中，已经看出侵略者的狰狞面目。我们再看看战争中法国人在越南的所作所为。1885年1月5日，一个法国侵略军的士兵，在给他父亲的信里写道："（越南）整块国土完全焚烧，遍地鲜血淋漓。沿着我们急速行军的路线，各处的村庄都给烧掉，巨大的黑烟柱，直冲天空。人们可以看见田野皆被人畜牛猪所蹂躏，他们见火狂奔，慌乱地逃避，有时见安南人尸首横散道上。"他继续写道："我们用我们的镰刀、大斧和冲锋兵的短刀，破门而进。进屋后，便谈不到秩序，谈不到阶级，已无所谓指挥统属，各伍各队全都变为寇盗劫匪。每人各为自己抢劫。海军的步兵，寻找肥猪、小牛、小鸡，我则在各庙寻觅古董，然皆徒劳而无所获，因为这些东西，已早被人拿走了。惟小冲锋兵尚以短枪柄四处敲击，冀获银洋钱币。抢劫毕，则付之一炬，几无余烬。所有捕获的安南人，一律枪杀不赦。"他坦率承认："两日以来，我成了这些凶杀的凶手。这些凶杀是在三色旗影之下，穿着文明职员的制服进行的。人们命令我及其他十二人，枪毙九个安南人。我去执行了三次。第一次，我的三个安南人一齐倒下。第二次一样。但是第三次，两人已毙，第三者系年龄至少有六十岁的老人，只腹中及颈上各受一弹，但尚活着。他僵卧两手之上，满面皱纹，摇头，两眼注视着我，向我哀求。我怜悯他，但仍装实子弹，走近一步。老人注视着我不已，我把枪对准了他的额部，拉了枪的发动机，他的整个脑子跃出，一只眼飞跑了，但是他的另一眼则大大张开，继续注视着我，印象极为可怕……"

这是一幅多么悲惨可怕而又触目惊心的景象！这就是一个所谓去担任文明代表的侵略分子的自供状。陈辉燎等人却为什么睁着眼睛装作看不见呢？

关于中国军队和黑旗军，在中法战争中对越南所作出的牺牲和贡献，20世纪五六十年代的越南史籍中有比较正确的反映。陈辉燎也不例外。如他在1957年写的《从诗文看越南革命运动》一文，就有歌颂刘永福和黑旗军的诗[①]。但近年来他们为什么一反常态，竟昧着良心攻击中国和黑旗

---

① 越南《文史地》第32期，1957年9月，第38-39页。该诗写道："癸酉年腊月，八日天平明。尊儿（指安邺）贼骁将，乘胜向西行。纸桥才过马，炮号轰一声。黑旗伏兵起，先锋刘伯英（指刘永福）。挥刀冲杀到，贼众皆魂惊。群如鸟兽散，尊儿倒地横。壮士夺馘去，满地犹血腥。壮哉此一役，敌忾鼓军情。"

军呢？说穿了也不奇怪，这是他们以研究历史为名，通过歪曲、篡改历史，以达到煽动民族情绪，进行仇华、反华，实现其扩张主义和地区霸权主义的罪恶目的。如此而已，岂有他哉！然而，歪曲、篡改历史事实的人，到头来只能得到这样一个下场：在政治上、道义上完全破产。

（原载广西社科院《学术论坛》1983 年第 3 期，中国人民大学报刊复印资料《中国近代史》同年第 5 期全文转载，又收入中国社科院编《改革开放与市场经济文选》。该文获云南省 1986 年社会科学研究现实问题优秀理论文章三等奖，2002 年国际人文学科优秀论文奖，《中国现代理论创新与实践优秀论文精选》特等奖）

云南文库·学术名家文丛

中法战争前法国对越南的侵略活动

中法战争爆发前，世界资本主义已从自由竞争走向垄断阶段，即向帝国主义阶段过渡，西方资本主义国家加紧了对外的掠夺和剥削，"开始了夺取殖民地的大'高潮'，分割世界领土的斗争达到了极其尖锐的程度"①。法国是个老牌的资本主义国家，它与英、美、俄及后起的德、日等资本主义国家一起，为共同瓜分世界而进行赤裸裸的拼命争夺。到了19世纪80年代，法国大资产阶级的代表，被恩格斯称为"巴黎公社最卑鄙的刽子手中的最无耻者"的茹费理内阁对越南、中国的侵略，乃是其一系列对外扩张活动的重要组成部分。在这以前，法国殖民者的魔爪就已伸入越南了。具体表现在：

一、《越法凡尔赛条约》的签订

17世纪以后，法国已步葡萄牙、荷兰的后尘，积极向东方寻找和夺取殖民地。它的最初目标是印度，并在1756—1763年同英国发生了战争。经过7年战争，特别是1761年的治里战役，法国受到严重的打击，丧失了在印度的大部分殖民地。为了取得补偿，法国资产阶级便以越南为主要的掠夺目标，企图占领越南，并以此为根据地，进而扩大对远东的侵略，同英国相抗衡。

法国殖民主义者的开路先锋是传教士。早在1585年，法国就派遣教

---

① 《列宁全集》第22卷，第248页。

云南文库·学术名家文丛

士摩特等人到柬埔寨、越南一带进行传教活动。此后，在 1624 年、1658 年、1669 年，法国传教士又先后多次到越南"传教"，进行间谍活动。乾隆十四年（1749 年），法王路易十五派全权代表到达越南，与越交涉通商事宜。坚持闭关锁国政策的越南王朝，非但不接受通商谈判，反而发出攘夷的命令，极力排斥在越的天主教徒。此时正值法国在欧洲有事，无暇过问。七年战争后，法国积极向越南扩张。而此时的越南适逢内乱，给法国的侵略提供了可乘之机。

1771 年，越南历史上爆发了一次规模最大的农民起义。起义军在阮岳、阮吕、阮惠三兄弟的领导下，推翻了黎氏封建王朝的统治，建立了西山政权。1786 年，阮惠自立为帝，并在三年后为清政府所承认。此时被驱逐的前越南国王黎氏的外甥阮福映投靠暹罗，向其借兵，企图卷土重来，但没有获得成功。正在暹罗、柬埔寨、越南一带传教的法国主教百多禄，抓住这一有利时机，诱说阮福映，答应以法国的武力，帮助他恢复王位。实际上，这是百多禄为实现自己蓄谋已久的侵略计划而实施的第一个步骤。

阮福映听信了百多禄的诱说，派百多禄为他的私人代表，以其子景睿为质，随百多禄赴法请援。1787 年，百多禄回到法国，立即向法王路易十六呈递了拟在越南建立一块殖民地的奏议。奏议说：

"在目下印度政治势力的抗衡上，似大有利于英国人。如果认为恢复（双方势力的）均衡，不是一件容易的事，这看法也许是有道理的。按着我的意见，在交趾支那建立一个法国的殖民地，是达到这个目的最稳妥、最有效的方法。实在说，如果考虑这个国家的出产和它的埠口的位置，我们便不难看出，如果我们把这个国家占领，则无论平时或战时，都可获得最大的利益。

第一种利益：

伤害在印度的英国人的最稳妥的方法，就是摧毁它的商业或——这是无论如何也要做的——削弱它的商业。（如果占领了印度支那）在和平的时候，因为我们地位较近中国，我们定然可以吸收很多它的商业。航程较印度短，运输费用较印度便宜，中国商人自然喜欢交趾支那的法国埠口，而不喜欢遥远的加尔各答和马德拉斯埠口。

第二种利益：

在战争的时候，将容易隔断中国和一切敌国的商务；我们海港的位置将使我们能够禁止任何船只出入中国的埠口。

第三种利益：

交趾支那的海港将是优越的避难所。我们的商船可以在里头修理，而且因为有森林，我们可以就地建造新船只。

第四种利益：

在印度支那我们可以找到一切生活必需品，以补给我们在远东的舰队，并供应我们遥远的（诸）殖民地。

第五种利益：

由这样一个有利的地位，我们将不难妨碍英国人显欲将边界更向东扩展的计划。

此外还有其他的利益。虽然这些利益在今天也许不甚急切，但是在将来更为重要。这些利益就是从这个国家的天然富源以及从建设一条达到中国中部去的商道，所将获取的莫大的利益。建设中国中部的商道，将使我们获得那个人们不认识的国家（中国）的富源。"①

百多禄的奏议，集中地反映了法国资产阶级侵占越南，并以此来削弱和打击它的殖民劲敌英国，摧毁其商务，以及在占领越南后，进一步向中国侵略的野心；而以后法国在印度支那的殖民活动，正是按照这个奏议计划进行的。路易十六立即批准了百多禄的建议，并制订了野心勃勃的"法兰西东方帝国"计划。1787 年 11 月 28 日，百多禄代表阮福映，与法国签订了《越法凡尔赛条约》。根据条约，法越将建立军事上的攻守同盟，法国提供金钱（一百万）、兵力（五个欧洲人联队和两个殖民地联队）和武器装备（二十艘舰船及大炮、枪支弹药等）以帮助阮福映复国；越南则答应将土伦港、会安铺、北部的 HaiWen（海防？）及南部的昆仑岛割让给法国。

条约签订不久，法国便爆发了资产阶级革命，路易十六还没有正式批

---

① 张雁深译：《1787 年百多禄主教上路易十六的奏议》，载《中法战争》一，第 363 - 364 页。

准和实施《越法凡尔赛条约》，就被巴黎人民送上了断头台。但百多禄贼心不死，他又以自己的名义，招兵买马，购置军火，途经蓬提舍利（PON-DI CHERRY），得法属印度总督助他兵舰两艘和一批武器。及抵越南，适逢阮惠势衰，阮福映乘机攻取顺化，1802 年占领升龙（河内），统一了越南，自称越南嘉隆王，建都顺化。1804 年清政府封阮福映为越南国王。

1817 年，法国两艘兵舰开到越南，要求越南政府履行 1787 年条约，但遭到了拒绝。1843—1847 年间，法国借教案为名，派海军远征队对越南进行了三次武装挑衅，炮轰土伦。1852 年 12 月，拿破仑的侄子路易·波拿巴发动政变，成立法兰西第二帝国（1852—1870 年）。拿破仑三世代表了法国大工业家、大银行家的利益，全盘继承了路易十六的殖民主义衣钵。在进行克里米亚战争和对阿尔及利亚入侵的同时，又积极地对越南进行侵略。1856 年，法国军舰炮轰土伦；次年又向越南国王阮福映提出履行 1787 年《越法凡尔赛条约》，把土伦港割让给法国的要求。这些无理要求，被越南政府再次拒绝。

二、第一次《西贡条约》的签订，越南逐步沦为殖民地

法国殖民主义者的侵略行径，激起了越南人民的强烈不满和反抗，掀起了更大规模的反对天主教、驱逐传教士的群众运动。拿破仑三世借口保护天主教徒，勾结西班牙，组成法西联军，进一步扩大对越南的侵略。1858 年 8 月，由法国海军中将黎峨指挥的法国远东舰队和西班牙从马尼拉派出的联合舰队，向土伦港发动进攻。越南将领阮知方领导军民英勇反击，大挫法军。法西联军虽然占领了土伦的前沿茶山半岛，但未能再越雷池一步；加之越南人民坚壁清野，给养困难，士卒多病，法国侵略军无法实现进攻越都顺化的计划。于是在次年 2 月，侵略军被迫放弃土伦，南下进攻嘉定，妄图占领南圻，控制具有经济和军事意义的要地西贡。与在土伦一样，侵略军在南圻受到越南军民的坚决抵抗，经过激战，才以重大的伤亡代价占领嘉定和西贡。1859 年 6 月，由于英、法联军进攻中国大沽口

失利，侵越法军仅留下 800 人盘踞于西贡，其余全部调往中国应援。为时两年的侵越战争，几乎没有什么重大的进展。

1860 年底，由英、法发动的对中国侵略的第二次鸦片战争结束后，法国立即卷土重来。它从侵华的法军中抽调出 3500 人，联合西班牙侵略军，全力进攻南圻。虽然越军在数量上占有很大的优势，但因政府腐败，装备落后，战斗力远不如联军。1861 年春，联军先后占领定祥、嘉定、边和、永隆等省和昆仑岛。1862 年 6 月 5 日，永隆总督潘清简、顺庆巡抚林维浃，代表越南政府同法军司令铺那在西贡签订越、法、西三国第一次《西贡条约》十二条。主要内容是：

1. 越南把边和、嘉定、定祥三省及昆仑岛全部割让给法国；
2. 越南向法国、西班牙赔偿军费 400 万法郎，分十年付清；
3. 越南开辟土伦、吧剌、广安等港为商埠；
4. 法国和西班牙的传教士得在越南境内自由传教；
5. 法国商船和军舰有在湄公河及其支流自由航行的特权；
6. 越南未得法国皇帝之同意，不得割让领土与他国。

第一次《西贡条约》割地赔款的签订，使越南丧失了许多主权，越南开始沦为法国的殖民地。法国通过条约，占领了越南的部分领土，攫取了许多特权，并在内政、外交、军事方面开始控制越南，割断了越南朝廷与清政府的联系。

法国强迫越南签订的第一次《西贡条约》，是实现其侵略计划的第一个步骤，也为其进一步扩张创造了有利的条件。1863 年，法国强迫柬埔寨脱离越南，归其保护。四年后，法又以越南政府镇压张定、潘文达、阮通等领导的南圻人民的反法斗争不力为借口，于 1867 年 6 月 25 日宣布吞并永隆、昭笃、河仙三省（南圻西部），从而实现其侵越计划的第二个步骤——吞并南圻，控制湄公河三角洲。

三、第二次《西贡条约》的签订，越南成为法国的保护国

1870—1871 年，由于爆发了普法战争，法国在战争中失败，拿破仑三

世做了俘虏，法国暂时推迟了对越南北圻的军事行动，但侵越的准备工作仍在加紧进行。

1871 年 1 月底，法国军火商兼冒险家堵布益从武汉到达昆明。他利用为清朝政府提供军火，帮助镇压云南回民起义的机会，由昆明南下至蒙自，再由蛮耗乘船沿红河而下，最后到达东京湾，证实了红河可以通航。之后，他又回到昆明，从云南地方政府那里获得委托，运输军火经过河内再到中国。1872 年初，堵布益回到巴黎，将他的侵略计划报告法国政府。法国海军和殖民部部长播多指示他要"借用"越南的领土，"创设一条汽船航行线，穿越东京，使西贡的殖民地与云南省相联结"①。他还向堵布益表示："我们将非正式地尽力扶助你。"② 答应给堵布益一艘军舰，"以兵力开辟一条通道"③。播多还指示法国驻西贡总督杜白蕾："此项计划的成就关系重要，我请你予以一切的协助，并使他得有前往顺化的方便。"④

1872 年 10 月，堵布益率领由 27 名欧洲人和 125 名从亚洲招募的流氓、地痞组成的远征队，配备蒸汽炮舰两艘，中国式大帆船一艘，大气舰一艘，以及内河蒸汽轮船一艘，开赴东京湾。1873 年 3 月下旬，堵布益将军火运交云南马如龙，又从蛮耗用船把云南的铜锡运到河内。此后，他还想继续利用红河运输军火，掠夺云南的地下资源，但遭到越南人民的强烈反对。1873 年 5 月 24 日，河内数千人举行示威。抗法将领、河内总督阮知方发布告示，严厉地谴责了堵布益践踏越南主权的罪恶行径，命令法国船舰不准进入红河。堵布益无视越南政府的警告，一面发出"有敢首先与我反抗者，我必杀之"的恫吓，一面向法驻西贡总督杜白蕾求援。杜白蕾立即从"调查团"中召回安邺，派他前去"处理"堵布益与河内当局的纠纷。

1873 年 11 月 5 日，安邺率领 150 余名侵略军到达河内，15 日发布《告东京民众书》，一方面宣称他此次的目的是"调查"堵布益与越南当局之间的纠纷，另一方面又说他的主要目的"乃在保护商务，在法兰西的

---

① 堵布益：《东京问题的由来》，载《中法战争》一，第 392 页。
② 同上书，第 391 页。
③ 同上。
④ 同上书，第 394 页。

保护下把这个国家及其河流（指红河）向各国开放"①。同日，又向河内地方政府提出《商约五款》，要求开放红河，并将关税减低到1.5%。19日，安邺向河内发出了最后通牒："倘于天黑前不接受条件，则攻占省城，俘虏巡抚。""解除（河内）城寨的武装；由统帅发布命令与省之各巡抚使听从我的决议；最后，准许堵布益君自由进入云南。我限定他们在晚六时以前答复。如果答复没有来到，我将在天亮时攻击城寨。"② 次日拂晓，安邺率领180名侵略军，在开花大炮的掩护下，向河内发动攻击。河内总督阮知方被俘，不屈而死，城池随即失陷。在以后不到一个月的时间里，侵略军又相继攻陷海阳、宁平、南定诸省。越南全国震动，嗣德王不得不邀请流落在越南的黑旗军出来帮助他们抗法。

黑旗军是太平天国余部广西天地会农民起义军的一支队伍，因受清政府的压迫而转战于中越边境一带。1873年12月上旬，刘永福接到越南国王的求援书信后，便率1000余名黑旗军战士，从保胜出发，昼夜兼程，12月中旬到达河内西郊，并在距城二里多的纸桥设下埋伏，伺机诱敌杀贼。21日上午，法军头目安邺率队出城搦战，刘永福亲自迎敌。两军接仗后，黑旗军诈败，引诱法军过桥，进入黑旗军设下的包围圈。此时纸桥两翼的黑旗伏兵一齐杀出，刘永福也率队回首猛击。法军猝不及防，阵脚大乱，当场死伤无数，余众向城内逃去。黑旗军乘胜追击，将败逃的法军尽行斩首，包括法军头目安邺和副手班尼在内。

纸桥大捷后，河内"法兵胆破心寒，并无声息，只死守城池，不敢出而接仗"③。为了收复河内，刘永福决定扎云梯七十架，准备夜袭登城，全歼法军。但就在这胜利在望的关键时刻，软弱的越南阮氏王朝却与法国侵略者谈判言和，命令刘永福撤军了。而狡猾的法国侵略者，眼见军事进攻失利，便转而采取外交欺骗手段，胁迫越南政府和谈，企图捞到它在战场上没有得到的东西。

1874年1月5日，越法签订了关于法军撤出宁平及南定的协定三款。协定称，越法战争只不过是个"误会"，各"向对方表示彼此的诚意"。

---

① 张雁深译：《安邺书简》，载《中法战争》一，第433－434页。
② 同上。
③ 黄海安撰：《刘永福历史草》。

法军撤出宁平、南定。越南政府则保证"在诸省范围内不作任何军队的集中；所有法国政府在东京暂时保留的军队舰只，任其水陆交通道路自由"；赦免并保护为法军效力的人员。同年2月6日，越法又签订了关于法军撤出河内的协定十四条。协定宣布两国"重新和好，不再有纠纷问题存在"；越南保证法军及其雇佣人员的安全，开放江河，使法军通行无阻；法军撤出河内，但却取得了江边一块土地的居住权。

这两次协定的签订，应该看成是黑旗军纸侨大捷的光辉成果。由于黑旗军击毙了法国殖民者的急先锋、"法兰西东方帝国"的狂热鼓吹者安邺，粉碎了他们的殖民计划，迫使法军退出了红河，从而推迟了法国侵占越南北部的进程。史书说，黑旗军的纸桥之捷，使"法人寝谋，不敢遽吞越南者，将逾一纪"①。另外，我们也应看到，这两个协定，也是法国侵略者玩弄的缓兵之计，等到黑旗军撤出河内、退守兴化的时候，它就露出它的狰狞面目了。

上述协定签订不久，1874年3月15日，法国下交趾支那总督兼总司令杜白蕾，胁迫越南代表黎峻、阮文祥在西贡签订了《越法和平同盟条约》，即第二次《西贡条约》二十二条。主要内容有：

1. 法国"承认安南王的主权和他的完全独立，答应给他帮助及救援，并约定在他要求时，将无偿地给予必要的支持，以维持他国内的秩序与安宁，以防卫他对抗一切攻击，并以消灭蹂躏王国一部分海岸的海贼活动"。（第二条）

2. "安南王陛下承认法国在它现在所占领的全部领土（边和、嘉定、定祥、永隆、昭笃、河仙——笔者注）上有充分的、完全的主权。"（第五条）

3. "安南王陛下，认识天主教是教人为善的，取消并废止所曾颁发一切反对这个宗教的例禁，且准许所有子民自由信仰奉行。"（第九条）

4. "安南政府约定开放诸埠口通商：平定省的施耐汛，海阳省的宁海汛与河内市，及由海到云南经由珥河的通道。"（第十一条）

5. "在每个开放的通商口岸，法国将任命领事或代理人，并派足量军

---

① 《中法兵事本末》，载《中法战争》一，第1页。

队随伴，以保障其安全。"（第十三条）

6. "法国人间或法国人与外国人间的纠纷将由法国公使裁判。"（第十六条）①

通过这个不平等条约，法国不仅巩固了它对南圻六省的统治，扩大了在北圻等地的特权，而且将越南政府置于自己的保护之下。他们虚伪地借承认越南独立之名，把历史上传统的中越宗藩关系割裂开来，而这种关系正是法国侵略越南道路上的最大障碍。

四、第一次《顺化条约》的签订，越南沦为法国的殖民地

到了 19 世纪 80 年代，法国金融资本有了急剧的发展，资本输出仅次于英国而居世界第二位。为了满足大资产阶级追逐更大利润的需要，法国政府在这一时期更加紧推行其海外殖民政策。法国的大资产阶级在镇压了巴黎公社起义和逐步治愈了普法战争所受的创伤后，便决心用武力全面征服越南。

1881 年 7 月，在法国金融资本的代理人、镇压巴黎公社的刽子手茹费理的主持下，法国议会通过拨款 240 万法郎作为侵略越南军费的提案。1882 年 3 月，法国派遣海军上校、交趾支那海军舰队司令李威利率军北上，5 月攻占河内，次年 3 月入侵南定。同年 5 月，法国议会又通过了增拨军费 550 万法郎的提案。法人气势汹汹，志在必得。

然而，当时的越南情况又是怎样的呢？唐景崧《请缨日记》说："该君臣昏愚萎靡，战守绝无经营，即议和亦毫无条理。其国政令酷虐，民不聊生，自锢利源，穷蹙已甚，每岁所入，大概不及百万。法人又从而愚之，饴以甘言，则欣欣窃喜，而于中国转多疑忌之心，无可扶持，一言已决。阮福时家庭构衅，苟活自娱……"② 如此腐朽昏聩的政权，自然无力

---

① 《越法和平同盟条约》，载《中法战争》一，第 380 – 387 页。
② 中国近代史丛书：《中法战争》二，第 59 页。

组织对敌的有效抵抗，于是便只好再次求助于黑旗军。刘永福认为，"法鬼贪心无厌，非武力不能解决"①；随即率领 3000 黑旗健儿，进抵丹凤。1883 年 5 月 10 日，全体黑旗将士在河内城外慷慨誓师，并发布《黑旗刘提督战书》，诱敌出城决战。自恃武器装备精良的法军司令李威利，认为黑旗军是"乌合之众""不值一击"，决定接受刘永福的挑战，消灭黑旗军。

1883 年 5 月 19 日，双方决战于河内城西二里的纸桥。当天黎明，法军 500 余人，在司令李威利、副司令韦医的指挥下，向黑旗军驻地纸桥扑来。黑旗军早有准备，先锋杨著恩闻报后即率所部兵分三路迎敌，一路占据桥旁的关帝庙，一路在庙后接应，他自领一路扼守大道。刘永福又命令吴凤典埋伏于大道的左侧，黄守忠从正路接应杨著恩，自己则率亲兵在后督阵。经过激烈的战斗，黑旗军获得了辉煌的胜利，共击毙法军军官三十余人、士兵二百余名②。经过纸桥战役，法国精锐被歼，只好龟缩城内，"夜辄自哗，惊呼黑旗来"③。而刘永福的声威也因此传遍海内外，被越南政府升为"三宣正提督"，加封"一等义良男爵"。

第二次纸桥大捷，虽然法国损兵折将，受到了沉重的打击，但并没有改变或中止它继续侵略越南的野心。相反，法国政府作了两个决定："一方面它正式代替安南政府，禁止海岸的战争武器与军需的贸易；另一方面，它决定占领控制顺化河口的顺安炮台，并使安南政府彻底驯服"④。1883 年 6 月，法国政府任命海军中将孤拔为远征军最高司令官，由他率领有 4000 多兵员，并配备有 200 多门火炮、12 艘兵舰的舰队，增援在越的法军。与此同时，法国政府又任命法国驻曼谷领事何罗芒为东京特派员，以便"对顺化采取及时而强力的行动"。一切部署就绪后，法军兵分两路，一路由李威利的继任者波滑率领，进攻黑旗军；另一路由孤拔、何罗芒率领，直接进攻越都顺化。波滑在丹凤、怀德受到黑旗军的英勇抵抗，进攻受挫，损失官兵数百人。而孤拔一路的侵略军，却趁越南国王嗣德刚死，

---

① 黄海安撰：《刘永福历史草》。
② 唐景嵩：《请缨日记》。
③ 同上。
④ 毕乐撰，张雁深译：《越法条约》，载《中法战争》七，第 355 页。

朝廷上下一片混乱之机，顺利地占领了越都顺化的门户顺安炮台，继而攻入越都，强迫越南订立了城下之盟。8月22日，何罗芒递给越南政府一个条约草案，并附有一张最后通牒，限其在24小时内"全部接受或全部拒绝我们向你们提出的条件，不作讨论……如果你们拒绝这些条件的话，便有更大的祸患等待着你们……越南的名字将不存在于历史"①。软弱的越南政府，无条件地接受了法方的要求。1883年8月25日，越方代表陈廷肃、阮仲合与法方代表何罗芒签订了《顺化条约》二十七款。主要内容是：

1. "安南承认并接受法国的保护权……法国将总理安南政府与包括中国在内的一切外国的关系；安南政府只有通过法国的中介始得与该外国等作外交上的交通。"

2. "将平顺省划归交趾支那的法国属地。"

3. "法国军队将永久地占领横山山脉，到它的末端泳厨为止，此外并永久占领顺安诸炮台与顺化河入口诸炮台。"

4. "法国特派员将总理安南王国的一切对外关系，但得把他的威权及他的职责的全部或一部委托给驻顺化的'公使'代行。'公使'有权利私下地并躬亲地觐见安南王陛下，安南王陛下如无可以接受的理由，不得拒绝接见。"

5. "法兰西国民或属民在东京的全部地方及安南（指中圻）开放的各埠口，享有人身和财产上的完全自由。"②

越法第一次《顺化条约》的签订，比9年前的《西贡条约》又更进了一步，法国完全控制了越南的外交、军事，把越南紧紧地置于自己的"保护"之下。从此越南完全陷入法国殖民地的深渊，而中越的传统关系也由此被公开切断。

（原载《东南亚》1993年第3期，中国人民大学报刊复印资料《世界史》1993年第12期全文转载）

---

① 毕乐撰，张雁深译：《越法条约》，载《中法战争》七，第362页。
② 毕乐撰，张雁深译：《1883年8月25日越法顺化条约》，载《中法战争》七，第363–367页。

论刘永福与黑旗军在援越抗法斗争中的功绩

19 世纪 80 年代发生的中法战争，到现在已经快一百周年了。这是近代史上法国侵略越南、中国的战争，也是中越两国人民共同反抗法国侵略者而进行的一次正义战争。战争的结果，由于清政府的腐败无能，致使法国"不胜而胜"，中国"不败而败"，越南最终沦为法国的殖民地，中国也进一步变为半封建半殖民地的国家。这次战争，中国虽然失败了，但中国人民直接用鲜血支援越南人民抗击法国侵略和保卫我国南疆的英勇斗争，是任何人也无法抹杀的！

然而，越南的一些史学工作者如陈辉燎等人，为了某种政治上的需要，却在那里摇唇鼓舌，散布"中国侵略越南"的谎言，编造中国在 19 世纪 80 年代"入侵"越南的神话。他们歪曲中法战争的性质，胡说什么这次战争是"中法两个帝国主义国家为了争夺越南，进行的'狗咬狗'的战争"，中国"侵略"了越南①，等等。

事实是这样的吗？究竟是谁侵略了越南呢？要回答这个问题，有必要先回顾这一时期的历史。

历史的回顾

我们知道，中法战争所处的时代，正是世界资本主义从自由竞争走向垄断阶段，即向帝国主义阶段过渡的时代，西方资本主义国家加紧了对外

---

① 转见于《印度支那研究》（增刊），1980 年 12 月 1 日，第 113 页。

的掠夺和剥削，"开始了夺取殖民地的大'高潮'，分割世界领土的斗争达到了极其尖锐的程度"①。法国是个老牌的资本主义国家，它与英、美、俄及后起的德、日等资本主义国家一起，为共同瓜分世界而进行了赤裸裸的拼命争夺。到了19世纪80年代，法国大资产阶级的代表茹费理内阁对越南、中国的侵略，乃是其一系列对外扩张活动的重要组成部分。在这以前，法国殖民者的魔爪就已经伸入越南了。具体表现在：

一、《越法凡尔赛条约》的签订

与中国山水相连的邻邦越南，远在18世纪的末叶就受到了法国的侵略。1756—1763年的英法七年战争之后，法国失去了它在亚洲的殖民地印度和北美辖地，就加紧对越南进行殖民地掠夺。1787年法国阿德兰区天主教大主教百多禄上法王的奏章中就说："在交趾支那建立一个法国的殖民地是达到这个目的（和英国在远东抗衡——引者）最稳妥、最有效的方法……如果我们把这个国家占领，则无论平时战时，都可以获得最大的利益。"② 同年11月，百多禄游说了越王阮福映，并代表越王与法国签订了《越法凡尔赛条约》。条约规定，法派兵援助阮福映，越南割让沱灢（即土伦）港和昆仑岛给法国。

二、第一次《西贡条约》的签订，越南逐步沦为殖民地

1858年，法国勾结西班牙，武装侵占了越南首都顺化。1861年，法国又先后占领了越南南方的嘉定、定祥（美湫）、边和、永隆等省和昆仑岛。次年6月5日，越、法、西三国签订了第一次《西贡条约》十二款。条约主要规定：越南把南圻东部三省（边和、嘉定、定祥）和昆仑岛割让给法国；越南在十年内赔偿法、西军费400万法郎；法、西教士可在越南自由传教，越政府负责保护；法国商船、军舰可在湄公河自由航行；越南开辟土伦、吧剌、广安等港为商埠。第一次《西贡条约》的签订，便标志着越南已开始沦为法国的殖民地。

---

① 列宁：《帝国主义是资本主义的最高阶段》，《列宁全集》第22卷，第248页。
② 张雁深译：《1787年百多禄主教上路易十六的奏议》，载《中法战争》一，第363-364页。

三、法吞并越南，扩张北圻，进窥中国

1863 年，法国强迫柬埔寨脱离越南的保护。四年后，法又吞并了越南南圻西部的永隆、昭笃、河仙三省，控制了湄公河三角洲。法国侵略者占领了越南南方以后，又进一步推行它的扩张政策：向越南北圻进攻，占领全部越南领土；并以此为跳板，掠夺中国西南的财富。当时中国的许多政治人物都看出了法国的侵略本质。河南道监察御史刘恩溥在奏折中一针见血地指出："法人之志非仅在越南已也。云南矿藏极旺，法人垂涎已久，借保护越南为名，而实为侵并云南起见，此假道于虞以伐虢之策也。"① 云贵总督刘长佑在光绪七年（1881 年）秋也上疏说："法人志在必得越南，以窥滇越之郊，而通楚、蜀之路……既得之后，或请立领事于蒙自等处，以攘山矿金锡之利；或取道川、粤以通江汉，据泰西诸国通商口岸之上游：计狡志邪，未有涯涘。"② 法国驻海防领事土尔克曾十分露骨地叫嚣："法国必须占领北圻……因为它是一个理想的军事基地。由于有了这个基地，一旦欧洲各强国企图瓜分中国时，我们将是一些最先在中国腹地的人。"③ 鼓吹在越南和中国西南建立所谓"伟大的法兰西东方帝国"的帝国主义分子安邺，在《柬埔寨以北探路记》中也宣称："滇省全境足有铜矿四十处，南境为多，所有金类，送至省城提净。一千八百五十年，所征税银解京计六百记牢格兰（每二十六两六钱六分六）。矿之富可以想见。"又说："若用人得当，调度有方，将铜销售欧洲，则云南一省便可为天下至大商埠。"④ 显而易见，中国南部的富饶矿藏，已经使法国侵略者垂涎欲滴，并成为他们下一步的主要侵略目标了。

四、中法战争的序幕——黑旗军第一次援越抗法

1873 年 11 月，安邺率军进攻北圻，陷河内、海阳、宁平、南定四省。

---

① 《河南道监察御史刘恩溥奏法人窥伺滇粤请保卫越南以固疆圉折》，载《中法战争》五，第 165 页。

② 刘长佑撰：《刘武慎公遗书》，载《中法战争》一，第 88 - 89 页。

③ 伊罗神父：《法国——东京回忆录》。

④ ［法］晃西士·加尼（安邺）：《柬埔寨以北探路记》，载《中法战争》一，第 459 - 460 页。

越南河内总督阮知方战死。在越南政府的请求下，驻在保胜的黑旗军，立即支援了越南人民的抗法斗争。他们沿着人迹罕至的羊肠小道，翻过宣光大岭，像神兵天降一样出现在河内城外。同年 12 月 21 日，两军相遇于城外二里处，展开了激烈的战斗。黑旗军在刘永福的指挥下，阵斩安邺，击毙敌人数百名，缴获枪械不计其数。此后，法人龟缩河内，眼见已成瓮中之鳖，不料越南阮氏王朝竟因黑旗军的胜利而害怕起来，他们撤去了黑旗军攻打河内的云梯七十二架，私自与法国议和，对黑旗军将士进行了无耻的叛卖。1874 年 1 月 5 日，越法签订了协定，说双方之间的战争，不过是场"误会"。协定签订后，越南阮氏王朝下令黑旗撤围。同年 4 月，越南又与法国正式签订了第二次《西贡条约》二十二款。主要内容是：越南受法国"保护"，越南之外交须顺应法国的外交政策；法在边和、嘉定、美漱、昭笃、河仙等地享有充分的主权；越开河内、宁海等处为通商口岸，允许法国船只在红河航行；法在越南享有领事裁判权。

五、黑旗军第二次援越抗法——纸桥之捷

到了 19 世纪 80 年代初期，由于法国财政资本的急剧发展，代表垄断资产阶级的茹费理政府大肆对外进行殖民侵略。1881 年 7 月，法国议会通过了拨款 240 万法郎的提案，作为侵略越南的军费开支。1882 年 3 月，法国西贡总督派交趾支那海军舰队司令、海军上校李威利率军 5000 名，战舰 28 艘北上，5 月侵占河内，1883 年 3 月侵入了南定。在法国侵略者的进攻下，越南政府只好再次请求刘永福的黑旗军出来帮助抗法。刘永福率领 3000 名黑旗健儿，倍道前进，直奔河内。1883 年 5 月 10 日，全军将士慷慨誓师，决心"为越南削平敌寇""为中国捍蔽边疆"。5 月 19 日，双方决战于河内城西的纸桥，法军大败，法国侵略军头子李威利被打死，五画以下法国军官被击毙 30 余名，士卒成异域之鬼者 200 余人。这就是震动中外的纸桥大捷。

纸桥大捷，极大地鼓舞了中越两国人民反抗侵略的意志，同时也大挫了敌人的凶焰。此后，法国侵略者又攻入越都顺化，强迫越南政府订立城下之盟——第一次《顺化条约》。在这样的情况下，越南政府先后两次遣使向清政府求援，请求出兵援助抗法。清廷在经过争议之后，决定兵分两

路，开进北圻。1882 年 12 月，法议会通过了拨款 2000 万法郎、追加军费 900 万法郎、增派 15000 名侵略军到北圻的提案。茹费理穷凶极恶地叫嚷："凡中国兵所据的兴化、山西、北宁三城都要取来，不能顾惜！"就在这个时候，中法战争爆发了。

是中国"侵略"了越南吗？

以上是中法战争前的历史概况。回顾这段历史，可以使我们明了两点：

第一，法国是侵略者，它的目标不仅要征服越南，同时也要进一步征服中国，诚如斯大林所说："帝国主义者们总是把东方看作自己幸福的基础。"[①] 越南、中国都是法国在东方侵略的主要目标。

第二，作为山水相连、唇齿相依的兄弟邻邦，中国应越南政府的邀请，派兵援助越南抵抗法国的侵略，是完全正义的行动；为了维护越南的独立和中国领土不受侵犯而英勇斗争的中国将士，他们所进行的乃是神圣的反侵略、反压迫的斗争。

然而，越南的历史学家陈辉燎等人，却无视历史事实，不惜颠倒是非，混淆黑白，编造了所谓中法两个"帝国主义"国家争夺越南，中国"侵略"了越南的谎言。借以煽动民族沙文主义情绪，仇华、反华，为其反动的政治服务。为此，必须予以严厉的驳斥。

稍有点历史常识的人都知道，自从 1840 年鸦片战争以后，中国就逐步沦为半封建半殖民地的国家，西方资本主义国家开始瓜分中国，"它们盗窃中国，就像盗窃死人的财物一样，一旦这个假死人试图反抗，它们就像野兽一样猛扑到他身上"[②]。半封建半殖民地的中国，受尽了帝国主义的欺凌奴役，饱尝了被西方列强瓜分宰割的痛苦，它没有也不可能去侵略它的邻国。这是众所周知的历史事实。说中国是帝国主义国家，侵略了越

---

① 斯大林：《不要忘记东方》，1918 年《民族生活》第 3 期社论。
② 列宁：《中国的战争》，1900 年 12 月《火星报》第 1 期。

南，这是对历史的严重歪曲和对中国人民的恶意诬蔑！陈辉燎胡诌什么19世纪80年代的中国就是"帝国主义国家"了，他有什么根据呢？如果把半封建半殖民地的中国也说成是帝国主义，那么处于同样地位的越南，不也成了帝国主义了吗？

既然中国在鸦片战争以后逐步沦为半封建半殖民地的社会，越南也于第一次《顺化条约》后成为法国的殖民地，那么，帝国主义与中华民族的矛盾，帝国主义与越南民族的矛盾，以及封建主义与两国人民大众的矛盾，便成了近代中国、越南社会的主要矛盾。而帝国主义和中华民族、越南民族的矛盾，又是各种矛盾中的主要矛盾。中法战争，就是中越两国人民共同抗击法国侵略而进行的正义战争。中国政府应越南政府之请，出兵北圻，助越抗法，不但符合越南民族的利益，同时也符合中华民族的利益。"辅车相依，唇亡齿寒"，越南的存亡同中国的安危息息相关，命运与共，这个道理是人所共知的。尽管当时的清政府和越政府软弱无能，执行了对外妥协投降的政策，但广大的中国军民与越南的爱国军民一起，团结战斗，谱写了一曲又一曲反抗外来侵略的壮丽凯歌。

再看看越南国内上自国王、下至广大人民对中国出兵的态度。

1883年（光绪九年）四月初三日，越南国王在法寇的入侵下，曾致书于清廷，请求派兵援助。咨呈说："兹法国全不顾名义，肆其蚕毒，深恐下国兵力单虚，难以抵御。现情紧迫，将谁因极，字小恤患，实为上国是赖。辄此具由布达，统惟贵大人钧照，特派海道水军轮船并接界陆路营兵，速来下国应援。"[1] 越南政府在1882年8月贴出的布告里也说："中国来帮助安南打法国，像父亲帮助他受伤的儿子一般。"[2] 当时广大的越南爱国官员士民，对于中国派兵援越抗法，莫不欢欣鼓舞，喜形于色，抱着很大的希望。越南原山兴宣总督充协统军务阮廷润、原谅平巡抚充参赞军务吕春葳、山西巡抚阮文甲等23名越南官员士民联名写信给清政府，说："三十年来，所被法匪侵扰，承天朝……不忍弃绝置之水火，大师出关垂援，下国老幼男妇莫不奔走迎接供役，乐以忘劳，曰：'天朝将有大造于

① 《越南国王咨呈》，载《中法战争》二，第526页。
② 马罗尔撰：《李维业远征记》。

我南也'。"当中国军队在越南军民的配合下，取得了战斗胜利的时候，他们兴高采烈，以手加额，焚香顶祝以贺曰："其复见天日乎?"后来，中国军队奉命撤出越南，法国侵略者压迫越南"以不可忍受之事"时，越南国王一方面委陪臣黄佐炎、阮光碧等赍捧国书，取道广西、云南，向清政府求援；另一方面，又命令阮廷润等"纠集北圻忠义绅豪，随机战守，且料理粮储，以待天兵"。他们翘首以望"大兵早出，天日重临，岂惟下国王，其下国庙社之灵实嘉赖之"①! 这些恳切的言词，表达了越南人民强烈的心声，是当时的真实历史写照。这哪里有什么中国是"帝国主义侵略者"的影子呢?

同样，中国的正义行动也得到了越南人民的大力支持。

冯子材"统军赴龙，桂、越军民闻其至，若得慈母，称为'冯青天'。其军纪律最好，凡关外越人受法匪游勇之害者，关内民人受各军骚扰之害者，咸来赴诉；冯子材亦视若子弟，恻然矜闵（同"悯"——引者），为之抚恤示禁，告诫诸军。越官、越民争为耳目，敌人举动悉来报知，近自北宁，远至西贡，皆通消息。其军出关后，扶老携幼，箪食壶浆，来相犒问，愿供办军米，向导先驱，助官军剿除法人……其撤兵之日，越民挽辔乞留，痛哭不舍，随之入境者甚多。师还以后，越官绅阮文庭等数十人到龙具禀，请冯军往剿，免遭法人报复残虐，愿纠各省义民以为内应。其凯旋龙州，商民香灯爆竹欣迓者三十里不绝。"②像这样越南人民箪食壶浆，备办粮草，同中国军队并肩作战的事例，真是比比皆是，举不胜举。又如冯军进军北宁，"越地义民闻风响应，越官黄廷经纠北宁等处义民五大团，建冯军旗号，自愿挑浆饭做向导，随军助剿，或分道进攻"③，等等。总之，在越南人民的心中，中国军队是打败法寇，使他们"复见天日"的"天兵"，是"大造于我南"可以"嘉赖"的"大师"；中国的将领是"慈母""青天"，是"万民戴德，朝廷倚俾"的"长城"④。然而，今天的越南御用史学工作者陈辉燎等，秉承黎笋集团的旨意，恩将仇报，颠倒是

① 《会办中越勘界事宜周德润等奏折》，载《中法战争》七，第484－486页。
② 《中法越南交涉资料》，《钦差办理广东防务彭玉麟等奏折附片》。
③ 无名氏：《克复谅山大略》。
④ 李健儿：《刘永福传》。

非，认友为敌。他们在《越南人民抗法八十年史》等著述中，不仅只字不提黑旗军和中国的援越抗法，而且在其以后的著作中，竟诬蔑中国"侵略"越南，说中法战争是"狗咬狗"的争夺。这不仅完全混淆了侵略与反侵略、奴役与反奴役、正义与非正义的界限，而且把直接用鲜血支援越南的中国军民看作敌人，把帮助打狗的战友兄弟视若仇敌，其立场不是站在了与中国人民和越南人民为敌的方面去了吗？说中国是"侵略者"，不也就等于承认越南也是"侵略者"了吗？

黑旗军是"流寇"吗？

《越南人民抗法八十年史》的作者陈辉燎，在他的另外著作中，还对支持越南人民抗击法国侵略、勋劳卓著的黑旗军进行恶毒的攻击和诬蔑，骂他们是"抢掠人民的流寇""损伤了越南人民的感情"[①]，等等。

为了弄清这个问题，我们还是先来看看黑旗军的领袖刘永福是个什么样的人，黑旗军在越南干了些什么，以及越南人民对它有何反应。

刘永福，一名义，号渊亭，道光十七年（1837年）出身于广西钦州古森洞小峰乡的一个贫农家庭。原籍博白，后随其父迁居钦州。史载：刘永福"数世业农""频遭厄运""家赤贫"。青年时代的刘永福，饱受剥削压迫之苦，因而对吃人的社会表现了不满和反抗。他曾做过佣工和带引水路的滩师。太平天国起义后，他参加了广西的农民起义队伍，成了天地会的领袖。在清军的不断压迫下，1865年刘永福率黑旗军三百余人进入越南的六安州。由于他的队伍打的是七星黑旗，所以被称为黑旗军。入越以前，刘曾对部下说："现在安南多被白苗、瑶人霸据称雄，百姓多遭蹂躏，号呼无门，甚至越王也无可奈何，我想前去为民除害。及至六安州，果然四乡百姓因白苗苛刻，烦扰不堪，见公之来，如久旱得逢甘雨，欢声载道。公亦开诚布公，创立中和团黑旗军，自愿尽保护之力。于是四路恳求

---

① 见《印度支那研究》（增刊），1980年12月1日，第113页。

保卫，各愿供食用。"① 1867 年，刘永福用计杀死了"狠恶异常，惨无天日"的白苗头目盘文义，为越民除了一霸。接着，又相继惩办了作恶多端、横行乡里的大小头目数十员。由此越南人民十分感激他，刘的声威也传遍了全越。1870 年，刘率部抵保胜，在越南人民的支持拥护下，打败了在"各处关卡，抽丰甚多，强横霸收"的保胜土霸王何均昌。此后，刘又用 5～6 年的时间，同越南政府军、清政府军一起，消灭了勾结法寇、引狼入室的黄崇英所部。

刘永福的黑旗军，消灭白苗盘文义，击败保胜土霸何均昌，剿除河阳的黄崇英，其意义是十分重大的：

第一，"除三害"甚得人心。盘、何、黄等是勾结法人、鱼肉乡里、称王称霸、连越南政府也无可奈何的土皇帝，黑旗军代表了越南人民的利益与要求，一举而鼓平之，安定了越南的社会秩序，赢得了越南人民的拥护和爱戴，甚至"十州（越之羁縻州，属兴化，包括三猛——引者）土酋亦颇畏威受约，咸属其子，父呼刘焉"②。为此，越南国王屡次上谕嘉奖，三圻各人民团体和官员亦纷纷称颂刘之功德，有"得公来除巨患，万民感激，朝廷倚若长城"③ 之语。

第二，建立了越南北方的抗法根据地。对盘、何、黄斗争的胜利，使黑旗军有了一个从保胜经兴化、山西、河内、海防到南定的活动根据地。这里不仅山川形势险要，水陆交通发达，而且物产丰饶、粮饷充足，是进可攻、退可守的战略要地，如斩安邺、杀李威利和炸死法军 5000 人的三次战役都在这一带进行。

刘永福率领的黑旗军是一支农民起义的革命队伍，在本质上就决定了它与压迫剥削人民的封建势力和帝国主义侵略势力势不两立。它疾恶如仇，解民于水火；它军纪严明，秋毫不犯。《刘永福传》里说："黑旗军至后，至守纪律，以钱易货，不敢扰民，故居十日，鸡犬无惊。"④ 他曾经为因寡不敌众而致军败，被岑毓英错捕的越南巡抚和知县三次说情，竭力拯

---

① 黄海安：《刘永福历史草》。
② 唐景嵩：《请缨日记》。
③ 黄海安：《刘永福历史草》。
④ 李健儿：《刘永福传》。

救，请求开释。他愤恨个别友协部队的治军不严，当他得知邻军有掳掠越南妇女的情况发生时，立即派人"即尽拉回，用竹舟一概送回原籍，各南妹感激涕零"。他不为功名利禄引诱，为的是要"灭尽番奴，必使越南全国，无一个老番影子"①。因此，当清廷派员向他联络时，他断然拒绝了他的同乡、清朝吏部主事唐景崧所陈的"越为法偪（同'逼'——引者），亡在旦夕，诚因保胜传檄而定诸省，请命中国，假以名号，事成则王"的"上策"②。当法国侵略者在战场上不能取胜，希求用百万重金来换取他撤离保胜时，他斩钉截铁地回答："银则我不敢受，但要我先行他徙万不能！"③ 他无情地揭露法国"虐越南""欺中国"的滔天罪行，说他们"毒比长蛇，贪逾封豕，攻掠越地，荼毒越民""窥我北宁，侵我桑台"。为了"舒国民怨毒之心"，他庄严表示："贼与我势不两立，我与贼义不俱存"，决心"必使东京（指河内法寇——引者）之余孽扫荡无遗，西贡之腥闻湔除净尽"④。

事实上，刘永福的黑旗军正是这样证明"我们中华民族有同自己的敌人血战到底的气概"。他们高举助越抗法的大旗，坚定地站在抗击法寇的最前线，狠狠地打击了法国侵略者。他们前后共坚持了十余年的斗争。黑旗军所表现的英勇顽强和艰苦卓绝的精神，"使强敌不敢正视，咸仰慕之。将军不惟声闻本国，即异国亦震动而崇拜之"⑤。这里有飞骑阵斩法国安邺的先锋吴凤典，也有身负重伤犹能击毙法军统帅李威利的杨智仁，还有许许多多舍生忘死的无名英雄。如宣光之役，黑旗军有位无名战士，负责守卫弹药仓库，当敌人冲上来时，他临危不惧，镇静地点燃了引火线，炸死了法国鬼子四十余名，他自己也英勇献身。这次战役，河内的法国报纸不得不承认："黑旗勇敢无匹""法人守城与援宣之兵受创过甚，力敝气沮""其震怖之情，露于楮墨，至今法人犹深畏忌"⑥。

---

① 黄海安：《刘永福历史草》。
② 罗惇曧撰：《中法兵事本末》。
③ 黄海安：《刘永福历史草》。
④ 《越南三宣提督刘誓师檄》。
⑤ 李健儿：《刘永福传》。
⑥ 唐景崧：《请缨日记》。

　　刘永福的黑旗军不愧为中华民族的骄傲，是援越抗法战场上一支出类拔萃的劲旅；敌人闻之而胆落，人民倚之如长城。因此，在法国侵略者勾结清政府，胁迫黑旗军撤出越南的时候，越南人民苦苦挽留，依依不舍，不让离去。史书记载："唯此消息传出后，土人与客人皆大恐慌，聚合数千人来挽留。永福告以'中朝已九次谕旨催促，不能再事流连'，又告以'法人既来，汝等在势不得不与之周旋……今与汝等约：期以三年，此三年中，吾入关相度机宜，容有再来之日……'语次，仰面欷歔不已。土人亦泪下失声。"[1] 当时与刘永福一起并肩同敌人作过战的越南爱国者阮光碧，曾赋诗表达了他对战友离去的痛苦心情和对刘永福的无限崇敬。诗云："闻道南溪去步迟，君心不乐我心悲。炎天雨露长铭刻，犹有来人订会期。"（《阮光碧诗文集》，1961 年，河内出版社出版）。

　　1906 年，当刘永福快 70 岁的时候，越南的爱国志士潘佩珠等到广州还专门拜会了这位 20 年前的抗法老英雄。当谈到法国侵略越南的时候，老人拍案而起，连声喊："打！打！打！"气魄不减当年。这使潘敬仰之情不禁油然而生。他说："余因忆法兵两次取河内城，使无刘团（指黑旗军——引者）则是我人无一滴溅敌颈者！彼不可谓难乎哉！予此时崇拜英雄之心，不觉为刘倾倒。"[2]

　　以上就是刘永福的黑旗军在越南的活动和越南人民对黑旗军的反应，自然就包括了陈辉燎所说的"越南人民的感情"在内。这里，越南人民把援助他们抗法除暴的黑旗军看作是"久旱的甘雨""炎天的雨露"，尊刘永福为"父"，刘是他们利益的保护者，是他们最崇拜并为之倾倒的英雄，也是越南朝廷"俾倚的长城"。越南人民感激刘永福，感激黑旗军，他们"见公之来""欢声载道""恳求保卫""愿供食用"，走时又"恐慌""挽留""心悲"，甚至"泪下失声"。而黑旗军除了英勇打击法寇，为民除害，不断替越南人民做了许多好事外，还"至守纪律""不敢扰民""鸡犬无惊"。这哪里有什么"抢掠人民的流寇""损伤了越南人民的感情"的影子呢？要说损伤感情的话，倒是陈辉燎先生损伤了中越人民的感情！

他同越南人民的感情可谓天上地下，泾渭分明！

诚然，诬蔑黑旗军是"匪"是"寇"也并非陈辉燎的发明创造，他只不过是拾起了历史上一切反动派的余唾而已。古今中外骂黑旗军是"寇"的就不乏其人，如法国侵略军的头子李威利，中国镇压农民革命的刽子手、大卖国贼李鸿章，以及越南民族的败类、第二次《西贡条约》的签订者阮文祥。阮文祥在黑旗军击毙法国侵略者安邺，快要拿下河内的时候，急急忙忙地跑去与法人谈判议和，说这场战争不过是个"误会""向对方表示彼此间的诚意"。而且同侵略者签订了卖国的第二次《西贡条约》，承认法国"保护"越南。他还无耻地对法方代表说，"安邺之死，系他盗（指黑旗军——引者）之所为""皆出意外"①。真是无独有偶，在《李维业（即李威利——引者）远征记》里也说，安邺"于一八七三年十二月二十一日，为安南的昏庸官吏急遽请来的中国'盗匪'——黑旗军所杀害"②。卖国贼阮文祥和法国侵略者骂黑旗军是"盗匪"并不奇怪，奇怪的倒是自诩为马列主义的历史学家、越南民族利益的代表者陈辉燎也骂起黑旗军来了。他们对黑旗军的恶毒攻击和背叛，不也是对越南民族所进行的神圣抗法斗争的攻击和背叛么？

谁是真正的侵略者和强盗？

事实很清楚，侵略越南、侵略中国，掠夺中越人民的财富，使越南沦为殖民地的是法帝国主义这样的强盗。这已经为中法战争中的大量史实所证明了。

前面，我们从法国侵略分子百多禄、土尔克、安邺等人的材料中，已经看出侵略者的狰狞面目。现在我们再来看看战争进行中和战后法国人在越南的所作所为。1885 年 1 月 5 日，一个法国侵略军的士兵，在给他父亲的信里写道："亲爱的父亲！今日我寄给你的信，是无纪律军队的行为的

---

① 中国近代史丛书：《中法战争》一，第 336 页。

② 马罗尔撰：《李维业远征记》。

记述，与大革命初期诸战役所表征的人道主义，不相融洽。"他说："我们以开导文明及安定地方为好听的借口。但是我们把人家的整块国土完全焚烧，屠杀人民，使遍地鲜血淋漓。""沿着我们急速行军的路线，各处的村庄都给烧掉，巨大的黑烟柱，直冲天空。人们可以看见田野皆被人畜牛猪所蹂躏，他们见火狂奔，慌乱地逃避，有时见安南人尸首横散道上。"他继续写道："我们用我们的镰刀、大斧和冲锋兵的短刀，破门而进。进屋后，便谈不到秩序，谈不到阶级，已无所谓指挥统属，各伍各队全都变为寇盗劫匪。每人各为自己抢劫。海军的步兵，寻找肥猪、小牛、小鸡，我则在各庙寻觅古董，然皆徒劳而无所获，因为这些东西，早已被人拿走了。唯小冲锋兵尚以短枪柄四处敲击，冀获银洋钱币。抢劫毕，则付之一炬，几无余烬。所有捕获的安南人，一律枪杀不赦。"他坦率承认："两日以来，我成了这些凶杀的凶手。这些凶杀是在三色旗影之下，穿着文明职员的制服进行的。人们命令我及其他十二人，枪毙九个安南人。我去执行了三次。第一次，我的三个安南人一齐倒下。第二次一样。但是第三次，两人已毙，第三者系年龄至少有六十岁的老人，只腹中及颈上各受一弹，但尚活着。他僵卧两手之上，满面皱纹，摇头，两眼注视着我，向我哀求。我怜悯他，但仍装实子弹，走近一步。老人注视着我不已，我把枪对准了他的额部，拉了枪的发动机，他的整个脑子跃出，一只眼飞跑了，但是他的另一眼则大大张开，继续注视着我，印象极为可怕……我一生总不忘这无额的头颅、这些紧咬的牙齿、颊上被鲜血胶黏着的一些白发；尤其是他盯着眼睛看我，使我怜悯，也使我恐怖。"①

　　请看，这是一幅多么悲惨可怕而又触目惊心的景象！这就是一个所谓去担任文明代表的侵略分子的自供状。在越南到处抢劫掳掠，杀人放火，甚至连老人也不放过的强盗和侵略者不正是这些人吗？上面说的那位越南老人，在死去之后仍张开他唯一的一只眼睛，愤怒地注视着烧毁他的村庄、抢劫他的财物、杀死他的同胞和自己的法国强盗。而今天还活着的陈辉燎，却为什么睁着眼睛说瞎话呢！谁是朋友，谁是敌人，这个问题难道不值得陈辉燎好好地想一想吗？

---

　　①　加尔新：《在侵略东京时期》。

法国侵略军在越南的暴行是骇人听闻、罄竹难书的。这里还可以举几个例子。

1887年春，清化人民起义被镇压下去后，法国兵将义民全部杀害，并把该地的乡民及老弱妇幼全部反绑双手，驱赶到城南数里的布卫桥，桥的两端，派兵严守。他们每天都要把这些难民投入江中来寻开心，"每溺一人，则拍手喧笑以为乐。有骧首于波间及泅泳者，则以枪击之。如是者凡三四月，布江之水色如血盆，行者绝迹"①。

再如北圻协统大臣阮述，曾在某个县里打过游击。法国鬼子十分憎恨他，要该县人民交出阮述，但无有应者，于是他们把全县男女老幼一个不留地杀死。侵略者又找到阮述的家乡，把全村的人驱集在一处，问村长阮的祖坟葬在什么地方，以便戮尸扬灰。村长说不知道，他们便把他处死。后来他们又抓来一个小孩，威胁他，要他说出阮的祖坟在哪里，孩子不肯说，他们就用刀刺孩子的脸，把他扔进火里活活地烧死②。

除了用血腥恐怖来维持殖民统治外，法国侵略者还在经济上对越南进行无情的榨取和掠夺，正如列宁所说："财政资本并不关心什么资产阶级的格言，他要尽量多榨油水，最好能从一条牛身上剥下两张牛皮来。"③法国殖民者在越南进行超经济的剥削，为害最烈的是强制征收名目繁多的苛捐杂税，有田土税、人丁税、屋居税、渡头税、生死税、契券税、船户税、商贾税、盐酒税、工艺税、地产税等二三十种之多。以人丁税来说，起初每岁一人一元，后增至一人三元；结婚者例加"栏街银"，上者二百元，次者百元，下者五十元。屋居税分上中下三等，上等房屋岁出银九十至一百元，中等五十至六十元，下等二十至三十元。房屋前后为堂轩税，堂外为庭税，庭外为门栏税，门栏外为园居税；房屋内，梁有税，窗有税，户有税，牛有税，狗有税，鸡有税，猫有税，甚至改一椽、易一瓦、打一声鼓、吹一口箫也要上税④。这些赋税把越南人民压迫得透不过气来，

---

① 罗惇曧撰：《越南遗民泪谈》。
② 同上。
③ 《列宁全集》第22卷，第286页。
④ 越南巢南子述，梁启超撰：《越南亡国史》。

简直到了"无天可上，无地可入"的地步①。如当时有一个村子已经是一贫如洗了，无力交纳名目繁多的税，他们一齐到法官那里陈述。法官说："你们何不把妻儿、家屋、田产卖了来交税？"乡民说："统统都卖了，就只剩下头上的一片天没有卖。"法官阴险地说："好好！那就把那片天卖给我吧。"大家都不知道法国鬼子搞的什么阴谋诡计。等到他们回到村里时，一队法兵包围了村子，不准村人进出，说："你们村上的天是我们法国的了，再有进出和抛头露面者，格杀勿论！"村民无法，最后只有把妻儿、房产卖了，交清税银才算了事②。孔子曰："苛政猛于虎也。"这话用来说明当时处于水深火热之中的越南人民，是十分贴切的。

哪里有压迫，哪里就有反抗；哪里有侵略，哪里就有反侵略的斗争。毛泽东同志说："帝国主义和中国封建主义相结合，把中国变为半殖民地和殖民地的过程，也就是中国人民反抗帝国主义及其走狗的过程。从鸦片战争、太平天国运动、中法战争……都表现了中国人民不甘屈服于帝国主义及其走狗的顽强的反抗精神。"③ 中法战争，是法帝国主义对越南和中国发动的一次侵略战争，是法帝国主义变越南、中国为其殖民地、半殖民地的一个重要步骤。因此，19 世纪 80 年代，越南人民为了民族生存和解放而进行的斗争，是正义的反侵略斗争；中国人民为了保卫自己、援助越南而进行的抗击法寇的斗争，也就具有毋庸置疑的正义性。正如列宁所说，他们的斗争"不仅是可能的和可以设想的，而且是不可避免的、进步的、革命的"④。

自然，在中法战争中，也有另一种人，他们仇视革命，害怕人民，在侵略者的面前妥协、退让、投降，出卖国家，出卖民族，出卖人民，这就是中国和越南的一小撮反动封建统治者。他们执行的是卖国投降路线，与人民民族的斗争背道而驰。他们是帝国主义的走狗，不能和人民同日而语。今天，陈辉燎先生把反动卖国的清政府与广大爱国的中国人民混为一谈，也就违背了列宁主义的起码准则。

① 越南巢南子述，梁启超撰：《越南亡国史》。
② 同上。
③ 毛泽东：《中国革命和中国共产党》，载《毛泽东选集》第 2 卷，第 626 页。
④ 《列宁全集》第 22 卷，第 305 页。

陈辉燎为何要歪曲、诬蔑中法战争？

关于中国军队和黑旗军，在中法战争中对越南的贡献和牺牲，19 世纪五六十年代的越南史籍中曾得到过比较正确的反映。陈辉燎先生也不例外，如他在 1957 年写的《从诗文看越南革命运动》一文，就有歌颂刘永福和黑旗军的诗。诗里写道："癸酉年腊月，八日天平明。蓴儿贼骁将（指安邺——引者），乘胜向西行。纸桥才过马，炮号轰一声。黑旗伏兵起，先锋刘伯英（指刘永福——引者）。挥刀冲杀到，贼众皆惊魂。群如鸟兽散，蓴儿倒地横。壮士夺蕺去，满地犹血腥。壮哉此一役，敌忾鼓军情。"① 最近几年，他们又为什么一反常态，竟昧着良心地攻击中国和黑旗军呢？说穿了也不奇怪，这是他们仰承某个超级大国的鼻息，秉承国内某些人的旨意，以研究历史为名，通过歪曲篡改历史，煽起民族情绪，实现其不可告人的政治目的。

自从越南人民的伟大领袖胡志明主席逝世以后，中越关系便开始逐渐恶化。特别是 1975 年越南南北方实现统一以后，他们便一反常态，把当年为了抗击法国、美国侵略，支援越南人民而作出巨大民族牺牲的中国人民视若"世仇大敌"。他们以为捞到了几十亿美元的武器，加上苏联的支持，就气粗腰壮，可以为所欲为了，因而利令智昏地张牙舞爪，向援救过他们的中国人民猛扑过来。他们不仅悍然出兵侵占我国南沙群岛中的六个岛屿，同时又在中越边境肆无忌惮地进行武装挑衅；不仅攻击中国对越南的援助是"向越南施加压力""是大民族扩张主义和大国霸权主义的工具"，而且还诬蔑中国在中法战争中"侵略"了越南，黑旗军是"流寇""强盗"，等等。可敬的陈辉燎先生，你们所编造的这一顶顶帽子，还是让你们自己去戴吧！历史上侵占过并正继续侵占柬埔寨、老挝，妄图建立"印度支那联邦"的不正是你们吗？强占我国南沙、觊觎我国西沙，至今仍不断侵犯我国领海的不也是你们吗？色厉内荏，贼喊捉贼，自己侵略了

---

① 越南《文史地》第 32 期，1957 年 9 月，第 38－39 页。

别人，反说别人在侵略，这正是一切强盗、骗子惯用的伎俩和逻辑。

"尔曹身与名俱灭，不废江河万古流。" 陈辉燎的攻击也好，诬蔑谩骂也好，甚至参加李威利、阮文祥这些孤魂野鬼的大合唱也好，都无损于中国人民和黑旗军的光辉。

"墨写的谎说，决掩不住血写的事实。"①

在中法战争中，为捍卫我国边疆、支援越南人民反抗法国侵略而牺牲的中国将士永垂不朽！

（原载《东南亚资料》1983 年第 2 期）

---

① 鲁迅：《华盖集续编》，载《鲁迅全集》第 3 卷，第 190 页。

试论刘永福的归国

刘永福及其领导下的黑旗军，是 19 世纪 80 年代中法战争中一支战功卓著的英雄队伍。当法帝国主义把魔爪伸入越南并进窥我国南疆的时候，他们应越南政府和人民的邀请，决心"为越南削平敌寇""为中国捍蔽边疆"，同入侵的法国侵略军进行了坚决的斗争，先后击毙法国侵略军头子安邺、李威利等人。敌人闻之而丧胆，人民倚之若长城。刘永福及其黑旗军在援越抗法中所建立的功勋是有口皆碑，并为大家所公认了的。但是，对于他入关归国的看法就颇不一致了。比较倾向的看法，则认为刘在抗法的后期，为了个人利禄，为了自己做官，于是放弃了反帝斗争，投入了清政府的怀抱。如早在 20 世纪 50 年代初，有的同志就说，刘永福的入关归国，是他"为了自己的利禄，堕入统治者的圈套，放弃了与越南人民共同斗争的深厚友谊。这是他在历史上留下污点的地方"①。以后，《中法战争》一书也说："这个毒辣的手段（指官爵笼络——引者）在刘永福为个人利益所迷惑的情况下，收到了预期的效果；他接受了清朝政府给他的记名提督的官衔，也接受了清朝政府的一些表面援助，因此也就得接受清朝政府的各项命令。"② 另外，《中国近代史丛书·中法战争》的作者说："在清朝政府的压力和功名富贵的引诱下，刘永福动摇了，不再坚持反法斗争。"③ 最近胡绳同志写的《从鸦片战争到五四运动》一书也认为："刘永福虽然是农民起义风潮中涌起来的人物，但他抵制不了清朝当局官爵的

---

① 刘汝霖：《六十年前刘永福黑旗军在越南的反帝斗争》，《历史教学》，1951 年，第 1 卷，第 3 期。

② 牟安世：《中法战争》，上海人民出版社 1962 年版，第 103 页。

③ 中国近代史丛书：《中法战争》，上海人民出版社 1972 年版，第 70 页。

诱惑。在中法战争以后，他成了个普通的清朝官员。"①

　　黑旗军的归国是因为刘永福贪图清朝的功名利禄吗？其入关的行动是不是他历史上的"污点"？本文想就此问题谈谈自己的粗浅看法。

　　首先，请看看黑旗军入关的时间和刘永福接受清朝官爵的时间。

　　1885年3月，中法战争的陆路战场，无论东线和西线都取得了重大的胜利。但就在这时候，腐朽无能的清政府与法国侵略者妥协言和了。4月4日，中法签订了《巴黎停战协定》。4月7日，清政府下达了停战命令，严令前线将士"如期停战撤兵"："宣光以东，三月初一日（公历4月15日）停战，十一日（公历4月25日）华兵拔队撤回，二十一日（公历5月5日）·齐抵广西边界。宣光以西，三月十一日（公历4月25日）停战，二十一日（公历5月5日）华兵拔队撤回，四月二十二日（公历6月4日）齐抵云南边界。"② 5月上旬到6月上旬，刘永福的黑旗军奉命撤回保胜。两广总督张之洞此时连续转发了四月十日、十四日、十五日、十七日清政府停战撤军的秘密照会给刘永福。此间，命令雪片似的飞来，"公虽接上谕，惟入关事，尚在不以为意，亦度外置之而已"③。5月31日，刘接到清政府5月2日调他到思、钦一带驻防的照会，"意尚未决"。后接清吏部主事唐景嵩函电，称"法以澎湖为质，刘一日不离越，中国海防一日不能结局"④。刘"亦未定入关之意。随又接云贵总督照会函件，均云，已奉旨调入关情事；公亦不以为意"⑤。6月30日，又接两广总督张之洞6月12日的照会，法国和清朝对刘进一步施加压力，说："刘永福不退保胜，澎湖亦须迟退……著岑毓英、张之洞懔遵十八日电旨，严催该提督即率所部迅回云界，再赴思、钦，不准稍为迟延，至令借口。"⑥ 在这样的情况下，刘"知旨不可违""不得不遵"，于是上书张之洞，陈言"保胜山险瘴甚""拟择子弟为官，纠集土人据险而守，足固云南门户"等六事。

---

① 胡绳：《从鸦片战争到五四运动》，人民出版社1981年版，第40页。
② 唐景嵩：《请缨日记》。
③ 黄海安撰：《刘永福历史草》。
④ 同上。
⑤ 同上。
⑥ 同上。

云南文库·学术名家文丛

后接粤督抚批示十一条，及6月7日、12日张之洞的照会，还有云贵总督岑毓英、钦差督办广东军务兵部尚书彭玉麟的照会信函多件，均催入关，"计各照会函文文牍等件，已有十余廿起。且岑、张两督，均派有委员，催促成行，公意始决"。8月中旬，刘率部四千人离开保胜回国，8月20日到南西，后到百色。刘在百色，接岑毓英9月6日行知一件，说6月27日奉上谕："记名提督刘永福，着赏给依博德恩巴图鲁名号，并赏给三代一品封典。"① 11月14日，刘到南宁，收领张之洞由粤省义捐拨银四万两。1886年4月，刘永福奉旨授福建南澳镇总兵，9月赴任。

据上述情况，刘永福的入关归国，是十分勉强的，迫不得已的，甚至可以说是为了保卫桑梓之邦，顾全祖国这个大局（使法人退出澎湖）才归国的。再从时间来看，清政府赐给刘永福"依博德恩巴图鲁"名号和"三代一品封典"，授给他"南澳总兵"，以及领饷银四万两，均是入关以后的事，因此说他为了个人利禄才入关回国，是不符合事实的。

其次，刘永福归国半年后接受的南澳总兵是多大的官衔呢？按清制，总兵比提督的官阶为小，当然比他在越南的"三宣提督"的官小得多了。因此，实际上刘永福入关后是降职降级使用了，怎能说是为了"官爵诱惑"而入关的呢！而且事实上，在刘未入关前，清政府并没有许过给他当什么官的诺言。记名提督赏戴花翎是1884年8月间的事，因此不能说他是为了官禄才入的关。

有同志说，刘永福为个人利益所迷惑，因而接受了清政府给他的记名提督的官衔，也接受了清朝政府的一些表面援助，因而也就得接受清政府的各项命令。刘接受清政府给他的官爵、援助和命令等等，都是事实，而且在他回国接到"赏给依博德恩巴图鲁名号，并赏给三代一品封典"时，"极为欣喜，各军员弁到贺"。但是，这些能说明他是"为个人利益所迷惑"吗？照这样说来，他和清政府的合作，积极抵抗法帝的侵略，也就是为了取得一官半职、博个封妻荫子的目的了？于是就产生了这样的问题：第一，刘永福的援越抗法是"为了个人利益"吗？第二，他应不应该与清政府合作？

刘永福为什么抗法？在《黑旗檄告四海文》中说得很明白："永福中国

---

① 黄海安撰：《刘永福历史草》。

广西人也，当为中国捍蔽边疆；越南三宣副提督也，当为越南削平敌寇。"①
在其誓师檄文中，他无情地揭露了法帝"虐越南""欺中国"的滔天罪行，
说他们"毒比长蛇，贪逾封豕，攻掠越地，荼毒越民""窥我北宁，侵我桑
台"。为了"上以副中朝倚畀之隆，中以报国王休养之德，下以舒越人怨毒
之心"，他庄严表示："贼与我势不两立，我与贼义不俱存"，决心"必使东
京（指河内法寇——引者）之余孽，扫荡无遗，西贡之腥闻，滌除净尽"，
至于"成败利钝，所不遑计"②。在他张贴的告示中，也严厉地谴责了法寇
的罪行，说："法人阳托保护之名，阴肆攘窃之计，狎侮宫廷，凌辱官长，
奸淫妇女，焚毁田园：见者伤心，闻者切齿。"③ 因此，"予以大义陈师，
凡执殳前驱者，非荷耒之农夫，即负贩之良贾，非有制造枪炮之利，徒仗
一义字，激动众志，为国捍患"④。从他的宣言声明中，我们看不出他是为
了自己的私利。再从行动上，他也没有为功名利禄所引诱而动摇其抗法的
坚强决心。他始终抱着"灭尽番奴，必使越南全国无一个老番影子"这个
宗旨。当清廷派员向他联络时，他断然拒绝了清吏部主事唐景崧所陈的
"越为法偪（逼），亡在旦夕，诚因保胜传檄而定诸省，请命中国，假以名
号，事成则王"的"上策"⑤。当法国侵略者在战场上不能取胜，希求用
百万重金来换取他撤离保胜时，他斩钉截铁地回答："银则我不敢受；但
要我先行他徙，亦断不能！"⑥ 后来敌人又玩弄对他诱降的花招，许以高官
厚禄时⑦，刘坚定地回答："本提督心如金石，岂为尔所动摇！"⑧

从上面的宣言、檄文和行动来看，刘永福的黑旗军援越抗法是坚决
的，态度始终是明朗的，他没有为清政府许给他"事成则王"的诱惑而动
摇，更没有在法国侵略者的高官厚禄面前而变节。这里再举一例。1882年
3月，法国侵略军在交趾支那舰队司令李威利的率领下，大举侵犯越南北

---

① 《黑旗檄告四海文》，载《中法战争》一，第304页。
② 《越南三宣提督刘誓师檄》，载《中法战争》一，第304页。
③ 《刘提督告示》，载《中法战争》一，第310页。
④ 《致法兵酋孤拔书》，载《中法战争》一，第270页。
⑤ 罗惇曧撰：《中法兵事本末》。
⑥ 黄海安撰：《刘永福历史草》。
⑦ 《法官招降刘提督书》，载《中法战争》一，第315页。
⑧ 《刘提督拒降书》，载《中法战争》一，第315页。

坼，1883年5月占领河内，次年3月侵入了南定。越南政府在法寇的大肆进攻面前，束手无策，只好赶紧去请刘永福来帮助抗法。时刘永福正奉旨回广西钦州省亲，当他接到越政府的请柬时，"即摒挡一切，即刻由平福、新圩起程，向越赶往，回到谅山"，再往山西，会见越南大臣黄佐炎，商议破法之策。他坚决地说："法鬼贪心无厌，非武力不能解决！"① 1883年5月19日，双方决战于河内城西之纸桥，"法兵大败，杀得尸横遍野，血流成渠"。"统计是役，晨九点打到下午一点，公黑旗一军，大获全胜，击毙法兵二千余人，斩首千余级，法大元帅李威吕、副元帅五画某，及四、三、二、一等画数十人，皆斩获首级，夺获军械无算。"②

也许，有的同志会说，刘永福尽管打了许多胜仗，但他不也曾因黄佐炎埋没黑旗的军功而不满发牢骚么？可见他还是为了利禄。这种说法，也是站不住脚的。战士杀敌，有功则赏，有罪当罚，赏罚分明，方能治军。黑旗英勇杀敌，劳苦功高，本应奖励，但越南大臣黄佐炎出于私心，怕"保奏起来，他日刘某功高厚赏，未免压倒"了他，因而尽管黑旗军与敌进行了"百数十战，并未闻保奏之事"。这样就使浴血将士"人人心灰，个个意冷"。黑旗将士有怨言是可以理解的。刘永福曾经当着黄佐炎的面严肃指出："即不为刘某计，亦当为刘某之各士卒计，即不为刘某之士卒计，且贵南兵时有数千之众，随征转战，互相协助，不无微劳足禄，岂可一并埋没，致令人言啧啧耶！"③ 这是从带兵、治军的角度出发，并非为了个人要捞个什么官当不可。

有同志说，刘永福的军队是支农民革命军，他接受清政府的官衔、援助和命令，是不应该的，也就是说，他不应该同清政府合作；其归国是堕入了统治者的圈套，放弃了与越南人民抗法斗争的友谊，因而在历史上留下了"污点"。

这种说法也是不能令人同意的。因为持这样看法的同志，把两个不同时期不同性质的矛盾混淆了。出关以前，刘永福的黑旗军和清政府的矛盾，是农民阶级同封建地主阶级的矛盾，如果这个时候刘永福接受清政府

---

① 黄海安撰：《刘永福历史草》。
② 同上。
③ 同上。

的官衔、援助和命令，无疑是背叛革命的行为。出关以后，特别是中法战争中，主要矛盾已经起了变化，在法帝国主义严重侵入的情况下，中华民族、越南民族同法帝国主义之间的民族矛盾已上升为主要矛盾，法国侵略者要把越南、中国变为殖民地、半殖民地，因此必须全民奋起，共同进行反抗外来侵略奴役的斗争。这个时候，团结一致，共同对敌，进行必要的合作，就不仅是必要的、可能的，而且是正确的了。因此黑旗将士同意和清政府合作，并在斗争中接受清政府的官衔、援助和命令也就是可以理解的了。当然，清政府想利用甚至消灭黑旗军的阴谋是显而易见的，云贵总督岑毓英在奏折中就献计说："现在通盘筹划，我军只宜分布边内要害，暗资刘永福以军饷、器械，使之固守以拒法人……倘法人不知变计，必以力取，是我不过岁弃四五万金，而法人终为永福所困。所谓有鹬蚌相争，渔人获利，以视劳师构衅，利害不侔。"① 对于清政府的阴谋，刘永福是有警惕的，他一方面同清政府合作，另一方面也保持了相当的戒备，使黑旗军始终保持一支完整的队伍和作战的相对独立性，因而才没有被法寇吃掉，也没有被清政府"化"掉（指入关前）。如 1884 年 2 月，云贵总督岑毓英进驻兴化时，岑"欲刘为前驱，而滇军为接应。渊亭（即刘永福——引者）愿自为一路，请云军一枝出屯鹤，一枝逼广威，黑旗独渡河，傍山而下。计终不决。彦帅（指岑毓英——引者）连日开导渊亭及各将备……而渊亭仍不免有径行其意之处，渐与丁军不睦。故彦帅主合，渊亭则分"②。岑毓英"合"的目的，就是为了使黑旗军供其前驱，给他打头阵，有功可以归之于己，失败了也可借刀杀人，把黑旗军消灭掉；消灭不了，也可使黑旗军俯首帖耳，不越雷池。刘永福没有上他的当，他"愿自为一路"，他主张"分"，就是与岑针锋相对，不被岑牵着鼻子走，从而使黑旗军在战斗中有一定的自主性和相对的独立性。

　　至于奉命入关，不能说是刘永福历史上的一个"污点"，只能说他在当时的具体历史条件下，受到历史的和阶级局限性的束缚。在中法签订和约，大兵撤出越南，黑旗军四面受敌、毫无外援的情况下，加之农民出身

---

① 《清光绪朝中法交涉史料》，载《中法战争》五，第 129－130 页。
② 同上。

而又长期受到封建主义教育的刘永福，"违旨"和"抗命"是不可想象的。试想，"壮志饥餐胡虏肉，笑谈渴饮匈奴血"的岳飞，在十二道金牌的频催之下，他能抗命不回来么？他班师回朝的行动能否就说是他历史上的"污点"呢？要说污点的话，他镇压钟相、杨幺的起义倒是他历史上的污点了；而抗金班师则只能说是他"忠君"的历史局限性所致，令人叹息扼腕而已。刘永福又何尝不是如此呢！况且，刘归国后并不是像有的同志所说的成了个"普通的清朝官员"，他继续坚持了抵抗外来侵略的斗争，他先领南澳总兵，后来在台湾又领导了抵抗日寇侵略的斗争。1906 年，在刘永福快七十岁的时候，越南的爱国者潘佩珠还专程到广州去拜会这位二十年前的抗法老英雄，刘给了他许多支持。当谈到法国侵略越南时，老人拍案而起，连声喊："打！打！打！"气魄不减当年。这使潘佩珠钦敬莫名，他说："余因忆法兵两次取得内城，使无刘团（指黑旗军——引者），则是我人无一滴溅敌颈者！彼不可谓难乎哉！予此时崇拜英雄之心，不觉为刘倾倒。"① 曾经和刘永福一起并肩作战、打击法寇的越南爱国者阮光碧，在刘入关归国后曾赋诗表达了他对战友离去的悲伤惆怅和对刘的无限崇敬之情。诗云："闻道南溪去步迟，君心不乐我心悲。炎天雨露长铭刻，犹有来人订会期。"又云： "到底雄心终不挫，北归犹誓杀洋人。"② 这"君心不乐我心悲"和"北归犹誓杀洋人"两句，既概括了刘永福与越南人民此时此地的心情，也表达了刘永福誓灭侵略者的豪情壮志；一方面是不得已归国，另一方面还念念不忘并用实际行动来支持潘佩珠等反抗法国侵略的斗争。这怎能说他"放弃了与越南人民共同反帝斗争的深厚友谊""不再坚持反法斗争"了呢?!

因此可以说，尽管刘永福受到当时历史条件和阶级的局限，但仍不失为 19 世纪 80 年代中法战争中杰出的民族英雄。他的抗法和入关，绝不是什么为了自己的"利禄""官爵"，他的归国更不能构成他历史上的"污点"。

（原载《昆明师范学院学报》1983 年第 3 期）

---

① 潘佩珠：《潘佩珠年表》。
② 《阮光碧诗文集》，河内出版社 1961 年版。

再论刘永福

——兼与丁名楠同志商榷

一

如何正确评价黑旗军领袖刘永福，这是中法战争史研究中一个亟待解决的问题。新中国成立以来，在许多专著和文章中，都说刘永福为了官爵，投降清政府，背叛了农民起义军。前不久，丁名楠同志的《关于中法战争几个问题的初步探索》一文（载《历史研究》1984 年第 2 期，以下简称《关》文），就把刘看作是与清政府合流（即同流合污之谓）之人，说刘是为个人谋生路、仰慕名器、为清政府引诱而最后成为清朝一名听驱使、受摆布的奴仆。新中国成立以来的这种说法，造成了许多不良的后果：

第一，这种说法不符合历史事实，使刘永福长期蒙受了不白之冤，甚至比几十年前《刘永福历史草》一书的辑校者都不如了。

第二，在"左"的浪潮冲击下，刘永福的后人在"文化大革命"中遭到迫害，被视为农民起义军"叛徒"的后裔；刘的"三宣堂"被拆毁，匾额改做家具，坟墓也被炸烂。

第三，给了地区霸权主义者以可乘之机。他们在那里声嘶力竭地攻击刘永福是"土匪""雇佣军"，我们有的同志也竟然说刘与统治者"合流"，成了清朝的"奴仆"。这样的效果，正是授人以柄。在《关》文发表后不久，越南史学家陈渡接着也在越南的《历史研究》1984 年第 4 期上撰文，再次公开对刘永福和黑旗军进行了恶毒的攻击，说刘"1885 年遵照清政府的命令撤回中国，接受了封爵和权利，变成'大清'朝的一员封建大官"。

另外，在《关》文中，作者还进一步认定：19世纪70年代刘帮助清政府镇压黄崇英等部，是双方结合的开始；法国侵越战争，加速了结合的过程；法国挑起中法战争后，是双方结合的完成。所谓"结合"的过程，我体会作者即是指刘逐渐背叛农民起义队伍，堕落成为清朝统治阶级的过程。这里作者的意思十分明白：在镇压黄崇英等部的过程中，刘永福已经逐步变成了清政府的爪牙鹰犬；法国侵略越南，刘与清政府的"结合"便滑得越来越远；到中法战争爆发，刘成了清政府的一名官员后，便是他彻底背叛农民起义、投降清政府的最后完成。这里有几个问题需要弄清楚：第一，黑旗军与黄旗军的矛盾是什么性质？刘同黄的武力冲突是不是刘帮助清政府镇压了农民军？第二，法国侵入越南并觊觎中国时，这时的阶级矛盾表现形式又是什么？刘永福应不应该同清政府合作？他接受清朝的援助和官爵是不是改变了农民起义军的性质和背叛了农民阶级的利益？第三，刘当了清政府的官后，是不是摇身一变成了清政府一名听驱使、受摆布的奴仆？是不是变成了一个坚决与人民为敌、十恶不赦的封建统治者？这一连串的问题，都需要用历史事实来回答。

二

1865年，出身贫雇农的刘永福参加了吴亚忠领导的广西农民起义军队伍，两年后因清政府的残酷军事镇压，被迫转移至敌人力量比较薄弱的中越边境一带，聚众耕收，设关抽税，独树一帜。

刘永福到越南后，暂时避开了与清军的正面冲突，"同清政府的矛盾得到了缓和"，但并不是说这种对抗性的矛盾已经消失，或是说矛盾的性质已经起了变化。此时刘永福领导的黑旗军仍然具有农民义军的性质，他们和黄崇英领导的黄旗军的矛盾乃是义军队伍中由于看不到共同的斗争目标，因而为了争夺地盘发生的内战火拼，并不是什么"帮助清政府镇压黄崇英"。黄崇英当时据有河阳，拥众数万，妄图以大欺小，恃强凌弱。他曾对其妻说："所惧刘某一人而已，我将除之；则保胜为吾所有，不待决之蓍龟矣！"（罗香林辑校：《刘永福历史草》，第49页）当其妻晓以大义，陈说利害时，黄崇英竟说："尔乃妇女之流，罔识英雄大事，我誓除此害，方绝后患！"又说："一碗饭我自己食之，岂不好，何必分开两人食乎？"（同上，第50页）黄的这种思想，正是典型的农民阶级自私狭隘的表现。而刘永福当时也缺乏像李自成那样的远大目光，在黄崇英大兵压境的时候，他放弃了出走十州的计划，错误地与越南王朝联合起来反击了黄崇英。因此在黑旗军与黄旗军角逐之初，黄崇英、刘永福双方都负有不可推卸的历史责任。

　　黄、刘的武装冲突愈演愈烈，清政府认为有机可乘。1870年5月，广西提督冯子材率二十余营清军到河阳进击黄旗军。刘永福派两营人马助战，于是官方盛传刘永福投降了清廷。丁名楠同志在《关》文中转引了广西巡抚徐延旭在《越南辑略》中的话说："（同治）九年，兴化保胜贼首刘永福来降。"实际上，刘并未投降清朝，只是派兵继续攻打黄崇英罢了。正如罗香林在按语中说的："永福与冯子材合攻黄崇英于河阳，在永福本为泄愤，非即投降清军也。惟当时官方则盛传贼首刘永福归降矣。"（《刘永福历史草》，第66页）清统治者为什么要肆意渲染、造谣？那是他们的阶级需要，并非就是事实本身。

　　另外，值得注意的还在于，19世纪的70年代以后，法国加紧侵略越南、中国，民族矛盾已上升为主要矛盾，形势已要求义军各方停止内战，团结对敌。然而黄崇英、李扬才却暗地里勾结法人，为虎作伥，干出了损害民族利益的事情，因而致使黄、刘的矛盾性质在后期起了变化。越南北圻总督黄佐炎曾写信给法国侵略者堵布益说："叛党首领黄崇英已久踞东京，我对他实行攻击而未能取得胜利，广西军队来援助我们亦不能奏效，但你刚到他占领的领土就使他们明白了道理，他听从你对他说的话，并向你低头。"（堵布益：《东京问题的由来》）1874年，黄崇英联络法军，"预约沟通，夺越地方"。越南军队进攻湖宁，黄崇英失败，部下被斩首者甚多，"法人因与盘轮四（黄崇英）暗通，怜其军士惨状，遂出银着人拾而埋掩之""盘轮四斯时已与法国暗暗通气联络，以为抵制黑旗，及蹂躏越境"（以上均见《刘永福历史草》），等等。李健儿的《刘永福传》里也说："时法人竟潜通黄崇英，许以重赂，使抵御黑旗军。"这些材料，均说明黄崇英、李扬才是勾结暗通了法国侵略者的。而 1873 年，当刘永福绕道进击河内的法军时，黄崇英则对山西诸省发动了进攻，在军事行动上配合了法国侵略者。所以，刘永福在后期同黄崇英、李扬才的斗争，便和前期有着质的不同，其正义性就是毋庸置疑的了。《关》文没有注意到黑旗军与黄旗军前后斗争性质的变化，同时把他们前期的火拼和黑旗军联合清军进攻黄旗军的事实，便简单地视为黑旗军与清政府"合流"的开始，背叛了农民起义军，这是从表面现象上看问题，而未能进一步分析其斗争的实质。这个实质就是既要看到当时的历史条件（农民军为了各自的生存和发展），同时也要看到事情的性质和后果（即符不符合人民的和民族的利益）。刘永福站在人民和民族的立场上，消灭了黄崇英、李扬才，是顺应了历史的潮流，体现了人民的意志和要求，而黄、李等人与法国侵略者勾结，才是农民阶级的叛逆和民族的罪人，他们的失败，也是历史的必然。当然，也毋庸讳言，刘永福曾接受过清王朝的封号，这是其错误之一，但他并没有听从清廷的调遣摆布，甘做其工具，他对中越封建统治者都是"不臣不衅""亦不甚帖然受命"，基本上保持了黑旗军的独立自主地位。因此，这一时期刘永福的农民起义军的领袖地位是不容置疑的。

三

名楠同志在《关》文中，把 1884 年 8 月 26 日清政府授予刘永福以提督记名简放，赏戴花翎，令他收复法占土地之时开始，认为"至此刘永福成为统治阶级的一员，黑旗军成为清军的一部分，二者的地位都发生根本的变化"。同前面一样，名楠同志只是看到了问题的表象，而未从问题的实质方面进行分析，特别是中法战争爆发前后的历史背景和中法战争的性质方面去进一步分析，因而得出了错误的结论。

首先，中法战争爆发前后，中国社会的主要矛盾已和过去不同。自从 1840 年鸦片战争以后，由于西方的入侵，中国逐步沦为半殖民地半封建的社会，中华民族和帝国主义的矛盾上升为社会的主要矛盾。中法战争时期，中华民族的生存和安全受到了更加严重的威胁，这个时候阶级的矛盾已降为次要的矛盾。中国的土地属于中国人，还是属于外国人，这是首先要解决的问题。因此在大敌当前的情况下，一切有利于抗法事业的言行都是正确的，值得欢迎的；反之，不利于抗法事业的言行则是错误的，该反对的。马江海战后，清朝统治者为了自身的利益，在全国人民的推动下，宣布对法作战，尽管极不彻底和坚决，但毕竟比不抵抗要好，而且它对鼓舞人心、激励爱国士气多少还是起了作用的。因此，应该说这是值得欢迎的举动。而从刘永福来看，中法战争爆发后，面对中国、越南两个民族的生死存亡问题，他主动地把反抗清朝政府的斗争服从于反抗法国侵略者的斗争，集中全部精力去抵抗法帝国主义的侵略，把支援越南人民和保卫伟大祖国作为自己神圣的职责。他曾在他的誓师檄文中，把对法国侵略者的仇恨归结为"我与贼誓不两立，贼与我义不俱存"。这种强烈的爱国主义精神，不仅表现了他个人对侵略者的仇恨，而且也集中体现了被压迫民族对侵略者的深仇大恨。正是基于这种强烈的民族主义和爱国主义精神，刘永福才在抗法中与清军合作，并接受清政府的一些援助和官职。这里还需要特别指出的是，不是刘永福贪图和接受清政府的援助、官职后才去抗法，而是刘抗法已获得很大的胜利后，清政府才给予援助和官职的。

或曰：清政府代表的是封建地主阶级，刘永福代表的是农民阶级，二者是水火不相容的。因此刘当了清朝的官，就是二者"合流"了，农民起义军也就发生了"质变"。我认为不能这样简单地看问题。重要的是刘在什么样的情况下接受清朝的官？当了官后又去干什么？此时黑旗军的性质起了决定性的变化没有？衡量的标准只有一个，即看它是符合人民的利益呢还是违背了人民的利益。刘当清朝的官，并不是靠镇压人民的鲜血来染红自己的顶子，而是在多次英勇抗击法国侵略者、为国家和人民建立了卓越战功的时候。此时中、越政府给了他嘉奖和封号，不仅没有丝毫损害农民起义军的形象，相反，这正是农民革命军正确立场和本色的体现。马江海战后，清对刘的封号徒具形式，黑旗军一直沿用过去的旗号、衣服和名称，并且始终勇敢地同法国侵略者进行斗争。从成分上看，黑旗军的各级首领和战士，大多来源于受苦深重的贫苦农民和渔民，加之斗争目的性明确，纪律严明，因而基本上保证了这支农民队伍的纯洁性和旺盛的战斗力。在同清军的合作中，黑旗军虽受岑毓英的节制，但他自成一体，没有俯首帖耳，对岑的调遣和安排，既听也不听，这就是以是否对抗法有利和对黑旗军有利为转移。拙作《试论刘永福的归国》一文中列举的刘与岑的分歧，反映了刘对清统治者既联合又斗争的态度。针对岑的"欲刘为前驱"的阴谋，刘保持了一定的警惕性，他没有中岑毓英的圈套，"愿自为一路"，从而保证了黑旗军在联军中相对独立自主的地位和队伍的完整性。

那么，封建统治者和人民大众的利益有没有一致的地方呢？有的。这集中体现在反抗外来入侵者的斗争中。民族的矛盾，民族的利益，也就是社会中各阶级、各阶层人民的共同利益。在这时候，各阶级团结合作，一起反对共同的敌人，不仅必要，而且可能。毛泽东同志说过："当着帝国主义向这种国家举行侵略战争的时候，这种国家内部的各阶级，除开一些叛国分子以外，能够暂时地团结起来，举行民族战争去反对帝国主义。"（《矛盾论》）因此，人民与统治者联合起来共同对敌，进行合作，就不能说人民与统治阶级"合流"了。"合流"者，同流合污之谓也。难道能说反抗外族入侵的神圣正义事业是"流"和"污"吗？

四

名楠同志在《关》文中，还就刘永福的个人特点进行分析。认为刘"作为一个反封建的农民起义领袖，应该说是不自觉的和不坚定的"。他投奔吴亚忠是"为了个人谋生路"，由于"阶级觉悟不高容易使他接受清政府的引诱"；说他有"仰慕名器之心"，执迷于功牌、顶戴、封典，因而他在清政府的压力和引诱下，终于由一个使侵略者丧胆的英雄变成为清朝一名听驱使、受摆布的奴仆。刘永福投奔革命仅仅是"为了个人谋生路"吗？他是不是一个贪恋富贵、热衷名利、执迷顶戴、鼠目寸光的小人呢？还是让事实来回答吧。

刘永福，1837年出生于广西钦州古森洞小峰乡的一个贫苦农民家庭。史载：刘永福"数世业农""频遭厄运""家赤贫"。青年时代的刘永福曾做过雇工，当过引水的滩师，饱受了剥削压迫之苦，因而对吃人的社会不满。广西是太平天国的发祥地。洪、杨的革命思想对他不无影响和熏陶。因此，罗香林说："永福生际太平军与天地会竞谋覆清之会，渐染熏陶，怀抱日扩，其毅然起义，时为之也。"咸丰七年（1857年）刘永福与同乡邓阿福等六人去投奔太平军。行前他感慨地说："大丈夫不能为数百万生灵造福，已觉可耄；况日夕啖稀饭以充饥，尚不能继，又焉可郁郁久居此乎！"（《刘永福历史草》，第4页）从刘出身贫苦，自幼饱受压迫剥削，并受革命思想的影响，以及他的抱负和参加革命的动机来看，都不能说是"为了个人谋生路"的"不自觉的"革命者。"为数百万生灵造福"就是他革命的目的和宗旨，自然也包括他对现实的不满和决心改变个人恶劣的现状在内。

至于说刘有"仰慕名器之心"、执迷于顶戴、接受清政府官禄"引诱"的问题，也是值得商榷的。《关》文列举刘"捐纳游击衔"、接受清朝官爵的目的，是藉以说明刘当初参加革命是动机不纯，为个人寻找出路；及至参加革命，又是为了捞个一官半职，博得封妻荫子，最后必然走向背叛革命，成为封建王朝臣仆的道路。刘永福有没有仰慕名器的思想？作为几千年的封建剥削阶级意识，很难说对农民出身的刘永福没有一点影响，但综观刘永福的一生，名器思想不是主要的，主要的是他热爱祖国、热爱人民的精神。1885年中法战争结束后，刘永福并不是在清政府官禄的"诱惑"下，"抛弃"长期与他生死相依的部属入的关，这在拙作《试论刘永福的归国》中已经讲了。还有几件重要的事也值得注意。

第一件：纸桥大捷后，法国对刘永福恨之入骨，特别对扼据红河咽喉保胜的黑旗军鱼鲠在喉。于是他们通过臣服的越南国王派员对刘永福说："现在越南已和，越王已允将保胜让与法国；兹法国愿出银一百万两与公，让出此处于他，作为通商口岸。""法国愿送银请公他徙。"刘斩钉截铁地回答："银则我不敢受，但要我先行他徙，亦断不能！"（《刘永福历史草》，第137页）此后，法国侵略者又致书刘永福劝降，书云："假使（你）归我大法，则得为大臣名望及盛利诸事……准许提一大权，与才相称，毋有吝爵。"（刘名誉：《越事备考案略·法酋寄刘军门词》）刘永福面对法人高官厚禄的诱降，义正词严地说："倘如来书，以大权盛利相诱，欲陷本爵提督为不忠不孝不仁不义之人，本爵提督心如金石，岂为尔所动摇!"(同上,《刘军门复法酋檄》)这里有刘永福贪图功名富贵而出卖灵魂的半点影子吗?

第二件:中日战后,清政府割地赔款,日本侵略军占领台北,唐景嵩内渡,刘永福被迫退守台南,台湾人民一致公推刘永福为台湾民主大总统,要求刘领导他们抗日。台南各界代表三千余人,铸"台湾民国大总统之印"一颗,来见刘永福。刘坚辞不受。他说:"众百姓公举我做总统,送印而来,可以不必多此一举……今日之事,军事也。土地之存亡,人民之关系,千钧一发,甚宜注意。其实事在将兵互相得力,咸皆用命,或者易亡而存,转危为安,从此上国衣冠,不沦夷狄耳!区区此印,无能为力,盖有在此不在彼之故,诸君以为然否?请将印带回,销之可也。"(《刘永福历史草》,第192-193页)过了两天,各界又派代表将印送来,并陈说理由。刘说:"前次送来,吾已不受,今又何劳诸君耶!……印吾不受,诸君赍回为是!"(同上)众又唯唯而退。过了三天,又送印来,刘永福恳切地对大家说:"你们不要再送印来了。为了抗日,你们回去,有钱出钱,无钱帮米,无钱粮者出力,这才是正确的办法啊。"这里,他一心想到的是如何团结群众进行抗日,对总统之印则固辞不受。

以上二事,一是法国侵略者许以高官厚禄诱降,一是台湾人民公推刘做总统。二者都是十分显赫、足以诱人的官禄,如果刘执迷于顶戴、贪恋富贵、仰慕名器的话,为什么总统、大官的名利地位都没有打动他的心?他不仅没有见利忘义,相反,却表现了中国人民"富贵不能淫,威武不能屈"的美德,体现了他热爱祖国、热爱人民、仇视敌人、藐视金钱富贵的崇高品质。强烈的爱国主义是他抗法御日行动的真正基础,而不是其他。总之,刘永福把农民领袖、民族英雄二者有机地结合起来了——它们是一致的,这二者主要是随形势、斗争任务的变化而变化的。中法战争爆发前,他主要是农民领袖;中法战争爆发后,他又成了民族英推。

五

如果说,刘永福的农民领袖和抗法英雄的地位无可争议的话,那么,他入关归国，当了清朝的南澳镇总兵以后，是否就成了清朝的忠实奴仆了呢？我认为还是应当从他的具体活动中去作本质的分析，还需进一步看他究竟做了什么事，这些事对人民是有利还是有害，而不能简单地说当了官就是"清朝忠实的奴仆"了。

中法战争后，刘永福当了清朝的官，做了这几件事：

第一件事：在台湾领导抗日。台北失陷后，日本侵略军大举向台中、台南进攻。刘永福领导台湾人民奋起反击。经过许多次英勇卓绝的斗争后，在粮尽弹绝和毫无外援的情况下，刘永福乘船回到大陆。这是他"随机应变，另觅生机""留得青山在，不怕没柴烧"的思想所致。那种认为他"贪生怕死"和"不能杀身成仁"的说法，是求全责备的过苛要求。杀身殉国固然悲壮，但也不能要求每个英雄人物都非这样做不可。

第二件事：1898年平息南海罗格围关罗二姓的械斗。是年夏，关姓捏造罗姓"聚众造反"，要求省督派兵剿洗。粤督谭钟麟命令刘永福、郑润材等率十营清兵前去围剿，并交刘永福公文一扎，云："务将罗格围各匪乡村，一概剿洗净尽，绝其根株，免贻后患。"刘到罗格围后，见百姓采桑打鱼，各安生业，并无有"匪"。他不仅不去攻打，并阻止申斥统领郑润材前击"血洗"。经过调查，"公（指刘永福）见该处百姓，皆属良民，各因一时激愤，彼此误会，致启衅隙，实非聚众倡乱，并置攻打两字，作为画饼"（黄海安：《刘永福历史草》，第219页）。以后他又冒"不办"罪名，多次与谭钟麟据理争辩、顶撞，甚至"神色大变，怒发冲冠"，迫谭不得不放弃血洗罗格围的计划，从而免致"十数万生民无辜毙命"。

第三件事：1899年平息广府李黄二姓的械斗。这年粤省广府属之通天三元村李姓，与小布村黄姓，因口角忿争，酿成械斗，双方各邀集数千人互相厮杀。督宪李鸿章派刘永福前往弹压。刘去后将正杀得难分难解的两姓从中分开，派人将两姓首领传来训诫，并令具结，不准再争斗残杀，"两造唯唯而退，以后永不复斗矣"（同上，第223页）。

第四件事：光绪三十三年（1907年），刘永福因病回到钦州，适值三那人民开展反糖捐的斗争，围攻钦州城。刘十分同情和支持人民的正义斗争，"竭力反对官绅压榨人民。不同意收糖捐"（广西通志馆编：《中法战争调查资料实录》，第80－81页）。人民武装进攻钦州失败后，部分义军躲进三宣堂，求刘永福保护，刘欣然予以收容。当钦州清军统领郭人漳带兵围困三宣堂，想进屋抓人时，刘布置家人，拿起武器，准备抵抗。后郭人漳阴谋未逞，才悻悻离去。

从以上几件事可以看出，刘在中法战争之后，虽然当了清朝的官员，但他没有充当封建统治者镇压人民的工具，没有成为"清朝的一名听驱使、受摆布的奴仆"。他敢于抗拒粤督镇压罗格围人民的命令，保护了那里的老百姓；他用实际行动支持了三那人民的正义斗争，庇护了起义失败的人民；而且在他做"官"的很长时间内，都是辛勤地镇守祖国的万里海疆，并在甲午战后慷慨渡台，同日本侵略者浴血奋战，演出了一幕幕卫祖国、反割地的可歌可泣的悲壮历史剧。在我国的近代史上，像刘永福这样既抗法又抗日的民族英雄是不可多得的。

（原载《云南社会科学》1986 年第 2 期）

黑旗军击毙李威利考

今年（1983年）是刘永福黑旗军援越抗法的著名战役纸桥大捷一百周年。1883年5月19日，黑旗军在河内西郊的纸桥击毙了法国侵略军司令李威利，取得重大胜利，大长了中越人民抗法的信心，大灭了侵略者的威风，使敌人"一闻公（指刘永福）名，心胆俱裂，不敢回首一视"（黄海安：《刘永福历史草》）。击毙法酋李威利的是谁？李威利又是怎样被击毙的？历来众说纷纭，莫衷一是。归结起来，有如下五种说法：一说是李威利受伤被俘后，于怀中掏出手枪自杀；二说是法军失败后，李威利作殿军，为夺回丢失大炮，中弹殒命，部下将其尸体和大炮抢回；三说是李受伤后，叫部下开枪把他打死；（《越法战书·癸未四月份军报》，载《中法战争资料丛刊》第三册，第12、第6、第7页）；四说是李"活着的时候落在黑旗军手中，并在怀德府稻田中被斩首"（马罗尔：《李维业远征记》）；五说是被黑旗军先锋杨著恩击毙（李健儿：《刘永福传》，第138页）。

这几种说法，哪种比较符合事实？经查证，前三种说法，均出自法人的报纸新闻，他们企图把李威利之死说成是他被俘虏后开枪"自杀"，甚至打死了黑旗军看守之副头目；或是法军败后，他还去争夺丢失的大炮；或是受伤后叫部下开枪把他打死；等等。其用心有二：一为李威利涂脂抹粉，企图把他描绘成"壮烈牺牲的英雄"；二是竭力贬低黑旗军的功绩。但是他们欲盖弥彰，反倒露出了马脚：第一，李威利被俘后，处在黑旗战士的严密监视之下，岂有从怀中掣出手枪打死看守者而后又自杀之理？第二，他叫部下开枪把他打死，或部下将其尸体和大炮抢回，若如此，怎么后来法人又遣河内总督阮有度用十万重金来赎尸呢？很明显，前三种说法均是法国侵略者自欺欺人之词，不足为凭。第四种说法，即李威利被俘后，被黑旗军斩首于稻田中，随后法人用重金来赎。这在敌我双方的材料中均有佐证。但从当事人黄海安、唐景崧的材料中，均说法人派河内总督阮有度来赎尸时，黑旗军尚不知击毙了李威利；等到得知时，才"蜂拥出去""分其尸体"。可见李被俘后，斩首于稻田中一说亦不可靠。李威利在纸桥之战中，被黑旗军击毙，是确凿无疑的，但究竟是谁击毙了这个侵略军头子呢？因为按当时的奖赏规定，法军士兵首级一百两，将官首级每多一画加二十两。李威利是七画将军，如果谁打死了他，肯定会有人出来报功请赏的。然而没有。因此第五种说法就是十分可信的了，即打死李威利的是后来因伤重死去的黑旗军右翼先锋——杨著恩。杨是刘永福手下的名将，骁勇善战，每阵当先。纸桥之战前夕，他慷慨请战，说"见洋人而能忍者，非人也！虽死愿任先锋！"（唐景崧：《请缨日记》）1883 年 5 月 19 日，杨著恩率领前锋战士，兵分三队，一队占据桥旁的关帝庙，一队在庙后接应，他自领一队扼守大道。布置刚定，敌人的大队人马已经来到桥东。黑旗军旗开得胜，首先把法军副司令韦医击落于桥下。后来敌人稍退，席地狂饮，并趁醉进攻，冲过桥来，前后夹击杨著恩。著恩双股中弹，倒地，亲兵要扶他退出阵地，但他坚决不肯撤退，仍坐地上，继续进行战斗。后来右手腕被敌人打断，他就用左手射击。此时他望见前面树林前有敌将骑骏马、持指挥刀、佩金色肩章者，知是法军大将，亟欲举枪击之，"因伤重不兴，乃卧而翘一足，用足趾架枪杆，掭枪以待。安南本炎热，黑旗多赤足，或着草履。杨得以足趾夹承枪杆，见佩金色肩章者渐近，即对准发一弹，适击中其头部，落地而死。杨亦伤重而逝"。纸桥之役后，全军欢庆，"有卒当场睹杨智仁（即杨著恩）枪杀李威利者，酒酣耳热，乃面众而言曰：'吾亲见杨快狗大哥枪杀李威侣'。"（李健儿：《刘永福传》，第 141 页）这种说法，我们还可从云贵总督岑毓英在光绪十年（1884 年）九月初二日的奏折中得到佐证。奏折说："杨著恩，系该提督（指刘永福——引者）部下得力管带，前在怀德枪毙法酋李威利，该监生亦即力战捐躯。"（《中法战争资料丛刊》第五册，第 609 页）

由上可知，在著名的纸桥之战中，杀死法国侵略军头子李威利的是黑旗军先锋将领、中华民族的英雄杨著恩。

（原载河南《史学月刊》1983 年第 4 期）

马江海战六题析辨

1884年8月23日至8月30日发生的马江之战，是近代史上时间最早、规模较大的海战，至今仍是近代史研究中的一个重要课题。作为一名史学工作者，不揣浅陋，想就此次海战中共同关心的几个问题，略陈管见，以求教于海内同仁。

一、马江天险与防守方略

马江位处闽江下游，全长40公里。马江天险，重重门户，"形势甲东南沿海"。壶江为闽江的出海口，因四面皆山，其地形若壶，故名；又四面皆水，其地若浮，亦名浮江。它总扼芭蕉、五虎两路要冲。江面港汊纷呈，礁石罗列，船舰若无海户渔船引水，不能自达于马江。因此壶江是马江的第一把锁钥。

长门是由海入江的第二道要隘。长门和金牌两山南北对峙，中流一束，江面仅宽387米。五虎岛雄踞口外，南龟、北龟二岛又俯卧门前，因而有"五虎把门，双龟守户"之称。长门、金牌二山均建有炮台，分置克虏伯炮五门、二门。其时福州将军穆图善坐镇长门。

闽安为马江的第三道天险，是其咽喉之区。南北两航道于此交会。其地两岸皆山，绵亘十余里，中间水宽不过330米。清政府于两山凿洞安炮，置明炮台、暗炮台多座。如敌舰闯过长门，再想顺利通过闽安要隘，那是十分困难的。

马尾是马江的第四道门户。它扼闽江口的上游，闽江、乌龙江于此汇合。该处江面宽阔，水深流缓，中外商船、兵轮大都停泊于此，是良好的商港和军港，也是福建水师的基地。马尾还有中国最大的造船厂——福州造船厂，船厂后面的山上和附近的罗星塔、马限山上均有炮台，置炮多门，可以居高临下，轰击敌舰。会办福建海疆事宜张佩纶和船政大臣何如璋率陆勇 7 营、舰艇 11 艘驻防于此。

由上可知，马江天险，重重门户，层层锁钥，纵敌人胁生双翅，亦难飞渡。其时敌人的优势是船坚甲厚，吨位大，火炮猛，但深入我之腹地，不熟悉地形则是其短；我船小甲薄，火力小，射程短，但陆地炮火的支援和有利的地形，可以弥补我之劣势。如果扬长避短，充分发挥陆地炮火的作用，防守马江并不困难。张佩纶的"塞河"防守方略，正基于以上理由，因此不失为明智正确之举，但在其建议被清政府否定后，便转而以海战为主，用我之短去遏彼之长，则是其重大的失误。

近年有的学者认为，张佩纶的塞河主张，是一种"劳而不获的御敌方略"，是"缺乏全局观点"。理由是：第一，列强的干预和中法外交谈判，使清政府难于下堵江的决心；第二，闽江水深流急，当时清政府的人力、物力、设备很难在短期内完成堵江任务；第三，孤拔已派船在闽江口巡逻；第四，即使沉船塞江，"门"未必能够关紧①。

笔者认为，塞河的防守方略是正确的，可行的，具体方法也不难付诸实施，关键是清政府对入侵者有没有进行抗击的决心。客观上，当时中法正进行外交谈判，"并未失和"，以及列强对法国的袒护，使清政府难于下堵江的决心，但更主要的主观原因是清政府不愿意打仗。作为一个主权国家，让敌人的军舰自由出入内河，眼睁睁地看着他们违背国际公法，窥探我之形势，这是不可思议的；而且敌人早已向我进行武装挑衅，在谅山主动进攻我之防军，在台湾基隆公开对我入侵，中法战争早已实际进行，因此"并未失和"之说显然是清政府为自己的投降妥协路线开脱罪责的辩护词。由于清政府不愿和法国打仗，怕得罪洋人，所以才不敢下堵江的决心，致使前敌将士在敌未到来之前，不能拒敌于国门之外。

敌人进入马江后，是否在技术上不能实现沉船塞江的方略呢？答案是

① 广西中法战争史学会编：《中法战争史论文集》第 1 集，第 152 页。

否定的。前面提到，马江重重门户，一束中流，择其狭处、险处沉石，即可断敌归路。五虎口虽江面开阔，但主航道只有一条，其他均不通航，若将当时准备好的 30 艘船石沉于主航道，敌舰便不能通过。如五虎口被敌看住，还有长门、金牌间的双龟岛要隘，其间的主航道宽不过 100 米，且有两炮台看护，在此沉船堵江，我认为是绝对可能的（笔者 1984 年 10 月实地考察时，特意留心了双龟岛的水域地形）。因此"人力、物力难塞"之说不能成立。

另外，清政府在闽江口至马尾间各要塞部署了 24 个营的兵力，共 1 万余人，控扼了沿江的制高点和险要之区。清军炮台大都负山临江，占据地利，易守难攻，如守者得人，一般是不可能被占领的。其时法国远东舰队共有 1700 人，其中可供陆战的兵员并不很多。因此敌人想从侧后迂回，逐个占领炮台，进而阻挠中方沉船塞河的可能性是不大的。沉船塞河简单易行，而且十分必要，这还可从稍后的镇海之战得到验证：是役，浙江军民由于事先在甬江口实现了沉船塞江，封锁了江面，致使敌人无法深入；后来孤拔想包抄偷袭，亦被清军打得狼狈逃窜。

沉船塞江成功之后，"关门打狗"或"瓮中捉鳖"即可实现。但还要解决"打狗棍"的问题。什么"棍子"呢？即充分发挥我陆上大炮的威力。而欲达此目的，就非加紧改造沿江各要塞的炮位方向不可。因当时炮台炮口均固定向外，敌舰回窜，我之炮火处于死角，不能击彼，反被彼所乘，致成关门不能打狗反而被狗所伤的状况（海战后各炮台被敌所摧便是如此）。在敌舰侵入马江后的 40 多天中，由于清政府未能下定战斗的决心，先是不能沉船塞河，后又未能及时改造炮台，着着失误，终致全盘皆输。

二、敌我杂泊与先发制胜

左宗棠在查办马江失事的奏折中说：张佩纶"抵闽省之日，法船先已入口，据我腹地，未能审察形势，将我兵轮分布要隘，明知敌人船坚炮利，乃调令兵商各舰，与敌舰聚泊一处，遂至被其轰沉，此调度之失宜也"(《中法战争》六，第249页)。现在，仍有不少论者批评张氏令各舰与法船衔尾停泊，互相牵制，是书生谈兵，不切实际的主观臆断①。我认为恰恰相反，这正是他根据敌舰强大、火器射程远，我方船小、火力弱这一具体情况而作的正确部署。因为敌人的船舰吨位重，装甲厚，火炮的口径大，射程远，又有致命的鱼雷攻击，我方若以常规战法对阵，目标过于集中，势必为敌人一举歼灭；反之，我若化整为零，与敌人分散杂泊，衔尾相接，便可充分发挥我之机动灵活、火炮小射程短的作用，甚至可以更好地接近敌人，炸毁其船舰。因此，这是从实际出发，扬长避短的正确部署，是应该肯定的最好决策，而不能视为调度失宜的主观臆断。

问题在于，在敌我杂泊的形势下，"先发"就具有了决定性意义。谁先下手，谁就掌握了战争的主动权，就会取得战斗的胜利。张佩纶在给总署的电文中多次强调了"先发制胜"的重要性；何如璋对此也有过类似的正确意见："彼此兵船衔尾相拒，万一决裂，先发制人，后发即为人制。以法人横肆性成，临事必图狡逞，使各船静以待变，深恐为敌所乘。"（《中法战争》三，第549页）如果我方没有政府"不准先行开炮"的命令，在退潮以前，用我之船头炮火对敌之船尾实施近距离的轰击，那局面将是另一番景象了。后来的8月23日之战，正是敌人先发，并掌握了退潮时船身前后移位的规律，法舰的船头大炮刚好移过来对准中方军舰最薄弱的部位船尾，他们抓住这一有利时机，先行开炮，于是将我军舰迅速击沉。狡猾的敌人清楚地看到优劣条件在几个小时内即可以互为转换，他们知道，谁掌握了这一规律，谁先下手，便可制彼于死命。参加海战的法国海军上尉罗亚尔在《中法海战》中写道："提督（孤拔——笔者）决定于退潮移转船身时，开始作战行动，对于敌人取得一种完全有决定性的战略优势。"这种决定"只有一个危险，就是：迟延了开火的时间，这样便给中国方面可能于二十三日满潮的整个早晨里回转船身时攻击我们。由于对各国领事要正式发出战争通告，其中实有可虑的地方，便是我们的敌人可能侦悉了我们的企图，因而对我们先下手。如果他们于潮水来时进攻，那地位便完全倒转，提督所打算可得到好处的所有优势，都将转到他们手中

---

① 福建社科院编：《中法战争史论文集》，第142页。

去，反而对我们不利"。由此可见，张佩纶的"与敌杂泊"并非下着，而先发制人则是胜负的关键。

三、詹天佑参加了马江海战

担任设计我国第一条铁路的工程专家詹天佑，是否参加了甲申马江海战？历来众说纷纭，莫衷一是。认为詹氏参加了海战的，有《马江海战中的勇士——詹天佑》等①；否定此说的，有包遵朋著的《中国海军史》和郑国珍的《马江海战时詹天佑在福州船政学堂任教并未参战》②等。认为詹氏参加海战的主要依据是上海《晋源西字报》1884 年 8 月 25 日（七月初五日）的一则报道："'扬武'船上有美回华学生五名——（黄）季良、詹天佑、吴其藻、容尚谦、薛有福。""该学生等专司燃炮，还击敌船；直至'扬武'船被孤拔坐船炮弹轰击着火时……该学生仍陆续放炮。俟至'扬武'船火势炽烈……伊等方跃下水……詹天佑最镇定，有胆勇，船临危时，伊尚救活多人……"③

包遵朋对此提出了质疑：①他没有看见原文。②詹氏果有战绩，为何在当时的张佩纶、左宗棠等人的奏折中只字未提？③在《海军实纪》《海军大事记》这些取材于诸署案牍奏章的著作中也未曾提及。三条中最主要的是第一条，即未见原文。对此，他否定了詹氏参战之说。

郑国珍同意包氏的分析和判断，并认定詹氏在甲申马江战役中已不在"扬武"舰当练习生，而是就任于福州船政学堂的教习，从事英文乃至驾驶的教学；海战爆发时，詹天佑并未登舰作战。

笔者以为詹氏参战之说是可信的。根据詹天佑手书的《履历》和《詹天佑先生年谱》记载，詹天佑于光绪八年（1882 年）十月被派往"扬武"号兵舰实习。1884 年 8 月马江海战时，他在"扬武"号巡洋舰上服务。上海《晋源西字报》七月初五日晚的报道，是在马江海战发生后的第三天刊

---

① 《人物》1982 年第 2 期。
② 福建社科院编：《中法战争史论文集》，第 209 页。
③ 同上。

载的，不仅时间最早，而且报道也很具体生动。虽然该报的原件笔者未能看到，但我们从两件史料中可知它的存在：一是同年七月十三日美国大使杨约翰的函件，二是七月十四日江海道邵友濂的函件——《照录抄来洋报》，这两个函件足以佐证《晋源西字报》七月初五日的报道并非子虚乌有，而是的的确确客观存在。为了说明问题，不妨摘录两函的内容如下：

七月十三日，美国公使杨约翰函称：昨阅新闻纸内云，中法闽省之战，中国官兵均甚出力，其中尤为出力者，则系"扬武"船内由美国撤回之学生。该学生计共五名，点放炮位，甚为合法，极其灵巧；均系奋不顾身，直至该船临沉时，众人均已赴水逃生，该学生等方行赴水，内有一学生战没于阵，系前驻美国副使荣公之犹子云云。（《中法越南交涉档》三，第1936页）

七月十四日，江海道邵友濂函，照录抄来洋报，上海《晋源西字报》七月初五日晚新登福州信息：……"扬武"船上有美回华学生五名——黄季良、詹天佑、吴其藻、容良、薛有福。交战时，此五学生与别学生曾在船政局学堂肄业者，同赴此仗。该学生等专司燃炮，还攻敌船，直至"扬武"船被孤拔坐船炮弹轰击着火时，船上人多跳水逃生登岸，该学生仍陆续放炮。俟至"扬武"船火势焰烈，管驾官张君及料此船难以支持，因令各学生等离船，伊等方跳跃下水。闻张君及学生俱获平安。只有一学生容良，乃容纯武观察之侄，生死尚未确悉。詹天佑最镇定有胆勇，船临危时伊尚救活多人。此次中法交战，计约五点三刻之久，西人多不料华人有此胆壮力战云。（《中法越南交涉档》三，第1938-1939页）

这篇报道翔实生动，除个别文字稍有出入外，其余大体与前面内容相同。而这篇生动文章的材料来源，则是来自这几位留美归国学生。该文的末尾写道："……江南制造局内有一由美回华学生名祁祖彝，接'扬武'船之出洋学生寄来电云，'扬武'船将沉之顷，由美回华学生五名，自船跳跃下水，除不见容良外，余四名均平安到岸。"（《中法越南交涉档》三，第1939页）

以上材料，足以说明《晋源西字报》七月初五日的报道是确凿可信的。詹天佑等5人的生动事迹，是这5名中幸存下来的4位向他们在江南制造局的留美同学祁祖彝提供的，因此其可靠性不容置疑。而张佩纶、何如璋等人的奏折之所以未提及詹天佑、容良等 5 人的情况，则是因为他们位卑职低和名不见经传的缘故。

四、法方是否"突然袭击"

过去，不少论者认为，马江海战失利的原因之一，是法方对中方的突然袭击。我以为不能简单地下这样的结论，理由有二。

第一，从时间上看。1884 年 6 月 26 日，法国将其在中国沿海和东京（河内）的舰队合编为法国远东舰队，任命海军中将孤拔为舰队司令。7 月 14 日，法舰两艘，经香港、厦门驶入马尾港。7 月 25 日，进入马江的法舰已达五艘，还有两艘泊于闽江口外之马祖澳。7 月 31 日，法舰七艘由渤海湾南下，南北两支舰队会合于马江。8 月 5 日，法舰队利士比副司令率军舰三艘进攻台湾基隆，遭到守台将士刘铭传部的英勇抗击，退泊台湾海峡，其中一艘驶回马尾。到 8 月 23 日战斗爆发前，法舰九艘进泊马尾，两艘泊长门，四艘停于马祖澳，两艘游弋于台湾海峡。从 7 月 14 日法舰进入马尾到 8 月 23 日战事爆发，前后共约四十天，此间法舰还进攻了基隆，战事已经在我国国土上进行，同时清政府也看到了法国的侵略行径，并在马尾作了初步的部署，因此不能说法国的这次军事行动是突然袭击。

第二，战前法国已向清政府和福建地方政府下了照会和战书。1884 年 8 月 16 日，法国总理茹费理致电法驻中国公使巴德诺，向中国政府提出最后通牒，限 48 小时内答应法国的无理要求，否则即令孤拔在福州采取行动。法国的恫吓未能奏效后，即于 8 月 20 日下令远东舰队进攻马尾福建海军。8 月 22 日晚，孤拔召集各舰舰长在旗舰窝尔达号上开会，部署 8 月 23 日下午 2 时的作战事宜。23 日晨，法国驻福州领事白藻泰下旗离开领事馆，并于 8 时将法国的军事行动通知各国领事，10 时向闽浙总督何璟下了战书。据《申报》报道，战前的一天，法国即已通知各国领事，次日（23日）下午两点开战。英国将此消息通报了督署。23 日晨七点法战书亦到，并飞报马尾。法国海军上尉罗亚尔在《中法海战》中说：22 日"中国人亦已假定战事即将发生：日间来的商人坚持要将账目付清，窝尔达号司令的中国佣人偷偷地离开战舰,不再回来"(《中法战争》三,第549页)。在闽浙总督何璟1884年8月23日午时拍给张佩纶、何如璋的电报簿内也有"顷接白领事照会,孤拔即于本日开战"之语(《中法战争》六,第246页)。由此可以说明,法国的这次军事行动是有计划、有准备的公开侵略行径。

当然,无论法国侵略者是否下了战书,都不能减轻他们的罪行。不过,它却从另一面反衬出清朝政府官吏的腐败和昏庸。前线总指挥张佩纶在接到何璟电报后还有两个小时才开战,但他没有马上下令中国军舰启锚准备迎战;事后又用"未接电音,而法人已先开炮"(《中法战争》四,第378页),或"初三(23日)午刻,法领事照称,明日开战"(《中法战争》四,第351页)来为自己的失职辩解、掩饰。船政大臣何如璋在法舰兵临城下时,仍"日事宴饮,擅作威福,对于目前敌患,绝不预防;且下令严禁各军舰,战期未至,不准发给子弹,并不准无命自行起锚"(《中法战争》三,第131页)。更可笑的是,当战书由督署传到船政后,何如璋说,我国军舰还没有做好准备,不能开战,请其另改日期。战事发生后,张佩纶不是亲临前线指挥,而是跑到离马尾十多里的后山顶上"观战"。另一位大臣何如璋,此时由亲兵80多人护卫着,先跑到离马尾十多里的快安,然后再奔向福州,躲进了两广会馆。身为封疆大吏的闽浙总督何璟,只知终日念经拜佛,"每早遣兵丁数人,持枪往屏山顶向西北角击散妖云,以翼消弭兵灾,此外别无良策"(《中法战争》三,第130页)。

由于不是敌人突然袭击,更说明清朝官吏的无能和腐朽。"不患无天险而患无人险",不患敌人之强大,而患我之无备和麻木不仁!

五、张佩纶是否怯战先逃

马江战后,张佩纶在给清政府的奏折中,称8月23日午刻,"马尾未接电音,而法人已先开炮",他与何如璋"令各轮船、师船奋力抵御,并令陆路出队相助,而自行登高督战"(《中法战争》四,第351页)。他在另一奏折中又说:"(初三)甫及未刻,而法人炮声作矣。臣一面饬陆军整队，并以小炮登山，为水师相应，一面升山巅观战……比臣至山，则扬武已为敌鱼雷所碎。"（《中法战争》五，第524页）左宗棠在查办奏折中说："查彭田距马尾十五里……张佩纶于是日登山观战，登毕退驻彭田……并未一抵鼓山之麓，亦无乡人拒而不纳之事。"（《中法战争》六，第246-247页）据此不少论者认为，张佩纶并未怯战先逃，"尚属勇于任事"。

根据何璟8月23日10时接到战书后，即已电告马尾的情形看，张佩纶于该日12时收到何电无疑。因此"未接电音"显系张为自己开脱之词。而左宗棠的查办奏折，清政府也看得清楚："乃所奏各情，语多含糊，于张佩纶等处分，意存袒护开脱。"（《中法战争》六，第285页）因而受到了上谕的申斥。至于张佩纶是"勇"还是"怯"的一个关键问题，即张战时在何处的问题，至今未有令人信服的论据和分析。如这一问题解决，上述问题便可迎刃而解。

据笔者实地考察，彭田离马尾船政局十五里，船政局后面是山，山顶距船厂也有十多里；法舰开炮的时间是初三（23日）下午1时56分，海战结束为2点30分，时间仅半个小时。根据张佩纶的电报，开战之初，他在船厂，命令各船抵御，并整饬陆军，以小炮登山，布置好后，自己才升山巅观战。从时间和路程来判断，张不可能在短短的30分钟内，既指挥海军和陆军，又爬上了十多里的山上观战；即使气喘嘘嘘地爬上了山顶，海战早已结束，还有什么战事可观的呢？因此，他的先在船政指挥、后才登山观战之说是不符合事实的。我认为张佩纶在开战前并没有在船厂（因那里随时都有危险发生，且有船政大臣何如璋驻守），而是在船厂后面的山上。因他见战事吃紧，预先在山上设下了行辕，听见炮声后才慌忙奔出"观战"的。根据之一，是时间短，路程长，他不可能在半小时内由船厂爬上十多里地的高山；根据之二，是光绪十年六月二十日（1884年8月10日）他给清政府的电文："船厂临水，无余地……备战宜宕，开战断不能守。署既以毁弃见商筹画，纶随机应变如何？后山不碍，已布置矣。"（《中法战争》五，第481页）由此可知，此时的张佩纶恐非昔日"书生初当巨寇，必以亲临大敌为第一义"的忠义之人了，闽人讥他此时为"失魂落魄的丧家犬"不无道理。李鸿章在给他的信里有"闽船可烬，闽厂可毁，丰润学士（指张）必不可死"（《中法战争文学集》）之句；张本人也是把自己的生命看得不轻之人，早在战前就已作好退却准备。军机处在听说张佩纶退扎鼓山后，十分气愤，打电报给何璟说："统带恇怯，将领无所禀承，何能制敌！"（《中法战争》五，第519页）虽然张退扎的地点与此稍有出入，但他战前怯敌，临阵后逃，致使群龙无首，失去指挥，确是无可辩驳的事实。

六、关于中国方面伤亡的人数

目前，在《中国代近史》《中法战争》《中法战争始末》，以及大学、中学教材、课本等多种论著和读物中，在叙述马江海战中方的伤亡人数时，有的说是796人，有的说是722人，有的说是700多人。这些数字准确与否？我认为，都不准确，准确的伤亡数字应是2000余人！

关于此次战役中方伤亡数字的原始材料，当时负责福建前线军事指挥的张佩纶、何璟、穆图善等在给清廷的电文中均未提及，后来左宗棠在查办的报告里也没有说。比较具体的数字见于此次战役的目击者、《中法马江战役之回忆》一文的作者采樵山人，以及法国侵略军头子孤拔给法国政府的报告。据《回忆》一文所说，甲申马江之役，中方阵亡2000余人（《中法战争》三，第133页）。又说，战后马尾地区人民打捞出尸体500余具，中有132具四体完全，其余身首异处，无法辨认。《回忆》一文刊于1932年2月福州协和大学《福建文化》第一集第二期。作者在前言中说，中法马江海战爆发时，他"年甫十岁"，由于是自己所见所闻，"平居无事，执笔记之"，因而"回忆当时情境，与证之父老传闻，犹历历如昨日事"（《中法战争》三，第127页）。就是说，作者不仅是当事的目击者，而且还经过调查研究，"证之"其他父老（其时马江之役的见证人当有不少健在）。因此，它就不仅是一个人的回忆，而是集体的回忆或是一篇调查报告了。所以其真实性和价值应是没有多少疑问的。

另外，我们再看看敌方的材料。战事甫毕，法国远东舰队司令孤拔在向其政府的报告中说："中国方面损失了二十二艘战舰或帆船，死亡五个

战舰司令，三十九个将官，二千士兵或水手。"（《中法战争》三，第557页）

孤拔的报告数字，与当时目击者的回忆数字大抵相同，应是可信的。这说明：在马尾海战中，中方的阵亡数字为2000余人，生还者只是少数。后打捞上来的遗体之所以仅有500多具，是因为有的尸体可能被潮水冲走，有的可能沉没于江底，有的被炮弹炸得血肉横飞，无法找寻。应该说，这些被打捞上来的500多具遗体只是牺牲官兵中的一小部分。在这部分遗体中，除132具由亲人认领安葬外，其余均无法辨认，只好分成九处就地掩埋。1885年底，清政府拨款900余两白银修建昭忠祠。祀将官12人，弁目、练童、医生18人，士兵735人，合计796人。这796人为有名有姓的福建水师官兵，属正常编制，有册可查，而其余的1000余名士兵，大多是师船、帆船之编外人员，自然其姓名就无法可稽了（当时被击沉的红单师船共有13艘，商船19艘，杆雷小汽艇7只，以及一些武装的划船等等）。以后在史书和文章中，一直以马尾昭忠祠所祀的796名将士为依据，陈陈相袭，沿传至今，甚至中学历史教科书（第三册）也说是伤亡700多人。这实在是个错误的数字，现有必要给予更正。

（本文前三题原载中国社科院《近代史研究》1990年第4期，后三题原载云南大学《思想战线》1992年第2期，中国人民大学报刊复印资料《中国近代史》1992年第5期全文转载）

云南文库·学术名家文丛

镇海战役研究

    1885 年 2 月 28 日至 6 月 29 日长达 121 天的镇海保卫战,是中法战争中的一次重要战役,也是中国近代海战史上唯一取得全面胜利的战役。它和镇南关大捷、临洮大捷一起,组成了一曲中国南北军民胜利抗击法国侵略者的凯歌,在中国近代史上写下了光辉的一页。在此次战役中,浙江军民同仇敌忾,团结御侮,上下一心,筑就了一道铜墙铁壁,使法国侵略者无法越雷池一步。这次保卫战,既有军事上的胜利斗争,也有外交上的出色成就。这两方面的斗争虽然在局部的地区进行,但其影响却远远超出了一省一国的范围,意义是十分重大的。出使欧洲的曾纪泽说,谅山大捷和镇海大捷,威震了欧洲,"法廷闻此消息,举国汹汹,立将茹酋革退,尽逐其党,另易新执政";又说:"经此番军务之后,西人之谈及中国者,已不敢如从前之轻侮。"由此可见其在中法战争史和近代史上的地位和作用了。但遗憾的是,过去的许多专著都将它轻轻一笔带过,而全面地评介的专文则更为鲜见。本文拟就此作一专题研究,以期达到抛砖引玉之目的。

一、战前形势

    1884 年夏季,法国在要挟中国清政府赔偿巨额军费失败之后,接着发动了马江战役,虽然打败了中国的福建水师,炮轰了福州造船厂,但未能达到胁迫清政府投降的目的,反而加剧了中国人民上下一致、团结御侮的抗战决心。此后,法国远东舰队司令孤拔妄图封锁中国北方,占领旅顺、威海卫作担保,阻止米粮北运,以此威胁直隶北京屈服的计划,也由于战线过长，兵员单薄而未能实现。法国政府便将其军事部署改为占领台湾基隆作担保，以军舰封锁中国东南沿海，切断清军对台湾的增援，然后在北圻战场增添兵力，向云南、广西进逼。

中国方面，马江战后，清政府对法宣战，命令云南、广西两路向北圻进军，谕令沿海各统兵大臣及各督抚加强战备，防止法帝国主义的进犯。

浙江地处东南沿海，自鸦片战争以来一直是帝国主义侵略的地区。早在 1883 年中法山西、北宁战役爆发后，清政府即命江浙沿海各省戒严，认真筹办海防，"不可虚应故事"，敷衍塞责。1883 年 10 月 1 日（光绪九年九月初一日），军机处奉旨指示浙江巡抚刘秉璋："宁波、镇海等处为浙省要口，空虚可虞，该抚务当妥筹布置，毋稍大意。"① 以后又先后下达了七八次加强防务的命令，准备迎击法帝国主义的侵犯。

二、严密布防

在清政府的不断督促下，浙江省巡抚刘秉璋（1883 年 3 月 24 日接印任职）、提督欧阳利见（1882 年 9 月 2 日接任视事）调兵遣将，对浙江省防务作了认真的、周密的部署。具体措施有以下十个方面：

（一）纵深配置，层层设防

1883 年 10 月，刘秉璋与欧阳利见会商后，决定派六营兵勇驻防宁波府镇海口之南岸；调记名提督杨歧珍统兵 5 营，驻防镇海口之北岸；檄同知杜冠英办理营务。1884 年 2 月，刘秉璋视察乍浦、定海、镇海、宁波等沿海形势，稽查营伍，再次同欧阳利见及各口将领会商海防事宜，事后又七次上疏，奏浙省筹办海防，添募营勇，加挑练军炮兵等事项。决定：调"熟悉情形"的台州知府成邦干带 7 个营（5000 人）守定海；以提督欧阳率 6 个营（3500 人）驻守镇海南岸；记名提督杨歧珍率 6 个营（2500 人）防守镇海之北岸；命记名总兵钱玉兴领 8 个营（2500 人），驻防宁波和梅

---

① 《金鸡谈荟》卷 4，第 13 页。

墟,为镇海后路之策应;檄同知杜冠英为宁镇营务处,总理海防营务,并负责堵塞海口事宜;饬宁绍台道薛福成为宁防营务处,赞画军机,"调护诸将";令宁波府宗源瀚为营务处提调;守备吴杰统管招宝山、泥湾、港口各炮台;由总兵吴安康率领的元凯、超武、南琛、南瑞、开济等五艘南洋兵轮泊于甬江门内,同陆上炮台互为声援;各军均归提督欧阳利见节制号令,"以一事权"。战前,刘秉璋共调集陆地防军27个营,炮兵400人,战舰5艘,共合10000余人的兵力;并在战术上采取纵深配置,层层设防,以阻止法舰进入镇海口和在两岸登陆的严密防御措施。

(二)"以柔克刚",巧妙伪装

镇海为甬江的入海口,浙江省城杭州的门户,浙东重镇宁波的咽喉,是东南沿海的军事要冲。其天然形胜,与闽江相侔:南有金鸡山,北有招宝山,两山夹江相峙如门;虎蹲山在海中遥扼江口,游山、七里屿复错峙于外,形成了一道道天然屏障。北岸招宝山原有炮台一座,名曰"威远",置炮八尊;南岸金鸡山原有炮台二座,名曰"靖远""镇远",各置炮五尊。三炮台皆以守备吴杰管带。1883年冬,欧阳利见在金鸡山东北岸筑"天然"炮台一座,置炮三尊;在金鸡山西北岸筑"自然"炮台一座,置炮四尊。1884年又在该山上下适中之地,筑土台十余座,置土炮三十余尊。由于港口炮台滨海,一坦平阳,全无遮护,欧阳利见征得浙抚的同意,将港口精炮九尊分别移于乌龙冈、沙蟹岭暗炮台内。各炮台四周又以湿竹编排,并加棕荐数十层,内实以麻袋棉絮,层层密排包裹,均匀交搭,再以草皮、泥土覆盖其上,一可伪装,二可加固,起到"以柔克刚",弹虽中而不能爆炸的效果。对于比较显露的"威远"炮台,除筑三合土六丈数尺外,又加堆土袋一丈一尺,上覆棕荐,外贴以草皮土泥,"炸弹至,则毯受之,毯濡而韧,弹下如雨而未尝一开"①。这是镇海军民在实战中的创造。

另外,欧阳利见还命人多筑假垒,遍插旌旗,"虚壮声势";在金鸡山周围"皆挖隧道,宽五六尺,深七八尺,迤逦曲折,纡萦环通,皆可暗达山上各暗炮台。山顶凿凹作营房十余所,利见亲居其间,海上数百里,一

---

① 《军机处录副刘秉璋片筹海防情形》。

览无余，指挥各营，如在眼底"。营房上用三合土、洋铁皮覆盖，并用颜料涂抹，山土一色，使敌不辨。隧道、围墙内埋伏精兵，敌不登岸，不准露面，如冒死登岸，我则聚而歼旃。炮台如敌船遥至，按兵不动，必计炮弹能及时，方可轰击，否则不准空开一炮。这样做的目的，是使"虚实相间，我能见敌，敌不见我"①。

（三）添设电线，军情迅达

当时由省城至宁波已有电报通讯线路，而宁波至镇海四十里却没有通讯设施，常因"乘潮往返，文报稽延"。薛福成禀报刘秉璋，并得到批准，架设了宁镇间的有线电报线路，于 1885 年 2 月落成。由是省抚"一切机宜，电饬营务处薛福成、杜冠英传谕各营。虽相距数百里，而号令却如同一室"。后来在镇海之役中，"与法船相持数月，电报往来日十数起，军机无误"②。

（四）筑墙钉桩，拒敌国门

镇海海口散漫，南岸之育王岭、布阵岭、孔墅岭、青峙岭、沙蟹岭，北岸之懈浦、湾塘、沙头堰等处，均系登岸要区。招宝山至梅墟，关系尤重。欧阳利见、杨歧珍、钱玉兴将南北营垒布置就绪后，各率所部于沿海修筑围墙，设关门以时启闭，派逻卒以查汉奸。围墙绵亘四五十里，声势连接，脉络贯通，"彼但见一片长墙，既无以辨吾孰坚孰瑕，孰虚孰实，或对高处疑营开炮，则虚无一人，徒耗弹药"③。1883 年，欧阳利见与游击袁子龙在招宝山巅前后山连接处增筑月城。月城长七十余丈，高一丈二尺，宽九尺。外修卡门一，炮洞四。起到了保护威远炮台和卫城的作用。

镇海口门，宽约二百丈。鉴于马江海战的教训，刘秉璋决定在海口钉桩沉船，堵敌来路。他檄饬薛福成督同杜冠英、宗源瀚买桩三千余支，用机器排钉海口。或七、八、十支，或四、五支，或二、三支，各为一丛，自南至北，横列二十二丛；自内至外，直到十丛。又购大船三十六艘，满装石块，沉于桩缝之内，仍留口门二十丈，以便商船出入。另备大船五艘，三杠网九

① 《镇海防夷图记碑》。
② 《金鸡谈荟》卷 3，第 11 页。
③ 《刘中丞咨送浙江镇海口布置及战守情形图分说》。

重，并借宁商宝顺轮一艘，为封塞口门之用。这样，敌舰受阻，"商旅仍通，饷源不匮，而宁镇居民，安堵如常，盖恃桩船之力也"①。

（五）水陆藏雷，拆除灯塔航标

除在岸堤上筑墙、海口钉桩沉船外，杜冠英督同吴杰于海口沉船排桩之外的水域，沉放水雷六排，每排八雷，纵横相距十丈，共沉四十八雷。又于小港口滨海各隘，埋伏地雷六十枚。欧阳利见饬所部于布阵岭、孔墅岭、青崎岭、沙蟹岭、蚶子岭等处长墙卡门之外，各埋地雷三四十枚。薛福成同杜冠英令拆去新关向设之七里屿、虎蹲山，定海之小龟山顶及屿心脑之灯塔、航标、浮筒，"以迷敌轮之路"。薛福成认为"外洋堵口，利弊各半，所宜深虑者，莫如阻碍本国商船、兵船往来之路，先致自困；尤恐关税厘捐从此无着，则二十余营之防军饷源先罄，更为可虑"②。于是在会商欧阳利见之后，饬派红单师船靠桩抛碇，在钉桩之处，昼则插旗，夜则悬灯，以示行船方向。除照会各国驻守领事、税务司外，并告示商民、船户知悉，以便商贾往来。

另外，薛福成又从我国兵船上选派熟悉各国旗帜的水手，于金鸡山瞭望台携带望远镜，专司瞭望。如遇法船驶来，悬挂绿地黄斜十字旗；别国船只，悬挂黑旗；中国船只，悬挂红旗，以示区别。并规定：如遇未经领事知会，及未挂旗帜，不肯于游山外停轮待查之船，即行开炮；如遇兵轮二三只同时驶来，查验不及，无论挂何国国旗，即一面开炮，一面闭塞口门；如见有来船已至游山、虎蹲山之间，即悬旗令其停船检查，如不停船，即行开炮。

（六）杜绝引水，迁置教士

在海口钉桩布雷，口外拆除灯塔航标后，薛福成认为，法舰远来，海口情形未悉，因此杜绝为法引水的问题"实为第一要著"。宁波向有引水洋人必得生、师密士二名，领有执照，常驾小船在镇海口外游弋，以备雇

---

① 《浙东筹防录》卷2，第46页。
② 《刘中丞咨送浙江镇海口布置及战守情形图分说》。

用。薛福成密令该二人将其船回泊镇海进口一带，不准出洋受雇于法人，每人每月给洋银一百五十元，以资度日。除此二人被秘密扣留外，尚有甬江引水三人：一为英人郝尔（即化挨），一为德人贝伦，一为美人根宁汗。薛福成照会英、美、德领事，许给三人原酬，但禁止他们为法船做向导；对法已雇之根宁汗，薛请求美领事将其迅速撤回，否则，我兵民义愤，"则江北岸房不无可虑，彼时本道晓谕而不听，欲保护而无从矣"①。此外，薛福成还致电上海，请沪道专办杜绝引水。由于杜绝了引水，使敌失去耳目，"虽有船坚炮利，其伎俩亦稍穷矣"。后来孤拔"悬价六万金而无应者"②。

宁波城内有天主教堂两座，为法国所派浙江省大主教赵保禄的住地；定海有教堂七处，教士多人。马江战役开始后，宁波乡民"指目教堂，皆言法人藏匿大炮，将为内变"，又传"定海民入教者两千人，分班赴教堂操演，枪声颇闻于外"。为消除隐患，杜绝内应，薛福成照会英国领事兼办法事固威林，转饬法国商民、教士，一并移往江北岸暂住，以便稽查保护。赵保禄蛮横要赖，"语多恫吓"，拒不搬迁，声言若要搬迁，中国需付搬迁费用。对此，薛福成多次致书固威林，义正词严地申明：法国官商教民必须遵守中国政府的法律制度，"愿留内地安分守业者"才受中国政府的保护；如不搬迁，"将来如有危险之事，彼自不能有后言也"；至于搬迁损失，"此系法国国家骤开兵衅所致，该主教似可向法国国家索取赔偿，本道不便过问也"。对于法国主教将"招法舰来攻宁、定"的恫吓，薛福成斩钉截铁地回答："欲以此等大言恐吓本道，本道不惧也。本道唯知遵照迭次谕旨，激励兵民，同仇敌忾，久置祸福利害于度外，亦复何所顾虑！"他乘机反戈一击："果若所言，赵主教适自显其有干预军事之权，是定海兵民之所疑虑，询属不诬矣。"③ 法国主教的威胁恫吓失败，无计可施，最后只得乖乖率领男女教士迁往江北，薛福成即派兵勇前往监护。又照会浙海关税务司葛显礼，命令码头加强稽查行人，"凡法国人，无论商民、教士，止准出口，不准进口；即先自宁波出往他处者，亦不得再回。

---

① 《浙东筹防录》卷1，第1页。
② 同上书，第23页。
③ 《刘中丞咨送浙江镇海口布置及战守情形图分说》。

如有他处进口及复回宁波者，船只到岸，应勒令扦手洋人及督捕华生拦阻，不准上岸，务令原船出口"①。由于迁置教士，不准法人进口，清除了间谍隐患，从而使镇海战役期间，"宁、镇、定海廓然无内顾之忧""故海鏖战，而内地晏然"②。

（七）利用矛盾，牵制敌人

宁波、镇海为浙省之门户，而定海又是宁、镇的屏藩，南北洋于此交会，由此西向可入长江，北上可达天津、北京，南下可抵福州、香港、台湾。因此，它不仅是浙江一省之藩篱，而且是海疆全局安危的关键所在。薛福成深刻地认识到定海地理位置的重要性，他总结了前两次鸦片战争定海被占的教训，否定了前人魏源、林则徐"定海宜弃而不能守"的错误论断。他说："我弃而彼取之，于此屯兵、屯粮、屯煤，经营踞守，将来北犯天津、烟台，西扰长江诸埠，皆得以此为后路，恐大为南北洋诸省肘腋之忧，则弃之又断断不可。"③ 但定海孤悬海外，港湾纷呈，四面受敌，不易防守，眼下虽有成邦干率七营兵勇驻防，但终感兵力太单，且乏兵轮保护。怎么办呢？薛福成根据 1846 年中英互立的一个保护舟山的条约，内有"英国依允嗣后有别国攻打舟山一带地方，英国必为保守，务当将舟山送还中国"的条文，上书南北洋大臣及督抚，建议利用英有保护舟山之旧约，"用以钤制法人"。他在书中详尽地分析了英法的矛盾和利用这个矛盾的可能性："舟山当南北洋适中之地，又居上海、香港之间，贴近长江口外，关系通商全局。苟为他国所有，华洋各货就近囤积必成大埠，足以全夺香港之利，而香港将成废地。""外洋商务之在中国者，英实居其八九。且定海居港、沪之间，于英最有关系……英坐见商务之日坏，利权之日削，香港之遂成废地，岂不太可惜哉?!"④ 当然，他对利用英法矛盾也有清醒的认识："虽中国自筹要防，不宜借力外人，以启窥伺之渐。"但这是迫不得已的事情。而他的"法人恐开衅于英，毕竟有所顾忌"的分析和判

---

① 《浙东筹防录》卷 2，第 21 页。
② 《浙东筹防录》卷 3，第 16 页。
③ 《刘中丞咨送浙江镇海口布置及战守情形图分说》。
④ 《浙东筹防录》卷 1，第 7 页。

断却是完全正确的。他多次与英领事固威林、税务司葛显礼商谈，"以法占定海有碍英国商务之说，耸动英商，多著议论，翻成洋文，寄往伦敦报馆刊布；复以危词往激英领事，俾愿践保护舟山之约"①。他用利害关系说服固威林，"该领事深以为然"。这样就促使英驻沪总领事与法使巴德诺签订"法不犯定海，英亦不宣以保护之说以碍法事"的秘密协定。后来孤拔扬言欲占普陀，以为屯兵之地，薛即致电上海英领事，请其驱逐。固威林回电转告薛福成："普陀亦舟山属，如法果往占，英愿助中国驱逐。"② 其后"法舰泊镇海口外数月，与定海相距咫尺，绝无睥睨之意"③。达到了利用英法矛盾，牵制法国，阻止孤拔攻取定海的目的。

（八）同仇敌忾，组织民团

为了防御帝国主义的入侵，浙江省下令沿海各府州县，组织民团、渔团，分段联防，"每夜轮督梭巡，有警则鸣锣为号，联络接应，互作声援。其经费则各向本段各辅户、居民筹办"④。宁波城外分江东、江厦、城西、城南四段，城中又分南北中西东五段。又于各段内照地之远近，分立小段，各由就地绅董兴办。1884 年 8 月前后，宁波郡城共有百余段居民、渔户被组织起来，"大街小巷击柝之声彻夜不绝"。镇海县北乡的团练组织十分严密："每十人立一尖旗，而团总以方旗领之，以宣号令。每逢一、五日讲演武事。每乡于适中之地设立公所，有事彼此通商，由乡公所以达县公所，声气联络相通。总公所另雇枪手数十名，为团丁之领袖……每家各出一丁，已集二万余人。再于紧要地方添募勇夫，以济团丁之不足。一遇有警，鸣锣立至。"⑤ 浙省奉化县唐岙各纸厂工人，听说法军侵犯我国马尾，无不义愤填膺，"聚集三千约期上郡，环请道宪发口粮、器械，力图投效"⑥。为了拦截海口，阻敌深入，宁波政府拟借北号会馆之宝顺轮船驶

---

① 《浙东筹防录》卷 1，第 12 页。
② 同上。
③ 《浙东筹防录》卷 2，第 52 页。
④ 同上。
⑤ 《申报》1884 年 8 月 24 日。
⑥ 《申报》1884 年 10 月 8 日。

赴镇海，"该号商等深明大义，公同具禀到府，如临时应用，情愿报效，不求给价"①。而驻防宁郡之各军，"赳赳桓桓，如火如荼，大有戈戟凝霜，旌旗蔽日之势；且勤加操练，安分守法，市上贸易并不逞强。百姓亦相矢以诚，洵四明之保障也"②。

（九）安定民心，筹防财政

1884 年 7 月以后，法国远东舰队侵犯台湾、基隆、淡水，后又进攻福建马尾。中法战争不断升级扩大。消息传来，宁、镇居民一日数惊，谣言四起，甚至中夜仓皇，相率奔徙。为了稳定人心，薛福成张贴告示，劝谕吏民绅商不要听信谣言，"各安生业，不得无故自惊"。并警告："倘有棍徒胆敢造言生事，摇惑人心，一经访拿到案，定以军法从事，决不宽贷。"③ 后来英、美等国以"保护商务"为名，将兵船开进镇海，军民误以为是法船，纷纷谣传，"以致民心惶惶""宁波居人迁徙者纷纷不绝，使得乡间屋价骤涨"。薛福成再次布告辟谣，指出：宁城江北岸为通商码头，"各国兵船往来时所常有……刻下海防布置严密，若法人以一二号船假冒进口，则我立将海口堵塞，两岸炮台断其出路。各路劲旅遥作大围，复密布水雷、巨桩，断难飞越……尔等各宜自安生业，切勿误听传言"④。为此，他令人缉拿并法办了制造谣言的奸徒，稳定了人心。法船侵入浙省后，刘秉璋下令各口戒严，"卧者不准脱衣"，并激励水陆将士，奋勇杀敌，有功必赏；严禁兵轮水手登岸，夜多派兵更番巡逻，缉拿奸细。法船封锁浙省洋面后，由于米船不到，宁郡市场萧条，粮价暴涨，当铺、钱庄纷纷倒闭，贫民度日维艰。薛福成深感"大军云集，足食为先"的重要性，他咨呈刘秉璋，檄饬杭、嘉、湖、衢各属招商贩运米粮至宁；又函请苏、赣巡抚饬各属商贾，由内河贩运米粮至宁，"免收厘税"。为解决"商贷不通，民之生机将绝"的严重问题，薛福成请示上级并得到批准，对镇海往来船只，略示变通之法："明示封口，而暗弛小船之禁，既为穷民留

---

① 《申报》1884 年 10 月 8 日。
② 《申报》1884 年 9 月 14 日。
③ 《申报》1885 年 1 月 31 日。
④ 《浙东筹防录》卷 3，第 26 页。

一线生机，而厘税亦不无润色。"① 另外，他还号召乡绅官吏输米赈济贫民。由于经过这些努力，"宁郡贸易日来渐见畅明，人心亦安"，粮价恢复平稳，法船进犯后，"居民无一迁徙，间阎街市熙攘景象不异平时。虽海口炮声轰然，而人皆漠然置之，不以为意，与上年闻马江之警纷纷迁避情形迥殊矣"②。

由于筹办海防，饷需浩繁，浙省财政负担较重，仅 1884 年 12 月至 1885 年 3 月，前后用于采办枪炮、弹药、电线，以及修筑城垣、炮台、围墙、营房和钉桩、沉船等费用便达三十一万八千三百九十二两；1883 年 1 月至 1884 年 1 月，浙省军需开支为八十三万余两。而 1884 年，该省地丁、厘金、盐课三项收入为五十万两。其地丁项下银三十万两，内除已解部库银五万两，又化解云南京饷银五万两，广西京饷银四万两，共解银十四万两外，尚未解银十六万两。其盐课、厘金项下银二十二万两，内除已解的部库银六万两，化解福建赏京饷银五万两，尚未解银一十一万两。以上共有未解京饷银三十七万两。刘秉璋奏请全数暂从缓解，以供海防急迫之用。此外，各省协饷，亦请准予停解；以后遇有应协之项，免于再拨，"以舒喘息"。另外，刘秉璋还号召乡绅捐输钱粮。到 1885 年底，宁波、绍兴二府便捐银三十余万两，基本上解决了筹防中的经费问题。刘秉璋说："当镇海封口，丁厘无收，待饷孔迫之际，全赖此款陆续接济，以固军心，为功不浅。"③ 据统计，在筹防财政中，"浙中取给盐货丝茶各数十万，宁定六邑，劝捐二十二万，合之宁郡丝、茶、盐店、钱当牙贴又三四十万，既无部拨专饷，亦不借贷洋款"④。基本上靠自力更生，筹齐了军费，这在全国各省中，是十分少见的。

（十）激励将士，同心御敌

浙省各级文武官员，在战前和战争中，多次激励三军将士，号召人人奋勇，痛歼来敌。并严申纪律，规定：凡力战有功者必优先奖赏，伤亡者

---

① 《申报》1884 年 8 月 31 日。
② 《浙东筹防录》卷 2，第 42 页。
③ 《浙东筹防录》卷 3，第 29 页。
④ 《刘文庄公奏议》卷 4，第 17 页。

必优恤，畏敌退缩者必绳之以法。薛福成、杜冠英、宗源瀚等还经常亲莅前线劳军，慰问鼓舞将士。特别是南洋开济、南琛、南瑞三轮自石浦败后，畏法为虎，避入镇海内，统领、管驾皆气沮心慑。薛福成得知其弁勇多系甬人，"恋家心甚，则恋战气衰"，于是出示禁止弁勇登岸，"以绝其反顾"。又担心他们低落的士气会影响其他各军，"恐致全局瓦解"，他便电告省府，请宪台电饬钱统领派员持令箭往告三管驾："无论何时，如有再移进白家浦一步者，应并前罪严参，先行就地正法；能坚守亦专疏保奖。该轮若以全力扼住口门，敌轮究难驶入。"① 薛还当面将电文给水师统领吴安康看。吴羞愧得面红耳赤，良久无言，最后他说："吾三轮誓与此口共存亡，决不内移一步，请电告中丞勿念。""其后三轮扼守桩门，炮击法舰，连中要害，相持三阅月，迄未少退，厥功甚懋。"②

以上十个方面的措施，仅是浙省筹防中的几项重要内容。它从组织上、思想上和财力物力上为以后的反侵略斗争做好了充分的准备。薛福成评论说：镇海"防守完固，毫无损伤，实数十年洋人入华以来所仅见"③。

三、严阵以待，痛歼来敌

1885 年 2 月 13 日，南洋水师南琛、南瑞、开济、澄庆、驭远五舰在总兵吴安康的率领下，奉命援台，于檀头山洋面遭法舰九艘截击。澄庆、驭远因速度较慢，脱离舰队，避入石浦港，其余三舰乘雾驶入镇海口内。法舰追踪至石浦，澄、驭二舰兵勇弃船逃散，2 月 15 日放水自沉。2 月 28 日，法舰纽回利、巴夏尔、答纳克、德利用芳四艘排泊于镇海口外之七里屿洋面。浙江提督欧阳利见闻警后，一面加派哨探，侦察敌人之动向；一面飞饬北岸提督杨歧珍、水师统领吴安康、营务处杜冠英、记名总兵钱玉兴加强戒备，严阵以待。其部署如下：调杨歧珍所部淮军前营一哨带过山炮六尊，分置北拦江；一哨带过山炮四尊，驻扎县西北隅；右营帮带蔡利

---

① 《浙志便览》卷 7，第 15 页。
② 《浙东筹防录》卷 4，第 9 页。
③ 同上。

清带二哨分屯洋关、福建会馆；亲兵一哨带格林、过山炮在东岳宫长城，兼助新开炮台；中营总兵黄瑾住招宝山督战迎战；右营游击王鳌整队听调；后营总兵龚金标严为戒备；杨歧珍亲自负责稽查指挥；杜冠英移驻招宝山炮台；吴杰仍照料两岸炮台。欧阳利见的直属部队分成三路：达字中营伍金洪率队五成，环伏山西北隧道，以备冲锋；练副中营参将郑鸣章率队五成，环伏山西南隧道，以备包抄；健左旗副将费金组率队八成，伺伏沙湾海堤墙下，以备策应。又令楚军、练军各营，以队三成轮流分地段潜伏，其余守营听调。责令各要隘地雷之守机人，准备随时引机待发。传谕瑞、琛、开、超、凯五兵轮及红单师船，差参匀泊桩内，兵轮、炮台必计弹可及敌船时，始行轰击，以避免浪费弹药；陆师不准哗动露面，敌不登岸，只可静守。欧阳利见亲自坐镇金鸡山，负责全面指挥，并督天然、自然各暗炮台迎敌。此外，规定泊于口门之宝顺轮，非万不得已时不沉，四石船开仗即沉桩内。口门禁止渔、商务船出入。

　　3月1日（正月十五日）上午九时，法以一小轮，驶向游山口，试探虚实，被招宝山炮台击退。下午二时，法大铁甲舰纽回利率领三舰，气势汹汹，向我招宝山炮台猛烈攻击。我军兵轮、炮台奋力还击。炮目周茂训"一发即中纽回利船头，旋即折其头桅，已又击伤其船尾；南琛等船助战，亦击中法船两炮。法船用排炮还击。炮台受数十弹，均陷入三合土内。惟周茂训中敌弹，折其右胫。山后明炮台亦被弹毙炮兵二名，勇丁一名"①。战斗从二时至五时，双方各开数百炮。法舰不支，相率退出，泊于金塘外之洋面。欧阳利见认为法舰离钳口门甚近，该处又是道光年间英人扰境登岸之所，法军很可能乘夜偷袭，于是加派差官三名，持令率同梭巡。薛福成亦急电镇海前线："今夕元宵，宜严备。"是夜八时，果有法小船二只将拢岸，被差官同后营逻卒击退。

　　3月2日晨，被伤之法大黑铁甲舰向外洋驶去，三船仍泊原处。欧阳利见认为这可能是敌人的诡计，命令我军水陆仍严备不懈，特别是要"夜防鱼雷暗来"。他同吴杰商量后，决定派舢板六只、洋枪六十杆、格林炮六尊，在桩外彻夜守口了备。是日晚八时，敌用二艘鱼雷艇对我进行偷

---

① 《浙东筹防录》卷2，第52页。

袭，妄图炸毁我之兵轮，被我炮台、兵轮开炮击退。

3月3日黎明，法增船二艘。薛福成、宗源瀚即电告杜冠英："日内必有大战，宜严备。"十时，法舰答纳克复攻招宝山。"杨歧珍、杜冠英督率吴杰开炮。敌船甫近，即被我弹中其烟筒，再中船桅，横木下坠，压伤兵头及护从多人。南洋兵船，复从旁击中二炮。法船创甚，收旗转轮，仅获出险遁去。"①

法舰再败之后，不敢接近招宝山口门，只以一白船替泊游山，倚山为障，装作没有动静。欧阳利见"知有鬼计"，3日黄昏时，密派健左旗副将费金组带勇百名，执枪伏馒头山脚，暗防敌来。夜十时，"果有法小船两只潜移而至，经排枪轰击，炮台、轮船相机击退"②。

3月4日，欧阳利见令水师统领吴安康速购三千五百磅大铁锚三只，分系于开济、南琛、南瑞三舰之尾，"俾船首不致随潮内向，蹈马江覆辙"，从而保证了我船首大炮能始终对准敌舰。

3月5日夜，风雨晦冥，法人乘机用黑白舢板两只，载兵多人，准备从馒头山脚登岸，潜袭我港口炮台。他们采用"声东击西"战术，先在南岸蚶岙岭派奸细"故事惊张，冀分我兵，为便蹈瑕登岸"。埋伏于该处的副右营没有中计，只派十余人持枪往视；而健左旗费金组的大队人马仍伺伏以待。待敌船靠近岸时，费金组一声令下，顿时排枪大作，立即将二法船击沉，船上法兵亦全部被歼。

3月6日黎明，法人又以小轮闯进虎蹲山，被我炮台再次击退。

此后数日，法舰退泊金塘洋面，或散或合，来去无定。由于连日来前线将士不断粉碎敌人的进攻和偷袭，人人欢欣鼓舞，三军踊跃感奋杀敌。浙抚刘秉璋特拨款二千元，奖赏有功将士；薛福成等亦到南北岸炮台、兵轮、陆营等处进行视察、慰问。他们不断激励将士：严备勿懈，"敌若再次，务须戮力奋击，共奏殊勋"。欧阳利见也"遇事与诸军熟商"，并"谆谕水陆各营严备静待""彼若拢近扑犯，誓必聚而歼旃"。

3月10日，法增援舰只到达。13日、14日，接连炮轰小港及蚶子岭

---

① 《镇海县志》。

② 《刘中丞咨送浙江镇海口布置及战守情形图分说》。

炮台。由于小港炮台之精炮根据欧阳利见的命令早已迁往乌龙冈，仅存空台，所以"二十七日（13日）法舰放十余炮，仅中三炮，嵌入麻土袋及坏一乱石墙。二十八日（14日）又放九炮，无一击中。我军静守不动，均未伤人，至今空台屹然未毁也"①。薛福成根据过去马江、基隆、石浦、镇口法人皆以朔望前后二三日，乘潮汛来攻的教训，提醒前线将士，近日必有恶战，应当严防。13日、14日，法舰果然来攻，欧阳利见"率诸军从容抵御，人无惧色"。敌人没有捞着便宜，只好退去。此间，法人企图架炮桅顶，以便从高击下。由于大炮过重，绳索忽断，法军被压死压伤者三十余人。

3月19日（二月初三），薛福成到镇海劳军，见法一大舰抛泊，倚游山为屏障，便商之于统领钱玉兴，谓乘夜袭击，可以获胜。20日晚，钱命副将王立堂率领敢死队，潜运后膛车炮八尊，伏南岸青峙岭下，三更后对法突击，五炮中船，伤法多人。法船开炮回击，弹落水田，我军无损。这是镇海守军首次主动袭击法舰，并取得了一定的胜利。

从3月1日到20日，法舰在我镇海军民的铜墙铁壁面前，屡次进攻、偷袭都遭到失败，弄得无计可施，一筹莫展，最后只好悻悻退到金塘洋面，在口外进行封锁。3月19日10时，法远东舰队司令孤拔乘坐舰巴夏尔号驶往澎湖，6月11日死于该岛。舰队司令由利士比接任。此后法舰无甚作为，"每日或放炮数响，或升竖红旗而不战""盖内怯而借以张声势"②。而我军民一直严备不懈，使得"敌与我相持四五十日，欲蹈瑕伺间以图一逞，卒不可得"③。大敌当前，镇海军民万众一心，众志成城，就连僧人也加入了斗争的行列。3月28日，法人带领奸细六名，乘坐小艇从大溪头登岸，刺探我之军情，途经育王寺时，被僧人发现，当即擒住法人一名，其余狼狈逃窜。

4月15日中法议和。6月29日，法舰驶离镇海。历经四个月之久的镇海保卫战于此结束。

---

① 《金鸡谈荟》卷13，第26页。
② 《浙东筹防录》卷4，第22页。
③ 《浙东筹防录》卷2，第44页。

云南文库·学术名家文丛

四、可贵的启示

镇海保卫战以击沉法军木板船两艘，击伤法军舰数艘，毙伤数十名法国官兵而告终。孤拔想消灭南洋三舰，破坏炮台，占领镇海的计划失败。在4个月中，他们始终未能越雷池半步，却反而陷入了进退维谷、旷日持久、折舰损兵的困境。而中国军民却在此役中一雪国耻，取得了全面的胜利。它与淡水之战、镇南关大捷、临洮大捷等战役组成了中法战争后期一曲气势磅礴的交响乐，同时也为法国茹费理政府敲响了丧钟，是中国近代史上少有的抗击外国侵略获得胜利的几例战役之一。它的胜利，给了我们什么有益的启示呢？

第一，未雨绸缪，做好充分的准备，是对敌斗争取得胜利的必要前提。

镇海战役，是在清政府已下令对法宣战，并迭次谕令沿海严密布防的情况下开始的。浙省地方官员，在战前即做好了充分的准备，采取纵深部署，层层设防，"堵"与"诱"同时并举的防御方针，因而使敌无隙可乘。如前所述，筹防在海口之外，拆除灯塔、航标，杜绝引水；口门钉桩沉船，设置水雷，断敌来路；岸上又筑围墙、隧道、暗堡，防敌登岸偷袭；炮台进行伪装，迷惑敌人；口内停泊军舰，与炮台互为呼应，彼此声援；水陆两翼又有强大的后备劲旅……这样就组成了炮台、陆营与水上舰艇严密交叉的火力网。毛泽东同志说过："不打无准备之仗，不打无把握之仗。"① 镇海之役的胜利，正是在事前有充分的准备和严密的部署下取得的。薛福成说："中法开衅以来……惟浙省……防守完固，毫无损伤，实数十年洋人入华以来所仅见。"②

至于布防的决策，浙省官员曾有"堵"和"诱"的不同主张。两者孰优孰劣，孰高孰低？我看不能简单地进行比较，而应从实战的效果去检

---

① 毛泽东：《目前形势和我们的任务》，《毛泽东选集》合订本，第1143页。
② 《浙东筹防录》自序。

验。前者着眼于拒敌于国门之外（刘秉璋），后者则着重于"诱敌登岸，聚而歼旃"（欧阳利见）。其实这是一个问题的两个方面，它们可以起到互为补充、相依相托的作用。后来在实战中，这两种布防均得到很好的发挥，并都有出色的战果。近来一些史家在文中扬刘抑欧，这种做法似有可商榷之处。

第二，万众一心，众志成城，是克敌制胜的重要保证。

在历时 121 天的镇海保卫战中，浙省上自巡抚、提督，下到普通军民，基本上能做到同仇敌忾，团结一心，因而筑就了一道敌人无法逾越的铜墙铁壁。当时的文武官员，有湘系、淮系之分，军队中有水、陆、炮诸兵种之别，人事复杂，意见也难于统一。战前除了刘秉璋（淮系）和欧阳利见（湘系）在决策上有分歧外，部下将领也"积不相能""不无龃龉"①；分防南北两岸的参将郑鸿章与炮台守备吴杰"屡因细故互生猜嫌，几欲列队开枪决斗"。针对内部的不团结现象，薛福成上书刘秉璋，指出："强敌在门，将领不和最为大忌。"② 他一面令宗源瀚驰往和解，一面再三面告杜冠英，劝勉吴杰"切勿恃功逞愤，致失事上之礼，务于提台体制无亏，以期力顾大局"。他知道吴与郑分属刘和欧阳，他们的矛盾实质上是省府文武两大员的矛盾，因而建议刘再密谕杜冠英，勉励吴杰"以大义"；而对吴郑的矛盾则"不便过于揭明，盖冀痕迹渐融，则日后尚可共事也"。但他对吴杰"临财廉，御敌勇，操练勤，实为难得之才"表示欣赏，同时也指出"任气犯上，罔知礼让"是其所短。希望刘秉璋"用其所长，戒其所短，于裁抑之中，寓曲成之意，则造就将才必可收效于将来"③。对于两次击退法舰的有功人员，由于奖赏了炮台、兵轮，所以"各营望赏之心甚切"。薛福成认为"彼之所争在颜面，而不在数目之多寡。且两旬以来，放哨巡瞭，昼夜劳苦。此次浙防挫敌，为近年来之创举，而设防又必合众力而成"④，为此，他上书刘秉璋，建议分奖陆地各营，"同沾宪惠"。这实际上起到了缓和淮系与湘系、陆军与水师、炮台间矛盾的作用。薛福成

① 《浙东筹防录》卷 2，第 52 页。
② 同上书，第 40 页。
③ 同上。
④ 《浙东筹防录》卷 2，第 40 页。

站在民族利益高于一切的角度，以全局为重，在"联上下，化异同""调护诸将"，鼓舞三军同心同德对敌进行斗争方面，做了大量的工作，起了决定性的关键作用。由于他的努力，使战前和战争中，浙省前线将士的矛盾没有扩大，或是推迟了矛盾的爆发时间，基本上做到了"文武一心，上下辑睦，奋其智能，各事其事"①。战后刘秉璋在奏请加奖欧阳利见的附片中说："（欧阳利见）与统领杨歧珍、钱玉兴和衷共济，联湘、楚、淮军为一气，用能众志成城，克摧大敌，厥功甚伟。"② 这既是对欧阳利见的肯定，也是对薛福成的赞扬。

第三，善于总结经验教训，是取得对敌斗争胜利的重要环节。

镇海战役是继马江战役之后的战役，马江战役失败的教训，使浙省筹防者引以为鉴。如：马江失利的一个重要原因，在于清政府没有采取"塞河先发"的正确建议。镇海守军没有再蹈马江的覆辙，他们钉桩沉船，密布水、陆地雷，桩外又拆除灯塔、航标，使敌不能进口。又如马江炮台均固定外向，炮台目标又过于暴露，没有隐蔽，后来法舰回驶，主要炮台几乎全被摧毁。镇海守军吸取了马江的教训，对炮台进行伪装隐蔽，将精炮移于暗台，再以棕荐、沙袋层层包裹，使弹落而不开花，损失十分轻微。又如马江福建水师船舰与敌杂泊，由于只系一铁锚于船首，涨潮时船首向外，退潮时船身首尾易位，故敌人利用这个规律，将中国船舰击沉。欧阳利见从中受到启示，他发现我南洋三兵轮由于受潮水影响，不能稳定，于是打破轮船不能设置二锚的"洋规"，命令三舰的船尾各置三千五百磅重的大铁锚。这样船身稳定，不受潮水涨落的影响，使三轮之首日夜对准法舰，"发炮多能中的"。其他如迁教士、清间谍、杜绝引水，等等，都是吸取了马江失利的教训后而采取的正确措施。镇海保卫战的胜利，再次证明"失败为成功之母"这个真理。

（原载上海《军事历史研究》1991 年第 4 期）

---

① 《浙东筹防录》自序。
② 《金鸡谈荟》卷 13，第 26 页。

赫德的调停与中法和约的签订

中法战争的结局有三个情况一直使人迷惑不解：一是中国军事上胜利了，但外交上却遭到了失败，即所谓"中国不败而败""法国不胜而胜"；二是中国与各国的职业外交家们经过多次谈判斡旋未见其功，而后却是"业余外交"者摘取了桂冠，获得了胜利；三是代表中方直接参与谈判签字的不是中国人，而是两个披着中国官员外衣的外国人——赫德和金登干。这种情况是中国近代史上，也是世界外交史上十分罕见的奇异现象，因而有必要进行研究，并从中得出历史的教训。

一

近代史上的中法战争，不是一次孤立的事件，而是有着深刻的国际背景，因为"自从帝国主义这个怪物出世之后，世界的事情就联成一气了，要想割开也不可能了"①。法国企图通过这次战争夺取越南，进一步侵略中国；英、德、日、美、俄等国也想趁火打劫，企图从中扩大自己在华的影响和利益，为自己多捞到好处。就某种意义上讲，这次战争，实际上是帝国主义列强瓜分中国的前奏，是西方国家既争夺又勾结，而勾结又大于争夺的一次恶劣表演，是他们集体绞杀中国阴谋的暴露。不过，由于这些帝国主义国家的发展有先有后，地理位置距中国有远有近，在华利益有轻有重，国际战略和远东战略也各不相同，因而在表现手法上也是或明或暗，

云南文库·学术名家文丛

---

① 毛泽东：《论反对日本帝国主义的策略》，《毛泽东选集》合订本，第147页。

多种多样的，有的是公开助法为虐，有的则玩弄狡猾的"居间调解"。但不管其手法如何的不同，他们的目的都是要从中国的身上割取一块肥肉，帮助法国打败中国。

值得注意的是，在这次战争中，西方列强先后利用斡旋调解为扩大自己在华的权益服务。德国、美国都曾充当调停人的角色来干预战争，然而都没有成功。英国是最热衷的调停者，因为它在远东拥有巨大的政治、经济权益；它自始至终关心并扮演调停人的角色，竭力排斥他国，企图独揽中法调停大权。

英国的调停活动，先是由其外相格兰威尔在中国的驻英大使曾纪泽和法国的驻英大使瓦亭顿之间进行，而后则由驻中国的总税务司赫德及其助手金登干一手操纵来完成的。格兰威尔在中法战争爆发前，曾竭力压迫中国，要中国"节制"，作出让步，满足法国侵略者的要求，以避免中法战争的爆发；马江海战后，法国的侵略行径直接威胁到英国在中国沿海和长江中下游的利益，因而使得英国迫不及待地想通过调停来解决中法战争。由于清政府的谈判代表曾纪泽的坚决拒绝和法国的侵略胃口难于满足，格兰威尔调停同德、美一样，不免付之东流。在职业外交家们一筹莫展之后，赫德、金登干这些业余外交家们便粉墨登场了。他们借助于谙熟的中法双方形势和国际背景，巧妙地掌握了交战双方变化万端的情报，运用娴熟的个人外交手腕，及时地抓住有利时机，终于导致了中法和谈的成功。格兰威尔的调停未见其功，而赫德的斡旋却直接导致了中法战争的结束。英国这种由公开的官方调停到秘密的业余外交方式的转变，说明其外交手腕的狡诈性和欺骗性，同时在世界外交史上也创造了一个奇迹。

二

众所周知，自从第一、二次鸦片战争后，中国的半殖民地半封建社会地位随着西方列强的侵略而日益加深。帝国主义通过控制中国海关，利用海关关税来操纵中国的财政、金融、对外贸易和内政外交。由于海关关税的收入占了国家预算总收入的30%～40%，而关税又用于中国的外债和对外赔款的担保，因此，帝国主义各国便强迫清政府在总税务司和各分海关的头目由他们担任。中法战争时期，中国海关总税务司为英国人赫德把持，他通过与在伦敦的中国海关办事处税务司金登干的频繁活动，随时探测中法及西方各国的动向，窥伺时机，以便驾驭中法双方，达到为其所用的目的。中法战争时期，赫德的活动可分为以下两个阶段：

第一阶段（1883 年 4 月—1884 年 8 月）。早在 1883 年 4 月，河内纸桥之战以前，赫德即根据金登干的情报，获悉法国进军北圻，中法冲突已经不可避免。他认为，如果法国继续扩大对越南的"保护"，或侵占更多的土地，那么中法间的冲突和战争就几乎是肯定的了。无论法国胜败，中国都将付出重大的代价。如果法国把军事行动局限于云南和越南，中国人就会把它拖住，使它疲敝。法国要想封锁中国，会遭到德国的反对。但日本会同法国合作使朝鲜脱离中国，俄国也许又在边境上拿去一大块。至于中国的"友好各邦"，如英、美、德都不会发一兵一卒来帮助中国。所以赫德的态度是"全不干涉"。在"不干涉"的幌子下，赫德向清政府抛出了以下建议：开放红河，在云南边境设立商埠，让外国人在商务上获取更多的利益，以争取各国政府从实际利益上来关切和同情中国。也就是说，让清政府出卖更多的主权，使西方列强得到更多的实惠。

山西、北宁战后，法国向清政府诱和，美国公使杨约翰和德国税务司德璀琳都插手"调停"。对此，赫德十分担心德国的势力和利益因此而继续增长，英国的权益会衰落，同时也怕德璀琳会取代他的地位而使自己大权旁落。他强作镇定，以"将佐的成功，虽然可以使他们预先成了统帅的最后继承人，但不一定就立刻压倒统帅"来勉励自己和他的助手，准备重整旗鼓，以求一逞。

1884 年 6 月观音桥事件后，法国侵略者提出由中国赔偿军费 2.5 亿法郎的无理要求。同时声称要派海军进攻，对清政府进行威胁。清政府却幻想依靠赫德和美、德等国进行调停，以挽救危局。赫德即于 6 月 30 日到总理衙门，代表法国指责并威胁清政府说："《中法简明条约》既允法文为正，不照法文即是背约""法国必将着水师官来华动手，那时便难办了"。他要中国退兵和偿付赔款，说"中国退兵并不吃亏""付赔款而避免战争是上算的"（《中国海关与中法战争》）。他还代表清政府向法国驻华公使巴德诺保证，7月15日前，中国将驻扎在北圻的兵勇全数撤回。7月20日和21日，他又致电总理衙门，进一步胁迫清政府说："偿款万不能免，而名目可不拘定""为免却交战，中国愿付不意格外之经费"；要中国负责谈判的全权代表曾国荃"所有办法，均先与总税务司会同商订"（《中国海关与中法战争》）。在偿款"名目可不拘定"的名义下，赫德换了个赔款花招，由曾国荃出面，"抚恤"法国将士五十万两银子。巴德诺嫌钱太少，不肯接受。而清政府原希望赫德"据理代争"，不料他却为法说项，"徒滋笑柄"。于是总署电令赫德回京，"以免从中煽惑"，另请美国公使杨约翰调停。赫德不肯甘休，一方面借口"只待有船即可进京"，一面又以"保边费"为名，要清政府赔一千万两白银给法国，分十年付清，后又遣人送信给军机处，说"四百万可了"。

1884年8月上旬，法国海军利士比号炮击基隆后，赫德通过税务司贺理壁两次至总理衙门，再次胁迫清政府承认赔款等项，说："前议四百万恤款，中国不允，现在情形不同，改恤款为边界经费，加至一千万两，如中国立刻允准，仍分十年还清，每年一百万两，仍可了结，基隆亦即退还中国，法不占据。如不肯允，定要轰夺船厂并福州省，再驶船北来索款，到那时候，台湾地方即归法国，是不退还的了，云云。据总税务司看来，不如趁此了结为妥。"（《中国海关与中法战争》）清政府答以"所说均难照准"。法国则坚决要求赔款八千万法郎。这样，赫德的调停活动不得不再次宣告失败。他在1884年给金登干的信里发出了如此的哀叹："中国拒付赔款的决心，法国的缺乏耐性，并且使用了恐吓和暴力，这些使我的调解企图自始即没有希望，而最后是失败的。"（《中国海关与中法战争》）

第二阶段（1884年8月—1885年6月）。1884年8月23日，法国孤拔袭击中国马尾海军，炮轰福州造船厂后，26日清政府下诏对法宣战。上谕除了谴责法人先启兵端并在军事上作了具体部署外，还说今后如有再敢陈言赔偿和解者，即交刑部治罪。清政府的态度，无疑对言和妥协的人是个打击。但是，老奸巨猾的赫德深知，清政府的抵抗是被迫的，它的抵抗不可能持续多久，它随时都需要妥协。他说："基隆被攻击后，（中国）不得不战，但中国始终不愿战争，准备谈判。"（《中国海关与中法战争》）同时他还看到，"战争拖得越久，中国越不会退让，也越可能发生对中国有利的事"（《中国海关与中法战争》），这样会"驱使中国走入德国和美国的怀抱，英国人和英国的利益将被抛在一旁去了"（《中国海关与中法战争》）。因此，为了英国的利益，赫德决定"必须抓住任何一个微小的机会来行动以争取成功""必须找到可以开辟新途径的机会"，去重开谈判（《中国海关与中法战争》）。

赫德所希望的机会由下面两件事的失败而到来：①1884 年 9 月至 12 月，由赫德、金登干牵线，英外相格兰威尔出面，在中国驻英公使曾纪泽和法驻英公使瓦亭顿之间的斡旋宣告失败。②美国、德国劝中国赔款的调停，也因清政府拒付赔款而终止。赫德在 1884 年 12 月 12 日打电报给金登干："两者都已失败，我们即可自己着手。"他指示金登干，直接与茹费理打交道，另辟谈判的新途径。

1885 年 1 月 7 日、8 日，赫德借上年 10 月法国海军在安平扣留"飞虎号"海关供应船而与法交涉之机，四次书、电金登干，要他立刻前赴巴黎，晋见茹费理，一方面探询茹对谈判的态度和要求，了解"什么是法国的最低条件"，另一方面向茹解释，赫德已劝导中国接受调停，并同意附加条款。他要金竭力向茹费理证明，总税务司是可与中国最高当局直接联系的人，是中国的高级官员，他能代表中国进行谈判；总税务司和伦敦办事处的税务司深悉谈判内情，并愿推动和平解决。他还力图使茹费理相信，如法国要在现阶段和平解决，这就是最合适的机会。赫德的秘密外交活动得到英国外相格兰威尔"很恳切的支持"。茹费理也说，赫德、金登干提出的调和办法是"他所听到的唯一合理办法"。但他对赫德的权力和秘密外交仍表示怀疑："对任何提案，除非直接来自总理衙门并正式送交，不便赞成或接受。"

在茹费理同意中法和谈的同时，他却加紧军事进攻。2 月 4 日至 13 日，法军侵占谅山，清军退入镇南关。赫德为满足法国胃口，一再地压迫清政府在边境等问题上作出让步：中国不再争越南的朝贡；中法以谅山为分界线，由谅山直向西边境。后来清政府继续退让，答应由谅山向西北至老街作为边境线，并在谅山和保胜两处开放贸易市场，成立中国海关。茹费理则断然拒绝："谅山至老开一线不能接受。"他要的是全部占领越南，并要求中国完全履行津约和提出切实的保证。

面对法国的军事压力和茹费理的强硬态度，赫德又主动讨好茹费理："如中国批准 5 月草约，并立即履行，法国能否满意？是否就此解除封锁，并派公使来此商订详细条约？"他还向茹证明：中国皇帝已令津、沪、闽、粤等地的谈判全部停止，"目前的谈判，完全在我手里，并不受干预"。对于法方坚持要中国履行津约的保证一节，他给茹费理出谋献策，说："为了法国，最好不明提保证——即暂时占据台湾——而把它视为当然，那里的军队，可留到订立详细条约或为最后撤退备好便利的运输之时。"（《中国海关与中法战争》）茹费理对此十分高兴，他要金登干转达他"对于赫德爵士所使我引起的希望是满意的，我和他一样，以为是只有一个居间人（即他自己），并且每一件事都要保持极度的秘密，直到可以恢复公开谈判为止"①。他在给法国驻柏林大使柯塞尔的电报中称："我通过赫德爵士与北京直接接触，赫德爵士是总理衙门所唯一授权的人。"②

赫德把中法谈判的大权抓到手后，得意忘形，称这次"业余外交"犹如一场"惠司脱牌"游戏。他踌躇满志地告诉金登干："我把事情全抓在我手里，并尽量保守秘密，连李鸿章都不知道实情，而且没法碰到它。"（《中国海关与中法战争》）他还提请茹费理注意："李（鸿章）现在并无权力在任何方面接触这项问题。"（《中国海关与中法战争》）1885 年 2 月 27 日，清政府批准了四款方案，并任命中国海关驻伦敦办事处税务司金登干为专使，代表中国与法国签订草约。

3 月 25 日，金登干与茹费理数次晤谈后，电告赫德，说茹费理接受了中国所提三款作为停火条件，仅对第一款略作口头修正，并对草约作了以下说明：中国履行 1884 年 5 月 11 日条约并将北圻中国军队撤入边境；台湾封锁立即解除；中法双方代表尽速谈判和平、友好、通商条约，在为和平谈判期间内暂先停止敌对行动。与此同时，法国政府授权外交部政治司司长毕乐代表法方与中方代表金登干签署草约。

当赫德的秘密谈判正在紧张频繁进行的时候，中法陆路战场的形势出现了重要的变化：1885 年 3 月 23 日、24 日，中国陆路战场东、西两线清

---

① 《法国外交黄皮书》：1884—1886 年《中法越南事件》，第 178 页。
② 同上书，第 197 页。

军分别取得了镇南关和临洮大捷。3月30日茹费理政府倒台。这个情况使赫德等人如热锅上的蚂蚁，惊惶不安。他担心中国的胜利会使谈判付之东流，"像早霜会伤损嫩果一样""使我们三个月以来不断努力和耐心所取得的成就完全搁浅"（《中国海关与中法战争》）。震惊、担忧之余，赫德强作镇定，命令金登干不要再耽延时间，立即"相机行事"。

北京清政府把临洮、镇南关的胜利当作和谈的资本，认为"有此大捷，乘机结束，尤为得体"①。在陆战胜利的同时，中国在海战方面却遭到了失败。法国海军孤拔舰队不仅封锁了江浙沿海和台湾，而且于3月29日占领了澎湖。这一严峻事实促使清政府加速了议和的步伐。因为照他们看来，"现在桂甫复谅，法即据澎，冯、王若不乘胜即收，不惟全局败坏，且孤军深入，战事益无把握；纵再有进步，越地终非我有，而全台隶我版图，援断饷绝，一失难复，彼时和战两难，更将何以为计？"② 这个情况，过去为许多史家所忽略，他们只看到北圻陆路战场清军的胜利而忽视在海上的失败，由此指责清政府"乘胜议和"的卖国性，而未看到在有胜有败、有得有失和有争必有让的情况下，清政府此时"乘机结束""弃越保台（澎）"策略的合理性。

3月30日，总理衙门声明接受茹费理对于草案第一款的口头修正和他的解释说明书。3月31日北京的声明传到巴黎，茹费理同意了清政府所增各点，但因他已倒台，新内阁尚未成立，草约的签字发生了困难。赫德在获悉茹费理辞职后，3月31日下午电令金登干向法国外交部长解释谈判已达成协议的各点，并说明中国随时准备在草约及解释说明书上签字。此后金登干直接找到法国总统格利维，取得了格的同意并授权毕乐在草约上签字。1885年4月4日下午4时，由金登干代表中方，毕乐代表法方在巴黎签署草约及解释说明书。4月5日，赫德获悉草约签字后，立即复电给金登干，称赞他："好极了！办得不错！我庆祝和感谢你。"6日，中国政府颁布谕旨，批准津约，下令中国军队停止敌对行动，并按规定日期撤兵。法国对清政府迅速批准津约，感到十分满意，说："4月6日谕旨公布的迅

---

① 《中法战争》六，第400页。
② 同上书，第335页。

速，都足为中国政府最高当局诚意谋求谅解和忠实履行初步协议的保证。"（《中国海关与中法战争》）

草约签字后尚有一些关乎如何履行的问题在巴黎继续进行谈判：①解除台湾的封锁和停止敌对行动。②延长自北圻的撤兵日期。③退出澎湖群岛。④关于阻挠运米。4月23日，法国外交部政治司副司长戈可当和中国代表金登干在巴黎开始了正式条约的谈判。到5月23日，条约十款商谈结束，取得一致意见。6月9日，李鸿章与巴德诺在天津正式签订《中法会订越南条约》。6月11日，清政府批准了条约。

通过《中法会订越南条约》，法国侵略者取得了在战场上没有取得的东西，达到了发动战争的目的。它不仅攫取了整个越南，而且打开了中国的西南门户，首次夺得了在中国修建铁路的权利。对此，法国茹费理内阁和百礼霜内阁再三对赫德、金登干的斡旋表示感谢，并授予他们法国荣誉军团勋章。法国外长佛莱新讷掩饰不住内心的高兴，说："由于英国人的尽力，我们终于成功。"（《中国海关与中法战争》）中国方面，清政府也因法军退出澎湖，没有赔款，保全了"体面"而暗中庆幸。

三

在中法战争中，赫德、金登干通过秘密外交，最后导致了中法议和。他们的行为和目的，是否像清政府所说是"始终为中国出力"，或如赫德所说他对中国是"勉效愚忱"的呢？当然不是！赫德在此期间确是"工作得紧张，烦恼焦虑，以致身心交瘁""工作压得喘不过气来，甚至连给我妻子的信也忘了"（《中国海关与中法战争》）。据不完全统计，从1883年4月至1885年6月，赫德和金登干往来的电报达398封，信函64件，数量之多，可谓空前。而赫德在其函电里，也不时地以中国官员自居，说什么"总税务司是中国的官吏，自然要求能有对中国最好的解决方法""一个帝国受到了威胁，我必须向前，虽然贪图安静省事，听局势自去变化的引诱力很大，但为了良心和人道，使人必须抓住任何一个微小的机会来行动以争取成功"（《中国海关与中法战争》）。马尾海战后，赫德也曾谴责过法国在基隆、马尾的暴行，称它为"一连串恶毒的，不必要的，不公正的，毒辣的屠杀""我的理智判断虽然告诉我中国现在应当用任何方法解决这争端，而我的同情却属于主战的一派。如果我是一个中国佬，我也是要打的！这场战争是完全不必要的，法国的行动不合道理而且非常刁毒"，"法国扮演了一回恶棍，一个非常蠢恶的恶棍"（《中国海关与中法战争》），等等。

赫德这些表面动听的言词，掩盖不了他为维护和扩大英国的在华利益，牺牲中国权益来满足法国侵略者胃口的政治掮客的嘴脸。除前所述的赫德在调停中的大量事实足以说明外，还有以下情况值得注意：

第一，赫德竭力充当居间调停人的目的，并非是为了"良心和人道"，而是为了巩固和扩大英国在华的影响和地位。他在1884年11月2日致伦道尔的电报中就直言不讳地供称：谈判"如结果良好，中国将对英表示非常友好的敬重，今后英公使在此亦可有亲密而更有势力的地位"（《中国海关与中法战争》）。

第二，在开始谈判之初，赫德的方针就建立在"这些条件须基于中国是较弱的一方面拟订的"。也就是说，中国是弱者，可以欺负，按照帝国主义"弱肉强食""谁能够抢到手就算是他的了"的强盗逻辑，其结果必然是牺牲中国的利益来满足法国的要求。他的一句"名言"，也是他的外交活动准则，就是"让清政府在法国的菜篮子里多装些鸡蛋"。

第三，赫德在斡旋中尽量施展其狡诈的伎俩，一方面向清政府施加压力，用战争和法国的强大来胁迫清政府让步和就范；另一方面，又劝说法国当局满足清政府保全"威望体面"的虚荣心理。这样做的目的，是使法国得到更多的实惠。比如，他在1884年12月16日的电报里要金登干向法方暗示："中国原来接受津约，对'威望体面'和'边境'……如予拒绝，必将为了原属中国，而法国还未到手的东西持久地战争下去。相反的，如能同意，必可化仇恨为友谊；双方比较，法国尽得所欲，毫无所损，保有实益以虚名惠人；战争的胜利，还能为法国取得什么比现在提请茹费理立刻接受的更有利的东西？"（《中国海关与中法战争》）茹费理果然言听计从，在保全清政府一点"体面"的情形下，很快达成将整个越南吞并的协议。

第四，赫德凭他多年住在中国和特有的政治嗅觉，认为：中法之间的战争，中国是站在正义的一边，中国人民抵御外侮的决心和坚韧不拔的精神，终会取得战争的最后胜利。他对战争的双方有过中肯的分析，认为"法国劳师远征是必会疲敝的""中国如果真能打到底的话，它会赢的"。但为什么他要竭力出面调停，"必须用任何方法把它（中国）拖住"，不让中国取得胜利呢？除前述为了维护英国的利益外，还为了维护西方列强的整体利益。他说："战争拖得越久，中国越不退让，也越可能发生对中国有利的事，像欧洲方面的纠纷，反对法国的外力干涉……"（《中国海关与中法战争》）。尽管英国和法国、德国、俄国有着尖锐的矛盾和利害冲突，甚至在埃及、阿富汗等地的争夺中双方剑拔弩张，发出了战争的叫嚣，但它们在共同压迫、剥削中国，担心中国人民因战争的胜利会进一步激发反对外来侵略的革命斗争的态度上是一致的。由于西方列强在华的总利益休戚相关，命运与共，因而它们的目标就是要绞杀中国，让中国在战争中失败。赫德的"拖住中国"、不让中国胜利的方针，便是帝国主义列强总战略的具体实施和部署。他的调停活动，实际上也就是协调西方列强的行动，来共同对付中国，阻止"可能对中国有利的事"发生。

第五，赫德老谋深算，善于抓住时机，并以其坚韧的毅力和冒险精神，力排他国干预，最后取得了调停的胜利。在整个调停过程中，赫德充分掌握了中法双方及各国政府的态度和情报，不断审时度势，捕捉时机，"哪怕是抓住一个微小的机会来行动以争取成功"。在遇到困难时他不气馁，不轻易地为"不可能"所吓倒。特别是 1884 年 12 月法国决心以武力解决北坼而关闭和谈之门后，赫德没有失望，以交涉"飞虎轮"为契机，申令金登干直接与茹费理谈判，在茹倒台后又直接找法国总统。这个大胆的策略，收到了成效，并最后取得了成功。条约签字后，法使巴德诺借口批准手续不全，搞了些小动作。赫德对巴德诺的装腔作势厌恶至极，有好几次"气得放手不干了"，真想骂他"滚你的蛋"，以泄心中的忿懑。但是老奸巨猾的赫德深知，如果他稍一发泄自己的情绪，便会前功尽弃，功败垂成，太不合算了。于是，他又佯装笑脸，写了一封给巴德诺表示关切他健康的信，以示慰问。我们从这些细微末节和赫德调停所使用的策略来看，英国较之德、美等国，确是技高一筹，因而使它能力排众国，独揽调

云南文库·学术名家文丛

停大权。

四

中法战争，在列强的干预而主要又是在英国人赫德的操纵调停下结束了。它的结局，多少年来被认为是乖诞离奇：中国不败而败，法国不胜而胜；中国军事上胜利，而外交上失败，法国则是军事上失败，而外交政治方面获得了胜利。近年来，也有人认为，中法双方都是和局，不承认中国是失败者；甚至有人认为，战争的结局是中国方面的胜利。其理由是：中国在战争中第一次没有赔款，没有割地；通商、修铁路是正常的，不能视为丧权辱国。

其实，战争的结局，中国是失败者，和约丧权辱国，这是毫无疑问的。因为战争的结局是胜、是败或和的问题，要由战争双方的目的来看。中法战争中，法国发动战争的目的是要全部占领越南，打通通往滇、桂的道路；中国是要保藩固边。战争的结果，法国的主要目的达到了，而中国的目的却未能达到，最后签订了有利于法国而对中国不利的条约。战后法国不仅把越南变为殖民地，而且将魔爪伸进了中国的西南边疆，将龙州、蒙自开为商埠，修建滇越铁路，掠夺云南丰富的矿产资源，把云南划入它的势力范围，等等。因此，不能说战争对中国是胜或和的结局。

但是，对中国不败而败、或是说军事上胜利的问题倒是值得讨论的。我认为，在中法战争中，中国总的来说是败多胜少，而战争在最后阶段也是胜负各半。试观山西、北宁之战，马尾海战，谷松之战，台湾之战等等，都是中国的失利。而战争的最后阶段，虽然清军取得了临洮、镇南关大捷，但海上澎湖列岛却被法军占领。这种陆战胜利、海战失败的情况不能视为中国军事上的完全胜利，而只能说是中法胜负未分，各展所长，最后未见高低。至于外交上的失败，那是不言而喻的。尽管中国没有赔款、割地，条约也照顾了清朝的一点体面，但总的来说是丧权辱国。

有的同志说，清政府的外交完全操纵在英国人之手，因此必然要失败，这个说法不完全对。因为当时的中国是个半殖民地半封建的国家，同殖民地的国家有所区别，它的外交大权并未完全丧失，中国的主要决策者还是慈禧太后等少数统治人物。赫德曾披露过：在这次谈判中，每一项提议都是事先经过太后亲自主持考虑和批准……太后在完全放弃北圻并在许多点上让步之后，亲笔加进第二款，勾掉第十款（《中国海关与中法战争》）。可见和谈的决定，条约各款的取舍，都是要由中国当局的最高统治者来核准定夺的。又如前述赫德曾多次劝中国赔款，赔"不意格外之经费""抚恤费""保边费"给法国，均遭到清政府的拒绝，"所说均难照准"。这说明清政府仍主宰着中国的外交，外国人完全操纵中国外交之说不能成立。但这并不等于缩小了外国干预中国外交的作用，特别是赫德的影响、他对清政府施加的压力和他的外交手腕及出卖中国的活动能力。正是赫德等人老练的手腕和应付自如的斡旋，因而加速了和谈的进程，促成了和约的签订。在整个中法外交中，清政府是主体，是政策的制定者，它在外交上的失败，乃是中国半殖民地外交的必然结果。马江海战后，清政府虽然在法帝国主义的战争威胁下，不甘坐受侵略和奴役，宣布对法作战，但它没有、也不可能看到中国人民同仇敌忾、齐心御侮的巨大力量，也不可能依靠和团结全国军民去夺取战争的胜利。它为了维护现有的统治，生怕人民起来乘机造反，所以随时准备与敌人握手言和，即使是陆路战场获得了巨大的胜利，也被当作"乘胜议和"的最好时机和条件了。

另外，作为半殖民地的中国，在经济上、政治上、军事上、外交上对帝国主义均有一定的依赖性，即半独立性。一个国家没有独立自主的政治地位，自然就谈不上有独立自主的外交。在中法战争中，中国的海关贸易为帝国主义所控制，军火、船械主要来源于西方，庞大的军事开支也借助于列强，外交上也必然为外人所左右。英国人赫德正是利用他任总税务司的特殊地位和身份，利用中国半殖民地外交上的对外依赖性而独揽中法调停，并胁迫清政府对法妥协的。昏庸腐朽的清政府，由于对西方列强抱着天真的幻想，采取"以夷制夷"的策略，把希望寄托在列强的"调停"上，对他们委以重任，甚至把谈判和签约的大权交给他们，依靠他们，殊不知他们与侵略者是一丘之貉，互相勾结，狼狈为奸，在如何打败中国的问题上是完全一致的。中法战争尚未开始之前，赫德就曾预言："至于'友好各邦'，虽然德国正高兴法国在中国有事，但是无论是它或英、美，都不会发一兵一卒来帮助中国。"（《中国海关与中法战争》）在调停过程中，赫德尽力帮助法国，达到了它发动战争的目的，取得了在战场上没有得到的东西，按他的话说就是要尽量让清政府往法国的菜篮子里多装些鸡蛋，以满足法国人的胃口。清政府这种没有独立自主的、半殖民地式的依靠帝国主义分子办外交的结果，必然是可悲的失败的结局。历史已经证明，这是不以人们意志为转移的客观法则。

（原载《云南社会科学》1989 年第 5 期，中国人民大学报刊复印资料《中国近代史》1989 年第 12 期全文转载。该文获云南省人民政府"云南省 1979—1989 年社会科学优秀科研成果"三等奖）

列强的干预与中法战争的结局
——中国不败而败，法国不胜而胜

19世纪80年代发生的中法战争，以中国军事上的胜利和外交上的失败而告终。"中国不败而败""法国不胜而胜"，这一离奇的结局多少年来使人迷惑不解。为了探究此次中国外交失利的原因，本文拟从战争中列强的干预进行剖析，以期找到问题的答案。

近代史上的中法战争，是法帝国主义侵略越南、中国，中越人民为保家卫国而进行的一场反侵略正义战争。但是，由于当时的国际背景是19世纪70年代以后，世界资本主义向帝国主义阶段过渡，因此，战争不是孤立的事件，它不可避免地带有国际性质：法国拼命地用武力夺取越南，加紧侵略中国；英、德、日、美等国也想趁火打劫，希望从中扩大自己的影响和权益。就某种意义上讲，这次战争实际上是帝国主义列强瓜分中国的前奏，是西方国家既争夺又勾结的一次恶劣表演，是它们集体绞杀中国阴谋的暴露。不过，由于这些帝国主义国家的发展有先有后，地理位置距离中国有远有近，在华的利益有轻有重，因而在手法上也是或明或暗，多种多样的，有的是公开的助法为虐，有的则玩弄狡狯居间"调解"。但不管其手法如何的不同，它们的目的都是要从中国的身上割取一块肥肉，帮助法国打败中国。这既是它们的共同需要，也是它们一致的战略方针。

首先是日本。日本是与中国为邻的帝国主义国家。明治维新以后，日本的垄断资本有了迅速的发展。对外方面，日本的侵略矛头首先是朝鲜和中国，而朝鲜又是日本的"渡满桥梁"，因此日本侵略中国，必先侵占朝鲜。这和法国侵略越南、中国的情况十分相似：当时的越南、朝鲜，都是中国的藩属国，它们都被法、日帝国主义看作是侵略中国的跳板和桥头堡；法国欲建立一个包括印度支那和中国西南地区在内的"法兰西东方帝国"，日本则想建立包括朝鲜半岛和中国东北地区在内的殖民地；法、日的对手都是懦弱腐朽的清政府，它们侵略计划的第一步是要分别夺取越南、朝鲜，使之脱离与中国的宗藩关系；法、日都是帝国主义国家，所不同的是法国是老牌的资本主义国家，而日本则起步较晚。由于以上相似原因，法国发动侵略越南、中国的战争，对日本的垄断资产阶级无疑是个信号和鼓舞。日本以法国为榜样，决心在朝鲜发动政变，让朝鲜脱离中国的保护；在军事上日本与法国南呼北应，牵制中国，构成南北夹击中国的态势。所以，早在1883年10月中法战争爆发的前夕，日本政界就主张"法日同盟""互相提携"，共同对付中国。1884年8月，马江海战以后，日本朝野上下纷纷要求"乘中法战争之机出兵朝鲜"，并派员赴法，加紧与法勾结，要求法支持日本在朝鲜发动政变。法国对此认为是绝好时机，指令法驻日公使出面，保证向日提供军事援助，以便"互为声援"。于是，日本利用中法战争之机，发动妄图谋求朝鲜"独立"的甲申武装政变。

　　日本策动甲申政变之际，正是中法战争激烈进行之时。法国茹费理操纵众议院于1884年11月28日不但批准了该年1600万法郎的军事开支，而且还通过了4300万法郎作为1885年第一季度的军事拨款。与此同时，法国海军封锁了台湾海岸，台湾守军告急求援。清政府命令南北洋大臣及两广总督组织应援。但是，由于日本策划朝鲜甲申政变，"南北兵轮以朝鲜事起而议寝"，北洋援台兵轮因"朝鲜有倭变调回"，张之洞的五营粤勇及军事物资亦未能运济台湾①，从而给台湾的抗法斗争带来很大的困难。在陆路战场的西线方面，1884年11月下旬以后，清军包围了宣光，法军已成瓮中之鳖，缩颈待毙；东线方面，法军则乘日本在中国北方骚扰之机，连续攻占郎甲、船头，直逼广西边境，随后又乘胜分兵西向，解了宣光之围。

　　日本一手策划的朝鲜甲申政变，虽然由于种种原因而破产，但它是在中法战争关键的时刻发动的，这无异于从中国的胁下猛戳一刀，迫使清政府在抵抗法国的同时，不得不以较大的精力去对付来自东北方面的威胁。这样就加速了清政府对法早日议和的外交步骤，迫使它在临洮、镇南关大

---

① 《张文襄公全集》卷216。

捷之后，不得不乘胜议和，以便早日结束中法战争。因此，中法战争时期的日本，是法帝国主义的头号帮凶，是列强扼杀中国的一个主要刽子手。

其次是德国。1870年普法战争后，法德的关系十分紧张。德国的对外目标仍是摧毁法国，称霸欧洲。它时时担心法国因不甘心失败而重新聚集力量，进行复仇。俾斯麦十分担心法俄联盟会使它在东西两线同时作战，因此便用尽一切手段来孤立法国，反对俄国。1879年，德国和奥匈帝国结成同盟，便是反对法、俄的一个重要步骤。为了实现孤立法国，称霸欧洲这一战略目标，德国在外交政策上的另一手法便是鼓励法国对外扩张，以转移法国的视线，避免在欧洲与德国冲突，同时也可遏制英国。德国这一战略意图，表现在中法战争中，便是支持法国侵略越南、中国，用牺牲中国的权益来换取法、德在欧洲的缓和。因为法国在远东陷得越深，那么它就无暇西顾，德国在欧洲的霸主地位就会更加巩固。而当时的德国由于距离中国遥远，它的力量暂时处于劣势，中德贸易仅占德国外贸额的0.4%，因此从全球战略考虑，德国必然采取牺牲局部利益以为其总战略服务。德国的这一政策，使法国没有后顾之忧，从而助长了它在远东地区的扩张。

清政府对德法因普法战争而加深的矛盾有所了解，并想加以利用以达到遏制法国的目的。早在中法战争爆发前，朝中大臣，如翰林院侍讲学士陈宝琛、御史张佩纶等就上书皇帝，分析普法战争后法德间的紧张形势，指出法国在欧洲的最大敌人是德国，它在远东用兵的后顾之忧也是德国。中国要对抗法国，就必须联络德国，使之"阴为我助"；即使不能建立中德同盟，但也可以牵制法国，达到"分其势而扰其谋"的目的。为此，他们主张采取"远交近攻"的方针，即：在北圻，派兵入越，与法对峙；在欧洲，应密令驻德使臣加紧对德国人的外交活动，以期建立中德"稳固的邦交"；同时向德国大量购买战船、军火，让德国人获得实惠，"借商务以笃邻谊"。

此外，还有少部分人主张把台湾像香港、澳门一样，让给德国，以取悦于俾斯麦，同德订立互助同盟条约，使德出兵帮助中国。这种前门拒虎、后门进狼的无耻卖国谬论，理所当然地遭到人们的唾弃。但对于建立中德同盟，寻求德国帮助，以及大量向德国购买军火的意见，清政府都一一采纳，并付诸实施。马江海战爆发，德国驻福州领事谴责法国违背国际公法。清政府认为此举表明德国"与我睦谊显然"，随即电令驻德公使李凤苞加紧活动，请求德国"设法助我"。

清政府想利用法德的矛盾并采取远交近攻的方针，这在外交策略上不仅是可能的，而且也是必要的。但问题是清政府对帝国主义的本质缺乏认识，对它们之间既矛盾又勾结的关系更缺乏了解。其时法德虽有矛盾，在中法战争中德国口头上对法国的军事行动有不满等表示，但要它帮助中国打败法国是不可能的。俾斯麦曾直言不讳地说："虽然我愿意同中国人友好，但是出于毗邻的直接原因，保持我同法国的关系对我更为重要。"（《法国外交文件集》第 5 卷）而清廷欲"使德助我"的想法，更遭到俾斯麦的断然拒绝："倘以兵助，则本国受敌，万不可。"清廷要德出面调停，也遭到俾斯麦的婉言谢绝："德法有芥蒂，他国调停较妥。"（《中法战争》五，第 540 页）马江海战后，俾斯麦甚至为法国政府出谋献策，他对法大使说："如果我是法国政府，我就会加强海军的力量，严格地对台湾实行封锁，占有这个岛屿，作为你们要求得到赔偿的最有价值的抵押品。"（《法国外交文件集》第 5 卷）事实上，法国正是按照俾斯麦的意见，封锁台湾海峡，占据澎湖作为担保，以向中国施加军事压力的。

德国一面怂恿法国侵略中国，另一面又在某种场合对中国表示一点同情和支持。如：他们也允许清政府雇募德国退役军官、水师总兵式百龄（万里城）到北洋教习水师，但不准现役兵官赴华供差[①]；售卖给中国两艘铁甲舰"定远""镇远"号和一艘钢铁船"济远"号，以及克虏伯厂制造的大炮、军火；德国外交官员曾对中国驻德公使说过"惟望中国水陆攻剿，能挫法人之凶锋，能扫北圻之巢穴，则法人即不敢添兵益饷"[②] 等同情的话语，等等。但这些都是德国玩弄的两面手法，其目的也是为了在远东拖住法国，"要法国越多惹麻烦越好"。这样德就可以扩大在中国的影响，并利用战争为德国的军火商多赚取利润。德国公使巴兰德甚至想乘机谋求在中国获得修建铁路的权益。1885 年 3 月，法军在北圻全线溃败后，德国外交部约见清驻德公使许景澄，转达俾斯麦的意见："谅山战胜，可乘机议和；否则，战祸无已。德、法有嫌，故劝中国。"[③] 俾斯麦又在战争

① 《中法越南交涉档》五，第 2685 页。
② 同上书，第 2218 页。
③ 《中法战争》六，第 367 页。

的关键时刻，帮助法国摆脱厄运，胁迫中国与法国妥协。他的意见，对于中法迅速结束战争，无疑起了促进的作用。

再次是美国。19 世纪中叶，美国经过南北战争后，其经济有了飞跃的发展，迅速地赶上并超过了老牌的英、法等国，在世界资本主义经济中占有重要的地位。美国垄断组织经济迅速发展，国内市场已不能满足要求，因而迫切需求拓展海外殖民地，进行资本输出。但由于美国是个年轻的资本主义国家，在海上尚不能与英、法争雄，因而在远东的影响较小。到了 70 年代至 80 年代，美国资产阶级的注意力才渐次转向亚太地区。中法战争时期，美国在华的商业利益虽有长足的进展，但仍不能与英、法匹敌，因而试图通过政治外交，以扩大其在华权益。在此期间，美国驻华公使杨约翰通过他与李鸿章的私人关系，不断利用"调停"来取得清政府的好感，用一些甜言蜜语，如说什么"本大臣于力所能行之事，均愿如贵署之意，尽力相助"①"希望中美两国成为朋友"等等来笼络清政府，为其扩大在华影响，攫取更多的权益这一宗旨服务。在中法战争爆发前，杨约翰就以"中国不具备对付任何军事强国进攻的条件"为词，劝说中国不要同"世界上的第二军事强国和拥有第二大海军力量"的法国对抗，另一方面则劝说法国不要发动战争。当然这和已经决定侵略越南、中国的法国既定方针相去甚远，为法国所拒绝。马江海战后，美国帮助法国胁迫清政府接受赔款条件，甚至建议清政府将一块海岛闲地租给法国。这一建议遭到中国的拒绝。法国则坚持要求中国立即执行《天津条约》，赔款或给予其他补偿，否则将诉诸武力。此后杨约翰又出面调解，向法方提出中国军队撤离东京、法军暂时占领基隆、停战六个月和美国裁决四项条件。法国则通过美国提出：①订立中法商约，由法起草。②中国赔款 500 万法郎。③法国仍占据基隆、淡水，直至中国履行天津条约。④上述条款和通商章程履行后双方撤兵。后来由于中国坚决不同意②、③两项，杨约翰的"调停"才宣告中止。

美国在中法战争期间，竭力充当居间"调停"角色的原因，正如帝国主义分子赫德所说："如果没有别的国家帮助法国，中国人在软下去之前，将恶战一阵……如果法国和俄国想要瓜分中国，攫夺大片土地，其他国家

---

① 《中法越南交涉档》五，第 2675 页。

也许要作同样要求，在大家没有解决办法的时候，可能同喊'住手'。"①
"美国公使杨约翰正在按美国路线操纵这事。"② 另一个帝国主义分子更是
一针见血地指出："杨约翰不过利用调停为借口，试图为美国的商行获得
特殊的利益和特权。③ 事实上，杨约翰在和李鸿章的谈判中，就曾多次提
出美国帮助中国修建铁路，以谋求取得更多的商业利益。可见美国仍是站
在帝国主义的立场上，并没有帮助中国打败法国。

再看俄国和葡萄牙。俄国自废除农奴制后，资本主义得到迅速发展，但
封建残余仍大量存在，在整个资本主义世界总产值中所占比例很小。俄国在
资本主义急速发展的同时，不断向外扩张，与英国成为亚洲的两霸。19 世纪
60 年代，沙俄吞并了我国东北地区 100 万平方公里的领土，1881 年通过
《伊犁新约》又攫取了我国西北部的广大地区。中法战争中，它觊觎我国的
东北和朝鲜，但由于其时与英国在西亚阿富汗、西南亚波斯等地争夺十分激
烈，因而暂时无力东顾。在欧洲，俄国与法国结盟，对抗德国。中法战争
中，它主张及早结束战争，因为战争时间的延长必然会削弱法国从西部牵制
德国的力量，从而增加德国在东方对它的压力。沙俄在中法战争中的活动虽
然不如英、德、美等国明显，但它支持法国、压迫中国的立场是显而易见
的。1884 年底中法战争进入白热化之时，俄国加紧在太平洋扩建不冻港，并
趁朝鲜内乱之机，准备趁火打劫，帮助法国，给中国造成困难。当时的俄国
报纸就竭力鼓吹出兵占领朝鲜，说："绥芬河离朝鲜仅二十五海里。现俄欲
于太平洋面冬天不冻之处，开一海口。朝鲜内乱，正天授俄人机会，不宜坐
失。中俄必有决裂之日。朝鲜一隅，务宜捷足先得也。"④ 这一情况，引起
了清政府的关注。1884 年 9 月 10 日军机处寄给驻俄公使曾纪泽的电文中
说："闻法人有与俄、倭密约，明年法犯北洋，俄犯吉林，倭攻朝鲜，以
图牵我兵力之说。俄国有无举动，着曾纪泽密察，随时电闻。"⑤ 当时沙俄

---

① 《中国海关与中法战争》，第 174 页。

② 同上书，第 144 页。

③ 《十九世纪的德国与中国》，第 201 页。

④ 《中法越南交涉档》五，第 2682 页。

⑤ 《中法越南交涉资料》，《军机处寄出使俄、英国大臣曾纪泽电》，光绪十年七月二
十一日。

与法、日有无密约，现在还未见到正式的材料，但上面提到的俄国、日本在朝鲜和太平洋地区的行动，便是他们与法国勾结、南北夹击中国、牵制清政府的明证。

不仅如此，连西欧小小的葡萄牙在中法战争中也与法国有勾结。史书记载，中法战争期间，法葡曾订立密约，法国利用澳门有公路通向广东省城之便，拟由此路直扑广州，如果得手，即将法国所占有的澳门地界酬谢葡萄牙①。

最后是英国。英国是个老牌的资本主义国家。19世纪70年代以后，英国逐步丧失了工业垄断的地位，被后起的德、美赶上并超过，但它在对外贸易、造船业、纺织业等方面仍然领先，在资本输出方面占绝对优势。由于工业垄断地位的丧失，促使英国资产阶级拼命向外扩张和掠夺。在远东，英国拥有巨大的政治、经济优势，俨然以霸主自居。中法战争前，英国占中国对外贸易总值的70%以上，沿海航运业的50%，以及外人在华公司的三分之二左右。中国海关也主要控制在英国手中。为了维护和巩固其在华利益与长远利益，英国不愿意战争的继续扩大，曾几次试图干涉中法战争。一方面，英国不愿意中国的市场因长期敌对行为而耗竭，怕"五年战争，可以完全扼杀二十五年的贸易"②；另一方面，它担心"中国的任何胜利，一般说来对欧洲人会有严重的后果"③。因为，中国抗法战争的胜利，必然激发和鼓舞中国人民的爱国热情，从而掀起更为声势浩大的反抗外国侵略者的斗争，最后导致把西方列强统统驱逐出去。早在中法战争爆发前，即1883年6月，英国下议院开会，议员宝历就说："越南一役，中法二国甚形龃龉，必有决裂之势。倘兵衅构成，相与从事戎行，则兵连祸结，道路梗塞，商旅不行，甚非我英国之福也。"英国首相也说："今日事莫重于保守太平之局，断不能袖手旁观，任中法构成兵衅也。盖亚洲安危关乎欧洲通商者其利害为甚大，若有兵衅，不独有碍于英国，并有碍于各国也。"④

中法正式开战后，英国积极插手干预，除以上原因外，还有其全球战

---

① 《军机处寄钦差办理广东防务彭玉麟等电旨》，光绪十年七月二十一日。
② 《中国海关与中法战争》，第62页。
③ 吉南：《1880—1885年英国对华外交》，第150页。
④ 《中法战争》三，第20－21页。

略考虑。虽然在对华贸易总值中，英国占了 70% 以上，但这个数字在其全世界的贸易总额中，只不过占 5% ~6%；而在埃及的苏伊士运河和阿富汗问题上，英国和法国、俄国还有更大的利害冲突。因此，在对华政策中，一方面英国从全球战略出发，也为了维护其在华利益，尽量避免同法国冲突，并随时威胁、压迫清政府对法国妥协、让步，在基本满足法国的条件下，结束战争，用牺牲中国的利益来换取对法国的缓和，按帝国主义分子赫德的话说，就是要使中国人"在法国的菜篮子里多装些鸡蛋"。另一方面，英国又设法避免法国势力的过分扩张，限制其军事活动在自己允许的范围内，使之不妨碍英国的利益为止。

基于以上方针，英国在中法战争中，多次充当居间调停的角色。同时又因美、德也在插手调停活动，怕"厨子多了，会打翻汤"，因而竭力排斥他国，以达到独揽调停活动，扩大自己在华利益和影响的目的。他们曾经不止一次、十分贪婪地表示，要"把整个事情（调停）抓在手里——单独的抓在我手里"①。

1884 年 5 月，税务司德璀琳与法军福禄诺秘密商定，并由李鸿章与福禄诺签订中国承认法国占有全部越南的《天津条约》之后，英国对于中国官员"依靠柏林"和德国，因德璀琳的斡旋其势力和利益正在增长而感到担心。总税务司赫德在给金登干的信中表现了他的顾虑，说："对于他（指德璀琳）正在增长的权势，我所畏惧的倒不是他将取代我的地位，而是德国的势力将因他而高涨，英国的势力衰落下去，但每个人都有他得意的时候，我的得意日子也许快完了吧！"② 在赫德发出哀鸣后不久，他们便很快发现可以利用的机会已经到来。1884 年 10 月以后，英国抓住"美劝中国付赔偿，中国愤怒，不肯付赔款或割让土地，不信任美国的调停"和"德国也劝中国付赔款……现在正是好机会，如英国劝中国不付赔款，可以与中国成立永久联盟，而成为在东方为首的强国"③ 的机会，以交涉归还法舰扣留的海关"飞虎"号巡船为契机，将调停的领导权夺了过来，死死地抓在手里，从而操纵中国外交，最后导致清政府丧权辱国的《中法会订越南条约》的签订。

---

① 《中国海关与中法战争》，第 177 页。
② 同上书，第 158 页。
③ 同上书，第 52 页。

　　当时的中国社会处于半殖民地半封建的状态,清政府是个腐朽无能的政府,在政治、经济、外交方面均无独立自主可言。由于中国政府的经济收入有三分之一以上来自海关,而海关又作为赔偿外债的担保,几乎全部操纵在外国人手里,因此清政府在财政和外交方面便表现出较大程度的对外依赖性,一切靠洋人去谈判,并听任他们摆布中国的命运,只要表面上保全大清帝国的"威望""体面"就行。而帝国主义分子赫德等人,凭他多年对中国的观察和特有的政治嗅觉,看清了清政府的虚弱实质和死要面子,一方面向清政府施加压力,用战争和法国的强大来胁迫清政府让步和就范,另一方面又劝说法国当局满足清政府保全"威望体面"的虚荣心理。这样做的目的,是使法国得到更多的实惠。

　　另外,赫德通过对当时的国际形势和中、法双方力量的分析,得出了"法国劳师远征是必会疲敝的""中国如果真能打到底的话,它会赢的"的结论。但为什么他要竭力出面调停,"必须用任何方法把中国拖住",不让中国取得胜利呢? 除前述为了维护英国的利益外,还为了维护西方列强的整体利益。他说:"战争拖得越久,中国越不会退让,也越可能发生对中国有利的事,像欧洲方面的纠纷,反对法国的外力干涉……"① 尽管英国和法国、德国、俄国有着尖锐的矛盾和利害冲突,甚至在埃及、阿富汗等地的冲突中双方剑拔弩张,但由于西方列强在华的总利益休戚相关,命运与共,因而它们的目标就是要绞杀中国,让中国在战争中失败。赫德的"拖住中国"、不让中国胜利的方针,便是帝国主义列强总战略的具体实施和部署。他的调停活动,实际上也就是协调西方列强的行动,来共同对付中国,阻止"可能对中国有利的事"发生。于是,在帝国主义列强的干预下,中法战争便以中国外交上的失败而告终了。

　　(原载广州《东南亚研究》1989 年第 3 期,中国人民大学报刊复印资料《中国近代史》1990 年第 2 期全文转载)

------

① 《中国海关与中法战争》,第 171 页。

论中法战争的历史经验与中华民族的觉醒

  1883—1885 年爆发的中法战争，到现在已经过去一百多年了。这次战争，是法帝国主义侵略越南、中国，中越两国人民为共同反抗法国侵略而进行的一次正义战争。它是中国和云南近代史上的一次重要事件。法国发动战争的目的，就是要变越南为殖民地，进而侵入中国，掠夺云南丰富的矿藏资源。在战争中，云南是援越抗法的前线，由十多个民族组成的数万名滇军将士开赴北圻，在宣光包围战和临洮大捷中给侵略军以沉重的打击。在战后，英、法帝国主义的魔爪伸进了云南，蒙自、思茅等地相继被辟为商埠，滇越铁路的修筑，七府矿权的丧失，云南社会的半殖民地化地位日益加深。这次战争，中国人民付出了极高的代价，全国有将近一半的省份被卷入战争的漩涡中，清政府直接投入闽、浙、滇、桂战场的兵力不下 20 万，用于军事开支的费用也有 2000～3000 万两白银之巨（其中一半是借用外债）。军事方面，中国军队取得了近代史上少有的胜利。然而，战争的结果，由于列强的干预和清政府的腐败无能，致使法国"不胜而胜"，中国"不败而败"，越南脱离与中国的藩属关系，成了法国的殖民地。这次战争，中国虽然由胜利转为失败，但中国人民直接用鲜血和生命支援了越南抗击法国的侵略，保卫了祖国的神圣南疆，其意义是十分重大的，影响是深远的，在中国近代史上毋庸置疑占有重要的地位；中国的英雄儿女在战争中表现的与敌血战到底的英雄气概和可歌可泣的爱国主义精神，为我国的历史增添了光辉的篇章，是我们今天对青少年进行革命传统教育和爱国主义教育很好的题材，这必将对新时期两个文明的建设产生深远的、无可估量的影响。同时，这次战争也给我们留下了十分宝贵的历史经验和教训，"前事不忘，后事之师"，值得我们认真加以研究和总结。

雲南文庫·学术名家文丛

这些经验和启示有以下四个方面：

第一，全民奋起，团结战斗，是战胜敌人，取得反侵略斗争最后胜利的必要前提。

中法战争，是帝国主义的法国和半封建半殖民地的中国之间进行的侵略与反侵略的战争，对中国来说，战争的正义性是不言自明的。一般来说，正义的战争会得到人民的拥护和支持，因而也就有可能取得战争的最后胜利，所谓"得道多助，失道寡助""哀兵必胜"就是这个道理。但是，战争的胜败，是由许多主客观因素所组成，并非因战争的侵略与反侵略、正义和非正义的性质而决定。因为，事实上，往往正义的战争并不都会胜利，这已经为许多历史事实所证明了。而要取得正义战争的彻底胜利，被侵略国家的人民，还必须全民奋起，团结一致，才能战胜比自己强大得多的敌人，从而才能使胜利的可能变成胜利的现实。

下面，我们从中法战争中两次完全不同结果的战例分析，来说明团结的重要性。一次是 1883 年底至 1884 年初的山西、北宁之战，另一次是 1884 年底至 1885 年初的宣光之战。

山西、北宁之战爆发于中法战争的初期，当时清政府中的决策人物，如慈禧、李鸿章、奕䜣等人，掌握着军政大权，奉行卖国投降的政策，他们害怕帝国主义，更怕本国人民，因而不敢发动和组织人民起来抵抗帝国主义的侵略，后来在强敌压境和社会舆论的压力下，才不得不派兵进驻北圻，但又不敢与敌正面作战，而是严令清军"第不可衅自我开，转滋口实""未可显露作战之迹，致启衅端"①。这种若即若离、似打非打的指令，严重地束缚了前线将士的手脚，使清军处于被动挨打的境地。同主和派相左的是一些主战派官员，虽然他们也主张对敌一战，但由于没有多大实权，同样看不到人民的力量，因而也没有多大作为。主战、主和两派一直争论不休，未能在大敌当前时一致对外。政府中高级官员的不团结，又影响到军队的不团结。清军的将领中，派系分明，互相倾轧，明争暗斗，形同水火。如陆军中李鸿章的淮系和左宗棠、曾国荃的湘系之间，海军中的南洋水师和北洋水师之间，都存在着矛盾，在战争中各自为着保存实

①《清光绪朝中法交涉史料》卷五。

力，坐视不救，因而给了敌人以可乘之机，各个击破。

1883 年 12 月山西之战爆发后，中法双方的军事实力是：驻守越南北圻的西线滇军（驻山西）有五千人，东线桂军（驻北宁）有三十余营，近两万人；法军方面有九千余人。从数量来说，我为敌之两倍，占有较大的优势。从武器装备来看，经过两次鸦片战争和洋务运动以后，清军已拥有部分先进武器，虽然与法国侵略军还有一定的差距，但是由于法国进行的是侵略的非正义战争，政治和道义上不得人心，加之兵员不足、战线过长、远涉重洋、运输补给困难等不利条件，中国军队如坚定抗战，精诚团结，彼此支援配合，东西两线组成强大有效的钳形攻势，那么，战事之初，就可能遏止法帝国主义的侵略，把敌人消灭于国门之外。然而战争的结果却与此相反，清军丢失了两个战略要地。

造成山西、北宁失利的原因，一方面除东、西两线主将昏庸无能，坚决执行清政府的失败路线外，另一方面也是清军互不声援配合所致。如负责西线防务的主将、云南巡抚唐炯就公开厌战，散布失败情绪，说什么"出境兴师，甚非长算""战则兵连祸结"（《中法战争》二，第 230－231 页），因而敌军未到，便撤走原驻山西之滇军，"率行回省，置边事于不顾"。后来，当山西战场吃紧之际，本来与滇军"互为犄角""联络声势"的桂军，在统领黄桂兰、赵沃的带领下，虽经滇军几次紧急求援，仍"坐视山西之失，拥众不救，所称拨助刘军新靖四营归唐景嵩统带者，实则任意扣留，握兵自卫而已"①。这种临战观望、坐视不救的恶劣作风，是造成山西失守，继之北宁溃败的主要原因之一。

如果山西、北宁的失利是清军腐败、将士不能团结合作的话，那么，1884 年底到 1885 年的宣光之战，便是滇军、桂军和黑旗军团结战斗，夺得胜利的一曲凯歌了。

宣光之战，是云南提督何秀林、总兵丁槐率领的滇军，与唐景嵩率领的广东景字营，刘永福率领的黑旗军三支友军，通力合作，和衷共济，加强团结，共同对敌而取得的仅次于镇南关之役的光辉战例。在协调三支军队的关系中，唐景嵩发挥了维系三方纽带的作用。首先，他利用过去与黑

---

① 《清光绪朝中法交涉史料》卷十三。

旗军的一段亲密合作的关系，正确处理了黑旗军内部刘永福与黄守忠之间的矛盾（《中法战争》二，第162页）。另外，唐在战前，努力调停了滇军总兵丁槐与黑旗军首领刘永福之间的矛盾。1884年11月初，唐和丁槐去渊亭（刘永福）营中商议军事，丁、刘相见，就勾起了过去他们间的一段不愉快的回忆。"丁颇折节渊亭，而渊亭冷落不为礼"，两家"怨毒若不可解，实有不能并处之势"（《中法战争》二，第162页）。最后，唐陈书前军主帅、云贵总督岑毓英，言"六不可"，并经过三方协商，确定唐、丁负责攻城，刘任堵河打援的作战方针。丁、刘虽有矛盾，但在宣光大战开始之前，并由于唐景嵩的巧妙斡旋调停，因而使得他们的矛盾没有进一步演变与激化；在作战部署上，又进行了合理的调整，避免了可能发生的冲突，使他们的成见暂时放在一边，集中主要的精力去对付共同的、凶恶的敌人。以后，岑毓英又派提督何秀林带领三千六百人驻守左旭，协助刘永福截击增援宣光之敌。何与刘曾经有过较好的交谊，因此两人能同心协力，共同破敌。

再次，在战斗中，三军协同，团结互助。光绪十年（1884年）十二月初五日，宣光的法军出城攻击黑旗军的吴凤典营，吴营新壁未坚，正在危急。唐景嵩的景字营，何秀林的滇军，以及黑旗军闻警驰救，"三路合击，自辰至未，毙敌甚众，乘胜逐至城下"（《中法战争》二，第160页）。这一仗是清军第一次在军事行动上支援刘永福。所以唐景嵩十分得意地说："两载以来，虽曰助刘，何尝有同泽同袍之义哉？独此次为我景军切实应援耳。"（《中法战争》二，第161页）景字营、滇军包围了宣光后，两军互相支援，大力协同，丁、唐二将经常在一起商讨军机大事，共同指挥清军。经浴血奋战，夺取了法军的城外炮台。在夺敌炮台中，粤军最初采取硬攻，不利；后滇军总兵丁槐建议用"滚草法"破敌。两军分工合作，由滇军挖濠，粤军缚草，草压炮台，遂将城外敌之炮台、营寨全部夺取。法军的外围据点被拔除后，城中守敌势孤，两军又联合采取挖掘地道、地雷轰击、滚草夜袭等战术，多次向城内敌军发动猛烈的进攻，仅十二月十一日之战，就击毙法军军官五画一人、四画一人、一画二人，法军士兵及仆从军数百人。清军将士英勇作战，"前者伤亡，后者继进，裹创血战，雨夜不休，望见城内之贼，纷纷倒毙""城中樵汲已断，粮亦垂尽，教匪大半窜逸，贼势危蹙，伏匿待毙。法自入中国以来，皆系扑犯官军，独宣光为受攻被困之始"（《中法战争》二，第 202 页）。宣光"势在垂危，不日将陷"，被围法军不得不以竹筒、玻璃瓶装着书信，投入红河，向河内之法军求救。负责打援的黑旗军，也积极配合攻城之滇军和景字营，他们截获敌之求救书信后，将计就计，于左旭埋下火药两万斤，诱敌深入，炸死炸伤河内援军数千人，获得了"千百战斗以来，未有如此之大胜捷"（罗香林辑校：《刘永福历史草》，第 157 页）。无论担任攻城的滇军、粤军，还是负责打援的黑旗军，在宣光之战中，都干得很出色。他们同仇敌忾，团结一致，分工合作，打得十分勇猛顽强，甚至敌人也不得不盛称宣光华军力战甚勇，攻围有法，游击茂连拿厘伤毙，再过七日，则城内无一生者；说左旭之战，"则言法攻东京以援宣一役为最难，黑旗勇敢无匹……法人守城与援宣之兵受创过甚，力敝气沮，故仅解宣光之围，不能上犯馆司，其震怖之情，露于楮墨，至今法人犹深畏忌"（《中法战争》二，第 203 页）。

通过山西、北宁及宣光之战一负一胜的分析，我们不难看出，弱国在对付强国，落后国家在对付先进国家的战争中，举国上下一致的团结，是战胜强敌的首要条件。事实证明，团结就是力量，团结斗争就能胜利，这是一条颠扑不灭的真理。另外，我们还可以从中法战争的另一个侧面——云南文山地区苗族首领项从周抗法斗争的胜利来加以说明。

19 世纪 80 年代，法国吞并越南南方，扩张至北圻，并进而侵入我国云南的马关、麻栗坡地区，用武力强占了安平厅的大片土地。不甘屈服的苗、瑶、壮、傣、汉各族人民，在猛洞苗族首领项从周的领导下，用大刀、长矛、弩箭、竹签、火槌等原始武器，同拥有洋枪、洋炮的一千多名侵略军展开了英勇的斗争。经过数十百战，终于打败了侵略者，把法帝国主义逐出了我国的领土，在近代史上为抵抗帝国主义的侵略和保卫我国的神圣领土写下了光辉的篇章。当时，项从周的队伍不过二三百人，活动范围也只有几千平方公里的弹丸之地，加之清政府不仅不支援，反而袖手旁观，甚至要把猛洞、船头一带拱手送给法人。在这样十分不利的形势下，项从周团结了各族人民，敢于斗争，善于斗争，多次粉碎了法寇在军事上、经济上、文化上的进攻，最后打败了法帝国主义，收复了我国的神圣南疆，并把它无私地交给了中国政府。这同拥有百万清军，无论在人力、财力、物力各方面都不能相提并论的清政府，恰是个鲜明的对照。究其原因，根本的一条，就是列宁所说的："只要千百万劳动者团结得像一个人一样，跟随本阶级的优秀人物前进，胜利也就有了保证。"（《列宁全集》第30卷，第402页）

总的来说，中法双方在战争中的情况是：敌强我弱，敌小我大，敌侵略我正义。敌强我弱，对我来说是个不利因素，对敌来说则是他们的优势，这就决定了战争初期敌之进攻和我之防御；但其他因素却于我有利，特别是战争的正义性和进步性，加之爱国主义精神的发扬，是我能够取得战争最后胜利的重要条件。

清政府的当权派，如慈禧、李鸿章之流，是卖国投降的代表人物，也是战争的失败主义者。他们片面强调敌强我弱的因素，故意夸大法国"船坚炮利"的物质条件，因而得出的结论是"战则必败"，说法国"船械之精，操演之熟，海上实未可与争锋"（《清光绪朝中法交涉史料》卷五，卷十三，卷四）。

应该说，敌强我弱的形势是客观存在的，但它又是相对的而不是绝对的；敌强我弱是可以改变的，彼此的有利因素和不利条件也是可以相互转化的。在战争中，物质条件固然重要，但决定战争胜负的主要因素是人，即人的主观能动作用发挥的如何，特别是革命传统和爱国主义精神的继承和发扬，是一切弱国、小国战胜强国、大国侵略的主要精神支柱。它能最大限度地调动人的主观能动性，变不利为有利，克服物质、装备等困难，最后战胜敌人，去夺取斗争的彻底胜利。可以说，这是一切小国、弱国反抗侵略的特点和优点，是强大的敌人所不可能具有的突出优势。毛泽东曾说："动员了全国的老百姓，就造成了陷敌于灭顶之灾的汪洋大海，造成弥补武器缺陷的补救条件，造成了克服一切战争困难的前提。"（《毛泽东选集》第二卷，第470页）

中法战争的经验也证明，爱国主义和革命传统精神的继承和发扬，是战胜强敌的重要保证。如1885年春，法寇攻陷、焚毁了镇南关，并在关上写上"广西的门户已不再存在了"的挑衅标语时，全国人民眼看侵略者把战火烧进我国的南大门，无不义愤填膺。这时已经退休的老将军冯子材，毅然挑起前军主帅的重任。他动员大家说："法国鬼打进了镇南关，毁了我们的南大门。大家要以国事为重，国事就是家事，法寇不灭，无国就是无家，大家要同心协力，保卫国家。"① 战斗中，他身先士卒，亲冒锋镝，并用"法再入关，有何面目见粤民，何以生为"（《中法战争》六，第 455 页）激励广大将士英勇杀敌。在他的号召带动下，清军将士群情激昂，个个奋勇当先，从而取得了震惊中外的镇南关大捷，实现了"用法国人的头颅重建我们的门户"的钢铁誓言。又如在纸桥大捷中，黑旗军管带杨著恩慷慨请战，说："见洋人而能忍者，非人也，虽死愿任先锋！"（唐景嵩：《请缨日记》）战斗中，他表现得十分英勇，两股中弹倒地后仍不肯后退一步，继续坚持战斗。他的右手腕被打断了，就用左手持枪射击，共击毙了十多个敌人，临死前还把法国五画指挥官李威利击毙。再如白族爱国将领杨玉科，在谷松之战中，亲督将士，奋不顾身，往来冲突，后被法寇的炮弹击中坠马，亲兵扶他后退，他坚决不肯，临死还不断鼓励下面的将士："我一死不足以报国。汝等须努力同心，痛歼法夷，早为国家除患，我虽死目亦瞑矣！"（杨汝翼：《杨武愍公讨法夷死事节略》）像这样大无畏的英雄气概和牺牲精神，是敌人不可能具有的，也是他们最畏惧的。

第二，在一切反侵略的战争中，被侵略国家的人民，除了发挥特有的爱国主义精神这一绝对优势外，还应该因地制宜，扬长避短，发挥自己的其他优势。

如何扬长避短，发挥自己的优势？比如，有利、熟悉的地形可以为我所用；敌远我近，可以以逸待劳；敌以少兵临大国、临多兵，我就可能在个别的战役中成为内线中的外线，集中优势兵力去歼灭敌人；敌之所恃为武器较好，火力大，射程远，我则采取近战、夜战等战术，使敌之武器失去优势；等等。如此，战争之初，可能因敌强我弱而使敌的战略进攻、速战速决和外线作战的形势，逐步变成战略的防御、持久待援和内线作战的形势。我则恰恰相反。其结果，敌我双方力量的对比就会逐步发生由量的积累到质的变化，相互的优劣条件也可由敌的强者、优势，逐步变为弱者、劣势；我则由弱者、劣势，逐步变成强者、优势。

① 广西通志馆编：《中法战争调查实录》，第 137 页。

在如何扬长避短，正确对待人与物的关系上，中法战争时期的清军将领鲍超说过一段颇有见解的话，他说："在法夷所恃者枪炮，奴才所恃者队伍。枪炮为呆物，队伍为活人。若专赖枪炮与之决胜负，实攻其所长，即胜亦伤夷无多。奴才虽不能不用枪炮，决不专赖枪炮，徒为遥相轰击。必率队直入夷阵，短兵相交，四面兜剿，尽戮之而绝其根株。"（《中法战争》六，第468页）鲍超的话，是就一次战斗、一个战役而讲的，而这些战斗、战役的胜利积累，必然会带来战略上的巨大变化。

中法战争的进程也说明了这个变化。战争之初，敌人在军事方面占有明显的优势，连陷山西、北宁，清军处于守势。然而在经过一段相持之后，法军的弱点逐渐暴露：由于战线过长和战争的消耗，法军兵源呈现严重不足，除招募部分本国士兵外，不得不强征非洲殖民地的黑人士兵和阿拉伯兵，以及越南伪军和教民。这些乌合之众的杂牌军，其战斗力是十分低下的。而清军方面，则逐渐积聚了力量，由防御转入了进攻。宣光的包围战，便是清军由战略防御转入战略进攻的开始；尔后的镇南关大捷和临洮大捷，便说明中法双方的力量对比已经起了质的根本变化，法军已由强者、优势，变成了弱者、劣势；清军则由弱者、劣势，变成了强者、优势。这样的形势，如果不是清政府卖国投降、"乘胜收兵"的话，那么，清军收复河内、顺化，把法帝国主义赶出印度支那是完全有可能的。

云南文山地区苗族首领项从周抗法斗争的事迹也证明了上述的战争规律。起初，法人在军事上的优势是十分明显的，兵员多，又拥有洋枪洋炮，项从周虽然在武器装备和训练上不如敌人，但他们却充分利用熟悉、有利的地形，利用得天独厚的天时、地利、人和等有利条件，神出鬼没地打击敌人，消灭敌人，最后变劣势为优势，把法国殖民者全部地逐出了我国的领土。

以上事例，为我们今后进行反侵略的战争提供了很好的借鉴和经验。今天，我们的社会主义祖国已经拥有一支用马列主义武装的、强大的人民解放军，这支军队正向着现代化的方向迈进。但也应该承认，比起美俄大国来，我们在装备技术方面还有一定的差距。因此，在未来反对帝国主义、霸权主义侵略的战争中，如何因地制宜，扬长避短，充分发挥并增长我之优势，最后克敌制胜，赢得反侵略战争的胜利，中法战争便为我们提供了很好的、有益的经验和教训。

第三，殖民地、半殖民地国家的人民，摆脱投降主义的桎梏，独立自主地进行反侵略战争，是取得斗争胜利的重要保证。

殖民地、半殖民地国家，包括一些不发达的国家和地区的人民，在反抗外来侵略奴役的斗争中，往往碰到一个重要的问题：他们在斗争中，常被本国的统治者利用和出卖，因而使得付出了重大代价和牺牲取得的成果有付之东流的危险。从多数情况看，代表剥削阶级利益的政府，他们和外国侵略者有一定的矛盾，但并非根本的对抗性矛盾。这些国家的统治者，多半是地主阶级和买办阶级，他们是国际资产阶级的附庸，其生存和发展，是附属于帝国主义的。他们代表这些国家和地区最落后最反动的生产关系，是革命人民的死敌。他们在帝国主义的严重入侵和本国人民的压力下，同时也为了自身的利益，有可能对帝国主义的侵略作出一点反抗的姿态，但其抗战是极不坚决的、十分动摇的，他们随时都在准备和敌人进行妥协；而当帝国主义加紧诱降时，他们便有可能叛卖本国人民，和帝国主义勾结起来，共同镇压本国人民。整个中国近代史证明了这一点，中法战争史也证明了这一点。

因此，殖民地、半殖民地国家的人民，为了反抗帝国主义的侵略和奴役，并把这个斗争进行到底，在反抗外来侵略的同时，就必须和帝国主义的走狗——本国的封建买办势力进行斗争。当然，一般地说，这个伟大的反帝反封建任务的完成，只有在20世纪共产党的领导下才有实现的可能。不过，就中法战争提供的经验说明，殖民地、半殖民地国家的人民，在没有共产党领导的情况下，为了抵抗外敌的入侵，尽量摆脱本国统治阶级投降主义的桎梏和影响，独立自主地进行斗争，胜利还是有一定的可能的。以中法战争的序幕——黑旗军两次击毙法国侵略军头子为例，一次是1873年击毙法国侵略军的急先锋安邺，一次是1883年击毙法国侵略军司令李威利，两次皆以侵略者的全军覆没和主将殒命而告终。为什么黑旗军能取得这样光辉的胜利？除了战争的正义性，战争得到人民的支持，以及黑旗军的勇敢、指挥有方外，其中一个主要的原因就是：当时越南和中国的卖国政府，还没有能够直接控制黑旗军，他们的卖国投降路线和政策，还没有到足以影响和左右黑旗军的程度，因而黑旗军得以有充分发挥自己独立自主作战的机会，可以在对敌作战中纵横驰骋，而不受到任何投降主义的干预和束缚。云南文山地区项从周团结各族人民，能够把法帝国主义赶出这一地区，其中一个主要的原因，也在于没有清政府的直接干预，因而能使这支各族人民的爱国武装部队，得以充分发挥其主动性和独立性。他们可以根据敌我不断变化的情况和当时当地的条件，决定战斗能否进行和如何进行，而没有"朝廷战议不坚，败则为罪，胜不为功"的顾虑，也没有战前"第不可衅自我开"和战争中"有此大捷，乘机结束，尤为得体……如期停战"（《中法战争》六，第400页）等框框命令的约束，打得赢就打，打不赢就走，从而争取了战争的主动权，达到保存自己、消灭敌人的目的。毛泽东同志曾经高度评价这种军事的主动性，他说："这里说的主动性，说的是军队行动的自由权，是用以区别于被迫处于不自由状态的。行动自由是军队的命脉，失去了这种自由，军队就接近于被打败或被消灭。"（《毛泽东选集》第二卷，第477页）中法战争中，清军在镇南关、临洮大捷之后，本可以一鼓作气，直捣河内，但由于清政府卖国投降，严令三军如期停战撤兵，致使前线将士"拔剑砍地，恨恨连声"，正赴前线的将士也"捶胸跌足，怒目竖眉，恨未能战"①。尽管打了胜仗，但还是摆脱不了统治者卖国投降路线的控制，流血牺牲得来的成果，最后全被葬送，化为乌有。这些惨痛的教训和成功的经验启迪了我们：殖民地、半殖民地国家的人民，在反对帝国主义的同时，必须反对本国的封建主义和买办势力；在进行民族解放的伟大斗争中，必须尽可能摆脱反动统治阶级的桎梏和影响，独立自主地进行政治和军事的斗争，从而才有赢得战争胜利的可能。

第四，中法战争的教训，说明"落后就要挨打"的规律，因而促进中国人民奋发图强、变革现实的决心。

上面提到，落后国家人民在强敌面前，充分发扬爱国主义精神，因地制宜，扬长避短，是取得战争胜利的必要前提。但这是指在战争已经进行之后，面对敌强我弱又无外援的客观情况下而被迫采取的措施，并不是说光靠血气之勇和落后的武器就能制敌于死命。恰恰相反，精良的武器装

① 《清光绪朝中法交涉史料》卷四。

备，现代化的设施，再加上人民的勇敢和智慧，才能如虎添翼，取得反侵略战争的胜利。落后国家的人民，在强敌入侵面前，要么举手投降，成为奴隶；要么起而反抗，和敌人斗争，成为国家的主人。那种认为自己在武器各方面都不如人，就只有妥协投降、任人宰割的观点，过去已经受到批判，今天虽也有人为李鸿章的"未可与敌交锋"进行辩护，但这毕竟不是主流。不过，我们在反对唯武器论的同时，也不赞成仅凭自己的血气之勇去与敌硬拼的不负责任的行为。正确的做法应该是：承认落后的现实，从而加速改革，奋发图强，变落后为先进；别人有的，我们要有，别人没有的，我们也要有；只有自己强大了，才不会受人欺侮，才能立于不败之地。须知现代的战争，既是人的精神意志的较量，更是物质实力的对比。一般来说，战争性质有正义与非正义之分，进步和落后之别，而且从长远来说，正义的、进步的战争必胜，非正义的、落后的战争必败。但具体到某个国家、某场战争乃至某次战役，决定战争胜负的则是敌我力量的对比。武器是人的智慧结晶，是现代科学技术成果的重要体现，因此武器和技术有其不可忽视的作用。这不是唯武器论，而是客观的唯物论。战争的正义性是一种精神因素，不能直接取代物质的力量，其中有个变精神为物质的问题，而物质还得靠物质的手段去摧毁。从总的来看，"仁者无敌"并非一般的规律，"强胜弱败"才是一般的规律，而以弱胜强则是极为特殊的情况。

中法战争的教训，证明了"落后就要挨打，落后就要吃亏"这一真理。在中法战争的陆路战场，清军与法军的比例为5∶1，从数量上说可谓多矣，但在武器装备方面，却远远落后于法国。比如，1884年10月，滇军5万人开进北圻后，只有后膛枪6000～7000杆，哈乞开斯枪1000杆，克虏伯炮12尊，其余均是土制的大铁炮、毛瑟枪、火药枪和地雷，不少民族军战士拿的仍是冷兵器——刀、长矛、短剑，这同以格林炮、开花炮、快枪、兵舰等现代化装备武装起来的法国侵略军比较起来，质量上的差距是显而易见的。装备陈旧落后，加之枪械、子弹型号又不统一，致使前线将士处境艰难，特别是粮饷给养困难，使滇军几万将士经常处于半饥半饱的状态中，他们经常食粥，"数米而炊"，甚至有时粮草断绝，不得不饿着肚子打仗。在宣光之役中，滇军由于粮草不继，加之缺乏威力强大的开花炮和远程速射武器，因而不能有效地摧毁敌人的坚固工事，制敌于死命。虽然包围了法军73天，但最后因武器、给养困难，致使功败垂成，被迫撤兵，不免令人扼腕叹息。1885年2月22日、23日、26日的激烈战斗，由于联军（滇军为主，桂军为辅）缺乏大炮和快枪，战士们只有靠挖壕、滚草去接近敌人，然后以火药、地雷轰塌敌人的城墙，再派敢死队去猛冲缺口，同敌肉搏。法军的工事并未摧毁，他们于暗堡堑内用猛烈的机枪、火炮拦截清军。清军的火力不能压制敌方，对冲锋的敢死队战士不能进行有效的掩护支援，因而使数百名勇士白白地牺牲在敌人密集的炮火之下。

马江海战更说明"落后就要挨打"这一现实。1884年8月23日发生的马江战役，中国方面损失了11艘战舰和2000名将士。这次战役的失利，除了清政府的决策失误、指挥调度失宜、清军素质低下等原因外，技术装备的陈旧落后不能不是一个重要的因素。据专家们估计，从技术上看，中国落后于法国约30年。法国海军有绝对的优势。一般地说，政治决定着军事，而技术又在较大程度上决定着战术。一个国家如果没有先进的技术装备，在战争中就难免处于被动挨打的境地，即使是正义的反侵略的战争，并具有天时地利等因素，亦难避免像马江海战这样悲惨的命运。

中法战争，特别是马江海战的惨痛教训，使一切中国的爱国志士奋起图强，决心推进中国的革命和改革。他们从现实中清楚地看到，光凭忠烈之勇和血肉之躯是很难筑就钢铁长城的，一个国家没有先进的工业，没有现代化的国防，没有强大实力作后盾，就不可能有国家的独立和民族的解放。为了富国强兵，他们提出学习西方、发展中国的工业、加强国防、购置军火、改革军制等主张。于是，战后各地以军事工业为主体的各种轻重工业，如造船、军火、制铁、煤矿、铁矿、缫丝局、纺织局等在官办、私办和官督商办的名义下逐步建立并得到发展，为中国近现代工业的发展奠定了基础。而尤为重要的是，中法战争加深了中华民族的危机，促进了民族的觉醒。一批先进的资产阶级民主主义者认识到，仅仅发展工业并不能实现富国强兵，中国的问题不是技术上的改革，而是要实现政治上的革命。清政府是祸国殃民的政府，是使中法战争失败的主要根源，只有彻底地推翻清朝封建专制政府，中国才能走上富强、独立的道路。伟大的资产阶级民主主义革命者孙中山先生说过："予自乙酉中法战败之年，始决倾覆清廷，创建民国之志。"（《孙中山选集》，第 192 页）中法战争时期，孙先生正在香港，他目睹了清廷的腐败和中国人民反帝爱国斗争（香港工人罢工和暴动）的巨大力量，因此把中法战争比作医治中国"痼疾"的一副"猛剂"。这副"猛剂"，使中华英雄儿女从此觉醒，与改良主义决裂，走上革命征途，从而把反帝反封建的斗争推进到一个新的阶段。孙中山先生等爱国志士，实现由改良主义到民主主义革命思想的转变，正是从中法战争开始的。此后，在反对帝国主义的侵略和领导本国人民推翻清朝封建专制统治的斗争中，他成了一位伟大的爱国主义战士和民主主义革命的先驱。因此，可以说，当中国福建海军舰艇的桅杆从马江海面沉没消逝的时候，亚洲东方古老的地平线上已经现出了希望的曙光。

（原载《中国西南文化研究》第 4 集，云南民族出版社 1999 年版）

目前中法战争史研究中的几个问题

云南中法战争史学术讨论会，1986 年 12 月 12 日至 15 日在昆明举行，与会的专家学者就中法战争史中的一些重大课题进行了热烈的讨论。大家认为，一百年前发生的中法战争（1883—1885 年），是中国近代史和国际关系史上的一个重大事件，也是云南近代史上的一件大事。它不仅对中国近代历史的发展，而且对中越、中法关系产生了深远的影响。加强对中法战争史的研究，不仅具有学术价值，而且有着重要的现实意义。这次学术讨论会，以中法战争与云南的关系为主要议题，同时兼及战争爆发的原因、当时的国际形势、清政府的决策、各战场的军事形势和双方部署、宗藩关系、战争的影响以及历史人物的评价等问题。现就讨论中的几个重大问题，分述如下。

一、关于中法战争爆发的时间与分期问题

在过去的许多史著、教材和文章中，一直把 1883 年 12 月法国进入清军驻地山西的战役作为中法战争的起点。这次会上，中国社会科学院历史研究所的牟安世同志提出将 1873 年 12 月 21 日第一次纸桥之战作为中法战争的起点，并由此将刘永福领导的黑旗军代表中国人民进行的援越抗法战争（1883—1885 年）作为战争的第二阶段。这样划分的根据是：第一次纸桥之战不仅起到了援越抗法的作用，而且还起到了保家卫国的作用，因此刘永福领导的黑旗军的抗法斗争就成了中法战争的一个不可分割的组成部分，而第一次纸桥之战也就成了中法战争爆发的起点。他进一步解释说，

这样的划分，基于以下三点考虑：第一，它在根本上符合历史事实，是中国人民的武装部队同法国侵略军的首次武装冲突。第二，黑旗军援越抗法、保家卫国，他们有资格代表中国去同侵略军作战。而那种认为只有清政府领导的官军参战才能视为两国战争开始的观点，是传统的封建史观，应予打破。第三，尤为重要的是，黑旗军的抗法战争在很大程度上决定了整个中法战争的历史进程和格局。假定当时在保胜没有黑旗军，那么，就不会有以后的中法战争。即使有，也不可能在那样一种模式下进行。

与会同志认为，上述观点是一个值得注意和研究的崭新问题。中法战争的起点和上限是 1873 年的第一次纸桥之战还是 1883 年的山西之战，这要看这些战役的规模、影响而定。有同志认为，山西之战牵动了全局，使中国上下都卷入了战争，因而应为中法战争的起点。历史不能靠"假定"，假定的东西就不是历史本身了。

二、关于宣光、临洮战役的评价问题

云南地处中法战争的最前线，是援越抗法的主要基地之一。在战争中，云南各族人民提供了大量的兵员、民工、骡马和资财，对战争做出了重大的牺牲和贡献。由汉、彝、白、壮、苗、瑶、布朗等十多个民族组成的数万名滇军将士，开赴北圻，英勇奋战，取得了宣光包围战和临洮大捷等许多重大的军事胜利，给法国侵略者以极其沉重的打击，在中国近代史上写下了反抗外来入侵者的光辉篇章。但是，在过去的史著和论文中，对云南各族人民的贡献和中法战争对云南的影响研究甚少，即使是著名的宣光包围战和临洮大捷，史书也只是作为镇南关大捷的铺垫而一笔带过，甚至有人竟怀疑临洮大捷的存在。

在这次讨论会上，省内外的学者对此进行了深入的讨论。《宣光、临洮战役初探》一文的作者对这两次战役发生的背景、过程、胜利的原因及其历史意义作了详细的探讨，指出：1884 年 12 月 21 日至 1885 年 3 月 3 日历时 73 天的以滇军为主力的宣光包围战，是中法战争史上的里程碑；它开创了近代史上中国军队主动进攻西方侵略军的先河，使我方由战略的防御转入了战略的包围和进攻；它沉重地打击了敌人，改变了陆路东线战场敌我力量的对比，为镇南关大捷和临洮大捷铺平了胜利的道路。从某种意义上讲，没有宣光包围战，就没有以后的镇南关大捷和临洮大捷。而临洮大捷则是和镇南关大捷发生于同一天的伟大战役。1885 年 3 月 28 日晚 11 时 30 分，西线法军统帅波里也把临洮法军失利的消息报告了巴黎。3 月 29 日，巴黎得到东线法军统帅尼格里受伤、法军撤出谅山的"又一个严重且悲惨的消息"。这两个消息像晴空霹雳，震撼了巴黎全城，使法国陷入了一片惊慌混乱之中，从而导致了茹费理政府的迅速倒台。因此，这两次战役的意义都是不容忽视的。

关于临洮大捷是否存在的问题，有同志认为，临洮大捷是"探之无物的虚影"。其根据是临洮大捷没有充足的史料，仅凭岑毓英的两篇奏折而已，《刘永福历史草》也没有提到它，这就全盘否定了它的存在。认为临洮大捷是客观存在的同志，在经过反复研究考证后指出，反映临洮大捷的史料很多，以《岑襄勤公奏稿》和《刘永福历史草》来说，它们从两个方面反映了临洮之战的实况：前者反映的是 1885 年 3 月 23 日至 24 日在临洮附近山围社、田义甫发生的战况；后者则反映的是 1885 年 3 月 23 日至 24 日在临洮柯岭浮桥发生的战况。它们发生于同一天的临洮两处，但各自都没有提到对方，其原因只有从刘、岑的矛盾在宣光之战后越发加深来理解。刘"自隶滇军后，意见参商，常怀郁郁"，所以即使是举世瞩目的宣光包围战，《刘永福历史草》也是为黑旗军左旭大胜利作陪衬而将其一笔带过，自然山围社的滇军胜利也就不愿提及。而岑毓英打心眼里不认同刘永福，因此在临洮大捷中，也只提李应珍、覃修纲、竹春等将领，而不愿再提刘永福的功绩。但是两个材料却可以互为补充，它们从两个方面反映了临洮大捷的全部内容。因此，临洮大捷不是子虚乌有的凭空杜撰，而是有时间、地点、人物和中外文献记载的实实在在的实体。

三、关于镇南关大捷是不是中法战争转折点的问题

许多中国近代史论著，几乎一致地认为，镇南关大捷是中法战争的转

折点，清军由此转败为胜，从而扭转了中法战争的局势。1985 年 8 月的广西中法战争史学术会上，专门研究军事的同志指出：1884 年夏季以后，中法双方的战略重点已从越南转至我国沿海，战争的焦点已从保护与吞并越南转移到加强海防与夺取"担保品"方面；镇南关大捷并未从根本上改变中法双方在谈判中的地位；镇南关大捷本来可能成为一次扭转全局的战略性胜利，但它受到法军攻占澎湖这一事件的严重抵消。基于以上三点因素，他们得出了镇南关大捷不是中法战争转折点的结论。

此次讨论会上，有的同志进一步指出，1884 年秋以后，法军已基本控制了北圻局势，对越南的占领已成定局，他们的注意力已转移到尽快压服清政府承认这个既成事实，宣布放弃宗主权，不再过问越南事务。清政府为了应付法军在沿海的压力，只好将注意力放在加强海防，确保台湾方面。当时双方的政治、军事形势都已相当明朗，无论海上、陆地的军事行动，都不过是增加自己谈判桌上的筹码的最后努力，战争既不可能再有较大的升级，也无生死存亡的危险。也就是说，双方都在抓紧时机争取对自己更为有利的结局。事实上，镇南关—谅山战役并没有能影响法军在我沿海战场上的兵力部署，也未对战局产生较大的影响，因而不宜说它是扭转中法战争局势的战役。持这一看法的同志，还从当时日本侵略者对朝鲜的干涉已迫在眉睫，清政府急于从中法冲突中解脱，以全力去稳定朝鲜局势；冯子材收复谅山之际，孤拔已经攻占我澎湖列岛，清政府弃藩固边、撤军复澎已成燃眉之急；1885 年 4 月以后，法军调整了北圻的部署，兵力增至二万五千人，而清军仅一万三千人，运输给养都有很大困难，清政府与法国议和，是有其不得已而为之的苦衷的。当然，它的腐朽昏庸的本质和软弱投降的罪行也应该严肃批判。

究竟什么战役是中法战争的转折点？有的仍然认为是镇南关大捷，有的认为是宣光包围战，有的则认为是北宁之役、马尾海战，众说纷纭，莫衷一是。有的同志指出，中法战争根本不存在转折点的问题，因为转折点是作为双方力量的对比已经发生了根本性的变化而言的。中法战争没有这个根本性的变化。

四、关于对岑毓英、唐景嵩、杨玉科、冯子材、
　　丁宝桢等历史人物的评价问题

在中法战争中，曾涌现出了一批著名的人物，如彭玉麟、冯子材、张之洞、岑毓英、杨玉科等等。他们在中法战争以前，多半参加过镇压太平天国、捻军和西南民族的起义，双手沾满了人民的鲜血。但在中法战争中，他们又站在中华民族的旗帜下，同入侵的敌人勇敢拼搏，捍卫了国家的独立和领土主权的完整。对他们如何评价，其功过大小又如何评定，这也是这次讨论会上大家十分感兴趣的问题。经过热烈讨论，与会者一致认为，对历史人物应采取历史唯物主义的实事求是的态度，不能以功饰非，也不可以过没功。由于历史人物的活动是多方面的，活动经历相当复杂，一个人的一生又经历了不同的阶段，因此坚持从总体上评价的同时，还应该从多层次、多方面、多角度去评价，也就是要采取"阶段论""方面论""一点论或多点论"的评价方法。比如岑毓英、杨玉科，他们前半生的主要活动是参与镇压杜文秀起义和黔西苗民起义，理应严肃批判；但在其后期，即中法战争爆发后，他们在抗击外国入侵、保卫祖国的战斗中，对国家、民族做出了贡献，甚至壮烈殉国，因此，这一时期的岑毓英和杨玉科，就应基本肯定。又如唐景嵩，他在中法战争中，不辞艰险，万里请缨，对敌斗争，功劳卓著，应予充分肯定；但在以后的中日战争中，其表现又判若两人——逃跑畏敌，弃台湾于不顾，那么，这个时期的唐景嵩，是应该受到人们的谴责的。

五、关于中法战争中出现的主战与主和、
　　武器与人的认识问题

这次会上，一些年轻同志，就中法战争中出现的主战与主和等问题，发表了一些新颖的观点。苏州大学的俞政认为，就中法交涉初期的情况

看，和、战两派各有自己的立论基础，并有共同的终极目标，仅仅在中间环节上，在如何实现终极目标的方法上，出现了分歧和争论。主战派立论的基础是战争的必要性，主和派立论的基础是战争的可行性，两者的立论都有合理之处。他们的终极目标，是要维护清王朝的生存和安全。但由于彼此考虑的角度不同，因而他们所选择的实现终极目标的方法也就不同：一派主张用战争解决问题，另一派则主张用和谈解决问题。他们是一个问题的两个方面，不存在是与非的问题，因而也就无所谓主战"爱国"、主和"卖国"的问题。他还认为，战争虽有正义和非正义之分，而且从长远来说，正义者必胜，非正义者必败，但是，具体到某一场战争，决定胜负的乃是敌我力量的对比。武器是人的智慧结晶，是人的"一个部分"，因此应该强调武器的作用，这不是唯武器论。战争的正义性是一种精神因素，不能直接取代物质的力量，其中需要转化的过程。就一般而论，"仁者无敌"并非一般规律，"强胜弱败"才是一般规律，而以弱胜强则是特殊的情况。

六、关于宗藩问题

所谓宗藩问题，是指封建时代，中国与周边邻国存在的一个特殊关系，也可以说是封建君臣关系在国家关系中的一种体现。在政治上，它是不平等的，中国被奉为"天朝""正朝"，有着至高无上的权威和尊严，它接受属国定期的朝拜、进贡，并为属国的国王册封、诰命，当属国有事时，它就充当仲裁和保护人的角色；而属国的封建王朝，为了得到中国皇帝的承认和保护，以维持其国内的统治并向周围的弱小国家扩张，也往往以朝贡、请求册封为手段，取得合法的地位。但在经济上，中国之于属国，常是"薄来而厚往"，回赠多于贡品，且属国贡使多兼做贸易。因此一般地说，这种回赠和贸易对经济尚不发达的国家，是有好处的。另外，还需指出的是，宗藩关系与西方资本主义的殖民关系是有着很大的区别的。前者是君臣上下的依附关系，保护与被保护的关系；后者则是占领与被占领、奴役与被奴役、剥削与被剥削的关系。与会者指出，中越的宗藩关系，乃是封建时代中越两国间存在的客观事实，否认它，回避它，或是歪曲它都是不可取的。今天，地区霸权主义者正利用历史上的宗藩关系，歪曲历史，恶毒攻击中国人民，我们必须据理驳斥，以正视听。

七、关于加强宏观研究，努力使宏观研究与微观研究相结合的问题

中法战争史的研究，是中国近代史研究中的一个薄弱环节。近年来虽已取得可喜进展，但尚无决定性的重大突破，其原因是停留在微观的、就事论事的研究方面居多。广西的研究广西，云南的研究云南，闽、浙的研究闽、浙，这种现象普遍存在。与会者认为，弄清问题的局部和细节固然重要，但加强宏观的研究，即进行横向的、纵深的研究，目前势在必行，也是摆在中法战争史研究工作者面前的重要课题。这次许多同志提交的论文中，就中法战争发生的国际背景、法越中三方的状况、各战役的综合比较、战争的进程和影响等大的方面进行了考察和研究，并取得了可喜的成就，但仍须进一步努力。

（原载《云南社会科学》1987年第2期，中国人民大学报刊复印资料《中国近代史》1987年第6期全文转载）

中 篇
中法战争与云南的关系

略论中法战争中的滇军

19世纪80年代发生的中法战争（1883—1885年），到现在已经整整一百周年了。这次战争，是近代史上法国侵略越南、中国，中越两国人民为保家卫国，共同反抗外国侵略而进行的一次正义战争。战争的结果，中国方面虽然由于清政府的腐败无能而失败，但中国人民直接用鲜血支援越南和保卫我国神圣领土的英勇斗争，在中国近代史上写下了极其光辉灿烂的一页。

这次战争，在军事上可分为陆路战场和海上战场两个部分。海战主要在我国的东南沿海（福建、浙江、台湾）进行，陆战主要在越南的北圻和中越边境一带进行。云南地处中法战争的最前线，是援越抗法的主要基地。云南的滇军，作为陆路战场的西线主力，同东线的桂粤军队，以及刘永福领导的黑旗军一起，同仇敌忾，英勇奋斗，共同抗击了法帝国主义的入侵，在援越抗法、保卫伟大祖国的斗争中，建立了不可磨灭的功勋。处于抗敌斗争前沿的一千多万云南人民，为这次战争提供了大量的人力、物力和财力，在战争中做出了巨大的贡献和牺牲。边疆各族人民的优秀儿女，为了捍卫祖国的独立和领土主权的完整，不惜抛头颅、洒热血，前仆后继地奔赴抗法前线。成千上万的民工，肩挑背驮，组成了担架、运输长龙，跋涉在深溪、崇山峻岭之中，日夜不停地支援前线。而位于祖国大后方的四川、贵州、两湖等地的人民，也积极筹饷、捐款，给了云南军民以有力的支援。但是，由于这次战争规模较大，牵涉面又广，在这有限的篇幅内是不能包罗中法战争这个丰富内容的，因此本文仅就这次战争中陆路战场的主力之一的滇军作个初步的探讨，以就教于同志们。

一、滇军的出关、人数和成分

19 世纪 70 年代以后，世界资本主义国家都相继从自由竞争走向垄断阶段，即向帝国主义阶段过渡，西方资本主义国家加紧了对外的掠夺和剥削，"开始了夺取殖民地的大'高潮'，分割世界领土的斗争达到了极其尖锐的程度"①。法国是个老牌的资本主义国家，它与英、美、俄及后起的德、日等资本主义国家一起，为共同瓜分世界而进行了赤裸裸的拼命争夺。在远东，19 世纪 80 年代以后，法国侵略者占领了越南的南部和中部，并继续向北部扩张，进而达到其占领全部越南和侵占中国西南地区的目的。

"辅车相依，唇亡齿寒"，越南的存亡同中国的安危息息相关，命运与共。1881 年底—1882 年初，清政府在越南政府的两次请求下，决定兵分两路，开进北圻，援助越南。一路由云南布政使唐炯率领参将张永清、游击林大魁等滇军三营 800 人出马白关，驻守山西、兴化；另一路由广西布政使徐延旭率领桂军 6000 人，出镇南关，驻守北宁。以后随着战事的发展，两支军队均有所增加。东线达四十九营，共 18300 余人；西线滇军最高时（归国前）达一百三十一营，约 5 万人，加上刘永福部黑旗军十二营 5000 人，以及加入滇军的以阮光碧、阮文甲为首的越南义军两万人，共 75000 人左右。其中有大营六营，小营一百二十五营，按照滇军的后来编制，大营一营 500 人，小营一营 375 人，因此滇军的实际总数应为 49875 人（不含黑旗军和越南义军）。

7 万余人的滇军，大体上由正规军、地方民族军等组成。在正规军中，云南各少数民族的战士占有相当大的比例，人数和汉族战士几乎相等。他们是苗、瑶、壮、彝、白、傣、布朗、哈尼、傈僳、拉祜、藏、佤等少数民族。当时的滇军主帅、云贵总督岑毓英在奏折中曾说："云南夷民，种类甚多，有保倮（现在的彝族——引者）、摆夷（傣族）、沙人（布依

---

① 列宁：《帝国主义是资本主义的最高阶段》，《列宁全集》第 22 卷，第 218 页。

族)、侬人(壮族)、僰剌(白族)、璞剌(布朗族)、古倧(苦聪,拉祜族)、僳莎(傈僳族)等类,统而名之曰夷。"又说:"臣所部各营勇丁,汉名居其半,四夷居其半。"① 由此可见,云南少数民族在滇军中占有着十分重要的地位。

除了少数民族的战士外,西线的正规军中,还有一部分是其他兄弟省的战士。有记名总兵丁槐从贵州带来的三营黔军,共 2000 余名;有后选同知潘德继、王玉珠等率领的粤军四营,共 3000 余人;还有唐炯率领的川军两营,以及岑毓英调滇时带来的部分福建、广西将士。

在正规军之外,滇军中还有不少由专门的少数民族组成的民族军。他们平时从事农牧,自耕自食,不领国家的银饷,惟在战时,国家招募他们去打仗,其枪械旗帜全部自备,只是吃的粮食要比正规军优厚些。他们大都作战勇敢,"包打前敌",在援越抗法中,为祖国、为人民建立了不朽的功勋。如云南开化府(今文山)苗族、壮族的首领竹春、陶吴、徐恩、黄明等率领的 1000 多人的民族军,在临洮之役中,专打头阵,敢打敢拼,同刘永福领导的黑旗军一起,击败了法红衣大裤囊兵 1000 余人,取得了临洮之役的光辉胜利。

除正规军、民族军之外,还有部分抵抗法国侵略的越南义军也参加了滇军的行列。如山西山义卫正领兵张文擎、永真社头目阮文美等率领的数百名越南义军,被编入了滇军的队伍,在抵抗法国侵略和保卫祖国的战斗中,做出了自己的贡献。在中法战争的后期,越南义军已发展至 20000余人。

二、滇军之装备给养和战略战术

在装备给养方面,滇军之武器装备,大都陈旧落后,除有后膛枪六七千杆,哈其开斯枪 1000 杆和克虏伯炮 12 尊外,其余均是土制的大铁炮、毛瑟枪、火药、地雷等武器,以及大刀、长矛、弓箭等原始武器。这同以

---

① 《云贵总督岑毓英奏折》,光绪十年十月二十五日。

格林炮、开花炮、快枪、兵舰等武装的法国侵略军比较起来，是十分悬殊的。装备陈旧落后，并且供应不足，加之枪械、子弹型号又不统一，致使前线将士处境艰难。特别是粮饷给养困难，使几万滇军将士经常处于半饥半饱的状态中。其时，滇军之粮饷，主要由四川、河南、福建、浙江、湖北、广东、江苏等省筹济，后来闽、浙奏停，粤、苏留办军火，鄂省自顾不暇，仅川、豫尚能接济一小部分。军粮主要靠保胜（水路）、河阳（陆路）两路运输。水路由保胜沿红河而下，由于滩高水急，船不易行，兼之船少，只能分班轮运。陆路由开化经马白关至宣光，由于山路崎岖，多靠骡马、人力搬运，往往需时一两个月，每百斤米运价约合银四两以上。1884 年以后，为了加强通讯联络和转运军饷，滇军又开辟了从临洮到保胜的陆路交通线，但也没有从根本上改善粮饷困难的状况。这个责任，自然应由腐败无能、不愿真心打仗的清政府来负，而各级官吏中饱私囊、层层克扣也是重要原因。最后，造成了下面的状况：

"军心惶惑，粮且不继，数米而炊。云军、刘军俱乏粮，食粥。"（《中法战争资料丛刊》第二册，第 172 页）

"士卒半饱半饥，自十一月迄今（正月二十五日——引者）俱无隔宿之餐。"（《中法战争资料丛刊》第六册，第 336 页）

"现在滇军一百三十余小营，刘永福亦统三千多人，每日共需军粮三万余斤……每日仅可运到一二万斤，半饥半饱，已属难支。"（《中法战争资料丛刊》第六册，第 348 页）

"各军断粮，焦切万状。""前敌需米甚殷，左右乡村罗掘已空。"（《中法战争资料丛刊》第二册，第 135 页）

"此间米粮日少，甚至食粥。"（《中法战争资料丛刊》第二册，第 134 页）

……

这种状况，一直到后来战事之末尚未改变。1884 年宣光大战时，滇军、刘军和唐景崧的桂军联合围攻宣光城，战斗进行得十分激烈，为了避免更多的伤亡，起初他们以布裹饭，扔给攻城的战士，后来粮少食粥，饭裹不成了，只好"辄饿竟日"。

在战略部署方面，1884 年下半年以后，滇军之进军路线，没有采取清朝翰林院侍读龙湛霖和内阁学士周德润的意见——奇袭西贡或顺化，而是按照传统的路线，兵分两路，一路由记名提督吴永安率领，从开化出马白关，趋宣光；一路由云贵总督岑毓英率领，从蒙自出蛮耗、保胜，沿红河而下，抵兴化。两路再同取宣光、太原。如两地得手，东、西两线清军便联为一气，然后以正兵扼屯鹤关，分攻北宁、山西，再以奇兵由馆司关赴清化，规取宁平、南定，进而攻取法寇占领的越南首都顺化。

　　按照龙湛霖的意见，清军以东线苏元春部作正兵进攻，西线之滇军则以奇兵由云南出老挝、暹罗，直奔西贡。具体路线是：普洱→思茅→车里（今景洪）→南掌（今老挝）→暹罗→西贡。周德润的意见是：车里→老挝→哀牢（哀牢，即今之保山。周德润以为哀牢在老挝之南，显系地域概念之误。——笔者）→顺化。两条路线大体相同，只不过一个主要目标是西贡，一个是顺化。龙、周"出其不意，攻其不备"的根据，是从兵书上得来的，不切合19世纪80年代的滇军实际。第一，从滇军的素质、训练等方面看不足以出奇兵。第二，老挝、泰国已入法国的势力范围，滇军经过，势必引起麻烦。第三，运输给养供应不上。因此，虽然他们出奇制胜的意见在理论上是对的，但它没有从当时的具体实际出发。所以岑毓英摒弃了他们的意见，而采取较为稳健的战略部署，按他的话说就是"不敢行险侥幸"。龙湛霖指责他"揣摩风气，观望徘徊"，他反驳龙"未在行间，不知其中有如许窒碍"。不过，无论按哪种战略部署行事，腐败无能的清政府要取得这场战争的彻底胜利都是不可能的。

　　在战术方面，同东线的两广军队比较，滇军有一个明显的特点，就是较多地使用地雷战和阵地战。而阵地战中之"地营法"和攻坚战中之"滚草法"，又是滇军在中法战争中之创造和运用。

　　抗法斗争中，东线军队比较多的是采取筑垛墙的办法，并在许多战役中取得了胜利，如镇南关之捷就是一例。但垛墙也有其缺点，它容易被敌军的大炮轰毁，我军不易隐蔽。滇军则较多地采用地营战术。其方法是：先挖一个六尺深的大方坑，坑内四周密竖大木，出地一尺许，上铺大木，覆土，并在四周开枪眼。由于低，敌炮火不易击中，也不易为敌所发觉。坑背后开地槽，通入坑，坑口有栅，有人守之，则坑内数十人皆不得出，既可避炮，又免溃走。各营之间又挖地道相连，使之互相策应。营内储存水米枪弹。除地道外，又于地营外开曲折明槽，人顶齐地，宽五尺，长一丈即转。太宽，炮弹容易落入，一丈即转，弹虽落入仅及一丈，而不致有较大的破坏。明槽的作用，主要在于侦察敌情。地营三丈外用槎桠树枝，以藤缠绕，是谓鹿角架，密排三层，以防敌人进攻。鹿角外的四周，离地营二十丈处，再埋置地雷，如敌进攻，必然遭受很大的伤亡。

在攻坚方面，滇军还创造了"滚草法"，即云南人称之为"滚草龙"的战术。其方法是：两军对垒，我方进攻，在敌人的猛烈炮火下，我军进攻受阻，为避免伤亡，在离敌炮台和火力点数百丈外，掘土为垛，隐蔽数人，即伏垛下开壕。待壕渐长，容人就越多，人行壕中，可避枪炮。又缚草把长三尺，滚掷而进。草把墙立，人不受枪，草压炮台，即可立破。这个战术，在著名的宣光战役中发挥了作用。初，滇军、桂军、粤军联合攻城，法人死命拒守，双方伤亡很大，联军不能进逼城下。后，桂军与滇军商议，滇军总兵丁槐建议用"滚草法"破敌。随后，滇军提督何秀林、总兵丁槐率滇军离敌炮台二百丈外开壕，粤军、桂军缚草、滚草以进，三鼓开壕，五鼓壕成，长二百余丈，直抵城下。联军采用此种战术，立即将敌营炮台攻破，使"城外敌垒至是一律荡平"，从而铁桶似地包围了宣光城。滇、粤、桂联军继续猛攻，血战三日，勇气百倍，打得敌人不得不用竹筒和玻璃瓶藏着书信，顺水流出，以求援兵。

三、滇军之主帅、将士及其归国

西线滇军之主帅，初是云南布政使唐炯，后是靠镇压云南回民、贵州苗民起义起家的云贵总督岑毓英。唐炯曾上书言："出境兴师，甚非长策。"后奉旨于1882年7月出关，率滇军驻守山西。1883年6月22日，清政府升唐炯为云南巡抚。8月2日唐不经请示，擅自逃回云南庆祝自己升官。9月，清政府以"未奉有谕旨，率行回省，致边防松懈，咎实难辞"之名，摘去其顶戴，革职留任，以观后效。旋解京交刑部治罪，年余得释。唐被处理后，岑毓英于光绪九年（1883年）十月初九日"自请统兵出关"，十月下旬驻扎山西，次年二月因"调度乖方"，摘去顶戴，革职留任。三月中旬又将兴化营盘城毁平，令滇军全部退回关内，令黑旗军驻扎大滩。1884年8月26日，清政府宣布对法作战，责岑督师出关，规复北圻，笼络黑旗军。岑于9月下文盘州，会见刘永福，令刘进攻宣光。12月上旬，滇军、唐景崧之桂军、粤军和黑旗军主动向法军进攻，围宣光达七十余日，使城中之法军粮尽弹绝，成了瓮中之鳖，不得不向河内求救。黑旗军得悉河内来援，即在宣光下游之左旭埋下地雷，炸死法军数千人。嗣后，滇军、黑旗军又于临洮大破法军，连克兴化、山西十几个州县。1885年4月，清政府与法签订《巴黎停战协定》。6月，岑奉命回国。

中法战争之末，身为封疆大吏的岑毓英，在帝国主义严重入侵的情况下，十分注意"捍卫滇疆门户"这个问题。在撤军归国时，他主动请求清政府把"聚之则为法仇，散之则为法虏"，曾经协助滇军抵抗法国侵略而又"屡有斩擒"的越南义军，安置在与滇毗邻的三猛十三州；建议中法以宣光、兴化为界，一可安置越南难民和留在北圻的部分黑旗军，二可拱卫云南边防。他说："各隘既归我辖，则我得布防其间，重门扃钥，护守更严。若舍此而仅绸缪滇境，则弃门关之要隘，而设卫于堂，得失判然。"（《中法战争资料丛刊》第二册，第171页）

滇军归国后，他将改编的三十营滇军分别驻防在中越边境一带。由于考虑到"马白为入越之捷径，蒙自为通商之要津"，使两路奇正相生，达到"常山之蛇，击尾则首应，击首则尾应"的效果，岑毓英特别注意了马、蒙两地的布防，除了密布重兵之外，还于每年秋、冬二季，令开化镇出驻马白关，临元镇出驻蒙自县，"督饬操防""以固疆圉"。他的这些建议和部署，尽管由于种种原因有的未能实现，但他关心祖国边防的爱国之心却是值得称道的。

中法战争中之滇军将士，大都爱国热忱很高，尽管武器装备落后、粮草不济，仍然英勇作战，给了法国侵略者以沉重的打击。他们在著名的宣光、临洮、镇南关等战役中，英勇杀敌，有的甚至壮烈殉国，表现了中华民族同自己的敌人血战到底的英雄气概和高度的爱国主义精神。

白族将领、广东陆路提督杨玉科，前半生参加了镇压黔西猪拱箐的苗、彝大起义和滇西杜文秀的回民大起义，充当了清政府的爪牙和工具，这是他历史上的严重污点。但在其后期，即中法战争爆发后，中华民族面临生死存亡的重要关头，他抱病驰赴疆场，英勇杀敌，最后以身殉国。特别是他受重伤后，仍然坚持战斗，不肯后退一步，并留下了气壮山河的铮铮言词，表现了中华民族誓与强敌血战到底的英雄气概和崇高的爱国主义精神。因此，他仍不失为一员白族杰出的爱国将领。

云南人伍义廷，是唐景崧部右营的一名勇丁。在宣光之战中，他作战勇敢，经常主动请求到宣光城下侦察敌情，并冒着生命危险把战死的同伴尸体背回来。由于他的机智勇敢，因而受到上司的奖赏，被提拔为差官。光绪十一年（1885年）正月初九日，滇军、桂军向盘踞在宣光城的法军发动了猛烈的进攻，由30人组成的敢死队，冒着敌人的炮火，奋勇登城，死26人，生还4人。次早，联军再攻，伍义廷却"慷慨请行"，愿任敢死队队长。姚纪昌、覃启发、赖朝荣为副队长押队，分军为三队，一队先锋50人，二队先锋150人，三队500人为接应。部署毕，伙房将仅有的200斤大米、100斤糯米煮了给壮士们送行。饭罢，伍义廷召齐敢死队勇士誓师，随即兵分三路向城猛攻。城中敌人死命拒守，双方争夺异常激烈，清军几进几出，"前者伤亡，后者继进，裹创血战，雨夜不休"，直杀得敌人尸体狼藉，"伏匿待毙"。清军损失也不小，敢死队队长伍义廷、赖朝荣、姚纪昌都英勇阵亡，覃启发受伤，其余敢死队员差不多全部壮烈殉国。

宣光之战，虽然最后因法国的援军到来而没有攻克宣光，但它是中法战争中中国军队主动进攻并围困敌人的开始。伍义廷等滇军所表现的英勇行为，连敌人也不得不承认"云南军队是一支坚强的军队"，说他们"力战甚勇，围攻得法"，如果"再过七日，则城内无一生者"（唐景崧：《请缨日记》）。

云南人民为了纪念宣光之役和为国牺牲的滇军将士，曾作歌赞道："快哉安南役，快哉安南役，歼孤拔滇军奏奇绩。滇军真勇绝，宣光围四十日，城破在旦夕。班师诏，真痛惜，到而今，金马碧鸡已非昔。我滇人，我滇人，大纪念，快哉安南役。"（《云南》杂志，1907年第4号）

四、滇军与友军

中法战争的陆路战场方面，同滇军并肩作战的还有东线的桂粤军队，以及在北圻的黑旗军、越南的抗法武装力量等诸路友军。在这些友军中，桂粤军队是滇军的兄弟部队，它与滇军是陆路战场的两个拳头，是清政府东西两线"奇正相生""互为犄角"战略的一个重要组成部分；刘永福的黑旗军在马江海战之后，受云贵总督岑毓英的节制，军火粮饷分别由两广总督张之洞和云贵总督岑毓英接济。他们是抗法的主力之一，在军事行动上有较大的独立自主性；越南义军分别按地域作为滇军或桂粤军队的一个组成部分，其在西部的义军则按滇军体制，编列成营，加入滇军，直接归岑毓英领导。

　　1883年底中法战争爆发后，由于清政府的昏庸无能，加之东西两线统军主将的腐败，致使山西、北宁相继失守。而失守的主要原因之一是两军各不相属，没有一个统一的指挥，以及统军主将互不声援，坐视不救。

　　1884年8月26日，清政府正式对法宣战后，滇军、桂粤军和黑旗军密切配合，在战斗中互相支援，团结协作，因而开拓了战争的新局面，加速了战争向有利的形势发展。在东线，云南方面派出了以杨玉科、蒋宗汉为首的滇军，率领汉、白、彝、纳西、苗、壮各族子弟，奔赴东线，出镇南关，与桂粤军队并肩作战。在西线，桂粤军队派出了以唐景崧为首的四营景军，由龙州出牧马，中经"豺虎队出，夜噬人马，山蛭吃肤，野蜂成阵"的人迹罕至之区，同滇军、黑旗军会师于宣光城。三支友军同仇敌忾，齐心协力，英勇奋战，揭开了近代史上中国军队第一次主动向帝国主义入侵军队进行大规模的、七十余天的进攻包围战的序幕，几乎使法军巢覆卵灭。宣光包围战虽然由于敌人援军的到来而致功亏一篑，未能最后夺得该城，但它的意义却不可低估，它给了法国侵略者以沉重的打击："维时城中粮弹将尽，旦夕可拔，每闻哭声，而城防终不张皇，更柝寂然，夜以电气灯巡堞数周而已。"（《中法战争资料丛刊》第二册，第176页）史书在评论这次战役时指出："法自入中国以来，皆系扑犯官军，独宣光为受攻被困之始。"（《中法战争资料丛刊》第二册，第202页）清军主动进攻并包围侵占宣光的法军，这是中法战争的首次创举，也是自鸦片战争以来中国军队第一次主动进攻西方入侵者的开始。同时它又是中法战争的转折点，是清军转守为攻、由败而胜的里程碑。而这一胜利的取得，正是滇军、桂军、黑旗军大力协同、团结奋战所取得的。正如唐景崧在总结谷松之战（此战白族爱国将领杨玉科阵亡）和宣光之役时指出的："当是时（指谷松之战），主客各军不能共缓急，图奋取，督师又意气自用，且踪近偏袒苏军（指苏元春部），故谷松一败，众军袖手，坐视颠覆而不救，岂真法人之猛悍不可制哉？盖亦我将帅不和之所致也。滇军虽恢复无闻，而将领皆西林旧部，号令专严，稳扎未曾一挫。其攻宣光也，如我景营，无不让丁镇（指滇军将领丁槐）、护刘提（指刘永福），故有七十余日合力同心之苦战。城虽未克，虏受奇窘。传曰：'师克在和'，非千古兵法之要义欤？"（《中法战争资料丛刊》第二册，第 178 页）

在宣光包围战进行激烈战斗的同时，法国侵略者为挽救失败的战局，集中了一万余名精兵，向东线发动了猛烈的进攻，先后占领了谅山、镇南关，并侵入了我国的广西境内。当时冯子材的萃军未齐，"势难骤进"，勤军又新哗溃，广西全省震动，东线吃紧。为了减轻东线的压力，拖住并吸引法军，西线的滇军、黑旗军和景军"竭力国事""以会剿为急"，不惜付出高昂的代价，承受了"明知攻坚，兵家下策也，而事急不得不攻"（《中法战争资料丛刊》第二册，第 175 页）所带来的重大牺牲，奋力攻城。这样，东线的法军主力不得不分兵西向，回头增援宣光，从而阻止了敌人在东线继续长驱深入，同时也就给了冯子材、苏元春以充分部署和反攻的机会，给以后的镇南关大捷创造了有利的条件。

和镇南关大捷发生于同一天的临洮大捷，是滇军、黑旗军与越南义军继宣光之战后，团结合作共同取得的又一次胜利。它使法军穷于应付，疲于奔命，最后导致了法军的全线崩溃。镇南关大捷和临洮大捷，是宣光包围战的必然趋势，是清军从战略防御转入战略进攻后结出的两个并蒂硕果。如果没有西线滇军的主动进攻，没有七十多天宣光包围战的胜利，那么，东线桂粤军队的境况就会困难得多，甚至将出现一些令人意想不到的后果；而东线的反攻和胜利，又加速了法军的溃败和西线滇军胜利的早日到来。

当然，在抗法斗争中，友军对滇军的支援配合也是十分重要的。在西线方面，滇军、黑旗军作为主力，桂军、越南义军则以偏师的形式出现，但在战斗指挥和协调部署方面却没有出现过大的矛盾与不和。特别是在指挥领导上，与过去诸多战役的不同之处在于：1884 年夏季以后，西线有了统一的军事指挥，这在许多友军协同作战的情况下，就显得十分的必要。当时，滇、桂、黑、越四支部队，相对来说，是独立的军队，尤其是桂军，直接隶属于两广总督的领导。但张之洞以大局为重，主动把唐景崧率领的桂军交给云贵总督岑毓英，自己不插手，不干预，"云军进止，洞不与闻"（《中法战争资料丛刊》第二册，第157－158页）。甚至在与岑联名发电时，也十分尊重岑的意见。西线战事，他从不单独向上汇报，即使要联名发电，他都把岑的名字排在前面。这样做的目的，是为了保证西线战事能够统一领导，集中指挥，"事专权一"，从而避免了过去互相推诿扯皮的现象发生。不仅如此，张之洞除了搞好广东防务外，还从人力、物力、财力多方面大力支援滇军，他先后向宝源银行、大东公司借银200万两，分别接济滇军、桂军、黑旗军和台湾防务，以购买枪支弹药与粮草。据不完全统计，仅广东机器局就支援滇军马的力后膛枪2000杆，士乃打后膛枪3000杆，来福兵枪5000杆，火药5万磅，军装价银83665两，从而解决了西线粮饷给养和武器装备的困难，受到了人们的好评："时香帅（指张之洞）除办广东防外，又为云南、广西、台湾筹济饷械。广东无利不搜，不恤人言，不待邻恳，入款不足，乃借洋债以百万，分给云、桂各四十万，刘军二十万，台湾未悉其详。大气包举，直以夷务全局为己任。于广西不独济饷，且议济兵，于是有冯、王出关之师。"（《中法战争资料丛刊》第六册，第476页）这种"不恤人言，不待邻恳""直以夷务全局为己任"的精神，在当时不能不说是十分难能可贵的。正是由于这种顾全大局的精神，加之滇军的统一指挥和诸多友军的团结奋战，因而才能同心协力地取得中法战争后期在军事上的辉煌战果。

（原载《云南社会科学》1985年第1期，［日］东京大学《东方研究》1988年译载，又收入广西社科院编《中法战争论文集》第1集）

中法战争中滇军出国人数考

中法战争中，滇军出国路线有三：一是由蒙自出蛮耗，顺红河而下至保胜；二是由开化府出马白关，至河阳；三是由三猛、古林箐出昭晋州、龙鲁。而其兵力人数，由于战争的复杂变化，以及文献记载前后矛盾，甚至滇军的统帅岑毓英亦对其部下不甚明了，因而造成扑朔迷离的状况。有人认为，滇军的数目和桂粤军队大体相等，约两万人左右；有的认为要少些，其根据是中法战争的主要战场在东线方面；有的则认为西线的兵力比东线多得多，甚至高出两倍之数。为了研究中法战争的进程、历次战役的规模、双方力量的对比，以及滇军的成分，等等，因而有必要弄清滇军的兵力部署。

中法战争爆发前，滇军3营由参将张永清等率领，驻守山西；副将陆春一营驻兴化，与驻守北宁的桂军形成犄角之势。接着，光绪九年（1883年）十月中下旬，在滇的黔军2000余名改为滇省练营，由记名总兵丁槐率领定远左、中、右三营1000余名驻守兴化、山西；另定远副中、前、后3营1000余名，由记名提督吴永安率领，出开广镇；第三路由总兵马柱，补用副将李朝相、徐成林、李福兴，补用参将马双元、马中及等率领10营3750名滇军，随后出关（《中法战争》五，第219页）。1883年12月，法国远东舰队司令孤拔率军6000人，分乘12艘兵舰，40余艘民船，从河内出发，向山西进犯。中法战争爆发。此时驻守山西、兴化的滇军共有24营，兵力10000余人。其部署状况是：总兵丁槐率8营驻守兴化，总兵马柱率4营辅之；提督吴永安率5营防守临洮；道员岑毓宝率3营出保胜；岑毓英率4营驻家喻关、缅旺。光绪十年（1884年）四月，总督岑毓英借口兴化缺粮，将滇军全部撤回国内，只留7500人分扎中越边境一带的古林箐、马白关、新街、嵩枝地、蛮耗、窑头、新安所等地（《中法战争》五，第 363 页）。同年八月，法国侵略军袭击福建海军，清政府正式对法宣战，滇军奉命再次出关。十二月，滇军、桂军、黑旗军联合进攻法寇占领的宣光城。负责攻城的滇、桂联军共有 6000 人，其中滇军约 4000 人，由记名总兵丁槐率领；另 3600 余名滇军，由记名提督何秀林率领，驻左旭，协助黑旗军打援宣之敌军；另 1200 名滇军，由记名提督杨国发率领，防守道岸、浪泊。三支滇军，加上桂军、黑旗军，共约 15000 余人。整个北圻战场，如加上总兵覃修纲驻家喻关的 4000 余名滇军，以及杨玉科、蒋宗汉率领的广武军，数目就很可观了。1884 年秋季以后，滇军在西线由战略防御转入战略进攻，从宣光之战到临洮之战，滇军一直不断得到补充、扩展，最高时（归国前）已达 131 营，约 50000 余人，加上刘永福部黑旗军 12 营 5000 人（归滇督指挥，粮饷亦由滇督拨给），以及越南兴化巡抚阮光碧、山西布政使阮文甲等统率的 20000 名义军（加入滇军编制，由岑毓英发给饷械，编列成营），共有 75000 人左右。光绪十一年（1885 年）四月三十日，云贵总督岑毓英在电奏稿中说："所有云军 70000余人，已撤回二万三千余人……因留粤勇七千余在后弹压。"（《中法战争》六，第 484 页）明确指出滇军人数为 70000 余人。但接着他又在同年七月二十五日给总理衙门的奏折中否定了两个月前他说的话，说现在已从关外撤回滇军 30000 余人，打算裁去 14000 余人，保留 16000 余人。他解释四月三十日的电稿时说："件内声叙滇军三万余人，兹准两粤督臣张之洞咨复文内，误作七万字样，电局翻译讹误，致使数目舛错。"（中国近代史资料汇编：《中法越南交涉档》五，第 3200 页）这是怎么一回事呢？是不是真的电局翻译出现差错，或是前面所说的 70000 余名滇军的数字有错误呢？不是的，因为按照滇军的旧制，600 人为一营，以后又改照湘军、淮军的编制，500 人为一大营，375 人为一小营；而参加中法战争的滇军，计有定远十三营，靖边五营，平远七营，怀远、正后四营，诚字一营，良字十营，绥远十一营，焕字六大营四小营，启字四营，武字四营，定宁四营，怀远新附八营，德字六营，田字五营，保字六营，忠字六营，元字十三营，安边十四营，共一百三十一营（中国近代史资料汇编：《中法越南交涉档》五，第 3199 页）。其中，有大营六营，小营一百二十五营，按照滇军编制，应为 49875 人，将近 50000 人（不含黑旗和越南义军）。这是滇军在中法战争中的实际数字。但是，由于战争的消耗（如宣光之战，滇军阵亡一千数百余人，伤者二千余人）（《中法战争》六，334 页），因瘴疬瘟疫而死亡（如滇军第二次出关到归国，死于瘴疬的官员二百余人，士卒高达三千余人，甚至滇军的统帅岑毓英也患了疟痢）（《中法战争》，六，第 514、515 页），以及一部分丁勇不愿归国，留在越南，继续坚持抗法斗争。因此，实际上，滇军在归国入关时就只有三万人左右了。

（原载《云南师范大学学报》1985 年第 1 期）

宣光、临洮战役初探

在中法战争的后期，清军陆路战场方面，曾经出现过两个差不多同时而又十分重要的战役，这就是著名的镇南关之战和宣光、临洮之战。镇南关之役前人已有不少文章、专著详细论述，而宣光、临洮之战却很少为人涉猎，未能引起人们应有的重视。为此，本文试就宣光、临洮之战作个粗浅的介绍与分析，不当之处，请同志们指正。

一、战前形势和双方部署

1884 年夏季以后，随着法国在军事上咄咄逼人的进攻和清军在马江海战中的失利，在全国人民的强烈要求和抗法斗争浪潮的推动下，清政府不得不于 8 月 26 日（光绪十年七月初六日）颁布"上谕"，下令正式对法宣战。一方面，清政府调遣抗战派将领、原山西巡抚张之洞担任两广总督，以接替张树声，并采用了张之洞"牵敌以战越为上策，图越以用刘为实济"之策（《中法战争》二，第 142 页），赏加吏部主事唐景嵩五品卿衔，令他迅速招募四营粤勇出关，联络刘永福，与黑旗军合力成为犄角之势；同时又给刘永福以记名提督简放，赏戴花翎，令他和唐迅图恢复北圻；还令张之洞赶紧筹办粮草、军火、银饷，以接济黑旗军与滇军。另一方面，清政府命令云贵总督岑毓英、广西巡抚潘鼎新立刻督率所部，星驰前进，速赴戎机，进规北圻；又遣原湖南提督鲍超招募楚蜀丁勇 21 营出川驰赴云南，择要驻扎，为滇军的后继之师，随时准备增援东西两线。

法国方面，马江海战以后，继续对中国进行军事讹诈和政治诱降的政策。正如法国驻华公使巴德诺给茹费理的信中写的："必须我们有决定性的胜利，证明我们是东京及台湾局势的主人，商议始有成功的希望。"（《法国黄皮书》第 136 号）而茹费理也对巴德诺说："我决意以强力的行动来回答议会的信任及国家的忍耐。"（《法国黄皮书》第 152 号）对此，法国一方面利用赫德进行调停，对清政府施加压力，加紧诱降活动的同时，另一方面又趁机调整了对华军事部署，撤销了海军北上攻占旅顺的计划，转而采取炮轰基隆炮台，封锁台湾海峡，并占领我国澎湖列岛的方针。陆路战线，由于黑旗军控制了红河通向云南的咽喉，所以法军便把主要矛头集中在广西东线方面。1884 年 9 月 8 日，法国总统任命波里也将军为远征军总司令，以接替米律。11 月 28 日，茹费理操纵法国众议院，经过 4 天的辩论后，不但批准了 1884 年 1600 万法郎的军事开支，而且以 342 票对 170 票，通过 4300 万法郎作为 1885 年第一季度的军事拨款的提案。

国际方面，英、美、俄等与法国呈现出既争夺又勾结的状况。他们都怕法国在军事上的进一步胜利和扩张，会削弱自己在华的权益，特别是怕中国人民反抗侵略的斗争继续高涨，引起中国的国内革命，危及西方各国在华的整个侵略利益，因而急不可待地充当"调停人"，帮助法国对清政府施加压力。

这些调停活动，虽然在整个中法战争期间不断地进行，但由于法国侵略者为继续坚持扩大其侵华要求，欲壑难餍，无法满足其贪婪的胃口。而中国方面，由于马江海战之后，全国人民反抗侵略的斗争如火如荼，不断高涨，迫使主和派的卖国投降活动不得不暂时有所收敛。这样，在 1884 年的秋季以后，便出现了中法战争中中国军队转守为攻的新局面。

具体部署上，东线方面，1884 年 8 月 29 日，唐景嵩招募四营粤勇，号广东景字营，携带接济黑旗军的饷银 2 万两，9 月 13 日由龙州拔队出关，经牧马、苏街，于 10 月 29 日抵沮化，11 月 24 日与黑旗军会师于离宣光仅 30 华里的三江口，控扼了宣光通向河内的唯一水路。其他桂、粤主力部队，分东西两路，于 9 月 20 日前后出镇南关，以阻遏法军的进攻。

西线方面，滇军从河口、马白关两路入越。河口方向，山西、北宁战后，黑旗军已驻防文盘州、大滩一带。1884 年 8 月 20 日，岑毓英在保胜古林菁接到进军北圻的命令后，立即派遣驻守大滩之滇军游击张世荣、梁松生，带领 2500 名滇军，配合刘永福向北圻重镇宣光进军。又命驻防河口之记名总兵覃修纲，率领 3000 名滇军，后继应援。9 月 25 日，岑亲率大军出保胜下文盘州，会见刘永福，传达了清政府对刘的嘉奖，并接济了黑旗军一批军械弹药。在滇军大兵压境的情况下，驻馆司关之法军怕腹背受敌，于 10 月 1 日夜将关上炮台营垒全部焚毁，撤回宣光。滇军、黑旗军兵不血刃地占领了馆司关后，随即乘势占领春岭总、同安总、趁岭洞、该真社等地，从陆路上截断了宣光与各地的联络，包围了法军北圻西线的据点——宣光城。除重兵包围宣光外，滇军一部分由记名提督吴永安、邹复胜率领，另一部分由记名总兵覃修纲率领，分别攻取兴化附近之清波、夏和、锦溪等县和临洮、端雄各府，以扫清宣光周围之援敌，牵制住敌人。

另一路滇军，由记名总兵丁槐和记名提督何秀林率领，共 6500 余人，由河阳直趋宣光，与唐景嵩、刘永福会合。截至 1884 年底，投入西线第一线的滇军、黑旗军人数为 2 万人左右。在地域分布上，宣光省属之安平府、陆安州、沾化州，及宣光城外之连山、同安、中门、安岭各总，以及兴化省属之镇安、文振、安立各县，山西省属之夏和、清波两县，均被滇军收复。

法军方面，投入北圻西线的兵力为 25000 人左右，除宣光有守军 1 万名外，其余均分别盘踞在家喻关、端雄府、临洮府、兴化、屯鹤等一些孤立的据点中。

在地理位置上，宣光位于越南北圻中部，是水陆交通的枢纽。城的西、南、北三面，有陆路可达河阳、高平、太原、端雄、山西等地；城的东面，是锦江和明江（即清水河）的汇合处，顺流而下，便与红河交汇，经河内、南定出海。从军事上看，该城依山傍水，易守难攻，形势十分险要，是兵家必争之地。城中有山耸峙，上设炮台，居高临下，雄踞要津；城之四周，筑有高大厚实的城墙，外有护城河，并有数层竹林掩蔽；其西、南、北三门又有炮台，上置大炮，控扼通衢，而东门则是明江天堑，有险可恃。对法军来说，守住宣光，就等于守护住了河内的屏障和门户，同时也就阻止了东西两线清军的会合；对清军来说，攻下宣光，便可乘势直下山西、太原，与东线清军会合，再克河内，从而收复整个北圻，并进而向越南中部、南部进军。因此，宣光之战便成了中法战争在后期的一个焦点，对中法双方来说，都是一次至关重要的战役。

二、揭开战幕

滇军、黑旗军、景军包围了宣光之后，孤守宣光之法军龟缩城内，不断向河内求援。1884年11月8日，河内法军派兵轮1艘，拖带东京木船3只，满载兵员，溯江而上，准备支援宣光。驻左旭一带的黑旗军领袖刘永福，得知消息后，随即率领黑旗军战士埋伏于江岸的丛林内，待法国兵船一至，两岸炮火枪弹齐向法船轰击，当即打死法军60余名，俘获木船3只。

隔了两天，即11月10日，又有法国兵轮两艘，拖带东京木船4只，满载兵员，由河内驶向宣光。黑旗军、滇军又按计划部署，埋伏于河的两岸，待敌兵船驶近，猛烈的炮火齐向敌群轰击，击毙法军200余人，夺得法船4只，大获全胜。

11月8日、10日两次狙击战之后，黑旗军鉴于敌人不断从水路支援宣光，于是决定在左旭沿江两岸500多公尺的地带增筑炮台，并在炮台附近的大榕树上设置瞭望所和指挥所，形成了一条法军称为难以逾越的"可怖的防线"。又将前后夺获的7艘木船全部装石填河，以阻止敌轮直达宣光。11月12日，法军再次纠集兵轮4艘，拖带东京大木船7只，满载法军500余人，并配有格林炮、开花炮多门，气势汹汹地向左旭驶来。早有准备的黑旗军，待法船一到，立即开炮迎头痛击。法军亦用开花炮、格林炮还击。战斗十分激烈，双方相持达两个时辰之久。法军伤毙及落水溺死者不计其数。黑旗军亦阵亡18人，伤63人。最后法国兵轮抵不住黑旗军的猛烈攻击，割绳弃船逃生。黑旗军追赶一程，俘获木船7艘，生擒法军12名，以及大量的法军旗帜、衣帽、枪械等物。

11月12日黑旗军截击法船大获胜利之后，又继续装石填河，以截断法军的水路。不料14、15、16三日连降大雨，河水陡涨数尺，河内法军乘机派遣"暴风号""倔强号""闪电号"等大兵轮5艘，以及商轮"山西号"，组成舰队纵队，下辖4个陆海军中队，一个海军炮兵分队，一个伪军分队，在杜深尼中校和布几埃大队长的指挥下，由兵轮拖带大木船20余只，满载军火粮食和2000余名士兵，逆水而上，于11月18日到达左旭。次日黎明，法船进入伏击圈，黑旗军立即向法军发起攻击，法军抵抗了 12 个小时后，被迫后退 10 余里。20 日凌晨，法军再次冲到左旭附近，强行登岸。伏于地营内的黑旗军战士，用密集的炮火，向登岸的敌人猛烈射击，击毙法军百余人。法军恼羞成怒，派 1000 余人绕至黑旗军后面，腹背夹击黑旗军。黑旗军英勇无畏，分路迎击敌人，又毙法军四五十人，而自己也受到了很大损失。趁黑旗军稍事休整之机，法军便跳上轮船，开足马力，冲到宣光城下，与城内法军会合。

11 月 24 日，唐景崧的前锋部队，与黑旗军的黄守忠、吴凤典部会师于三江口。12 月 21 日凌晨，宣光四周大雾茫茫，伸手不见五指。城内法军乘机出城，直扑驻守在同安总的黑旗军吴凤典营。相距 9 里的唐景崧右营游击谈敬德闻讯后马上率领一百余人前往驰援，刘永福也由连山总赶至，与法军展开了一场激烈的白刃战。这一仗，从辰时到未时，鏖战了整整 8 个小时，毙伤法军一百多人，清军方面也付出了差不多相等的代价。

经过这几次战斗，法军便由战略进攻转入了战略防御，清军则由战略防御转入了战略进攻。清军在粉碎了法军的增援和反扑后，控制了通往宣光的水陆要道，包围了宣光城。

三、宣光包围战

1884 年 12 月 23 日，唐景崧、刘永福两位抗法名将，在宣光城下相见。隔了两天，丁槐率领的 13 营滇军，也由河阳赶至，实现了滇、桂、黑旗三路大军的会师。当时负责三军的总指挥为西线的清军统帅、云贵总督岑毓英，行辕设于馆司。三军经过协商，确定由刘担任堵河打援，丁、唐合力攻城的作战方针。

参加宣光包围战的清军，计有唐景崧的 9 营，丁槐的 13 营，黑旗军的 12 营，何秀林的 3600 人，共有兵力 15000 余人。

法军兵力 10000 余人，配有格林炮、开花炮多门。城内山上、城墙高处及城之西南角均设有炮台。城东门由法军数百人驻守，门外河中有数艘炮舰往来逡巡。城南门外为法军大寨，也有数百兵丁驻守，以护卫西南方向的炮台。

根据法军的布防情况,景字营于城北二里处下寨。指挥所设于距城七里的中门总。丁军于城南二里处扎营十余座,何军在宣光与左旭之间的清水沟扎营。营垒既定,丁、何、唐三将立即召开军事会议,作了战前的行动部署,决定由丁军作主力,进攻城南之法军大寨;景军则负责专打敌之援军,并进攻西南角之炮台,以牵制敌军;何军则往返于宣光、左旭之间,准备随时策应丁军与刘军。

1885 年 1 月 26 日凌晨,景字营二营潜往西南炮台埋伏,其余由唐景嵩亲率右营营官谈敬德等由北门绕道至东门。丁军乘敌不备,攻占了法军城南大寨,放火焚毁了敌人的巢穴。东城法军急忙开门往救。谈敬德见南门火起,料想丁军已经得手,于是下令鸣角骤进。出城法军恐东门有失,乃不救南门而回头专击谈敬德军。顿时敌在城头、山上和城外江中之炮火一齐猛烈向景字营轰击。景字营三面受敌。谈敬德等伏岸力战,也用猛烈的炮火回敬敌人。正酣斗间,忽然一颗子弹飞来,打中谈的大腿,谈骨折腿断,血流如注,不能行走。他坐于地上,仍然负痛指挥战斗。前营哨官王定菴急呼亲兵过来抬救,并对谈说:"您快退下,这里由我替您指挥作战!"谈坚决地说:"我和大家生死与共,不能退!你不要管我,快和弟兄们一块去消灭敌人!"王定菴只好忍痛留下自己的战友,奋力挥刀向敌冲去。没走多远,他被敌人的枪弹打穿腿骨,倒地,跃起,又冲向敌人。又被敌人的排枪击中,最后倒于血泊之中。此时,谈敬德也被敌人的炮弹轰裂胯下,壮烈牺牲。

滇军方面,1 月 26 日黎明,丁槐分兵三路,进击南门外的法军大寨。法军仓皇应战,在滇军的猛烈攻击下,死伤百余名,随即弃寨溃散。滇军放火烧了大寨,乘胜进逼城下。城中山上及西南之炮台法军,见滇军得寨,便一齐用开花炮向滇军轰击,炸死丁槐亲兵十余人。丁仍督饬各军有进无退。直到天晚,法军死伤甚重,大败入城。丁槐一面指挥滇军继续扎营围攻,一面派人与桂军联络,请唐景嵩务必拖住东门法军,不可后退,因此时南寨已得,如桂军一撤,敌人必救南门,那么南寨也就有得而复失的危险了。因此,尽管桂军伤亡很大,仍以大局为重,继续坚持战斗,死死拖住东门敌军。此时南门大寨被滇军击溃的法军,纷纷乘船往东门逃遁，但遭到桂军炮火的拦截，又死伤百余人，剩余的又被扼守在下游的何秀林与刘永福全数歼灭。

围城第一仗，基本上达到了联军的初步目的：攻克南寨，孤立西南炮台，拖住东门守军。这一仗，敌人伤亡四百余人，逃散五百余人，击毙法国五画一人，一画二人，使城中守敌"大挫锐气"。

联军围城的第一步，即攻克南门法军大寨的目标实现后，第二步便是如何夺取城西南角炮台的问题了。但是，由于敌人利用其火炮的优势，因而联军的几次进攻都未能奏效。在密集的炮火下，滇军、桂军由于没有掩体，完全暴露在敌人的枪炮之下，不仅伤亡很大，而且很难接近敌人的炮台。对此，丁、唐、何三将再次共商破敌之策。丁槐建议三支友军分工合作，用"滚草法"破敌炮台。（"滚草法"，云南人又叫"滚草龙"，它是滇军在实战中之创举。其方法是：在离敌人炮台或堡垒几百丈外可隐蔽的地方，掘土为垛，隐蔽数人，挖沟开濠，再结草把数万束，由人持行濠中，不断滚掷前进，以避枪弹，进逼炮台。）丁的建议，得到唐、何的支持，并确定丁、何两军担任开沟挖濠，唐军担任结草、滚草的任务。

1月28日午夜，滇军在离敌炮台二百丈处开始掘土挖濠，桂军结草、送草递进。丁槐、唐景崧二将坐镇指挥。一连三天，两军都夜以继日地不停工作。1月30日，挖濠滚草到离敌炮台仅数丈远的地方。当日凌晨，部分桂军伏于东门，以防城内之敌出援，滇军主力及少数桂军则伏于濠中和法军炮台之侧面，准备向敌发起攻击。8时左右，滇军、桂军鼓角齐鸣，杀声大震，两路纵队像两支利剑直向敌军炮台插去。炮台和城垛上的法军急用炮火拦阻，但挡不住滇军的凌厉攻势，只得弃下大炮、粮食、辎重等物，夺路向东门飞奔逃去。滇军杀进炮台内，全部歼灭了尚未来得及逃窜之守军，并和桂军一起，穷追逃散的敌人。这一仗，联军不仅夺取了敌人的炮台和扫清了宣光城外法军的全部营垒，而且打死敌军五六百人，活捉二百余人，救出难民一千余人。史书记载，这次战斗"天容惨淡，地血横流"；"两军（滇、桂军）迎击逸虏，枯草为红。"（唐景崧：《请缨日记》）

联军攻占法军的炮台后，各营紧逼城墙下寨，滇军扎于南门和西门，桂军扎于北门。此时两军面临的任务是攻打城池的问题。起初，桂军用竹梯、草捆攻打北门，伤亡较大，后滇军建议用地道、地雷战术破敌，取得了较好的效果。作战方案仍采用兵书上"奇正相生"的老办法，滇军作为主力进攻，桂军为偏师进行配合。计议已定，两军一面挖掘地营，深沟高垒，以防敌人出击；一面又日夜开凿地道，直通城墙，再实之火药、地雷，以炸毁城墙。

法军方面，自炮台失陷后，宣光的西、南、北三面均被围困，仅东门临河未能合围，但有何秀林、刘永福、黄守忠扼守，舟楫不通，只好坚守待援。他们除了在城之四周赶修工事，增筑炮台外，还仿学滇军办法，开挖地堡地营，又拆毁大量民房，树立栅栏，以作退守之计。此外，他们胁迫城中数千居民，上城墙抗拒清军。

1885年2月12日，丁槐派李福兴等在城之西南角开挖地道十余处，装满火药后施放，将城墙轰塌十余丈，伤亡敌军数百人。丁槐、何秀林趁机急率所部向缺口冲去。不料城中守敌蜂拥而出，拼死力拒，土山和城垛上的枪炮一齐向滇军轰击。滇军副将衔游击何天祥、守备王世兴等相继阵亡，士卒伤亡者百余人。由于进攻受阻，滇军不能冲入城内，只好在缺口处扎营，和法军对峙。

2月22日晨，滇军挖成地道三条，装满火药后，先点燃一处，诱敌来守缺口时，又点燃距缺口不远的两处。只听霎时晴空霹雳，砖石横飞，山摇地动，当场炸死法军两三百名。丁、唐、何三将乘势督队三面齐进。法军的第一道防线——城墙崩溃后，便利用城内新挖的地营濠堑负隅顽抗。联军因敌军炮火猛烈，不得已下令收军。

2月23日，联军商议，由丁、景二军攻取一处缺口。景军右营哨官赖朝荣、邹全鸿自请担任先锋。他们挑选了30名精壮勇士作头等先锋，又拣得二等先锋50人为后继，并立下军令状："不拿下宣光，决不回营！"24日清晨，30名头队勇士没有等到发号攻击，便率先直奔缺口而去。他们大声呼喊，猛抢登城；赖朝荣、邹全鸿随即督领二队50人继上。由于敌军早有防备，顿时枪炮大作，首先登城的30名勇士牺牲24人，生还6人，邹全鸿亦受伤被抬回大营。当天下午，唐景嵩再次函约丁槐、何秀林，准备当晚继续攻城。景军再派赖朝荣挑选头等先锋50人，二等先锋150人，大队500人在后接应。唐还传令全军："有奋勇者报名，兵勇敢带队押队者给军功牌。"传令官话音未落，只见营中走出一个威风凛凛的红面大汉，高声叫道："主事大人！伍某虽然不才，愿带弟兄们前去攻城，战如不胜，甘当军令！"众人视之，原来是右营新近从勇丁里提拔起来的差官、云南人伍义廷。

伍义廷领下军令后，唐景嵩即委任他为队长带队前行。接着，唐的亲兵什长、广西人姚纪昌、覃启发，哨官赖朝荣等，也不甘落后，纷纷报名，愿押队同行，唐亦委任三人为副队长。当晚，众军列队营门，丁、唐、何三将勉励说："不得城，毋来见！"随后景军、丁军、何军分三路强行进击城墙缺口，三位将领则坐于西南角炮台下指挥战斗。城中守敌早于缺口处广置木栅、土垒、地营，排列好开花炮、格林炮以待清军。敢死队队长伍义廷一手持枪，一手挥刀，率领头等先锋 50 人奋力登城。他在倒塌的城垛上枪击刀砍，连杀法军数人，砍死敌开花炮手二人，随后又冲入敌军地营，同敌人肉搏时壮烈牺牲。副队长赖朝荣率领二队战士刚登上城墙，就被敌军大炮击中，不幸阵亡。副队长姚纪昌冒着敌人的炮火，勇猛冲上城头，被枪弹射中前胸，倒于地上，同伴要扶他后退，他坚决地说："统领有言，城不克，毋来见！"忽地跃起，再次向敌群冲去，又被敌人排枪击中，他大喊一声，坠入濠中死去。另一名副队长覃启发亦受重伤，被抬回大营。这次战斗，联军三进三却，有的刚刚登上城墙，就被敌人炮火击中；有的冲入敌人地营，同敌肉搏时壮烈牺牲；有的还未接近城下堑濠，便死于乱枪之中。队长四人，亡三伤一，其余两百名敢死队勇士，几乎全部壮烈殉国。

2 月 26 日，丁军、何军再次各挑勇士 200 名，涂朱额为记，后退者斩；景军亦挑队 200 人，以参将邓有忠、什长汪鼎臣带队，什长覃启发、赵全红押队。唐置酒营门，请四位队长上坐，勉励他们奋力拼搏，拿下宣光。当晚四鼓，何军施放地雷后，三军分路齐奔缺口。伏于城中之敌倾巢出动，负隅顽抗，接连打退了清军的各路进攻。战至鸡鸣，清军力攻不入，不得已退回地道。此仗，邓有忠、覃启发、汪鼎臣等均受重伤，滇军将士亦伤亡不少。

从 2 月 22 日到 2 月 26 日连续几天的攻城战斗，由丁、何、景、刘四支友军组成的联军，同仇敌忾，团结合作，前仆后继，英勇奋战，消灭了法军的有生力量。据河内法国官方统计，此次攻城，法军伤亡不下 2000

余人，统军官茂连拿鳌被清军击毙，余下军官被杀者 30 余人。城中汲樵已断，粮弹将尽，士卒个个心惊胆寒，惶惶不可终日。为了解脱困境，宣光法军不得不多次用竹筒、玻璃瓶装着书信，上插小旗，投入红河，顺水流出，向河内法军告急求援。东线的法军获得宣光的求救书信后，随即调兵遣将，分军增援西线之宣光。

扼守河内与宣光间水路咽喉的黑旗军，在截获法军的求救书后，知河内法军必来援救，于是将计就计，在左旭一带设下了庞大的地雷阵。刘永福一面派人前往河内，打探敌人的动向，并于沿途多设情报网点，以通消息；一面在左旭山上加固几座大炮台，增设 8 座小炮台，台下开挖地道，台上绕以矮树，船炮既不能及，陆地大炮亦难击中。此外，刘又命令部下，赶造大木箱 500 个，每个装满火药 40 斤；又取干薄大竹数百条，中小竹数百条，皆装满火药，使木箱、竹筒连环相并，埋藏在大路两旁和江边之地，上用茅草泥土伪装，使敌不易察觉；地雷四周，再密布火箭数百支，火器、地雷多件。布置就绪，又授计部下如此如此。

3 月 2 日，法军前敌 5000 人，在统兵官几阿凡利的带领下，由屯鹤关溯流而上，分两路向左旭侵犯。他们在大炮的掩护下，向黑旗军阵地凶猛扑来。黑旗军前锋早有准备，随即开队迎敌，攻杀一阵后，便诈败后退。法军一时得意忘形，挥师大进。待全部进入设下的地雷阵后，忽然轰天一声巨响，地雷相继爆炸，势如山崩地裂；四周火箭、火炮也像骤雨般地射向法军。法军登时被炸成肉泥，烧成灰烬，逃出者仅四人而已（胡传钊：《盾墨留芬》）。

法军全师覆没的消息传入河内后，整个城市为之震动。河内法国全权大臣"吓得魂不附体，然怒气到极"，立即又派出法国远征军总司令波里也将军率领的第二队人马，共 5000 人，火速奔赴左旭。刘永福率领大队人马出迎。两军交锋，初时互有伤亡，胜败未分。战至下午，黑旗军子弹渐渐告罄，又无援军，而法军却有增无已。黑旗军力不能支，吴凤典营、朱二营、刘绍经营相继被法军攻破，伤亡百余人。刘永福见 3 营已破，弹尽援无，被迫退回十余里外之清水沟连山总。有一黑旗军战士，坚守火药库，不肯后退。当法军大队蜂拥而至时，他沉着镇静，不慌不忙地点燃了火药库，炸死法军 40 余人，自己也因此为国捐躯。

波里也侵占左旭后，乘势与宣光守敌会合。滇军、桂军腹背受敌，粮又不继，于是撤了宣光之围。3月3日，唐景嵩所部桂军退回沾化。丁槐、何秀林统率的滇军，亦于同日撤离宣光，分别退回离宣光十余里的中门总、同安总、连山总老营。从1884年12月11日至1885年3月3日历时73天的宣光包围战由此结束。统计是役，滇军、桂军、黑旗军前后伤亡不下4000余人，法军的损失约与此数相当。

四、临洮大捷

河内法国援军解了宣光之围后，同守城法军一起，向丁槐、何秀林的滇军老营频频发动进攻。但由于滇军多采用地营战术，因而法军的进攻都遭到了失败。1885年3月12日，法军主力部队在3艘军舰的护卫下，撤回端雄，随后又积聚了13000人的兵力，分三路向滇军反扑：一路溯流而上，进犯清波；一路由端雄攻柯岭安平；一路从缅旺入猛罗。其目的是想迂回包围滇军的主力，以减轻宣光的压力。

滇军方面，岑毓英除令丁槐、何秀林继续稳守老营，严密监视城中之敌外，又派民族军首领竹春、陶吴，以及道员汤聘珍、岑毓宝等，同刘永福一起，前往柯岭截击法军；派总兵覃修纲带领梁禹福、覃允华守清波；遣李应珍出临洮；卢得志、梁世龙等守夏和；黄建荣、岑裕均守锦西；王玉珠、黄功泳、汤宗政等出不拔县广威府；王永山往缅旺阻截法军进入猛罗。各路分头迎敌，打击法军。

战斗首先在缅旺揭开序幕。缅旺一地前接山西、兴化，后通三猛、十州，地形十分险要，是兵家必争之地，现时为法军侵占。1885年3月9日，王永山率部突至缅旺。法军猝不及防，仓促应战。滇军奋勇攻击，打死打伤法军一百多人，斩获首级十余级，其余敌人望风逃窜，于是将缅旺收复，并乘势收复附近之清水、清山两县。

法军在缅旺溃败后，便集中兵力，由兴化上犯临洮，企图逆转战争的颓势。3月23日，法军分成南北两路，一路4000人包围山围社之李应珍、韦云青各地营，一路2000余人进攻柯岭浮桥。浮桥之清军早已布列成阵，专待法军。头阵为云南苗、瑶、壮族首领竹春、陶吴、徐恩、黄明、苏元礼等率领的 1000 余名民族军；二阵为刘永福率领的黑旗军；三阵为汤聘珍、岑毓宝率领的滇军。三阵皆挖地营、濠堑，连环相扣，互为策应。是日 9 时，法军红衣大裤囊兵 1000 余人，并力进攻浮桥大庙的竹春头阵。竹春、陶吴率领各族战士，用自制的土枪、竹弩、大刀、杆子等原始武器，英勇地打退了敌人的多次进攻。法军人倦马疲，伤亡惨重，始终不能前进一步。此时作为第二阵的黑旗军，从敌后包抄了过来，并在浮桥的桥头派兵严密扼守，阻断了法军的退路。法军欲攻不入，欲退无路，四周皆被黑旗军、民族军团团围困，恰似瓮中之鳖，缩颈待毙。夜幕降临，黑旗军逐渐缩小包围圈，发起了攻击。这一仗，法军大败，遗弃的甲仗衣物"堆积如山"，尸首狼藉。

法军在临洮柯岭大败的同时，在山围社亦遭到了惨败。3 月 23 日，法军 4000 人向临洮附近滇军的又一据点山围社发动了进攻。滇将李应珍、韦云青等沉着应战。他们在地营前设置了许多地雷火炮，待敌临近时，便扯动钉子火地雷，炸死炸伤法军多人。在 23 日、24 日两天里，滇军接连打退了法军的五六次进攻。24 日晨，滇军总兵覃修纲率领 3000 精锐前往驰援，从背后给了敌人狠狠一击。李应珍见援军已到，便率众冲出地营，前后夹击法军。他虽然受了枪伤，仍然身先士卒，奋不顾身，追杀法国五画军官 1 人，士卒多人。滇将韦云青、沙如理亦各身中数枪，但仍然坚持战斗，奋勇杀敌，先后击毙三画、一画法国军官各 2 人。其他官兵，见主将如此英雄，无不以一当十，扑击法军。

在滇军的不断冲击下，法军仍拼死抵拒，但经不住前面的李应珍、韦云青，后面的覃修纲等滇军的三路合击，到 24 日深夜，便全师覆灭了。统计是役，滇军共歼灭敌军近 2000 名，缴获洋枪、器械、食物、皮匣、红白衣帽 1400 件，地图、书籍数百件。滇军阵亡 39 名，将士受伤者 120 余名。著名的临洮之战，便以滇军、黑旗军的辉煌胜利，和法国侵略军的彻底失败而告终结。

临洮大捷之后，滇军又乘胜前进，全面转入了反攻；法军则四顾不暇，首鼠两端，失去了还手之力。4 月 8 日、9 日，覃修纲带领滇军出不拔、燕毛各隘，与敌接仗，连破法军 4 座营垒。后又会同汤宗政等进攻枚枝关，阵斩法军数十人，生擒 5 人。法军败走，滇军遂破关收复不拔县。督带李应珍虽在临洮之战中受了枪伤，但仍鼓余勇，进攻盘踞在鹤江、越池之法军。法军弃营而走，滇军随后掩杀。追至江边，法军争夺舟船逃命，落水淹死者不计其数。于是鹤江、越池遂告光复。原驻宣光附近同安、中门、连山各总之滇军，此时也改变了原来"顿兵攻坚"的战略战术，除留何秀林、张世荣、杨国发继续监视宣光之敌外，又派丁槐率领奇兵，渡河出不拔、广威，直取宁平、南定、兴安诸省。

西线的形势是十分喜人的，东线的战况也很鼓舞人心，桂粤清军对法军展开了大反攻。1885 年 3 月 23 日，即滇军临洮大捷的同一天，冯子材于镇南关大败法军，歼敌 1000 余名，军官数十名，取得了著名的镇南关大捷。但就在这时，清政府停战撤兵的命令下达了。

五、宣光、临洮战役的历史意义

宣光包围战和临洮之战，是中法战争中的两次重要战役，对整个中法战争的进程和中国近代史都曾发生过重大的影响。宣光之战，滇军、桂军、黑旗军包围法军 70 余日，虽然最后由于敌人援军的到来而功亏一篑，未能攻克宣光，但它的意义却不容忽视，正如唐景嵩所指出的："城虽未克，虏受奇窘"，是"西人与中国搆兵以来，未有窘困如此者也"（唐景嵩：《请缨日记》）。因此，它仍不失为中国军队的一大胜利。可以这么说，宣光之战是中法战争的重大转折点，是清军转守为攻、由败而胜的重要标志和里程碑；而临洮大捷则是这次战役发展的必然结果。它们无论在战斗的规模、战役的意义方面，和镇南关大捷一样，都有着同等的意义。

第一，宣光之战，是中法战争，也是中国近代史上，中国军队首次向资本主义国家军队进攻的开始。

从战略上说，它是中法战争由防御到进攻的转折点，而在整个中国近代史上，它也开创了中国军队主动向敌进攻的先河。试问自 1840 年鸦片战争以来，有哪一次战争、哪一场战役，中国军队不是处于被动挨打的地位呢？然而宣光之战就不同了，中国军队破天荒地第一次对西方国家的军队举行了大规模的、长达73天的包围和进攻，几乎使敌人巢覆卵灭。史书说："法自入中国以来，皆系扑犯官军，独宣光为受攻被困之始。"（唐景崧：《请缨日记》）。其实，何尝不可以说，西方国家自入侵中国以来，皆系扑犯官军，独宣光为受攻被困之始呢。这个行动的本身，就具有十分重大的意义，它是近代史上一个了不起的奇迹。而临洮之战，则是继宣光包围战后，滇军对法军展开的第二次强大的攻势。滇军、黑旗军不仅歼灭了敌人的有生力量，而且以秋风扫落叶之势，迅速地攻克缅旺、清水、清山、广威、永祥、鹤江、黄岗屯等十几个州县。其影响的程度，有人将它与镇南关之役相提并论，认为它们是中法战争后期同时开放、相互辉映的两朵并蒂花，是具有举足轻重、扭转整个战争形势的两大重要战役。

第二，它沉重地打击了法国侵略者，粉碎了敌人想以越南为跳板进而进攻中国的阴谋。同时，它大长了中国人民的志气，对中华民族的反侵略斗争是个极大的鼓舞和推动。

马江海战后，法军骄横已极，气焰十分嚣张。战争贩子茹费理洋洋自得，认为过不了多久，法军就可以拿下安南，胁迫中国投降。他说："我们运动的准备，胜利的迅速，证明了我们武装无可争辩的优越性。我们只须继续东京的征服并威胁中国的边境。安南人、黑旗兵与中国人的联盟，不足以障碍我们。"又说："山西、北宁、兴化的胜利，使我们愈增自信，并使以武装抵抗我们的人沮丧。"（毕乐撰：《山西北宁兴化诸役》）然而，曾几何时，法国侵略者在宣光、临洮所遇到的，不仅是中国军队的英勇抵抗，而且是主动包围进攻他们，大败他们，使他们几至处于全师覆没的困境。他们不再是神气活现、不可一世、"所向无敌"的庞然大物了，他们以越南为基地继续侵占中国领土的计划也随之而遭到了可耻的失败。请看宣光被围后法军的狼狈相："维时城中粮弹将尽，旦夕可拔，每闻哭声，而城房终不张皇，更柝寂然，夜以电气灯巡堞数周而已。"（《中法战争》二，第176页）"城中樵汲已断，粮亦垂尽，教匪大半窜逸，贼势危蹙，伏匿待毙。"（《中法战争》二，第202页）法人自己也说："法兵穴地而居以避枪炮，已阅三十六日，设再迟七日，援兵不至，必俱死矣。"（《中法战争》二，第205页）又说："以今日之华军较二十五年前大相悬绝。此次中法交战，华兵勇敢异常，又有兵官善于管带，围宣城之法甚合欧洲军政书院所教习者，放枪炮均有准的，且储备子弹甚多。法军毙命不少。"（《中法战争》二，第 206 页）这是法军在经过严峻的事实教训后，对滇军、桂军的客观评价。

宣光的包围战和临洮大捷，对中国人民是个极大的鼓舞。战争期间，全国各地纷纷捐款赠物，支援和犒劳前线将士。特别是处于中法战争最前线的云南各族人民，为这次战争提供了大量的兵员、民工、骡马和资财，他们在战争中出力最多，承受的牺牲也最大，自然对于这两次战役的胜利感到格外的喜悦。直至 20 年后，云南人民还作歌称赞，表示要继承发扬当年滇军对敌英勇作战的精神，向为国捐躯的英雄们学习。这两次战役，在清政府的官员中也引起了很大的震动，它打击了投降派，支持并鼓舞了抵抗派的爱国热情。一个法国的观察家写道："在北京，一时失势的主战派，意气复壮；同时利用我们谅山的失败及援军的遣发，支持他们的论据，认为中国能以武力光荣地结束纷争，而这个纷争，我们并无诚意和平解决。主战派又重新宣传他们的主张，纠集同党，煽动舆论，以未来的重大责任使国家大员们畏缩。"（毕乐撰：《内阁的危机与初步协定的签订》）实际上，主战派的思想，在很大程度上也就是中华民族的爱国思想，它是中国人民几千年来在对敌斗争中逐步产生、形成、发展起来的具有强大内聚力的精神因素，是中华民族文化遗产中最优秀的部分，是我们最宝贵的精神财富之一。而在这最宝贵的精神财富里，宣光、临洮的英雄们便为它注入了新的内容，增添了新的光彩。

第三，它直接导致了茹费理政府的垮台。

临洮和镇南关大捷，是东、西两线清军在同一天取得的重大军事胜利。1885 年 3 月 28 日晚 11 时 30 分，西线法军统帅波里也把临洮法军的失利报告了巴黎。3 月 29 日，巴黎得到东线法军统帅尼格里受伤、法军撤出谅山的"又一个严重且悲惨的消息"。这两个消息像晴空霹雳，震撼了巴黎全城，使法国陷入了一片惊慌混乱之中。巴黎人民纷纷集会、示威，高呼"打倒茹费理！"的口号，要求内阁立即辞职。3 月 30 日晨，众议院开会，议员们齐声指责茹费理，并对他起诉，骂他是"国家的蟊贼"。茹费理成了过街老鼠，表现得十分的恐慌和孤立，"没有一个人起来说一句为政府辩护的话。内阁已不再有多数支持了"（毕乐撰：《茹费理内阁倒台》)。就在这一天，这个"共和国强力要素之一"的铁腕人物，不得不宣告下台。

第四，宣光包围战，是镇南关、临洮大捷的先声，它有效地配合了东路战场，为镇南关之捷铺平了胜利的道路。

在宣光之战打响的同时，法军已集中一万余名精锐，在东线发动了猛烈的进攻，占领了谅山、镇南关，并侵入了我国国境。而当时冯子材的萃军未齐，"势难骤进"，勤军又新哗溃，广西震动，东线吃紧。为了减轻东线的压力，拖住并吸引法军，西线滇军、黑旗军和景军，不惜付出高昂的代价，承受了"明知攻坚，兵家下策也，而事急不得不攻"（唐景崧：《请缨日记》）所带来的重大牺牲。这样，东线的法军为了解救宣光，不得不分兵西向，派出了远征军总司令波里也为首的精锐主力去增援西线，从而迫使敌人在东线不能继续长驱直入；同时也就给了冯子材、苏元春以充分部署和反攻的机会，争得了宝贵的时间，为镇南关大捷创造了有利的条件。因此，可以这么说，如果没有西线滇军的进攻，没有73天的包围战，那么，东线清军的境况就会困难得多，甚至将会出现一些令人意料不到的严重后果，自然也就不会有镇南关那样的重大胜利。正如唐景崧所说："我独一军致力于此，彼亦用全副精神抗护于此，未免毒聚一处，极难收效。"（唐景崧：《请缨日记》）宣光之战为镇南关大捷铺平了道路，而镇南关大捷又为西线的临洮大捷开辟了前景。因为，尽管两个战役发生在同一天，但是，如果没有东线清军牵制并消耗敌人的有生力量，使敌"毒聚一处"的话，那么临洮之战就不会那样容易地取得胜利。

六、对宣光、临洮战役胜利原因的研讨

取得宣光、临洮战役胜利的原因很多，归结起来，主要有以下几点。

第一，由于这次战争是反侵略的、正义的战争，符合人民的愿望和要求，因而得到广大人民的拥护和支持。中国军队在中国人民的支持下，同仇敌忾，不怕牺牲，前仆后继，英勇奋战，发扬了高度的爱国主义精神，是赢得这两次战役胜利的重要条件。综观古今中外，凡战略战术的正确运用，有利地形的选择，优势兵力的集中，将士的团结用命，粮草弹药的保证，等等，都是普遍的军事原则，然而决定战争胜负还有一个重要因素；那就是军队的敢于斗争和不怕牺牲的精神。在中法战争中，在中国近代反对外国侵略的战争史上，优势的兵力，有利的地形，曾不止一次地出现过，但在清政府一味消极避战的方针下，广大将士的爱国热忱受到了压抑，再好的条件也形成不了胜利的结果。这两次战役，由于清军得到主动进攻敌人的命令，于是对敌的仇恨便一下子像火山一样地喷发了出来。为了战争的胜利，他们不畏艰辛，不怕牺牲，舍生忘死地去同敌人拼搏，因而具备了克敌制胜的先决条件。比如，景军在接到岑毓英要他们绕道云南进入保胜时，认为这样做耽延时间，"以有用之军行无用之地"，不如直接出牧马，取道苏街，赶快去进攻敌人。尽管所经之地道路崎岖，山关险阻，粮草难筹，但他们不怕艰难困苦，"竭力国事""以会剿为急，攀绝壁，逾深谿，间关崎岖，逾越北圻千有余里"（唐景嵩：《请缨日记》），从而胜利地与黑旗军、滇军会师，包围了宣光城。当时景军仅有区区数营，而且又才经过长途跋涉，没有休息，便立即向敌人发动了猛烈的进攻，这是为什么？就是为了要以自己的行动去戳穿敌人纸老虎的本质，成为友军的表率："然关外皆待虏击我而后回拒，今我试往击人，拼此微命为诸军先……则诸军咸知我往击人之不足惧，而有相率齐进之一日。"（唐景嵩：《请缨日记》）这种不畏强敌、敢于斗争、勇于向敌进击的精神，便是这次战争之所以取得胜利的真谛。在战斗中，将士们所表现的临危不惧、宁死不退、勇敢拼杀、视死如归的精神，谱写了一曲曲响彻云霄的胜利凯歌，创造了惊天动地的伟大奇迹。谈敬德、伍义廷、赖朝荣、姚纪昌以及在这两次战役中做出卓越贡献的丁槐、刘永福、唐景嵩、覃修纲、何秀林、李应珍、韦云青、竹春等将领，他们的智慧、坚毅和勇敢，是赢得这场斗争胜利的保证。中国人民决不会忘记他们。

第二，三军协同，团结合作，是取得这两次战役胜利的关键。宣光之战，是丁槐、何秀林率领的滇军，唐景嵩率领的桂军，和刘永福的黑旗军三支友军，通力合作，互相配合，和衷共济，团结对敌取得的成果；临洮之战，则是滇军、黑旗军共同对敌取得的胜利。这两次战役，滇军、黑旗军、桂军在作战指挥和部署方面，较之过去诸战役均显得协调一致，没有出现过大的矛盾与不和。由于齐心协力，因而取得了空前的胜利。在指挥作战上，两次战役与过去诸战役不同之处在于：这两次战役有个集中统一的指挥，特别是在许多友军协同作战的情况下，这就显得特别的重要。滇军、桂军、黑旗军和地方民族军四支部队，相对来说，是各不相属的独立军队，尤其是桂军，直接隶属于两广总督领导，但张之洞以大局为重，主动把唐景崧所部的桂军交给云贵总督岑毓英，自己不插手，不干预，"云军进止，洞不与闻"（《中法战争》六，第476页）。甚至在与岑毓英联名发电时，也十分尊重岑的意见。西线战事，他从不单独向上汇报，即使要联名发电，他都把岑的名字排在前面。"于细微处见精神"。张之洞这样做的目的，是为了保证西线战事能够统一领导，集中指挥，"事专权一"，从而避免了过去互相推诿扯皮的现象发生。张之洞除了搞好广东防务外，还从人力、物力、财力多方面大力支援滇军和黑旗军，他先后向宝源银行、大东公司借银200万两，分别接济滇军、桂军、黑旗军和台湾防务，以购买枪支弹药。据不完全统计，仅广东机器局就支援滇军"马的力"后膛枪两千杆，"土乃打"后膛枪3000杆，来福枪5000杆，火药5万磅，军装价银83665两，从而解决了西线粮饷给养和武器装备的困难。由于有效的支援，加之统一集中的指挥和三军将士的顽强拼搏，因而才谱写了一部气势磅礴、协调一致的交响曲。

第三，清军在战略战术上的正确。马江海战后，清军在北圻战场上采用"奇正相生"的策略，东、西两线同时出击，互相配合，形成了两个拳头。这样就使法军首鼠两端，穷于应付，不得不分散兵力，在东西线之间疲于奔命，最后必然陷入顾此失彼、"四顾不遑"的困境。

第四，清政府的正式宣战，有一定意义。试观宣光、临洮以前的诸次战役，如山西、北宁之战，马江海战，其失败的主要原因在于"朝廷战议不坚"，尽管法人早已开衅，战争早已实际进行，但清政府不愿打仗，总是命令前线将士"第不可衅自我开，未可显露作战之迹"，或是"严谕水师，如先开炮，虽胜亦斩"，因而严重地束缚了自己的手脚。这种不战不和的状况，使三军无所适从，极大地伤害了广大抗战爱国将士的积极性。而一些贪生怕死、没有民族自信心的人也就有了借口，不免观望徘徊，敷衍上级，揣摩政府决策人的意图办事。如唐炯就说："战则胜不为功，败不为罪"，给自己逃跑开了绿灯。即便是抗战派的将领和爱国的官兵，由于有以上"严旨"，想战而不能战，白白地丧失了许多有利的战机。如马江海战，由于各炮台奉有不准先行开炮的命令，眼睁睁地看着法国军舰闯入马江而莫可如何；而法军也就乘机抢占有利的方位，并首先开炮，重创清军。

马江海战失利后，清政府在全国舆论的压力下，不得不正式对法宣战。尽管这是被迫的，但其意义却不可低估。首先，这道宣战的"谕旨"，表明政府是要打仗了，这就给了投降派、主和派一个沉重的打击，使他们对抗战不利的言行不得不有所收敛。就是对于过去徘徊观望的大臣，由于政府"决战"，他们也不得不执行。比如，一直裹足不前，善于"揣摩风气"、看主子脸色行事的岑毓英，也只好奉命督师出关。清政府在给岑的命令中，口气十分严厉，叫他"迅赴戎机，不准藉词迁延，自干重咎"（《中法战争》五，第548页）。岑也诚惶诚恐，说："伏念事君致身，古有明训。今法夷内犯，凡在臣僚，均应同仇敌忾；况臣受恩深重，纵捐糜顶踵，难报涓埃，岂敢稍事迁延，自干咎戾？"（《中法战争》五，第533页）这是由观望徘徊，到为报君恩，并怕"自干咎戾"而被迫抗战的典型。尽管其态度是消极的，但他在宣光、临洮之战中的功绩也不可一概抹杀。

另外，由于政府的宣战，使广大的爱国将士受到鼓舞。他们欢呼雀跃，摩拳擦掌，企望"重振国威"，在战场上"一雪国耻"，给敌人以狠狠打击。于是，有黑旗军健儿的奋不顾身，与敌同归于尽；有伍义廷率领敢死勇士，向敌奋力冲击的壮举；有宣光浴血奋战的七十余日；有临洮大捷的辉煌胜利。

诚然，这两次战役和镇南关大捷一样，广大清军将士浴血奋斗的胜利成果，最后被腐朽卖国的清政府所葬送，致使牺牲的勇士不能含笑九泉，使健在的爱国志士不免有"胡未灭，鬓先秋，泪空流"之叹。但是，我们还是应当实事求是地肯定清政府宣战在当时所起的积极作用，正确地评价这两次战役在中法战争中和近代史上的地位。

（原载《东南亚》1985年第1期，中国人民大学报刊复印资料《中国近代史》1985年第5期全文转载，又收入福建编《中法战争史论文集——纪念马江海战一百周年》和《云南地方民族史论丛》）

评中法战争中的岑毓英

岑毓英（1829—1889 年），字彦卿，号匡国，广西西林人，壮族，中法战争中曾任陆路战场东、西两线的清军统帅，也当过云贵两省总督。岑氏在 19 世纪的五六十年代，是残酷镇压滇、黔回民、苗民起义的刽子手，并因此而爬上了云贵总督的宝座，但在中法战争爆发的前后，他又同广大爱国军民一道，抵抗了英、法帝国主义的入侵，成了对国家、民族有一定贡献的爱国者了。岑氏的前半生已有不少文章论述，而对其后半生的活动则大多没有涉及，未能引起人们应有的重视。为此，本文拟以中法战争时期的岑氏活动为题，对之进行考察、分析，以便为将来对他的全面评价做个引子。

一、未雨绸缪，督办云南、台湾防务

19 世纪 70 年代以后，法国由资本主义向帝国主义阶段过渡，对外不断地发动掠夺殖民地的侵略战争，先后占领柬埔寨和越南南圻，并向越南北圻入侵，严重地威胁着中国西南地区的安全。1873 年 11 月，法国侵略军的急先锋安邺，率军袭击河内，并在不到一个月的时间内，先后攻陷河内、海阳、宁平、南定诸省，妄图吞并越南北圻和中国的滇、川诸省，以实现其建立"伟大的法兰西东方帝国"的计划。法国殖民者还不断派遣武装人员，乘船侵入我国云南河口、新街地区，试探我之虚实和反应。

面对法国对越南北圻的武装入侵和对我国的挑衅，云贵总督岑毓英说："越南乃国家外藩，滇、粤屏障，唇齿相依，理宜相助。"（《中法战争》一）为此，一方面他将越南情况飞报朝廷，另一方面檄饬与越接壤的临安、开化、广南各府文武各员，"查探严防，以固边围"。同时，他又派遣李文益、程友胜、丁冀驰往滇东南，会同总兵何秀林、张保和及该府县各员，积极筹办边防，做到未雨绸缪，以期有备无患。为了加强装备实力，他命令清查追缴得来之军火、军装，分发给各标、镇、协营存备操防，以增强部队的战斗能力。对于以通商、游历为名，混入滇境的法国殖民主义者及其间谍，岑上疏请旨敕下总理各国事务衙门照会法国使臣，"通商之事，应勿庸议"，游历之事，"待越南平靖，边境无事，道路通畅，再行来滇，以免另生枝节"（《中法战争》一）。对与法人勾结的黄崇英，岑命临、开、广各营官兵，谨守边隘，严密防堵，倘有窜入滇境，即悉数歼除。1874 年冬，被粤军杀败的黄崇英残部退入云南大窝子，全部被歼。而侵入河口、新街之法军，见滇军防范严密，布阵以待，不敢轻进，只好退回越南。

在滇西方面，19 世纪 70 年代以后，英国殖民者占领了印度、缅甸，随即把魔爪伸向了云南。对于 1875 年初发生的震惊中外的"马嘉理事件"（《中法战争》一），岑毓英派署提督开化镇总兵杨玉科会同迤西道陈席珍查办，并密饬该员暗调官兵，借弹压为名，将边防事宜妥速布置，"倘英人不候查办，擅自派兵入关滋扰，亦惟有据险设伏以御之"（《中法战争》一）。

1876 年，岑丁忧回籍。1879 年，服阕，授贵州巡抚。1881 年，调补福建巡抚，督办台湾防务。岑到台后，随即勘验基隆炮台，视察淡水、新竹、嘉义各县和沿海之扈尾、鹿港各口，对遭受飓风暴雨和地震灾害的台南、台北两府及花莲港、澎湖等地的灾民，及时进行了赈济和抚恤。他说："台湾为南洋门户，防务紧要……台湾孤悬海外，日本窥伺已久，不早筹整备之方，则戎心易启；不量予变通之策，则兵气不扬。"必须"认真经营……其北开辟未久，尤关紧要"（《岑襄勤公奏稿》）。又说："台湾自北而南，沃野百里，粮食、茶、糖、煤炭皆出其间，海滨有渔盐之利，前后山又出樟脑、硫磺及各种竹木，此诚外国所垂涎而防范所宜亟也。顾台湾防务与内地不同，内地各省仅一二面临海，所备者寡；台一孤岛，悬港汊纷，乃四面受敌之区。今安平旅后基隆、沪港虽设有炮台而备御难周。兵法出其不意，攻其不备。恐无炮台之处舍舟登陆，抄袭后路，则中路之彰化、鹿港等处不可不防。"（《岑襄勤公奏稿》）对此，他提出了改进台湾防务的办法："台湾之事，当以省刑薄敛，团结民心为上；分路屯兵，严守陆地次之；添札营垒，保守海口炮台又次之。而三者俱宜相辅而行，不可偏废。"（《岑襄勤公奏稿》）在这个思想指导下，岑毓英除了从福建省城义仓提取陈谷 2.2 万石赈济台、澎灾民外，还派垦户黄南球、姜绍基等分头招抚台湾的少数民族。先后有禾乃、阿鹿等 26 社的少数民族首领前来"就抚"。岑按他们所管户口的多少，分别给予八品、九品顶戴，按月给以饭食银数两；对有勇力的少数民族首领，则设千把外委土职，以示笼络，令其招募屯丁，操练防守。于是台南、台北很快有 4000 名屯丁被组织起来。岑挑选精壮者加以训练，并派员管带操防，以三月为期，轮流更换，不致废农，原领饷银照旧发足，在防之日则加给口粮。

为了增强台湾防务，岑将台湾南路屯丁 500 名为向导，责成由台南、嘉义交界之三重埔开路六站至后山之大坡，以通璞石阁、卑南等处；将北路屯丁 500 名为向导，责成由大小南澳、所城一带开路，以通花莲港；又责成彰化总兵丁槐由彰化再开一路以通后山；命台北记名提督曹志忠等修筑彰化、新竹两县交界的大甲溪河堤，以通南北之路。大甲溪长堤的修筑，使台湾南北沟通，民不病涉，驿路畅速，防务增强，无论在军事上还是人民的生产、生活上，都有着重要的意义。同时岑毓英还命何秀林在基隆海口添修炮城 1 座，碉楼 15 座；命丁槐于观音山等处修建炮台、营碉多座。这些炮台和营碉，特别是基隆炮城的修建，在以后的中法战争中，为中国将士抗击法军的入侵，起了一定的作用。

布防方面，岑毓英对原在台湾的防勇和镇标练军，认真地进行了整顿，汰弱留强，并加以训练。经过整顿后，留台清军共有 11000 余名。除留守澎湖、海口及前后山外，岑将主力布防于三处：台南、台北及中路之彰化，其粮饷军火亦分屯三处，以备缓急之需。这种战术布防，起到了"常山之蛇，击尾则首应，击首则尾应"的效果。由于台湾社会秩序相对稳定，生产得到发展，防务得到加强，这就为以后中法战争中刘铭传的抗法和中日战争中刘永福的抗日，打下了良好的基础。

二、援越备边，联络资助黑旗军

19 世纪 80 年代以后，法国的国力已从普法战争的失败中得到恢复，垄断资本主义有了迅速的发展。代表垄断资产阶级利益的茹费理政府两次上台组阁。1881 年 7 月，法国议会通过 240 万法郎的对越军事拨款。次年 3 月，又派遣交趾支那海军舰队司令、海军上校李威利对越南北圻进行大规模的军事入侵。

清政府对此表示了极大的关注。外交方面，清廷通过驻英、法、俄公使曾纪泽，不断向法国外交部抗议法国对越南的侵略，声明中国不能置若罔闻。军事方面，清军于 1881 年底至 1882 年初，从广西、云南两路出关，以"剿办土匪"为名，实为监视法军的动静。人事方面，清政府鉴于"法越构衅，滇、粤边防紧要""关外军情随时变易"，因而必须选派得力的、能够统筹全局的封疆大吏前去"详审缓急机宜"（《中法战争》一）。于是，"久列戎行""熟谙兵事"的岑毓英，便于 1882 年 6 月 22 日从暂时平静的福建，调到了战事一触即发的云南。

岑氏来到云南后，对滇省边防采取了"内固吾圉，外壮声援"的方针。他把滇军主力分布于与越接壤的开化、广南、临安三府要隘，暗中资助刘永福以军饷、器械，让黑旗军与法国侵略者斗争，而自己则坐收渔人之利。与此同时，岑毓英等在"孤军悬入，转运艰难，水土恶劣，瘴病甚盛"的借口下，将有限的出关滇军撤回关内，使黑旗军失去支持和依托。这是错误的、有害的方针。不过岑毓英在这段时期还是做了些援越备边工作的。现择其要者列三。

第一，联络资助黑旗军。1883 年 2 月，岑上疏清廷，对法人向清廷多次施加压力，要清廷驱逐刘永福和谋通商等事，他力陈："疆界可分，而北圻断不可割；通商可许，而厂利断不容分；土匪可驱，而刘永福断不宜逐。"（《岑襄勤公奏稿》）此后他又上疏，称"刘永福人颇忠义，善战……果能始终扼扎，越南尚可图存"（《岑襄勤公奏稿》），"若予以一官，其部下头目亦量予位置，将来边徼海澨，皆可随地驱策"（《中法战争》

五）。从假法人之手消灭刘永福，到利用刘永福，帮助刘永福，这是岑毓英对待黑旗军态度上的一个变化。在"暗资刘永福以军饷、器械，使之固守以拒法人"的方针下，岑从1882年8月到滇赴任之日起，即派人与刘永福取得联系，并每月暗中资助刘永福3营军饷银5000两，又将滇省所铸开花炮20余尊铲去字迹，拨往刘永福军使用。这些措施，无疑对解除刘永福的后顾之忧，巩固和壮大黑旗军队伍，起了一定的作用。

第二，加强滇省防务。鉴于法国增兵北圻，滇省防务吃紧的情况，岑于1883年招募滇军14营，每营370余名，共合5250名，分防于滇越交界的河口、马白、窑头等及越南之馆司、归化州、田鸡塘一带；又将黔军1000名、川军500名拨往开化、蒙自扼要驻防，以更换患病、老弱的练军。对沿边一带的少数民族土司、头人，岑"结以威信，笼络为用"，并"号召三猛十洲义勇，多树法敌"（《岑襄勤公奏稿》）。这对巩固西南边疆，团结、组织中越两国人民共同抵抗法国的侵略，为抗法的将士提供一个安定的后方，都是十分必要的。

第三，革除弊病，办理教案。云南土地贫瘠，又兼连年兵燹、瘟疫，田多荒芜，加之统治阶级对人民的残酷剥削、压迫，弄得民穷财困，十室九空。其中最为民病的，要数各级地方官吏对老百姓滥派的夫马了。不仅各府、厅、州、县的官吏，以至看堂、看门、监卡、押犯等也派用民夫、民马，甚至既派夫、马，又复折价。而出差委员所用夫马，亦皆由沿途折给价钱，任意需索，加之经管夫局之官绅串通胥役，暗地加派，图饱私囊，造成层层盘剥。岑毓英下令，自光绪九年（1883年）正月起，将各属夫马局一律撤销，归善后局经理。并规定大小差使由局按往返途程发照市价雇募，不准科派地方，地方官也不得再派夫马，"以纾民困"。

中法战争爆发前，法国派遣大批传教士到滇省进行侵略活动。这支法帝国主义的侵略先锋和别动队，在云南搜集情报，广招地痞无赖入教，并倚为心腹，充作爪牙。他们到处行凶作恶，掠夺财富，欺压善良，奸淫妇女，干尽了种种坏事。1883年2月19日，迤西大理府浪穹县（现洱源县）孟福营和沙凤村人民，因教堂司铎张若望勒民入教，奸污、霸占农民吴大发之女吴傅氏而激起公愤，200多名当地群众，手持锄头、木棍，冲进教堂，打死了张若望等15人，并焚毁了教堂。法国副主教罗尼设为此要求

— 172 —

清政府查办。岑毓英认为"此案起衅原由皆张若望等自取其祸，乡民报复出于义愤"（《岑襄勤公奏稿》），对其性质作了较为正确的评判。但在处理上，他怕得罪法人，致使"枝节横生"，采取"妥速了事"的息事宁人的态度。他错误地将被害人吴大发说成是"肇衅祸首"，打了100板子，流徙3000里，而对衣冠禽兽的张若望，虽说他"奸淫良民妇女，祸由自取"，但却给了恤银5万两。这种处理是不公正的，它反映了清朝官员对外屈膝、对内镇压人民的反动本质。

三、严旨催促，岑毓英第一次带兵出关

1883年5月30日，岑毓英补授云贵总督之职。

此时的北圻战场，情势日益严重。同年5月19日，黑旗军于河内纸桥大败法国侵略者，击毙法国交趾支那海军舰队司令李威利。但法国侵略者并不甘心失败，继续派遣海军中将孤拔率领4000多名侵略军进攻越都顺化，又任命波特为法军驻北圻统帅，进攻驻守在怀德和丹凤之黑旗军。8月9日，法军攻入顺化，强迫越南政府订立越法第一次《顺化条约》，使越南完全置于法国的保护之下。另一路进攻怀德、丹凤之法军，在黑旗军的英勇抗击下，遭到了失败。但由于在战斗中清军的袖手旁观，黑旗军终因势孤力单，而不得不退回山西。同年底，法国议会通过追加900万法郎、拨款2000万法郎和增派15000名侵略军去越南的提案。战争贩子茹费理狂叫："凡华兵所据兴化、山西、北宁三城，皆当取来，不能顾惜！"（《清光绪朝中法交涉史料》卷十三）

面对法国在北圻的进攻态势，清政府认为"北圻屏蔽滇、粤，久为中国保护，断难听其侵逼"（《太原失守越事万难补救请旨办理折》），于是一改过去"第不可衅自我开"的命令，下谕给驻北圻之清军："法如侵及我军驻扎之地，不能坐视""倘法人不顾名义，仍欲逞兵，则开衅即在意中。"

在北圻局势日益恶化和清政府的严旨催促下，岑毓英于1883年11月8日上折，自请统兵出关，筹办恢复越南事宜。同月下旬，岑将2000余名黔军改为滇省练营，令记名总兵丁槐率 3 营黔军 1000 余人赶赴兴化、山西驻扎防守；命记名提督吴永安统率滇、黔混合 6 营，由开化出马白关往守宣光；再饬记名总兵马柱等挑选旧部得力勇丁 3750 人，编为 10 营，由蒙自陆续进发；责成办理营务道员汤聘珍驻保胜，帮办营务道员陈席珍留驻蒙自，专门负责滇军的粮草后勤。这样，加上原驻大滩之张永清 3 营滇军和驻兴化之 1 营陆春部队，共有 20 余营滇军，计 10000 余人驻防北圻。1883 年 12 月 24 日，岑亲率大军离开省城昆明，2 月 11 日抵兴化附近之家喻关，会见了越南统督军务大臣黄佐炎，以及山兴宣总督阮廷润和黑旗军领袖刘永福等人。3 月 5 日，清政府任命岑毓英为前敌统帅，节制调度滇、粤诸路防军。但此时北圻的清军防线却遭到接连的失败。山西防军由于滇军将领唐炯不战先退，致使北圻重镇山西沦入敌手；法军又因 40 余营粤勇望风逃遁，因而轻易地占领了北宁，接着法军又攻陷太原。山西、北宁、太原相继沦陷后，清政府将唐炯、徐延旭革职拿问，另委张凯嵩为云南巡抚、潘鼎新为广西巡抚，同岑毓英一道，负责越南战场的军事事宜。

但此时"素性勇往，熟谙兵事"的清军主帅岑毓英，却在敌人的进攻面前慌了手脚。他一面连连上折，请免节制粤、楚各军的职务，一面又准备溜之大吉。1884 年 3 月 26 日，他在奏折中写道："窃揣越事如将倾大厦，断非一木所能支。臣与诸将顾纵力图捍卫，即幸获胜，而法人断不甘心，势必大举报复，兵连祸结，漫无了期。今兴化城无半月存粮，转瞬江水涨发，烟瘴盛起，官军守既难而退更难……诸将士皆百战之余，犬马报效，为日正长，曷忍轻于一掷？如乘此全师撤回，退守边境，可免伤精锐。"（《太原失守越事万难补救请旨办理折》）同年 4 月上旬，岑毓英在"兴化缺粮，越事万难补救"的名义下，将兴化营盘城楼全部毁平，带领滇军主力退回云南。刘永福所部各营，亦退扎大滩、保胜一带。这样，法军便兵不血刃地占领了兴化、宣光等城，北圻的大部分土地也很快沦入敌手，滇、粤门户陷入了岌岌可危的境地。清政府因岑毓英"未奉谕旨，即退扎馆司属不合机宜"，为示薄惩，将岑降二级留任，交部议处。

四、中法开战，岑毓英第二次督师出关

1884年7月中旬，法国军舰侵入中国福建马尾，8月23日又不宣而战地向福建海军进攻，击沉清军兵船11艘、商船19艘，并击毁福州造船厂，造成中国方面的重大损失。

马尾海战的严重失败，激起了全国人民的愤怒。在全国人民的强烈要求和抗法浪潮的推动下，清政府于8月26日颁布上谕，正式对法宣战。具体部署上，清政府擢升抗战派将领、原山西巡抚张之洞为两广总督，以接替张树声，并采用了张之洞"牵敌以战越为上策，图越以用刘为实济"之策，给刘永福以记名提督官衔，命唐景崧招募四营粤勇，与刘合作，共图北圻。另一方面，又命令云贵总督岑毓英，迅赴戎机，并妥筹接济刘永福军火饷银。

清政府在给岑毓英的命令中，口气十分严厉，叫他"不准藉词迁延，自干重咎"。并且批驳了他"以内地防务重于边关，请率所部驰赴吴淞口，察看敌势，或南或北，相机策应"的意见（《中法战争》五），命其"速赴越南，尽力攻取，以副委任，所请著毋庸议"（《中法战争》五）。

在清政府严旨的一再催促下，并且看到朝廷已经"一意主战"，善于揣摩风气、看主子脸色行事的岑毓英，也就由观望徘徊到"奉命督师出关"了。此间他的思想是十分复杂的，有保乌纱顶戴的个人打算，也有为报君恩的封建意识，但更有抵御外侮的积极民族精神。他在奏折中说："伏念事君致身，古有明训。今法夷内犯，凡在臣僚，均应同仇敌忾；况臣受恩深踵，纵捐糜顶重，难报涓埃，岂敢稍事迁延，自干咎戾？"（《中法战争》五）举国上下同仇敌忾的抗战呼声及清政府的正式对法宣战，应是岑毓英由观望退缩到积极抗战思想转折的里程碑。

1884年8月20日，岑毓英在保胜古林箐接到进军北圻的命令后，立即派遣驻守大滩之滇军将领张世荣、梁松生等带领2500名兵勇，配合刘永福向北圻重镇宣光进军。又命驻防河口之总兵覃修纲率领3000名滇军，后继应援。9月25日，岑亲率数十营滇军出保胜下文盘州，在宝河关会见刘永福，传达了清政府对刘的嘉奖，并拨解三个月饷银 15000 两及一批军火粮米给黑旗军。岑当面对刘进行一番抚慰鼓励，告知他政府准由粤海关拨给黑旗军饷项，以安其心；要他攻打馆司关后，即乘胜向宣光进军，与滇军主力会合。岑还接见了黑旗军的其他将领，"告以现奉旨准从优保奖，决不没其勤劳。该头目等均感激奋兴，情愿效力"（《中法战争》五）。

9 月 28 日，黄守忠、吴凤典各带 3 营，出馆司关之后；刘永福带领 4 营，并张世荣、谢有功等 5 营滇军，沿红河而下，构成夹击馆司关法军的态势。这是中法战争中，滇军与黑旗军的首次联合行动，一改过去黑旗军在前、滇军作壁上观的战斗格局。

在滇军、黑旗军的大兵压境下，驻馆司关之法国侵略军为了确保战略要地宣光，并怕腹背受敌，于 10 月 1 日夜焚毁关上之营垒炮台并江上轮船，全部撤回宣光。滇军、黑旗军兵不血刃地占领馆司关后，岑毓英即指挥大军占领宣光附近之春岭总、同安总、该真社等地，从陆路上截断了宣光与各地的联络；并派吴永安、覃修纲等将领攻取夏和、锦溪、清波等县和临洮、端雄各府，负责打援牵敌的任务；又飞饬何秀林、丁槐率领的 6500 名滇军，从河阳速趋宣光，与黑旗军会合。

岑毓英战略计划的第一步是夺取宣光、太原。其策略是合围打援。因宣光城依山傍水，易守难攻。其西、南、北三面，有陆路可通河阳、高平、太原、山西、端雄等处；城之东面，是锦江与明江的汇合处，小轮与木船可达河内、南定，是通往北圻各省的咽喉，也是保护河内的屏障和门户。因此，滇军如能拿下宣光，就无异于打开了通向河内的门户。同样，对法国来说，守住宣光，也就保住了河内，阻止了东、西两线清军的会合，掌握住了北圻战场的主动权。因此，宣光的得失，对中法双方都是一场关系极大的重要军事行动。

为了保证军事上的胜利和对敌的优势，岑毓英调动、组织了 131 个营、共 5 万人的滇军投入北圻战场。除围宣打援外，岑抽调了滇军的精锐丁槐、何秀林所部 7500 人作主力，以桂军唐景崧所部 9 营 2000 人作偏师围攻宣光。并命黑旗军 12 营 5000 人驻守左旭，阻截河内援敌。1884 年 12 月 21 日，岑毓英下令封锁各地通往宣光的水陆要道，包围宣光。

1885 年 1 月 26 日，丁槐、唐景崧率部联合向宣光法军发起了进攻，打死、打伤法军400余人，使城中守敌"大挫夺气"。但由于敌人炮火猛烈，联军伤亡很大。为此，岑毓英"饬各将多开地道，密置地雷，直抵城脚炮台，实以火药，冀可轰毁"（《岑襄勤公奏稿》）。根据岑的命令，滇军努力开挖地道、地营，进逼并夺取了法军城外炮台，清除了法军城外的全部营垒，又用地道直通城下，实之地雷、火药，将城墙轰塌十余丈，伤亡敌军数百人。接着联军向宣光法军频频攻击，"屡冲缺口，悬募勇士，肉搏先登，前者伤亡，后者继进，裹创血战，雨夜不休。望见城内之贼，纷纷倒毙"（唐景嵩：《请缨日记》）。据法人统计，法军伤亡不下2000人，统军官茂连拿鳌被击毙。《请缨日记》说："惟时城中粮弹将尽，旦夕可拔，每闻哭声""教匪大半窜逸，贼势危蹙，伏匿待毙。"法国侵略者也承认："宣光华军力战甚勇，攻围有法……再过七日，则城内无一生者。"（唐景嵩：《请缨日记》）为了避免灭顶之灾，宣光法军不得不多次用竹筒、玻璃瓶装着书信，投入红河，向河内法军告急求援。

河内法军接到求救书信后，火速抽调东线主力回援宣光。担任打援之黑旗军，侦知法军援宣后，即于左旭大茅坡巧布地雷阵；岑毓英助以火药2万斤，大破法军。"此次计歼白种三百余，黑种七百余，教匪约三四千之数，仅逃出焦烂白种四名，余悉灰烬。"（胡传钊：《盾墨留芬》）

宣光包围战是近代史上中国军队首次主动进攻西方敌人的开始。其意义正如唐景嵩所总结的："城虽未克，虏受奇窘""法自入中国以来，皆系扑犯官军，独宣光为受攻被困之始""其震怖之情，露于楮墨，至今法人犹深畏忌"（唐景嵩：《请缨日记》）。宣光包围战的重要意义还在于：它沉重地打击了法国侵略者的气焰，使之不得不从东线抽调万余名精锐去援救宣光，从而为东线的冯子材、苏元春提供了充分部署和反击的机会。因此，宣光之战便为以后的镇南关和临洮大捷创造了条件，开辟了胜利的前景。它在中法战争史上的地位和岑毓英在该战役中的功绩，都有着不可忽视的意义。

五、临洮奏捷，岑毓英抗法功不可没

宣光战后，法军陷入首鼠两端的困境，完全处于战略防守的态势。对此，岑毓英采取主动出击、先发制人的战术。他命令滇将王永山袭击缅旺；派竹春、岑毓宝、刘永福前往柯岭截击法军；遣覃修纲、李应珍出临洮攻广威，王玉珠、汤宗政出不拔攻燕毛；饬丁槐、何秀林仍继续稳守老营，严密监视宣光城中之敌。"各路择要相机扼扎堵剿，并于沿途各村寨招附越民就地成营，坚壁清野。"（《中法战争》六，第369页）

1885年3月上旬，王永山率千余滇军突袭缅旺，杀死杀伤法军100余人，其余望风逃窜。滇军攻克缅旺，并收复清山、清水两县。

法军在缅旺失利后，便集中6000余人向临洮滇军反扑。3月23日，法军一路4000人包围临洮附近山围社、田义甫之李应珍、韦云青各地营，遭到滇军的英勇反击。24日，覃修纲带领3000精锐前往驰援，从背后给了敌人狠狠一击；李应珍见援师已至，便率众冲出地营，前后夹击法军；越南义军张文擎等亦率众合击。在三支军队的联合进击下，法军便迅速土崩瓦解了。

另一路进犯临洮柯岭的法军2000人也遭到了同样的命运。8月23日，当法军大队来到柯岭浮桥时，早已布列成阵的云南民族军，同刘永福率领的黑旗军，以及岑毓宝率领的滇军和柯岭附近之越南义军，团结协作，将法军团团围困。法军恰似瓮中之鳖，惊恐万状，不得不趁月黑风高，丢弃甲仗衣物，泅水夺路逃命。

临洮两路奏捷后，岑毓英挥师大进，命令西线各路全面反攻。滇军一路势如破竹，连连获捷，迅速收复不拔、广威、永祥、鹤江、越池等府县。由是北圻各省联成一片，通往山西、宁平、南定的道路全被打通。宣光孤城陷入四面楚歌之中。岑毓英认为此时"我军正宜乘胜出奇以制胜，不宜顿兵攻坚"（《云贵总督岑毓英奏折》），于是当机立断，除留何秀林监视宣光之敌外，命令滇军主将丁槐统率奇兵，渡河出不拔、广威，直取宁平、南定、兴安诸省。可惜就在这时，清政府停战撤兵的命令下达了。

总计临洮之役，滇军、黑旗军共收复十余个州县，歼敌近两千名，缴获洋枪、器械、食物、皮匣、红白衣帽一千四百件，地图、书籍数百件。"越民无不称快，金谓自法匪入越未有如此大受惩创者。"（《云贵总督岑毓英奏折》）临洮和镇南关大捷，是东、西两线清军在同一天取得的重大军事胜利，它们都直接导致了茹费理政府的倒台。1885年3月28日晚11

时 30 分，西线法军统帅波里也把临洮法军的失利报告了巴黎。3 月 29 日，巴黎得到东线法军统帅尼格里受伤、法军撤出谅山的"又一个严重且悲惨的消息"。这两个消息像晴空霹雳，震撼了巴黎全城，使法国陷入一片混乱惊慌之中。8 月 30 日，战争贩子、法兰西"共和国强力要素之一"的铁腕人物茹费理不得不宣布下台。

　　临洮之战的意义如此巨大，因此指挥这场战争的岑毓英的地位和作用也就不言自明了。我们从岑氏第二次督师出关后的一系列军事活动中可以看到，他不仅在战略战术上的运用、人力选配和三军行动的协调诸方面，基本上是正确的，指挥是得当的，而且在团结友军、联络黑旗军和筹集三军的粮饷军火等方面，也是做了大量工作的。他根据清政府"牵敌以战越为上策，图越以用刘为实济"之策，正确地作出"图越牵敌，必须先取宣光，使滇、粤各军联为一气，并力扫荡，方易得手"（《云贵总督岑毓英奏折》）的作战方针。在宣光之战中，他派遣滇军之主力精锐向敌进攻，并根据丁槐与刘永福不睦的实际情况，决定丁槐军担任攻城，让刘永福军专任打援的任务。而在以后的临洮之战中，他及时命令各路人马主动出击，全面反攻，并取得了与镇南关大捷同样辉煌的胜利。他和刘永福之间有矛盾，这个矛盾乃是地主阶级与农民阶级之间的矛盾。但在民族矛盾的大前提下，岑毓英小心谨慎地处理了他和刘的矛盾，让阶级矛盾服从于民族矛盾。双方暂时地把阶级成见放在一边，同仇敌忾地去同敌人作斗争。

　　有同志认为，宣光、临洮之战，是广大将士浴血奋战的结果，而岑氏则平庸无奇，无功可言。不错，宣、临之战，确是广大爱国将士团结奋战的结果，但作为指挥三军的最高统帅岑毓英，如果他不努力作战，不积极协调各军的行动和在战略战术上的正确运用，能够获得如此巨大的胜利吗？不能想象，一个才识平庸、懦弱昏朽、没有政治和军事头脑的人能指挥这场重大的战役，并克敌制胜，取得如此辉煌的胜利。试观古今中外，每次战争、每场战役的胜负，在很大程度上无不取决于指挥员的勇气、决心和正确的部署。因此，作为西线联军统帅的岑毓英，在抗法斗争的功劳簿上，理所当然地应该记上一笔，不可将其抹杀。

　　还有同志认为，临洮大捷是"探之无物的虚影"。其根据是"临洮大捷没有充足的史料，仅凭岑毓英的两篇奏折而已；《刘永福历史草》也没有提到它，甚至全盘否定了它的存在"①。

反映临洮大捷的材料很多，除《岑毓英奏稿》《刘永福历史草》外，还有《张文襄公全集》《克复谅山大略》等等。《岑毓英奏稿》和《刘永福历史草》从两个方面反映了临洮之战的实际情况：前者反映的是 1885 年 3 月 23 日至 24 日在临洮附近山围社、田义甫发生的战况；后者则反映的是 3 月 23 日在临洮柯岭浮桥发生的战况。它们发生于同一天的临洮两处，但各自都没有提到对方，其原因只有从刘、岑的矛盾在宣光之战后越发加深来理解。刘"自隶滇军后，意见参商，常怀郁郁"（邓承修撰：《语冰阁奏议》），所以，即使是举世瞩目的宣光包围战，《刘永福历史草》也是为左旭大胜利作铺垫而将其轻轻一笔带过，自然山围社的胜利也就不愿提及了。而岑氏打心眼里不认同刘永福，因此在临洮大捷中，也只提李应珍、覃修纲、竹春等滇将，而不愿再提刘永福的功绩了。但是两个材料却可以互为补充，它们从两个侧面反映了临洮大捷的全部内容。因此，临洮大捷不是子虚乌有的凭空杜撰，它同镇南关大捷一样，是有时间、地点、人物和中外文献记载的实实在在的实体。

六、居安思危，不断增强云南防务

中法停战后，岑毓英对战后越南的形势、安置越南难民和黑旗军，以及保障云南边疆的安全等一系列问题，作了周详的思考。

滇军撤回云南后，岑毓英对于法人乘机占领北圻，加兵越都，追逐越南君臣感到愤慨。他谴责法国侵略者"乘中国撤兵，向逞威于越，使越失中国之助，而即并吞之，信义何在？中国事事如约以昭大信，法之无信一至于斯！……若徒以威劫人，断不能堪"（《中法战争》七，第 477 页）。他对越南抗法军民寄予同情和抱乐观态度，认为"越人举兵四起，胜负存亡尚未可知"（《中法战争》七，第 477 页）。所以他积极上疏清廷，请求给抗法的越南流亡政府正名分以号召群众，支持他们抵抗法帝国主义的侵

---

① 刘君达：《临洮大捷质疑》，纪念马江海战一百周年学术讨论会论文。

略。后来这些坚持抗法的越南爱国军民及部分黑旗军战士，在法帝国主义的残酷镇压下，纷纷投奔滇境，岑一一予以收容安置，或令其开垦营生，或资遣他们回到原籍。

1885 年 6 月 29 日，清政府鉴于岑毓英在宣光、临洮之战中"调度有方，懋著劳勋，著加赏一云骑尉世职，并交部从优议叙"。次年 2 月，又给岑军功加三级的奖赏。岑感激涕零，在谢恩折中说："臣惟有慎终如始，居安思危，白首临边，前事已惭，年旅赤心报国。此生誓效，驰驱所有……"

中法战争后，法国全部占领越南，并以此为基地，将魔爪伸进了我国的西南地区。与此同时，英国也用武力侵占缅甸，并不断向中国内陆腹地推进。云南地处祖国西南前哨，物产丰富，战略地位十分重要，因而成了英、法帝国主义首先争夺的目标。这种严重局势，使国人无不深深忧虑，同时也不能不引起身为封疆大吏的岑毓英的严重关切。他说："目下战事虽息，防务尤殷，办事首贵，识时练兵，必先审地。若滇边马白关、蒙自县两路隘口极多，非得万人不敷分布。现将挑存一万六千得力之勇，分道严防。（《岑襄勤公奏稿》卷二十八）但是，由于云南历年战争的消耗，灾害的频繁，以及统治者的压榨剥削，造成赤字空前，不仅饷需短绌，司道各库罗掘一空，而且"已动用铜本十五万两，借欠各商号二十数万两"（《岑襄勤公奏稿》卷二十五）。为此，岑毓英在"节支饷需"和"既无多款以养兵，即宜裁兵以就饷"的名义下，将三万余人的滇军汰弱留强，裁并为一万六千人，改编成三十营，分驻于中越、中缅边境一带，以防止英、法帝国主义的入侵和镇压边疆少数民族的起义。

开化、蒙自方向：岑毓英特别注意马白关、蒙自两路的布防。他说："马白为入越之捷径，蒙自则为通商之要津，两路均设立重防。一旦有警，敌出红江一路，则兵由马白出安平、安隆，扼馆司、大滩、文盘，以断其尾；敌向马白，则兵出红江，顺流而下，或由三猛出昭晋州，或由古林菁出龙鲁，皆可抵清波、夏和，以截其后路。是蒙自与马白两路奇正相生，有如常山之蛇，击首则尾应，击尾则首应。"（《岑襄勤公奏稿》卷二十四）根据这个思想，他除密布重兵分守各路隘口外，还令开化、临元镇总兵，每年于秋、冬二季分别出驻马白关和蒙自县，认真"督饬操防""以固疆圉"。又于两路之交趾城、古林菁、长岭岗、窑头、蒿枝地等各隘口，增盖营房、围墙、碉楼、炮台，以加强中越边境的防务。在人员部署上，岑选派"久历戎行、能耐烟瘴、边情亦熟"的昭通镇总兵何辉雄前往都龙、天堡、交趾城，统率安边十营，以重防务，而一事权"；开化府边界之马白关、古林菁、普园各隘，岑遣滇军猛将丁槐统带定远、平远十三营防守；河口、石头、坝洒各隘，岑派临洮大捷的总兵覃修纲统带防守；开化镇总兵蔡标则随时往来于何、丁、覃之间，一旦有警，即可前往驰援。从岑氏的战略思想和派遣精兵猛将驻防中越边境的实施来看，他是十分重视和关心南疆的安全的。

腾越方向：1852年英国占领下缅甸后，就一直寻求通向云南的道路，企图由此侵入中国的西南腹地。1886年1月1日，英国宣布吞并缅甸。此后，英国侵略者得陇望蜀，派兵进驻新街，不断在中缅边界制造纠纷，伺机侵占中国领土。其时中缅边界绵亘2000余里，而腾越边防能否巩固，便成为全国瞩目和关心的问题。

在英帝国主义的武装寻衅面前，腾越一带的各族人民，一面向清廷告急，一面揭竿奋起，抗击外来入侵。岑毓英接到腾越边报后，立即命令腾越总兵，马上亲赴各隘巡视；饬令南甸、干崖和野山的少数民族首领带领各族地方武装，前往蛮允扼扎；征调各族青年1300余名，配合正规军分扎于铜壁、铁壁、虎踞三关；又令永昌府龙陵厅的各属文武官员，调兵严守要隘，发给各地的抗英武装以口粮和枪支弹药。布置既定，岑担心"若无重兵镇慑，不足以固众志而靖戎心"，于是将腾越、开化两镇总兵对调，派"籍隶迤西、且在腾越办理军务多年、于该地险隘人情向背以及土司野境甚为熟悉"的丁槐，率领二千余人奔赴腾越，相机部署，择要扼防，并联络当地民族地方部队，同心协力，保卫边防。

英帝武装挑衅、进窥腾越的阴谋，在我沿边各族军民组成的铜墙铁壁面前，不能得逞，于是重演马嘉理事件的故伎，企图以传教士游历为名，打通中缅通道，为其下一步入侵做好准备。1886年春，英传教士施题凤借词游历腾越，准备前往新街，被丁槐扣留，岑当即命令丁槐，禁止洋人借词出入。他说："现英人据缅，法人据越，皆与滇省紧邻……滇省现设边防，若仍听外人出入自便，防务几同虚设，应设法禁止。"（《中法越南交涉档》五，第 3279 页）但由于英教士"逐日寻闹不休"，甚至以"仰药自尽"相威胁后，丁槐被纠缠不过，只好派兵将其护送出境。为此，岑很恼怒，责备丁槐："该教士施题风逞刁吓诈，执意出关，该腾越文武不能设法阻止，亦不候示办理，实属举动轻率。"（《岑襄勤公奏稿》卷二十五）

七、兵事虽息，备不可疏；和议虽成，约不可恃

中法战争后，根据《中法会订越南条约》，中法双方在订约画押后 6 个月内派员会同勘定边界。1885 年 8 月 29 日，岑毓英、周德润等奉命会同办理中越勘界事宜。岑氏上折建议，与法人谈判中，拟请开导法使，令其在河内、海阳开设码头；把宣光、宜兴之西及谅山、高平数省退还越南，"以存越祀"；将原属中国、后赐安南的大赌咒河以西之地，特别是都龙、南丹、新街收归中国，使我得以有险可凭。这个建议虽然是积极的，它有利于越南，有利于我国边防的巩固，但却不现实，因为它对法帝国主义的侵略本性缺乏正确的认识和估计，因而不免变成天真的、一厢情愿的幻想。

为会勘边界事宜，1885 年 10 月下旬，岑毓英由蒙自前往开化府城，派其弟岑毓宝等，随同勘界大臣周德润出勘马白关、都龙、南丹、古林菁及河口汛、保胜等处。经实地勘查后，岑、周再次上疏，主要内容有：①马白关外的小河，地势平衍，无险可凭。都奄是通向越南三路之咽喉，险峻异常，扼守其地，则万夫皆阻；且考通志舆图，都龙、南丹皆在中国境内，亟应收回，不得仍以小赌咒河为界。②古林菁一带，林深竹丛，高坡绵亘，数十里回环起伏，上为马白关声援，下为河口汛策应，是滇越交界中路之要区；河口对岸即为保胜，中隔南溪河，别无隙地。此二处，在昔为辅车相依，在今为卧榻之侧。因此，河口不宜开设商埠。③界务关系匪轻。法使到时，惟有加意联络，设法辩论，"以会典、通志为体，瓯脱为用，务期取得一分即有一分之益"（《中法越南交涉资料》）。

清朝政府批准了这个建议，指示他们"设法图维，相机辩论"。但法方态度蛮横，不仅不允中国收回大赌咒河以西之地，且指中国猛梭土司为

越南之地。会谈一时陷于僵局。1886 年 9 月发生"者兰事件"后，法使恐惧，要求早日结束勘界。他们对中方改正马白关、小赌咒河现界的请求，则以"地面稍大，碍难筹办"为词，说要等请示本国外交部后再说，而对通商设埠则颇为热心。岑毓英认为，界务耽延太久，我方应予变通。但"设埠处所，必察地势而后无碍边防；必顺商情而后不生衅隙；必择水路要口，而后税无偷漏之虞……以龙膊河河之东红河南岸越地为宜，适符保胜以上之约"①。至于猛梭、猛赖，岑、周认为，该地"荒远瘴疠，弃之不足惜"，而我所必争者，为南丹山以北、马白关以南之地，"其中山川险峻，田畴沃美，如能划归中国，即可固我疆圉，亦可兼收地利"②。主张用猛梭"换取"南丹山以北之地。清政府批准了岑、周的奏折。1887 年 6 月 26 日，中法签订《中法续订界务、商务条约》，"将猛梭、猛赖一段准归越界，其南丹山以北西至狗头寨，东到清水河一带地方均归中国管辖"（《中法越南交涉资料》）。

总的来说，岑氏在中法会勘边界中，从维护国家利益出发，担心边防巩固与安危，力争收回具有战略意义的都龙、南丹等地，着意以大赌咒河为界，并主张法归还北圻数省给越南，在河内、海阳开设码头，河口不得立为商埠等意见是积极的，值得称道的。在经与法使反复辩论、讨价还价后，岑、周以"变通"为由，将猛梭等"对换"南丹山以北之地，这固使中国失去了部分领土，但也因此而使我收回都龙等咽喉要地。由此，对之进行过分指责，我以为是不适宜的。

按照《中法越南条约》之规定，法国得在保胜以上和谅山以北两处开设商埠。岑毓英起初建议在河内、海阳开设码头，而后又上折奏请以龙膊河之东、红河南岸之越地立为商埠，以"符保胜以上之约"。但清政府在法帝的压力下，被迫同意广西的龙州和云南的蒙自开为商埠。后又同意蛮耗开为商埠。对于法在蒙自设立领事、开办通商和蛮耗之开为商埠，岑毓英表现出了十分的忧虑，认为这实有益于商务，而不免有碍于防务。他说："蒙自为由越入滇之咽喉要隘也。现在均设有防营棋布星罗……今若

---

① 《周德润、岑毓英为遵旨校图定界分别办完折》。
② 《清德宗实录》卷 243，页五，函五。

在蒙自通商，计入内地水陆程途已三百余里，设防在外，通商在内，险要已失；如仍置外防，则虚縻饷项；如尽撤外防，则边要难守。反复推求，在在堪虑，不可不防。"（《岑襄勤公奏稿》卷二十八）他从边防的巩固出发，不赞成在蒙自设立领事和通商，而主张在比较偏僻的蛮耗试行开办。

与此同时，两广总督张之洞亦电奏力争，以为龙州一许，关隘全失，因而不赞成龙州开为商埠。但卖国昏庸的清政府坚决地驳回了岑、张的意见，强词夺理地说："自中外交涉以来，沿江、沿海与西北各口，防务、商务并行不悖，历有所年，广西（云南）何独不然？龙州去镇南百有余里，天津去大沽亦百有余里，近畿之与边省孰为轻重？天津通商无碍大沽设防，岂龙州通商而龙州以外之地遂举非我耶？……龙州、蒙自两处准其通商，事在必行，决无更改。"（《中法越南交涉资料》）

岑氏的意见被驳回后，为亡羊补牢计，决定加强对蒙自海关的稽查。他又上折建议，在迤南道（驻普洱府）添设巡道一员，将与越南连界之临安、开化、广南三府归其管辖，驻扎蒙自，兼管关税事务，谓之临开广道，以资控驭，而专责成。新设的临开广道很快被清政府批准成立，其任务是"控驭土夷，交涉中外"，起着镇压各族人民反抗和推行清政府卖国外交政策的作用。

中法战后，鉴于英、法觊觎南疆，防务与商务日趋频繁，而云南山高水远，交通不便，常使文报稽迟、戎机贻误的情况，岑经请示后，于1886年底到1887年3月，安设了由蒙自经昆明到四川的电线。同年11月，岑与张之洞会商，架设了由蒙自经开化、广南、剥隘到广西百色、南宁的电线；后又架设了昆明到腾越的电线，"以通英缅声息"。这三路电线的架设，对加强云南同内地、云南同邻省、云南省城同滇西南边疆的通讯联络，以及对边防的巩固和镇压人民方面，都起了重要的作用。

防务方面，中法战后，岑毓英特别注意了对滇军武器装备的改进和提高军事素质的训练。过去，滇省营兵操练均为弓箭藤牌，绿营操练多为火绳枪，而这些武器同洋枪洋炮比较起来，已显得十分的陈旧和过时了。对此，岑氏深感"今边防日亟造就人材，枪炮尤为制胜之具"的重要性。由于武器不足，他请人来滇制造铜帽笔码，并派人前往上海、香港购置后膛枪。为了提高素质，他规定：自副将以下、外委以上之各将校员弁，由岑每月亲自校阅一次，外标亦应轮流调考。根据他们枪法的优劣和操演的精熟与否而决定其晋升或降级。1888 年 9 月至 11 月间，岑带病视察了迤西之楚雄、大理、丽江、永昌、腾越各地之驻军，检阅了各地协营阵式的操练，观看了开花炮、克虏伯炮等武器的表演，奖惩了一批官兵。1889 年 1 月，岑又检阅了驻省各营及武定、澄江等营官兵的联合操演。以上频繁的视察和大规模的军事检阅，是岑鉴于中法战争后边防紧张，着意训练队伍而进行的活动。其结果，岑认为是"近年因办边防，频年加意整饬，尚无废弛"。

1886 年 12 月，岑毓英在完成中越勘界后，被清政府任命兼署云南巡抚。1888 年 3 月，清政府给岑开复降留处分。同年 8 月，岑六十生辰，清皇太后慈禧赐御书"福寿"匾额及各种寿品。1889 年 2 月，慈禧归政，赏加岑毓英太子太保衔。同年 6 月 6 日，岑毓英患感冒病重去世，清政府追晋太子太傅，谥号"襄勤"，将其葬于临桂县城东尧山。

岑毓英在病危、弥留之际，仍关心西南边疆的安危，忧虑英、法等帝国主义的侵略，请求清廷不要安于和议，指出"约不可恃""备不可疏"。他在遗言中说："云南要隘与越南、缅甸毗连，近岁以来，藩篱侵撤，较之往者，防不胜防。现在南徼既准法人开辟互市，占我利权，西徼商务，又允英人，旦夕必请践约。滇居川、黔、楚、粤之上游，五金矿厂地利至富，外人垂涎已久，藉端要求，乘机夺取，皆在意中，因应稍疏，关系不细。臣久任滇疆，粗谙大势，曾叠上筹边诸疏，虽于朝谟高远，无补丝毫，而目睹身亲，或亦不无可采。伏望皇上慎选疆吏，严杜敌谋，他日设有边事，不致蔓延贻累。臣更有请者……收人材以维大局。兵事虽息，备不可疏；和议虽成，约不可恃；日日办自强之事，时时存雪耻之心，国势虽弱而能张，外患虽多而不惧。"（《岑襄勤公奏稿》卷三十）

八、结 语

岑毓英生活的时代，正是中国内忧外患、国是日非的大动荡年代，阶级矛盾与民族矛盾都相当尖锐。作为封建地主阶级代表的岑毓英，自然在这政治斗争的大搏斗中表演着他自己。他是云贵总督，封建政权的柱石和象征，必然要维护本阶级的利益和统治，履行其封建阶级专政的职能作用：对外抵御外国的入侵；对内镇压人民的反抗。当国内被压迫、被剥削的人民起来推翻封建阶级统治的时候，他站在地主阶级的立场上，血腥地镇压了人民的起义，而当西方帝国主义入侵、民族矛盾上升超过了阶级矛盾的时候，他又站到中华民族的旗帜下，成为抵抗外族的一名爱国者了。对人民有罪，对国家有功，这个矛盾的统一体在岑毓英的身上得到了集中的体现。自然，要作出其功过孰大孰小的结论是困难的，而且这也不是本文所讨论的议题。不过，有一点是可以肯定的，即岑氏在中法战争前后及中法战争中，对国家、民族是做出了贡献的。这里说的贡献，是指这一阶段岑氏的主要活动而言，并非其全部活动本身。如前所述，岑氏在这一阶段也有其错误甚至罪恶的方面，如中法战争前处理浪穹教案时的惧洋媚外；中法战前的犹豫、观望、徘徊；山西、北宁战后的退缩撤兵；1886—1887 年镇压张登发起义；等等。但是，这些错误或罪恶，仍不能掩盖其光辉的一面。从 19 世纪 80 年代初他奉调福建起，直至其去世的 8 年中，岑毓英的主流是应该肯定的。主要有以下几个方面：

第一，督办台湾防务，修筑基隆炮台、碉堡，开发全岛交通，修浚大甲溪河堤。

第二，联络黑旗军，资助刘永福军械粮饷，利用黑旗军阻止法帝国主义侵入滇境。

第三，组织领导了由滇军、黑旗军、桂军及越南抗法武装力量所组成的西线联军，在宣光、临洮战役中给了法国侵略者以沉重的打击。

第四，中法战争后参加中越划界，力争收回具有战略意义的都龙等要地。

第五，在滇东南、滇西南严密布防，防止英、法帝国主义对云南的进一步扩张。

第六，在其晚年，他眼见西方帝国主义的步步逼侵，为祖国西南边疆的安全而深深忧虑。他最后上疏，力陈"兵事虽息，备不可疏；和议虽成，约不可恃；日日办自强之事，时时存雪耻之心，国势虽弱而能张，外患虽多而不惧"。这些意见是相当中肯的，其爱国之心也就跃然纸上。另外，他主张对帝国主义不能抱幻想，要自立自强，整顿防务，广收人才，严杜敌谋等意见，也应视为其晚年的进步表现。

（本文前四部分原载《中央民族学院学报》1987 年第 4 期，同年《中国近代史》第 8 期全文转载，又收入广西社科院编《中法战争史专集》；后四部分原载《云南社会科学》1988 年第 3 期）

评中法战争中的杨玉科

一

1884 年 8 月 23 日，法国海军孤拔舰队在闽江击沉了中国福建水师战舰，轰毁了马尾造船厂后，清政府在中国人民的压力下，于 8 月 26 日下令正式对法宣战，中法战争由是全面爆发。

清政府的战略方针主要是：海面防守，陆地进攻。在陆路战场，清军分东西两路出关：西线滇军、黑旗军和部分桂军出宣光，下太原；东线的粤、桂军队出镇南关，进取谅江，然后两路会合再取宁平、河内。

西线方面，云贵总督岑毓英率领滇军 131 个营共 5 万人的兵力，从河口、马白关两路入越。同年 9 月 25 日，岑亲率大军出保胜下文盘州，会见了黑旗军首领刘永福，传达了清政府对刘的嘉奖，并接济黑旗军一批军械弹药。10 月上旬，滇军、黑旗军兵不血刃地占领了馆司关；另一路滇军在总兵丁槐等的率领下，由河阳直趋宣光，与唐景崧、刘永福会合，接连收复宣光省属之安平府、陆安州、沾化州，兴化省属之镇安、文振、安立各县，以及山西省属之夏和、清波两县。1884 年底，以滇军为主，桂军、黑旗军为辅的西线清军，包围了法国侵略军在北圻的重镇宣光，从而开始了长达 73 天的、打得法军狼狈不堪的宣光包围战。

东线方面，清政府调遣抗战派将领张之洞担任两广总督，以接替张树声；又命令广西巡抚潘鼎新立刻督率所部，星驰前进，迅赴戎机，进窥谅江。

然而新任广西巡抚潘鼎新是清廷投降派头子李鸿章的亲信和爪牙。他根据李鸿章"逐步抽撤"谅山驻军以满足法国侵略者无理要求的指令，不断地电奏清政府，强调谅山三面受敌，不能防守；又说在界外驻兵，违反条约规定，竭力要求将桂军撤入关内。他还在李鸿章"选将练兵"的授意下，胡说广西军队不会打仗，把桂军裁减了五分之四，造成大批军人失业。同时又奏调安徽、两湖、贵州各省派军队来北圻，以替桂军。潘鼎新还在"选将"方面，结党营私，排斥异己，重用淮系将领，打击排斥不同派系的各级将领，从而大大地损伤了爱国抗战官兵的积极性。这种情况，一直到法国军队大举进攻谅山前夕，潘鼎新仍奉李鸿章的密信为圣旨："政府勿催进攻，惟以慎固边防为亟……必须步步踏实，处处稳慎。"① 于是东线的清军一直滞留于谅山，不仅没有执行进攻谅山的计划，相反却随时准备向关内撤退。

由于潘鼎新的消极避战方针，使得东线前沿也采取消极防御的态势。潘手下共有两万多名军队，被分散在纵深百余里的广阔地带内。这两万多清军，由于主帅消极避战，没有乘西线滇军大举进攻宣光，法军主力被吸引到西线的有利时机，发动进攻，与滇军有力配合，采取钳形攻势，使法军被迫陷于首鼠两端的困境，而是观望游移，裹足不前，贻误了战机，使得法军能够集中兵力，各个击破清军，从而使东线形势由主动变为被动。

法国方面，马江战后，继续对中国采取军事讹诈和政治诱降的政策。一方面，它利用赫德进行调停，对清政府施加压力；另一方面，又趁机调整对华军事部署，撤销海军北上攻占旅顺的计划，转而采取炮轰基隆，封锁台湾海峡的方针。陆路战场，法国在西线采取防守，在东线则采取进攻的态势。1884 年 9 月 8 日，法总统任命波里也将军为远征军总司令，以接替米律。11 月 28 日，茹费理内阁批准了 1884 年 1600 万法郎的军事开支，并通过了 4300 万法郎作为 1885 年第一季度的军事拨款。

1885 年春，法国 8000 多名援军到达越南，这样就使波里也指挥的两个旅团增加到 16000 余人。1885 年 2 月 4 日，法军利用东线清军分兵把口，战线过宽过长，不能协同作战的弱点，集中优势兵力专攻中路谷松。谷松守军陈嘉、苏元春率部英勇抵抗，但挡不住法军猛烈炮火的轰击，伤

---

① 《李鸿章致潘鼎新书札》，中华书局 1960 年版，第 122 页。

亡甚众。2月4日坚老失守,2月6日谷松失陷。先锋营陈嘉败北,苏元春所部亦退,总兵董履高率龙字五营援救亦败。潘鼎新在谅山坐视不救,苏、陈被迫退守离谅山仅35华里之卫街和20华里之委坡。2月11日法军攻占卫街,12日又进攻委坡。此时潘鼎新慌了手脚,赶忙派总兵叶家祥统率淮军五营前往援救。贪生怕死而装备又十分精良的淮军,刚和法军接触,便仓皇后逃。苏元春后路被敌切断,只好突围撤入中国边境。法军便集中兵力,专攻董履高军。董不幸中炮折足,兵无主帅,所部便溃退至谅山。

正在谅山的潘鼎新,听说委坡失守,全军溃退,吓得魂飞魄散,没有了主张。当夜叫人放火把积聚在谅山的粮饷、军械等军用物资全部焚毁,然后连夜奔回镇南关;诸路各军也相继溃退入关;惟杨玉科所率之广武军仍驻扎于关前十里之文渊(即同登)。13日中午,法军进入谅山。这样,北圻重镇、镇南关屏障谅山,便在潘鼎新的逃跑主义下,不战而失陷了。

谅山失陷,各军退入关内,仅剩杨玉科所部仍驻扎关外,孤立无援,而法国侵略军则步步紧逼,志在必得,因此形势变得越来越紧张和不利。2月23日,尼格里率法国远征军第二旅团9000人,从谅山进攻文渊(此时波里也已率第一旅团增援宣光)。援桂白族将领杨玉科率领以云南籍为主体的广武军英勇还击,于是便展开了文渊血战。

二

杨玉科(?—1885年),字云阶,白族,云南省兰坪县营盘街人,原籍湖南靖州。青年时代的杨玉科,曾跟随和耀曾、岑毓英参加过镇压贵州苗彝起义和滇西杜文秀的回民起义,1880年因功授署广东陆路提督之职。法国侵略越南后,中国西南边疆危机进一步加深。两江总督刘坤一以"公年力正强,留心洋务",奏调两江。光绪八年(1882年),行抵两江,时左宗棠已接替刘坤一,以杨玉科"才略出群,饶有气慨,战阵勇往,实为边才之选"而被保荐镇守粤西,后因伤创频发,请假回滇调治。光绪十年三月(1884年4月),署湖南巡抚潘鼎新上奏折:"粤西边防吃紧,奉命驰往援剿,已奏请杨玉科招调旧部一千人,作为亲军,随同前往,统领粤

西防军。"（《中法战争》三，第83页）

杨随即招募云南各族子弟，组成广武军，于1884年7月4日率领所部，驰抵广西凭祥，支援陆路东线战场的抗法斗争。9月5日，杨抱病出镇南关，进驻谅山。11月28日，杨奉潘鼎新命令，统领中路十二营驻守观音桥。杨玉科在观音桥安营扎寨，进行防守，令方友升率领前后两营驻郎甲，命蒋宗汉（云南人）统领中营扼观音桥大路，他自己则率领精锐，随时准备支援各处。

1885年2月4日，法军万余人分两路向中国军队进攻，一路攻谷松，一路攻观音桥。杨玉科设下三面埋伏，以待敌军。法军凭借精良的武器向清军扑来，杨率队英勇迎战，打死打伤法军多名。正酣战间，埋伏于四处的三路清军一齐掩杀过来。法军大败，被杀死者数十名。法军退据南面山岗，用火炮频频向清军轰击。杨命人分占山岭，用枪炮和敌人对峙。战至天晚，忽报谷松一路清军失利。杨当即留下蒋宗汉守桥，自己则亲率精锐连夜前往支援。迨至谷松，始知各营垒已为法军攻陷，陈嘉、苏元春已退回中国边境，而法军在夺取谷松后，又向屯梅、五台等处进犯。杨又率所部，火速奔赴屯梅。忽又闻讯法军再次猛烈进攻观音桥，杨怕大营失守，便留下一支人马助守屯梅，然后赶回观音桥。护守大营的蒋宗汉正与敌鏖战，忽得杨玉科的支援，便勇气倍增，打败了法军的接连进攻，守护住了中路大营。但此时原驻屯梅之清军已撤往谅山，仅余前留助的一支人马，法军再次包围屯梅，情势十分危急。杨玉科闻讯后，又急忙分兵前去援救。

就这样，杨玉科的十二营约四五千人的广武军，被迫分散在五台、屯梅、贵门关和观音桥等处作战。杨来回冲杀，伤敌甚众，但不免有顾此失彼，被敌切割后各个击破的危险。于是他想了个"围魏救赵"的主意，命令各地将领分任守营，互为声援，自己则亲率人马，以越官黄廷经为向导，出敌不意，断其后路，径取法军的老巢郎甲、谅江。

这本来是一个可行的作战方案，但此时的广西前线统帅潘鼎新却畏敌如虎，在逃跑失败主义思想的指导下，使观音桥的左右翼谷松、卫街、委坡等地先后失守，谅山处于岌岌可危之中。他一面饬令杨玉科放弃屯梅、观音桥，火速统率中路各营回谅山援救，一面却乘守敌未至，一把火烧掉了粮草辎重，逃回镇南关去了。

杨玉科接到潘鼎新的命令后，即密饬各营，乘夜突破法军的包围，到达三台。而此时谅山已经失陷，头台、二台等有利地形亦落入法军手中，加之阴雨连绵，路滑山险，难以冲突，广武军遂绕道出谅山，进扎于镇南关前的文渊（同登）。

1885 年 2 月 20 日，潘鼎新檄令杨玉科守镇南关。次日，杨令广武军各营分扎文渊左右山头，自率一军入关。2 月 23 日上午 7 时，法国远征军第二旅团司令尼格里率领萨克雪炮队、罗北炮队、东京冲锋兵队、海军步兵队、一一一团、一四三团等数千人，由驱驴（与谅山隔淇江相望的村镇，2 月 13 日与谅山同时陷落）出发，沿大道向北推进。杨玉科闻报后，一面函请潘鼎新发兵救援，一面率军飞驰文渊，抗击法军。

文渊位于镇南关通向谅山的大道上，其北面和东北面是高约二百多米的岩石群，形成了一座巍峨的突角堡。角面五至六公里，突出的角尖则面向谅山，其东北面则延伸入中国镇南关内。文渊城即建筑在岩石突角的下面，它们全是些砖石和石块砌成的房屋。广武军即依山托岭构筑工事，并凭借文渊的砖石房屋和周围的岩石园丘作掩体，以阻击法军。杨玉科调宁裕明（湖南衡阳人）为正路，驻防中岭，扼守同登的大道；派记名提督徐联魁率广武军三营守左岭；遣廖应昌当右岭；自己则在中岭后不远的大塘岭上督战。

2 月 23 日上午 9 时 30 分，法军在文渊前面的一个村子与清军前哨接火。尼格里避开中路清军，命令大路右翼的罗北炮队、东京冲锋兵队和狄格营步兵向驻守左岭的清军进攻，其余主力则向右岭清军扑去。驻守左岭的徐联魁率部英勇抵抗，但不久即被敌人的炮火击中，不幸牺牲，其余清军被迫后退。法军左路得逞后，即集中火力，向驻守右岭的清军猛烈攻击。此时杨玉科除了命人坚守右岭的阵地外，还将伏于文渊谷中的广武军集结起来，准备包抄法军的两翼。但法军的密集炮火很快地阻止了清军的前进。而在岩石突角处的中国炮垒，则不断地向法军阵地开炮还击，可惜没有一发炮弹爆炸，致使法军的大炮迅速地将中国的炮垒轰毁（黎贡德撰：《远征谅山》）。法军击毁清军炮垒和左翼阵地后，随即占领了文渊，然后，由占领文渊的东京冲锋兵向大道上推进，作正面进攻；萨克雪炮队、罗北炮队及其他法军，分别从左右岭两侧进攻清军的中岭阵地。担任中路防守的宁裕明率部力战，但挡不住法军的猛烈攻势。杨玉科见宁裕明力单，亲督将士，前往应援。而此时法军已全力进攻，"炮声如雷霆，子飞如风雨，枪连环如数万爆竹齐发，如倒岩墙，非忘生死者不敢斯须立也"（《中法战争》三，第120页）。杨率领将士，在枪林弹雨中往来冲突，杀伤杀死法军多人。不料正酣战间，一颗炮弹飞来，弹片贯穿杨玉科左耳底，杨当即昏坠马下（李岳瑞在《春冰室野乘·甲申越南战事杂记》中说："炮弹已洞穿思河胸，玉科亦负两伤，一中头太阳，一洞腹。"此说与杨汝翼所说稍有出入）。不一会，杨苏醒后勉励部下："我一死不足以报国。汝等须努力同心，痛歼逆夷，早为国家除患，我虽死目亦瞑矣！"（《中法战争》三，第85页）言讫而殁。宁裕明不知主帅受伤已死，仍派人到玉科处索取弹药，说："把子药全部给我，我决不后退！"回报玉科已经阵亡，裕明放声痛哭着说："主帅死，我须性命何为！弟兄不能战者请逃死，不惧死者请随我为主帅复仇！"大家齐声回答："愿从死！"于是又麾军向法军冲去，并杀死了一名五圈官（校级）（《中法战争》三，第120页）。但法军炮火愈来愈烈，左右随从大都牺牲，裕明也被枪弹击中右颊，血流满身，仍不顾一切地向前冲杀。左右皆大哭曰："大人戴花矣！"争扶掖入关。裕明坚决不肯，说死也要死在关外。后来众人不由分说，才勉强把他扶下战场。清军由于失去主帅、将领，群龙无首，加之潘鼎新又不派兵支援，于是被迫向关内撤退。2月23日下午5时30分，法军占领文渊，并继续向中国边境推进，当晚我国南大门——镇南关失陷。随后侵略者又疯狂地炸毁了关隘的城墙和大门，并挑衅性地用汉文写上："尊重条约较以边境门关保护国家更为安全。广西的门户已不再存在了。"（加尔新撰：《在侵略东京时期》）侵略者的魔爪伸进了祖国的大门，我神圣南疆处于极度的危险之中！

　　镇南关失陷前，潘鼎新就已逃进关内，躲在幕府。镇南关失陷后，潘氏更是吓得魂不附体，急忙化装潜逃，从幕府逃到凭祥，又从凭祥逃到离关四五十公里的海村，仍觉不够安全，又从海村跑到龙州，最后被龙州人民赶回海村。他白天躲在村子里，夜晚藏宿在船上，随时准备溜之大吉。在他的影响下，广西前线溃不成军，几乎不可收拾："法既入关，各军多溃逃，无复队伍；淮军大掠龙州，商民迁徙一空，营官乘乱攫饷还省。电报局移至舟中，转运粮饷军装者皆中途奔回。游勇水陆肆掠，难民、逃军蔽江而下，关内大震，沿江自南宁、梧州、浔州达于桂林省，无不惊扰，纷纷告急请兵，南宁戒严。"（无名氏撰：《克复谅山大略》）实际上敌情尚未严重到如此地步，导致广西全省震动，清军哗溃，前线吃紧，四处风声鹤唳的原因不是别的，而是被吓破了胆的广西巡抚潘鼎新的不战而退的惧洋恐敌症所造成的。

中国人民并没有被侵略者的嚣张气焰所吓倒，他们纷纷自动组织起来，拿起大刀长矛，为保卫祖国的神圣南疆和美丽的家园而斗争。就在法国侵略者炸毁镇南关城门、用挑衅性的标语写下"广西的门户已不再存在"的时候，边关军民在敌人的标语旁边，庄严地写上了"我们将用法国人的头颅，重建我们的门户"的神圣誓言（加尔新撰：《在侵略东京时期》），表达了中国人民要把镇南关变成埋葬法国入侵者的坟墓的坚强决心。

在广大爱国军民的一致拥戴下，已退休的清军老将冯子材毅然出任前敌主帅，挑起了保卫祖国南疆、驱逐法寇出境的重任。他立即召集旧部，组成萃军十营，并把溃退的桂军收集拢来，加以整顿，使人心惶惶的局面得到稳定。此后他又在镇南关内十里的关前隘构筑长墙工事，精心部署，积极地组织对敌的反攻。1885年3月24日，一举取得了威震中外的镇南关大捷，是役，"毙敌千余人，擒斩数百，夺取枪炮、饼干不计其数"（《中法战争》三，第93页）。接着，清军又以秋风扫落叶之势，夺关斩将，连克谅山（29日，敌总司令尼格里受重伤）、谷松和屯梅（31日），实现了"用法国人的头颅重建我们的门户"的豪迈誓言。

与此同时，西线的滇军、黑旗军，也在临洮大败法军，接连收复清山、清水、广威、不拔、燕毛等十几个州县，取得了前所未有的临洮大捷。这两次大捷是中法战争中清军最后也是最辉煌的胜利，它们都直接导致了茹费理政府的倒台。

这里还值得一提的是，杨玉科在文渊为国捐躯后，广武军十营由蒋宗汉率领退入关内。冯子材出任前敌统帅时，十营广武军和方友升的四营标抚亲军驻扎在凭祥，成为前沿的第三梯队。1885年3月23日关前隘战斗打响后，蒋宗汉率广武军投入战斗，他和陈嘉所部迅速登上关前隘侧的东岭，抢占了四号、五号堡垒，并多次打退法军的进攻，从而粉碎了尼格里妄想攻占东岭，进而突破长墙的图谋。次日，萃军在冯子材的带领下，跃出长墙，大举反攻。广武军和陈嘉所部，亦从大、小青山上居高临下，猛攻敌占的三号堡垒，反复争夺，七上七下，最后将堡垒攻克，后又连下一号、二号堡垒，继续奋勇追杀敌人。以云南各族子弟为主体的广武军，在镇南关大捷中做出了宝贵的贡献。杨汝翼在《杨武愍公讨法夷死事节略》中说："旋于二月内，谅山大捷，杀虏数百，皆广武军首为先登，其亦公（指杨玉科）之忠魂不昧有以致之耳。"（《中法战争》三，第85页）这里说的"忠魂"，自然指的是杨玉科爱国主义精神和英雄事迹对广武军将士的影响和鼓舞。

三

杨玉科牺牲后，由其侄杨汝翼饬部下将其尸体负入关内幕府，随后又移至龙州，如礼含殓。清政府追赠他为太子少保，谥武愍，以一品封典，赐二等男爵，宣付国史馆立传，并于大理、镇南关两地建祠纪念。当时的诗人陈玉树曾写诗热情地赞扬了杨玉科为国捐躯的爱国精神，并愤怒地抨击了潘鼎新的罪恶行径。诗云："水路千里拒虎狼，战和两策沸螗蜋。雨云翻复夷情狡，功罪纷纭史议忙。犺鸟蛮花供亿苦，蛟门鹿耳凯歌扬。南关顿失杨无敌，潘美逍遥坐裹粮。"（陈玉树：《后乐堂集·乙酉春杂感》）

诗的后两句借用历史上宋朝抗辽名将杨继业（人称"杨无敌"）英勇杀敌而惨遭奸臣潘美迫害打击的故事，影射中法战争文渊之战中，杨玉科英勇抗击法寇，为国捐躯，而潘鼎新畏敌如虎，逃入关内，坐视不救的真实情况。比喻贴切、生动，充分表达了诗人对杨玉科战死沙场的惋惜和悼念，同时也表达了人民对失败逃跑的潘鼎新的鞭挞和痛恨。

云南人民在中法战争中对派出自己的子弟参加抗击法国侵略的斗争感到十分自豪，并对因此而死难的爱国志士无比怀念。20世纪，云南最早的一首学堂歌曲，题为《云南大纪念》，就热情地讴歌了杨玉科的爱国精神，号召云南各族人民向武愍公学习：

壮哉武愍公！壮哉武愍公！镇南关为国血流红。名誉战死雄，招国魂，谁为主，法路已修通。战文渊，歼敌酋，思当年，广武军威震越中。我滇人，我滇人，大纪念，壮哉武愍公！（《中法战争调查资料实录》，第202页）

这些诗歌寄托了当年国人和云南人民对杨玉科的敬仰和怀念之情。那么，时隔一百年后的今天，杨玉科是否还值得人们纪念，他的爱国事迹至今有无现实意义呢？

我认为，对他的功绩应该充分肯定，他的爱国事迹永远值得后人纪念，特别是在建设社会主义"两个文明"的今天，以他的爱国主义精神教育青少年便有着深刻的历史意义和现实意义。1983年《云岭歌声》第1期重刊《云南大纪念》的歌词，便是上述问题的最好说明。

也许，有同志说像杨玉科、岑毓英这些双手沾满人民鲜血的刽子手，即使在中法战争中做了点事也没有什么了不起，他们还不是为封建朝廷卖命么？"文死谏，武死战"，他们爱国的本质还不是忠君的思想。

不错。他们中的大多数靠镇压人民起家，而且在其爱国的活动中，又都杂有忠君的思想。但是我们却不能因此而否定他们在反对外国侵略斗争中的功绩。正像岳飞、冯子材曾经分别镇压过钟相、杨幺和太平天国的起义，而不能否认他们在抗金、抗法斗争中的巨大贡献，被人们公认是伟大的民族英雄一样，杨玉科也因其在抗法斗争中的贡献，而不能否认他是一位伟大的爱国主义者。

这里，我们不防进一步讨论一下什么是爱国主义的问题。爱国主义是指对祖国的忠诚和热爱。它包含维护祖国的统一、保卫祖国领土主权的完整、促进国家社会经济文化的向前发展，以及维护国家利益，坚持对外平等互利等内容。它是一种高尚的思想情操、纯洁的道德规范和传统的民族感情的结合体。爱国主义是一个历史概念，在不同的时代有不同的阶级内容，有不同的思想境界，但它作为道德情操修养的重要部分，总是构成一个时代精神文明的重要内容。它是文明时代的产物，同时又促进精神文明的发展。

在我国，近代史上爱国主义的一个重要特征，就是反对帝国主义的侵略。毛泽东同志说，这个时期"帝国主义和中华民族的矛盾，乃是各种矛盾中的最主要的矛盾"①。因此，无论哪一个民族的成员，只要有反对帝国主义及其走狗变中国为殖民地的言论和行为，都是爱国主义的行动，凡是立下了卓越功劳的，都是整个中华民族的爱国志士或民族英雄。在统治阶级中，由于外敌入侵，民族矛盾上升为主要矛盾，不仅人民会遭受苦难，统治阶级的整个利益也受到威胁。在人民爱国斗争的推动下，统治阶级也必然会分化，其中有识之士也会加入到反抗外来侵略、保卫祖国的伟大斗争中来。同时由于他们有一定的名望和地位，有的还掌有政权、军权和左右舆论的力量，因此他们的爱国行动作用和影响都比较大，有的还可能成为一个时期爱国斗争的核心和中坚。民族的利益，民族的矛盾，也就是社会中各阶级、各阶层人民的共同利益。在这个时候，凡是主张和参加抵抗外来侵略斗争的人，他就体现了国家和民族的利益，因而其行动就是爱国主义的了。邓小平同志说："必须发扬爱国主义精神，提高民族自尊心和民族自信心。否则我们就不可能建设社会主义，就会被种种资本主义势力所侵蚀腐化。"（《邓小平文选》，第 328 页）由此可见，对人民进行爱国主义教育在建设社会主义精神文明中是何等的紧迫和重要了。我想，这也是我们今天介绍宣传杨玉科爱国主义精神的意义所在。

　　诚然，对于统治阶级中的爱国思想和行为的肯定，必须持实事求是的、批判地继承的态度，对其一生的功过应作出恰如其分的、正确的评价，既不能左，也不能右。实事求是，就是指功就是功，过就是过，是几分功就是几分功，是几分过就是几分过，不能以功饰非，更不可以过没功。同时我们在分析研究这些历史人物和事件时，一定要注意当时的历史背景和阶级关系。列宁说："在分析任何一个社会问题时，马克思主义理论的绝对要求，就是要把问题提到一定的历史范围之内。"② 也就是说，在分析、评论一个历史人物和事件时，要把他们放到一定的历史和阶级中去考察，才能得出正确的结论。

　　那么，杨玉科所处的时代是个什么样的时代呢？我在《评中法战争后期和战后的岑毓英》一文中说："岑毓英生活的时代，正是中国内忧外患、

---

① 毛泽东：《中国革命和中国共产党》，《毛泽东选集》（合订本），第 594 页。
② 列宁：《论民族自治权》，《列宁选集》第二卷，第 512 页。

国是日非的大动荡年代，阶级矛盾与民族矛盾都相当尖锐。作为封建地主阶级代表的岑毓英，自然在这政治斗争的大搏斗中表演着他自己。他是云贵总督，封建政权的柱石和象征，必然要维护本阶级的利益和统治，履行其封建阶级专政的职能作用：对外抵御外国的入侵；对内镇压人民的反抗。当国内被压迫、被剥削的人民起来推翻封建统治阶级的时候，他站在地主阶级的立场上，血腥地镇压了人民的起义；而当西方帝国主义入侵、民族矛盾上升超过了阶级矛盾的时候，他又站到中华民族的旗帜下，成为抵抗外族的一名爱国者了。对人民有罪，对国家有功，这个矛盾的统一体在岑毓英的身上得到了集中的体现。"① 以上对岑毓英所处的时代背景和阶级的分析，我想也是适用于杨玉科的。

在中法战争中，曾经涌现了一批著名的抗战派人物，如彭玉麟、张之洞、冯子材、苏元春、李秉衡、岑毓英、唐景崧、陈嘉等等，他们的情况与杨玉科极其相似，但也不尽相同：有的前半生坏，后半生好；有的则是前半生好，后半生坏。怎么评价？还是实事求是。这是由于历史人物的活动是多方面的，活动经历相当复杂，个人的一生又经历了不同的阶段，因此坚持从整体上评价的同时，还应该从多层次、多方面、多角度去评价，也就是要采取"阶段论""方面论""一点论或多点论"的评价方法。

至于杨玉科，我认为，他前半生参加了镇压黔西猪拱箐的苗、彝大起义和滇西杜文秀的回民起义，充当了清政府的爪牙和工具，这是他历史上的严重污点。但在其后期，即中法战争爆发后，中华民族面临生死存亡的严重关头，他抱病驰赴疆场，英勇杀敌，最后以身殉国。特别是他受重伤后，仍然坚持战斗，不肯后退一步，并留下了气壮山河的铮铮言词，表现了中华民族誓与强敌血战到底的英雄气概和崇高的爱国主义精神。因此，他仍不失为一员杰出的白族爱国将领。

（原载《中央民族学院学报》1992 年第 1 期）

---

① 龙永行：《评中法战争后期和战后的岑毓英》，载《云南社会科学》1988 年第 3 期，第 85－86 页。

苗族首领项从周抗法述评

一

在云南扣林山下，有一个几十户人家的村寨，名叫猛洞。猛洞，苗语叫猛考。"猛"，即是苗家的意思；"考"，汉语为洞，即住的地方。猛洞二字，意思就是苗家住的地方。这里除主要居住着苗族外，还住着瑶、壮、傣、汉等族人民。扣林、猛洞，是个富有光荣斗争历史的地方。一百年前，当地苗族首领项从周率领各族人民在这一带同入侵的法国殖民军浴血奋战，把侵略者全部逐出我国的领土，在保卫祖国神圣领土的斗争史上写下了光辉的一页。

项从周，云南省西畴县么洒锅底塘村人，苗族，生于1856年，卒于1914年。项祖籍河南省项城县，明洪武十四年（1381年）随黔国公沐英到云南①，定居于镇雄。以后再由镇雄而路南，而西畴，而猛洞。项家迁居猛洞那年，正值项从周七八岁的时候。

项从周的父亲名项发正，又说项正清②，是个勤劳纯朴的庄稼人；母亲是位正直善良的妇女。从周排行第四，人称项四，苗语叫"年四"。项不识字，但他从小就有胆识，机警过人；为人侠义，娴熟弓弩枪弹③。他从小就跟着父兄上山打猎，练就了一身好武艺。他的超群武艺和很好的人

---

① 丁中炎：《关于沐英、蓝玉原籍、原姓及族别问题的新探讨》，载《贵州民族研究》1982年第2期。

② 项朝勋说是项发正，项朝宗说是项正清，弟兄二人各持己见。现采前说。

③ 《马关县志》卷5《绿营·附猛洞团练之设置》。

品，受到当地群众的喜爱和头人的器重。苗王熊天主特地请他去做贴身侍卫。当时法国侵略军已进逼扣林。苗王爱国抗法，从周对他十分钦敬。

　　有次，法国侵略者收买了一批仆从军，骑着十多头大象，全副武装，准备一举把洞奔一地踏平。起初，苗族吃了些亏，对付不了大象军，死伤了好几十人，村寨也被侵略者焚毁。后来，苗王叫大家想办法。年轻的项从周想了想，对苗王说："苗王，有办法了！大象不是最怕老鼠吗？我们可以多捉些老鼠，再预备些小猪儿，等到法国人的象队来时，把耗子遍地丢，再捏小猪儿的咀，就像耗子叫了。大象一听老鼠叫，一见耗子跑，必然扭头就跑。我们趁势掩杀，准可大获全胜。"苗王深从其计，第二天果然大破象军，杀死了许多入侵者，把敌人赶出了洞奔。法国武装入侵失败后，十分痛恨苗王，他们收买刺客，把熊天主刺死。

　　熊天主死后，由他的结拜义弟马赛头继位。马也是一位有名的爱国者。他十分赏识从周的机智和勇敢，请他一起共事。不久，法国侵略者又收买民族败类，刺杀了马赛头。项从周悲愤已极，在众人的一致拥戴下，当了"苗王"，继续马赛头未竟的事业。

二

　　19世纪70年代至80年代，法国先后吞并了柬埔寨和越南南方，扩张至北圻，并进而侵入我国云南的马关地区，用武力侵占了安平厅南部（今马关、麻栗坡县境）约七千平方公里的土地。法国殖民主义者的目的，就是要把这一带变成他们工业原料的基地和推销商品的市场，以实现其建立"法兰西东方帝国"的迷梦。他们迫使猛洞、保良街、那才、董干等地的各族群众为他们纳粮交税，筑路修桥，建造兵营，把青壮年拉到越南去为他们充当炮灰。1883年5月，法国议会通过增加军事拨款550万法郎的提案，以支持其在越南北圻的征服行动。是年5月19日，刘永福领导的黑旗军应越南政府之请，于河内纸桥大败侵略军，击毙了法军头子李威利。黑旗军的胜利，进一步激发和鼓舞了项从周的民族自尊心和爱国热情。就在这一年，项从周的父亲在猛洞赶集，被法国侵略军硬拉到船头当苦力。这些国耻家仇，使项从周怒火中烧，他约集了 17 个郎舅弟兄，并联合了猛洞一带对殖民者苦大仇深的苗、瑶、壮、傣、汉各族群众，高举起抗法斗争的大旗，决心以武力反对武力，为驱逐法寇、收复祖国的神圣领土而英勇斗争。

项从周很快得到文山地区各族人民的响应和支持，队伍由二十多人迅速发展到二百多人，成分也由单纯的农民、猎户发展到铜、锡业工人和小产业主、民族上层；地区也由猛洞、扣林、船头、老寨扩展至保良街、都龙、漫美一带。他们以自己制造的大刀、杆子（长矛）、甩杆、流星锤、火煱（土炸药包）、毒弩、牛角叉、锘、火铳、竹签、滚木擂石等武器，同拥有来福枪、锥把枪、鬼绿枪、铜炮枪和火炮的一千多名法国侵略军展开了殊死的斗争。战斗主要在高棚、扣林、上营盘、马鹿洞、野猪塘、船头等地进行。他们巧妙地利用滇南重峦叠嶂、林密箐深的有利地形，用游击战术，出其不意地消灭敌人。有时他们于敌寇的行军途中设下埋伏，集中优势兵力，把敌人一个不留地消灭；有时又趁着黑夜，投放火煱，骚扰敌人的军营，打得法军晕头转向，丧魂失魄；有时鬼子来攻，他们预先在山上准备好擂木滚石，打得法军措手不及；等到敌人仓皇后退，项从周又用竹签、连弩、陷阱来杀伤敌人。就这样，他们充分发挥了自己士气高昂、地形熟悉等有利条件，以己之长克敌之短，从而创造了以少胜多、以弱胜强的光辉战绩。经过战斗，他们又用缴获敌人的武器来武装自己，进一步去扩大战果。

三

1885 年春，中法战争的陆路战场进入了紧张激烈的阶段，法国一万多名侵略军在尼格里指挥下扑向谅山、镇南关。白族爱国将领杨玉科阵亡，镇南关失陷。盘踞在扣林、船头一带的法军为了配合陆路战场，加紧拉夫派款，强迫群众交粮、交鸡、交猪，并抓走许多青壮年去越南为他们充当炮灰，做苦工。项从周一方面教育群众，起来抵制侵略者的无理勒索；另一方面又派人在途中设下埋伏，多次打死押送民伕的侵略军，解救了许多被押送的各族同胞，从而配合清军的正面战场，在敌人占领的后方打击了侵略者。

为了更好地拴住敌人，拔掉敌军的据点，这年春天，项从周率领队伍，主动进攻盘踞在船头的法军。法军凭借险要的地形和坚固的工事，负隅顽抗。项从周的队伍几次冲到敌人据点跟前，都被密集的炮火挡了回来，部下伤亡很大。后来在当地壮族群众的支援下，找来了十多床棉被，项从周和十几名勇士，披着浇湿的棉被，冒着炮火向敌人冲去。经过激烈的肉搏，勇士们终于冲进了敌人的阵地，彻底消灭了盘踞在船头的法军。

但是，敌人是不会甘心失败的。第二年，即 1886 年的秋季，猛洞对面黄树皮的几百名法国侵略者和越南仆从军，从清水河、老寨方向向扣林、猛洞扑来，企图一举消灭项从周的队伍，重新占领滇东南地区。项从周得知消息后，没有等到敌人站稳脚跟，就主动出击。他命令部队主力在新寨附近埋伏接应，自己则亲自挑选古姓（苗族）、庞姓（瑶族）、美姓（汉族）等十多个精壮弟兄，由他率领，脱去衣服，全身抹黑，带着大刀和轻便武器，趁月黑风高，干掉了敌人的哨兵，冲进了驻在新寨的敌营，消灭敌军二百余人，其余敌人纷纷逃窜。项从周手舞双刀，率众紧追。看看快要赶上，从斜坡上窜出一个洋鬼子，一把拦腰将项抱住，两人便扭打起来，从山坡一直滚到了山脚。紧跟项从周冲在最前面的是他的侄子猫爪子（苗名），他一牛角叉便结果了法国鬼子的性命。他扶起叔父，揩揩身上的污血，又继续追杀敌人去了。不幸猫爪子遇伏中弹英勇牺牲，死时还不到 18 岁。在抗法斗争中，先后牺牲的还有项从周的胞兄由绒（在扣林牺牲）和侄子由满（在老寨牺牲）、川林（在扣林牺牲）、胞弟差桑等多人。

四

中法战争结束后，光绪十一年七月（1885 年 8 月），清政府命内阁学士周德润会同云贵总督岑毓英等办理中越勘界事宜。由于法国侵略者的野心和阻挠，直到 1895 年双方才正式划定了现在的中越边界。在划界过程中，由于项从周领导滇东南人民积极抗法，因而迫使法人西威仪不得不承认漫美及猛洞三村（按：猛洞上村为今之上营盘，中村为猛洞，下村为船头）"均在中国界内"，从而放弃了原来"请将该地剖分一半"的贪婪妄想①。史书说："滇越划界……猛洞地方倚从周为屏翼。"② 这是对项从周抗法功绩的充分肯定。

中越划界后，法国侵略者企图用偷移界碑的办法，取得他们在武装入侵和谈判桌上没有得到的东西，重新霸占我国的领土。项从周为了保卫祖国神圣领土的主权，率领各族群众，同侵略者针锋相对，寸土必争。敌人趁天黑无人之际，偷偷摸摸地把界碑往中国境内搬移，项从周就命人在白天把它抬回原处。有时为了争夺一块界碑，双方你来我往竟达一二十次之多。特别是位于茅草坡前的第十号界碑，因所管的地域辽阔，法寇千方百计想把它移到大塘子来。苗族、壮族群众在项从周的领导下，又坚决地把它抬回了茅草坡。项从周估计，敌人是不会甘心的，便决定派人看守。果不出所料，天黑尽时来了四五个无赖，鬼鬼祟祟地又在动手挖碑了。早就埋伏好了的战士，在一声"打！"的命令下，顿时枪声大作，几个挖碑的家伙也就受到了应有的惩罚。打这以后，敌人越发恼羞成怒，不断出动兵力武装移碑。项从周也毫不客气地用武力去回敬敌人，一次次地把移碑的强盗歼灭，最后迫使法国驻河江（今河阳）的六圈官在第十号界碑前与项赌咒发誓。项当即严正警告入侵者："谁要再把界碑移过来，有如这鸡狗一样的下场！"说毕，将一鸡一狗的头斩断了，掷于碑前。法官吓得面无人色，随即灰溜溜地走了。从此法国侵略者就再也不敢移动界碑了。

法帝国主义的武装入侵、偷移界碑的阴谋接连失败后，转而采取金钱利诱、物质拉拢和进行奴化教育等更阴险、更卑劣的手段。他们不断派遣传教士利用传播宗教之名，进行间谍特务活动，并拉拢一些地痞流氓入教，为他们张目。又以经商做生意为名，对我国境内的个别民族首领进行收买贿赂。把银钱财物撒在街上进行"布施"，以示他们的"富有"和"仁慈"。面对敌人的种种阴谋，项从周号召大家不入教，不受贿，"不要

---

① 《新纂云南通志·外交考一》卷164。
② 《马关县志》卷5《绿营·附猛洞团练之设置》。

高鼻子的臭东西！"表现了崇高的民族气节。法人的这一招失败了，他们气急败坏地说："哼！难道你项从周真的不爱钱？"于是命人驮了十驮金银财物，来见项从周，要求购买猛洞圆堡（今猛洞文化站）牛皮大的一块地。项当即严词拒绝，说："别说牛皮大的一块，就是牛蹄大的一块我也不卖！要买，就拿你们总督的人头来买！"法国人无可奈何，只好悻悻而去。人们问项从周："法国人用这么多钱买牛皮大的一块地，干嘛不卖？"项从周说："我国的土地，一寸也不能卖。再说，法国侵略者很狡猾，明说买牛皮大一块地，暗中在耍阴谋，他们可以在地图上比比划划，要强占我们很多地方，我们千万不能上当！"听他这么一说，人们连连点头，都称赞他聪明、机智，从而更佩服他。

五

法帝国主义的各种阴谋不断遭到失败后，狗急跳墙，施展出最卑劣的手段——暗杀项从周，以除掉他们侵略道路上的最大障碍。由于当时社会上普遍盛行比武打擂的习俗，法人便以比武为名，企图诱杀项从周，即使杀不掉项从周，也可以扫中国人的脸，显显他们的威风。

一天，法人来告诉项从周，他们要到猛洞和他比武，见个高低。项明知敌人的暗害阴谋，但不能在强敌面前懦怯。于是他欣然回复使者：欢迎他们前来。

比武在猛洞的街头进行。这天恰逢街子天，大家听说从周要和洋人比武，纷纷前来观战。里三层外三层，把比武擂台围得个水泄不通。法方挑选了二三十个身强力壮的蛮汉，除了带着比武用的大刀、棍棒外，还身藏手洋炮，以便必要时动手。他们还特地选派了一个艺高力大的大汉出场。项从周挑选了武艺较好的第六子项国云（苗名申狗）与之对阵。不上两个回合，项国云就一棍把对手打倒在地，大杀了敌人的傲气。其他法人刚想拔枪动手，项从周的部下早有准备，一下将鬼子全部缴了械。法人的阴谋未能得逞，在众人的哄笑声中，垂头丧气地抬着伤员走了。

法人一计不成，又生一计。1897 年春季的一天，他们收买了一伙流氓无赖，前去刺杀项从周和与项并肩抗法的黄大老爷。经过一场惊险的搏斗，8个刺客全部落网。

六

猛洞苗族首领项从周，领导苗、瑶、壮、傣、汉各族人民，从1883年起，直至19世纪末叶，前后和法帝国主义斗争了十多年，不断地粉碎了敌人的军事入侵，赶走了法国侵略者，收复了滇东南约七千平方公里的国土，形成了现在的中越边界，对祖国、对人民做出了杰出的贡献。在赶走了法国侵略军后，他们又接连打退了敌人在经济、文化等方面的侵略，为保卫和巩固我国的南疆做出了贡献。他们的斗争，不仅沉重地打击了法帝国主义侵略我国的野心，推迟了云南向半殖民地演化的进程，而且对腐朽卖国的清政府也是个教训。本来，马关以南，南丹山、大赌咒河以北，以及都龙、漫美、保良街、猛洞等地一直是中国的领土，"向来驻有华兵"（《清季外交史料》卷八十七），可是到了光绪十九年（1893年），"两甲（开化府之聚仁、奋武两甲——今之漫美、黄树皮、漫瓜、箐门、猛洞、船头、保良街等地）人民久受中朝抚字之恩，咸求永隶蚨蟓，不甘外向，扶老携幼，相率赴地方官衙门沥情呼吁"，滇督王文韶竟置于不顾，而以"聚仁、奋武两甲，虽与北圻界外毗连，实距法国官兵甚远，声息隔绝，历年游匪充斥，皆有鞭长莫及之势"为借口，主张放弃两甲，撤回滇军，并催促法国"应早派兵接防"①。王文韶的无耻卖国活动，遭到了两甲人民的强烈反对。苗族首领项从周团结各族人民，一致奋起抗击法帝的入侵，连连取得胜利，使法人望而生畏，终不敢越扣林山、猛洞一步。即使王文韶等人无耻地把聚仁、奋武两甲拱手奉送给法帝国主义，但法人始终不敢前来接收。光绪二十一年（1895年）五月，清政府在法帝的压迫下，签订了《中法续议界务专条附章五款》，次年又签订了《中法界务专条附

① 《滇督王文韶奏游匪充斥，请缓撤聚仁、奋武两甲中国驻兵藉资保护片》光绪十九年三月二十八日。

章》，终于以猛拨（原中国领土）等地"对换"猛洞，满足了侵略者的无理要求。从此，猛洞山（扣林）及猛洞之上、中、下三村正式划归祖国的版图。扣林、猛洞、船头等地能有今日，应该说是和苗族首领项从周的爱国抗法分不开的。

为了表彰项从周的功绩，清政府于光绪二十八年（1902 年），封项从周为千户把总，将猛洞赐给他作为世袭衣禄之地，又赠给他六尺长、二尺宽的红缎软匾一面，上书"苗中豪侠"四个大字。

光绪三十年（1904 年），法帝国主义为了要拔掉项从周这颗眼中钉，曾贿赂老寨的王鼎魁，向清政府诬告项在猛洞一带自立为王，说什么项从周盖铜瓦铁柱的宫殿，老子称王，儿子称太子，要反朝廷了，企图借清政府之手来除掉项从周。清政府信以为真，指令云南清军克日剿灭项从周。大军已到开化（今文山），前军密探回报说项称王造反并无此事，清政府随即着人调查。来人回报说："项从周坚持抵抗法洋多年，对朝廷忠心耿耿，并无二心。他住的是竹瓦茅屋，吃的是苞米杂粮。"清朝统治者这才放了心，称赞项从周是"南天之锁钥"。为表彰其功绩，除政府颁赠奖旗、锦匾外，还任命他为南防统带，负责河口、马关、麻栗坡一带的边防。项从周也尽心竭力地保卫边疆，直到 1914 年逝世。

七

项从周为何能够以少胜多，以弱胜强，以区区的数百千人之众最终战胜并驱逐了法帝国主义，在我国的近代史上创造了惊人的奇迹？我想其中原因很多，但最主要的一条，就是伸张民族正义，团结御敌。

当时马关、麻栗坡一带由于清政府的投降卖国，法帝国主义乘机武装侵占，各族人民处于水深火热之中，迫切要求一个领袖人物出来领导他们斗争。项从周顺应了人民的这一要求，及时地把群众的自发斗争变成声势浩大的群众运动。他揭竿而起，万众响应，共同团结在他的义旗之下。虽然他们没有一个明确的政治纲领和战斗口号，但却有个实实在在的行动目标，即把法国侵略者赶出我国的领土。他们虽然不是正规队伍，但却有严明的组织纪律，有足以战胜强大敌人的智慧和勇气。更为重要的是，这支队伍不仅有一个武艺超群、抗法坚决、英勇善战、足智多谋的领袖人物，而且这个领袖人物具有杰出的组织才能和领导才能。

项从周虽然是少数民族的上层首领，但他关心人民的疾苦，仗义疏财，谁家有苦难，他就想方设法去解决；不管哪个村寨，哪个民族，只要受了法人欺侮的，他知道后就派人或亲自前去搭救，因而受到各族人民的衷心拥护。如前面提到的法国殖民者强迫人民去越南当炮灰、服苦役时，他率领部下伏击了押送民工的侵略军，解救了不少群众，后来这些群众大多跟随项从周，投入了反抗侵略的洪流。又如法军在船头、曼昆等地派粮、派猪，抢掠妇女时，项从周闻讯后，率人赶跑了法寇，救出了民女，因而在船头之役中，壮族群众积极支援人民的武装，争献大棉被。又如当时猛洞街一带的群众生活很苦，他就主动送粮送钱接济他们。因此他在滇东南一带深得人心，在群众中享有很高的威信。

项从周是当地深孚众望的"苗王"，但他不以领袖自居，生活简朴，吃的是苞米饭，穿的是麻布衣，平常和部下一起习艺，对各族同胞如自己的亲兄弟姐妹。他不仅团结了当地的瑶、汉、壮、苗各族志士，还热烈欢迎由两广、川、黔、文山等内地前去投奔他的爱国志士，并根据他们的特长，委以重任。这些人在抗法斗争中，大多成了骨干和项从周的亲密助手，有的献出了生命。

不仅如此，项从周还十分重视做民族上层的团结工作。这是因为，各族的头人和上层，在大敌当前时，其民族利益和自身利益也同样受到侵害，因而有可能共同抗法。另外，他们在本民族中具有一定的影响和威望，又有相当的人力、财力和物力，团结他们，对争取抗法斗争的胜利，便有着不容忽视的意义。为了争取、团结他们，项从周主动地去联络附近各族的土司头人，晓以民族大义，陈以切身利害，使之由观望、动摇到坚定地站到抗法斗争的行列中来。对于过去同他有嫌隙的土司头人，他也能捐弃前嫌，主动登门拜访，与之和好如初。比如，原来住在猛洞的梅山官梅光德，与项曾是友好的把弟兄，后因小隙，致动干戈，梅家被赶到船头。法人入侵后，项不记前怨，主动将占的土地退还给梅山官，梅山官也赔还了从项家抢来的财物，两人握手言欢，重结金兰。自此两家一在船头，一在猛洞，齐心抗法，相互策应，在抗击法国侵略者的斗争中做出了贡献。

对于个别迷途的民族上层人物，项从周也竭力争取团结他们，教育他们，使之迷途知返，共同对敌。如原住在黄树皮的一家傣族黄姓土司，起初依附法人，在项与法六圈官赌咒时，曾参与法方，同项争过地盘，做了一些不利于国家和人民的事。后来黄土司又与法人发生矛盾，被赶出了黄树皮。项从周抓住机会，对黄开导教育，使之认识了自己的错误，回到了抗法的队伍中来。此事遭到项的部下反对。项恳切地对大家说："人有失脚马有漏蹄。只要回来就好，何必计较人家的过去呢。"他又对黄说："既然回来了，我们还是欢迎。你没有土地，就把我的那港那块地给你好了。"黄土司又羞又愧，连连称谢，并在以后的抗法斗争中，带领傣族群众，与项并肩作战，立下了许多功劳。

附　记：

项从周爱国抗法的英雄事迹到今天已经一百多年了，他为保卫祖国的西南边疆做出了杰出的贡献。我曾于 1983 年春深入云南扣林、猛洞、马关、河口等地，调查访问了项的后人以及苗、瑶、壮、傣、汉各族干部、群众多人；后又查阅了大量的文献资料，在此基础上写成初稿，以后又几经修改，现在才和读者见面。

这里需要指出的是，过去由于统治阶级的民族偏见，项从周的英雄事迹很少被文字记载下来，在史书中也没有其应有的位置，即使在个别书中提到，也是语焉不详，或是错误太多。因此今天调查研究项从周的抗法爱国活动，恢复他在近代史上应有的地位，并以他的爱国精神教育后人，乃是我们史学工作者义不容辞的光荣任务。他的伟大和功绩在于：他是我国近代史上第一个成功地抗击了帝国主义侵略的民族英雄。他是苗族人民的骄傲，也是中华民族的光荣。

1985 年 8 月 24 日

（原载武汉《中南民族学院学报》1986 年第 1 期）

中法战争中滇军的后继之师——霆军

　　1884 年 8 月中法战争正式爆发后，奉清政府之命，有一支由四川、两湖组成的军队——霆军，为西线陆路战场主力滇军的后继之师，行军数千里，由川东开赴滇越边境前线，拟与滇、桂军一起，同法国侵略军作战，但刚到达边关前沿时，中法已经停战媾和了。霆军虽然未能直接参加援越抗法、保卫祖国的战斗，但将士们不顾长途跋涉的辛劳，踊跃效命疆场的爱国热情却是十分感人的。同时，作为中法战争的一个组成部分，对之进行研究也是十分必要的。

一

　　霆军之名，来源于其统领鲍超。鲍超（1828—1886 年），字春霆，四川奉节人。咸丰初，以行伍在广西从向荣镇压太平军，后随胡林翼，往长沙招募湘勇，号曰"霆军"，成为湘军的主力之一。以后转战安徽、江西、浙江、江苏等地。在镇压太平军和捻军的斗争中特别卖力、剽悍。1862 年被授予浙江提督之职，1880 年授湖南提督。1882 年以病解职，住奉节。

　　1884 年 6 月下旬，法国侵略军在越南北圻无故挑衅，制造观音桥事件，进攻清军驻地，妄图占领谅山，但遭到了失败。此后便一面对清政府施加外交压力，一面又准备更大规模的军事入侵。清政府除利用列强进行调解转圜外，同时也作了一定的军事部署。6 月 29 日，清政府下谕说："法兵至北圻、谅山、观音桥等处，无故攻犯我营，衅自彼开。我军已与接仗获胜。法兵经此次惩创，自可遏其军锋，第恐其不得志于北圻，势必至中原沿海各口岸及台湾、琼州肆扰泄愤，亟应格外防范，以备不虞。"
又说："云南边防紧要，着丁宝桢于四川现有各营中酌拨五营，交鲍超统
带，驰赴云南，择要驻扎，为岑毓英后继之师。一切粮饷、军械，由丁宝
桢赶紧拨给。嗣后随时接济，毋任缺乏……鲍超向称勇往，接奉此旨，即
着迅速起程，带营前进，到防后与岑毓英和衷会办，以副委任。"①

1884 年 8 月 23 日，法军不宣而战进攻中国马尾海军，炮轰福州造船厂，
造成中国方面的重大损失。8 月 26 日（农历七月初六日），清政府下令正式
对法宣战。除了对沿江沿海作了具体部署外，清政府对北圻陆路战场表现了
特别的关注。一方面，命令云贵总督岑毓英、广西巡抚潘鼎新立刻统率所
部，星驰出关，迅赴戎机，进规北圻，争取打开陆路战场的新局面；另一方
面，又遣原湖南提督、现会办云南军务鲍超，迅速招募楚蜀兵勇二十一营，
赶赴云南，择要扼扎，为滇军的后援，随时准备增援东西两线。

清政府的上谕颁发后，正在夔州（今重庆奉节）"养病"的鲍超，
"闻命之余，顿觉沉疴立起，百倍精神"，表示要激励将士，奋勇争先，将
巨寇荡平②。他立即飞檄散在各地的霆军旧部将士，在夔州和泸州两地集
合待命。原霆军所部将士，听说要到前线去打击法寇，十分振奋，个个
"志切同仇""自备斧资，不避艰险，水陆兼程"，在很短的时间内，就有
三百余员将弁前来报到，二十七营的马步丁勇也很快募齐（超出预募六
营）。四川总督丁宝桢，立即拨银十万六千两给霆军，作为其购买锅帐和
粮饷之资。又拨洋枪 3600 杆（解到 2400 杆）、劈山炮 104 尊给霆军；天津
也拨解马步洋枪 8750 杆、丁子火 10 万颗、铜帽 600 万颗给霆军（正在途
中）。由于十万余两的粮饷仅敷置办锅帐和部队二十日之用，且大宗军械
尚在途中，未曾解到，故霆军未能按期开拔，入滇赴越。11 月 3 日，鲍超
上折清廷，说："惟是正饷未到，似难忍饥以行；枪炮未齐，亦难徒手而
往。前承准户部咨由四川预为筹拨两三个月行粮；是新募之师，向来未发
行粮三个月。唯此番出征外夷，边荒遥远，山路丛杂，烟户稀疏，行师之
难，与内地大相悬殊……是以前片有五个月行粮之请。即万分难筹，至少

---

① 《清德宗实录》卷 185，第 7 - 9 页。
② 《中法战争》六，第 91 页。

亦需四个月之饷,方足以利师行而免迟滞。"① 为此,他要求政府速拨军火粮饷,以免贻误师期。鲍超的奏折,受到清政府的训斥,说他募勇赴滇,已逾数月,尚在夔州,未经启程,实属不知缓急。要他马上统领所成之军,迅速驰赴关外,投入战斗。并警告他:"倘再以募勇未齐,借口逗留,既糜巨饷,又误戎机,唯该提督是问!"

此后,鲍超仍然按兵不动。他再次上折,要求在川、黔等处设转运局,并俟饷械到齐后再行启程。对于鲍超这种初尚勇往,继即不断请兵、请饷,磨磨蹭蹭,株守坐待,屡误师期的拖拉作风,清政府表示了极大的不满和愤怒。1884 年 12 月 7 日,上谕斥责鲍超说:"若如所请,饷械到齐,究于何时,方能启程?况饷到一次,散发一次,仍借口不进,必俟四、五个月饷到始发,事机能无贻误耶?着即懔遵迭次谕旨,统领募成之营,迅速前进。目前饷需支绌,未募各营,即着暂停招募(鲍超原拟募四十营)。经此次严谕之后,倘敢仍前迁延观望,不顾大体,定将该提督从重治罪。"② 口气十分严厉。但在具体问题上,清政府也采取措施,切实解决霆军的困难:命令丁宝桢于霆军启程后,无论何款,解数万两银以供其急需;嗣后每月饷银,由户部筹拨;该军到滇后,岑毓英于张之洞筹借的商款内酌量拨给;军械等项,由四川先拨 2400 杆,李鸿章先后拨解 3750 杆,曾国荃、丁宝桢各拨 1000 杆,共 8000 杆,此后随到随给;饷械由沿途政府妥为转送,勿稍迟延。针对霆军过去一贯纪律松弛、骚扰民众的情况,上谕要鲍超认真约束兵勇,不得扰害百姓。

鲍超接到即刻带兵启程的命令后,不敢停留,于 12 月上旬离开夔州,12 月 14 日抵达万县。接着他又裁遣五营募勇,率领二十一营步兵(每营六百人)、二哨亲兵及三百名探哨调队之骑兵,共一万三千余人,由万县奔赴泸州。霆军每日行程七八十里,至 1885 年 1 月 15 日抵达泸州。稍事休整后,霆军二十一营分批向黔、滇二省进发。由于山径狭小,每日只勉强开行两营人马。过了永宁以后,队伍进入云贵高原,只见山势逐渐嵯峨高耸,羊肠小道盘旋于崇山峻岭之间,加之适值冬令,终日雨雪纷飞,乱

---

① 《中法战争》六,第 92 页。

② 云南省历史研究所编:《清实录》,第 503 页。

石冰凝，寸步皆滑，人马难行；更兼人烟稀少，粮草难筹，即使野菜山果也不容易找到。一万余人的队伍在这又冷又饿又滑的荒山秃岭中行进，每日仅行六七十里。战士们顶住了一个个困难，以坚忍不拔的顽强意志，战胜了饥饿、疲劳和寒冷。他们只有一个信念，即赶快赶赴边关，杀敌报国："各奋忠勇，人人皆有杀敌致果之心，誓拼一战，以期无负委任"。到了贵州毕节，大部分将士均感冒风寒，但他们没有停留，次日仍力疾前进。1885 年 2 月 13 日，大军行抵云南宣威州城，又遇连日大雪封山，四野茫茫，东西南北不辨，大道小径难寻。霆军在当地少数民族同胞的带领下，又向南迤逦而行。至嵩明州地方，雪霁方晴，人烟渐稠，三军才算基本摆脱饥寒的困境。2 月 26 日，霆军到达云南省城昆明。计此次行军途中，将士们死于疾病或坠入悬崖者，共有将领九人，士卒一百余人。

二十一营霆军将士，能在崇山峻岭、渺无人烟的云贵高原，步行千里，得以战胜冰雪严寒、饥饿疾病等困难，除了上下一致同仇敌忾急赴前线杀敌的高昂士气外，还与西南诸省各地方政府和各族人民的大力支持帮助分不开。在霆军还未到达之前，沿途各地人民即已接到蜀、滇、黔各督抚和地方官的命令，组成人背马驮的运输大军，将省吃俭用的粮米柴草送到海拔二三千米的行军安营处所，从而使得一万余人的大军师行荒山穷谷中，得以免受或少受饥饿冷冻的困苦。当大雪迷漫、队伍不辨东西南北时，是云南的彝族、苗族人民充当向导，带领霆军走出了艰难困苦之地。到了昆明后，霆军由泸州拔队时丁宝桢提供的六万两银已告罄尽，云南巡抚张凯嵩不顾滇省财政拮据，向天顺祥票号慨然借银十万两给霆军；云贵总督岑毓英正指挥围攻宣光的战斗，在滇军严重缺粮、缺饷甚至在只能以粥充饥的情况下，仍以大局为重，匀出五万两银兑给霆军，才使得霆军渡过难关，继续前进。

至此，我们似可以探讨一下鲍超是否有请饷待粮，借口逗留，拖延时日的问题。从 1884 年 8 月至 12 月末上旬，前后共三个余月，鲍超一直以募兵、等款、等械为由，未能迈出夔州一步。而此时中法战争已经爆发，滇军、桂军、粤军陆续开进北圻，并同法国侵略军展开了殊死的血战。一百三十一个营、共数万人的滇军将士，在岑毓英的指挥下，于同年 9 月 25 日出保胜下文盘州，进驻馆司关，同刘永福的黑旗军一道构成了夹击包围宣光的态势。战争进入了白热化的阶段。唐景嵩的景军也于同年 8 月 29 日招募成营，9 月 13 日由广西龙州拔队出关，攀绝壁，逾深溪，跋涉千有余里，还没有来得及休息，就立即投入了包围宣光的战斗。因此相形之下，鲍超和唐景嵩的态度就显得泾渭分明，而清政府对鲍超的严厉申斥就是十分自然的了。兵法云："兵贵神速。" 如果只是一味地讲条件、等条件具备了才能出师打仗，这岂不贻误戎机，耽误了国家大事？作为主观动机上讲，鲍超的借词逗留，是否有个 "官怕洋人" 的问题，因为在当时清政府的官员中，一般均患有 "恐洋症"。他们在镇压人民起义时，耀武扬威，杀气腾腾，不可一世；而当他们面临强大而又凶恶的外国侵略者时，又表现的那么怯懦和踟蹰不前！

但是，除以上情由外，我们还必须从多方面看问题，才会不致失之偏颇。古语云："兵马未动，粮草先行。" "兵无粮而自遭困。" 作为霆军统帅的鲍超，要将一万余人的大军，由川东带到越南前线，爬山越岭，行程数千里，耗时几个月，中途又大多是人迹罕至之区，如果没有充分的精神准备和物质准备，没有粮饷的不断补充和接济，没有当局的许诺和可靠保证，那么，要越过这冰天雪地的云贵荒原，可以说是不可能的。而军械弹药的准备也是必不可少的，战士没有武器，怎么能上阵杀敌呢？徒手缚虎的例子毕竟是个别的。据光绪十年九月二十五日（1884 年 11 月 12 日）鲍超的奏折所称，霆军仍缺矛头长洋枪 3500 杆，马枪 300 杆，官用短洋枪 450 杆，丁字火十万颗。所以他不无感慨地说："新募之勇，不难于成军，而难于得将；远征之师，不难于拔队，而难于行粮。"[①] 又说："惟是正饷未到，似难忍饥以行；枪炮未齐，亦难徒手而往。"[②] 他在夔州时的日子并不好过，"望饷如望云霓，坐夔如坐针毡"[③]，还要时时受到上司的训斥，"每奉到一次，则汗流浃背，五内彷徨，诚惶诚恐，无地自容，昼则风雪奔驰，夜则寝不安枕，刻刻惊扰，莫知所措"[④]。鲍超此时此地的实在情形，当是我们研究问题时所应充分注意到的。

---

① 《中法战争》六，第 239 页。

② 同上书，第 91 页。

③ 同上书，第 92 页。

④ 同上书，第 116 页。

二

　　正当霆军奉命拔队挥师南下的时候，滇军一百三十一个营共数万人的队伍已经开赴北圻，并同敌人展开殊死的搏斗了。作为滇军的后继之师——霆军来说，云贵总督岑毓英对之是什么态度呢？自1884年8月26日清政府正式对法宣战，命令鲍超迅速招募霆军，来越助战后，岑毓英对这位"久著战功，素有威望"的战将前来帮助，表面上"钦感莫名""曷胜欣喜"，但实际上却是不欢迎的态度。他希望霆军改调他省，不要来滇入越。他说："江海各口尤关紧要，若以此军即由川赴援，则顺流东下更为迅速。"① 此后，他再次上折，进一步阐述他的意见，提出了三点理由：第一，越南水土恶劣，烟瘴甚大，只有粤勇相宜，滇军还算勉强可以；若楚、蜀各勇，则不能适应，死于瘴病的可能性很大，过去就有不少这样的教训。他举例说，前次滇军出关，曾雇川人运送军械粮米，其死于瘴疫者占十之八九。而鲍超所部皆系楚、蜀之人，来此瘴乡，不战自困，虽有智勇亦不能施展，故霆军不宜到越作战。第二，霆军每年需饷银二百零数万两，其军火军装皆取办于四川。四川总督丁宝桢虽公忠体国，接济不遗余力，但川省每年收入也只有二百万两，如此势必掊彼注兹。云南、贵州民穷地瘠，两省每年各需川饷四五十万两以为"养命之源"，尤其是滇军数万人开赴北圻前线，亦常望川饷源源接济；若一旦停解，是犹绝婴儿之乳，那么越南战事将不堪设想，会造成严重的后果。如鲍超改调他省，即少此一军供给，得以专筹滇、黔协饷，边事方免贻误。第三，霆军如改调北洋差遣，既可减轻四川的负担，又可拱卫京都，实属一举数得。

　　岑氏的这些意见，应该说是从当时的实际出发的。他所担心的正是"滇军不患无兵而患无粮缺饷"。中法战争正式爆发后，虽然清政府下令两广总督张之洞、四川总督丁宝桢，以及江苏、湖北、江西、湖南等省督抚，接济滇军军械粮饷。张、丁二人虽也"公忠体国"，顾全大局，竭力

---

① 《中法战争》六，第325页。

筹措，但毕竟财力有限，常常捉襟见肘，显得力不从心；其他诸省则纷纷以各种理由为借口，奏停或缓解滇省军饷，"十无二三"，因而造成滇军的许多困难。在军费日益浩繁、财政入不敷出的情况下，岑毓英建议让川省力保滇军粮饷，霆军改调北洋或赴沿海驻防的意见，应是正确的。至于他的川、楚各勇不耐烟瘴的说法，今天看来当然是无稽之谈，但在当时缺医少药、卫生条件极差的情况下，也不能说没有一定的道理。

霆军在昆明得到了云南巡抚张凯嵩由天顺祥票号借给的十万两银后，即离昆经玉溪、通海，向临安（今建水）进发。此时北圻战场东西两线清军正在酣战。东线谅山失守，法军进逼镇南关，威胁龙州，两广震动；西线滇军、唐军、黑旗军加紧围攻宣光，迫使东线侵越法军总司令波里也回师增援，滇军后路有被法军截断的危险。其时五万余人的滇军、黑旗军的粮米均赖临安、开化两府运济，由于转运艰难，致成"士无隔宿之餐""军士半饥半饱"的窘况；若霆军与滇军同走一道，分粮而食，则两军粮草供应更加困难。所以岑毓英拟请鲍超去开化（今文山），出广南，驻防保乐州、高平一带，一是该处粮多，可以采粮，两军皆不掣肘；二是可以牵制法军，固滇、粤之门户，通粤军之声援，"相机进取，或夹攻谅山，或由中路取太原甚便。鲍军得粮，桂军得援，云军免扰，唐军通后路：四善皆备"①。

对于岑氏的建议，鲍超认为这是实在情形，霆军不能从河口、马白方向入越，因他"自入滇以来，见户口凋残，人烟稀少，沿途欲雇一夫亦不可得，采办之艰，转运之难，不问可知。若两军共粮而食，必致同受饥困"②。但对于岑要他由开化、广南进驻保乐的意见则持否定的态度。认为该处已有滇军驻防，霆军不必再往，而现在谅山失守，该处距镇南关甚近，若法寇乘机侵入，那么不仅广西可虑，即广东、两湖精华之地，不无震动，大局将不堪设想。与其防驻保乐，距谅山甚远，恐久无战事，心抱不安，不如根据敌人当前的动向，直接去同他们作战。他说，以眼前的军事形势而论，应区别轻重缓急，广西战事吃紧，必须移缓救急；霆军应由开化直接取道龙州，先固内地根本，然后再出镇南关，进取谅山、太原。

---

① 《岑襄勤公奏稿》卷二十一，第15页。
② 《中法战争》六，第348页。

　　1885 年 3 月 18 日，霆军到达临安。由于行军数千里，人困马乏，且后队各军尚未到达，直隶、两江所拨军火亦正由泸州解赴途中，所以鲍超打算在临安候齐大队，稍事休息，并等待如何取道的命令。正在此时，他接到法军占领镇南关，龙州危急的情报。接阅之下，他"五内如焚"，因而没有拘泥于静候政府的命令，亦等不得稍事休息和军火解到，便催队兼程，火速向广西方向前进。

　　对岑、鲍二人的不同意见，清政府肯定了岑氏的建议，认为"所筹甚妥"。着岑飞咨鲍超，迅速由开化东趋保乐，力顾牧马（今高平省一带），使桂军与宣光城外各军声息相通。岑毓英在滇军十分缺粮、缺饷的情况下，仍匀出五万金以接济霆军，另外，又从保乐襄安府为滇代办的粮米中，拨出四十万斤给鲍超，以促其迅速进扎保乐、牧马。他认为，由开化出牧马，进规谅山，较之由广西龙州至谅山，路程要更近得多。

　　此时霆军的前锋已越过开化，到达广西归顺。岑毓英即檄止其前行，命令霆军速往河阳（今河江）会剿。霆军当即折回，往马白关方向进发，准备由此出关，前往河阳。当大军行抵马白关时，张之洞的电报已经到达，说："法人请和，已允停战撤兵，着毋庸出关。"由于马白地小粮少，滇、霆两军共食，粮草更形紧张，所以鲍超决定移师广南就粮，等候清政府的示下。1885 年 7 月 8 日，上谕命令霆军全数遣撤回川，以节饷需。该军所需银饷，由丁宝桢赶速拨解应用，未解到前，由岑毓英先行垫发，再由四川归还。鲍超上折称，该部欠营饷已达五月之久，约需饷银四十万两，除广东已拨解十万两外，尚欠三十万两。为此，岑毓英十分犯愁，因滇省并无存饷，司库早已罗掘一空，各省协拨之款又寥寥无几，滇军各营月饷积欠已经两月有余，而采办军粮及军火的运费又多半赊欠。别无他法，岑氏只好从广东拨解的滇饷二十万两银（尚在路途）中，划拨十万两给霆军，以资遣散。鲍超在接到广东拨的滇垫饷银后，于 1885 年 8 月 22 日在广南先行遣散十营；9 月 9 日，鲍超自率十一营及亲兵马步各队次第开拔启程。至 9 月 11 日，霆军全部撤散完毕。行前，岑毓英会同云南巡抚张凯嵩，檄饬沿途地方官员，凡霆军经过宿营之处，多准备粮米柴草，妥为照料，以利师行；并派知府蔡信义、游击李超护送出境。后据各地方官员禀报，霆军过境，纪律严肃，兵民相安，并无骚扰。

云南文库·学术名家文丛

三

霆军一万余名将士，奉清政府之命，长途跋涉数千里，来到边关，准备参加抗击法帝国主义的侵略，援助越南、保卫祖国的伟大斗争。但由于政府已经议和，他们未能实现自己的夙愿，壮志难酬，一腔报国热血不免付之东流。此诚为千古憾事、恨事，令人不免扼腕叹息。不过，他们忠于祖国的爱国精神，壮怀激烈的豪言壮语，却是永昭日月，催人泪下，令人感奋的。当他们响应国家号召，积极前来投效军营时，就抱着狠狠打击法寇的决心，希望"王师大举，以振天威"，表示一定"奋勇争先，将巨寇荡平"。当大军在夔州即将挥师南下，拔队启程时，鲍超即带领全军将士宣誓："不诛夷复越，必不生入关门！"① 表示了与敌血战到底的坚强决心和有我无敌的气概。当他们穿着草履，冒着风雪严寒，忍饥挨饿，跋涉于崎岖的道路和崇山峻岭时，大家"志切同仇"，没有丝毫的怨言，也没有一个掉队。当他们千里迢迢，奔到边关，正准备杀敌立功，报效祖国时，忽闻停战撤兵的消息，"皆捶胸跌足，怒目竖眉，恨未能战"②。忠勇之情，溢于言表！这里还有一段十分感人的场面："统领徐连升、李金声、向世珍、周鹏举并诸将，俯伏帐前，力请兼程一战；营务处何应钟则力求迅速拜折请战。奴才（鲍超）以君命为重，再三慰退。及闻我兵退而法不退兵，诸将愤怒，又环列帐外，擦掌磨拳，同声请战，战如不胜，先立结状，甘从军法。奴才谕之不应，挥之不退，更叩头不起，言词激烈，至于涕泣。"③

此时此地的霆军统帅鲍超，他又何尝不是将士们的这种"仰天长啸、壮怀激烈"的心情呢！他说："（奴才）当五旬之后，久积愤懑之怀，幸奉主战之旨，于此而不图报国，后恐图报无由；于此而不期诛夷，后恐欲诛不得。故选将练兵，益加严慎；满期一战而捷，以彰国威。虽边衅久

① 《中法战争》六，第468页。

② 同上书，第467页。

③ 同上书，第467页。

开，恐兵连祸结；然痛加惩创而许和，则法夷胆慑，群丑心惊，夷患可除。今圣主怀柔俯允其请，奴才一腔热血未遂所怀，半年来虚糜帑金数十万，徒劳士卒，此奴才心中之恨事，亦即奴才毕生之恨事也。"① 鲍超作为一员专事戎行的武将，对于战事之外可以缄默不言，但一腔爱国热忱又使他欲罢不能，不得不披肝沥胆，上折陈词，希冀朝廷采纳。主要内容有三：

第一，法寇狡诈，甫败请和，我方必须做好充分的准备。对于中法所订之条约，必须慎重，要考虑其后果，勿使其独据财源，勿使其稍得地势。法寇无故扰我藩疆，侵我内地，坏我兵轮，毁我船厂，该赔偿兵费的正是他们，即使从宽免赔，则越南之疆土尺地不可让，侵入台湾、澎湖之法军一卒不可留。滇越相连，云南五金丰富，如越南一失，法寇必然垂涎内犯，后患无穷；台湾宝岛，物产富饶，法寇占领，必然得陇望蜀，那么福建诸省也就难保无虞。如果和约涉及法人要求，侵犯我之主权时，我们就只有用战斗来保卫，届时他和滇粤诸军及所部将领，"誓拼犬马余生，灭狼小丑，必动出万全，功成一战，庶我朝柔远之恩威并周，而奴才报国之愚忱略尽，使天下臣民二十余年之积愤亦得稍抒"②。

第二，在战略战术上，必须扬长避短，以我之长，击彼之短，才能取得战争的胜利。他说："法夷所恃者枪炮，而我所恃者队伍。枪炮为呆物，队伍乃活人。若专赖枪炮与之决胜负，实攻其长，即胜亦伤寇不多。我虽不能不用枪炮，但决不专赖枪炮。"③ 我之长处在于冲入敌阵，短兵相接，则敌之优势就可变为劣势，而我之枪炮劣势就可转为优势。且法国兵力有限，远道而来，士气不扬；我则"海内臣民无日不以诛法为心，将士亦无日不以灭法为念"。军民上下，同仇敌忾，这是取得战争最后胜利的重要保证。这里，鲍超所谈的扬长避短，对于一个不发达的国家和民族，在装备十分简陋的情况下，如何去战胜比自己强大得多的敌人，确是一条不可忽视的重要经验教训。

第三，群策群力，加强兵备，万不可因和而松懈斗志。他说："夫兵

---

① 《中法战争》六，第468页。
② 同上。
③ 同上书，第469页。

可百年不用，而不可一日无备。用兵以得将为先，选将难而得将尤难，募兵易而练兵不易。"所谓恃一人之力而有限，合众人之力而无穷。"① 法人狡诈，贪心不足，和议虽成，朝廷"必思自强以杜彼诈"，下令沿海沿边选将练兵，讲求战事，以壮军心。万不可因和而稍为松懈，丧失警惕。

鲍超的这些意见，基本上是正确的。他对中法战争的经验教训做了一些有益的总结，并对法帝国主义的侵略本质有所认识和警惕。他希望政府"自强"，万不可因和而麻痹大意的思想，也是值得注意的。

另外，鲍超在对待黑旗军领袖刘永福的问题上也是比较正确的。他在师次昆明时，曾上折说："记名提督刘永福，于大军未到之先，法逆横行之际，以孤军当大敌，屡建奇勋，是其忠义奋发，谋勇兼优，实为不可多得之才……惟细察其情，究因兵单饷绌，未能大展所长。"他的目的，是想利用刘永福，作其臂助，但对刘的评价是公允的。这较之岑毓英利用、资助刘永福，到后来与刘龃龉不和，指责甚至贬低刘永福，确是有其高明之处。

总的说来，鲍超及其所属霆军，在镇压太平天国、捻军及其他农民革命运动中，罪恶累累，是摧残人民力量的刽子手，但在关系国家、民族生死存亡的中法战争中，又和广大的爱国军民一起，投入到抗击法寇侵略、保卫祖国的伟大斗争的洪流中了。他们虽然没有机会在疆场上同敌人肉搏厮杀，但他们勇赴国难、备尝艰辛、慷慨请战的爱国精神，却是值得肯定的，并在中法战争的史册上应有其一席之地。

（原载《云南文史丛刊》1988 年第 3 期）

---

① 《中法战争》六，第 324 页。

中法战后的法国与云南

　　1885 年中法战争结束后，法国强迫清政府签订了《中法越南条约》，清政府承认法国对越南的殖民统治，法国也因此以越南为基地，把魔爪直接伸进了我国的西南地区。差不多同时，英国用武力占领了整个缅甸，并以此为跳板，不断地向我国的内陆腹地推进。位于祖国西南边陲的云南又首当其冲，不仅战略地位十分重要，而且物产矿藏资源极为丰富，因而成了西方各国早已垂涎并首先掠夺的主要目标。中法战后，随着西方的步步入侵，从此云南进入了多事之秋。而在这些侵略活动中，法国又充当了主要的角色。

一、法国侵占我国领土，边疆人民保卫　　领土主权的斗争

　　在中法战争期间和战后，法国侵略者曾不断地动用兵力，企图武装侵占我国云南的广大地区，但由于边疆各族人民的团结战斗，一次次地大败法军，使侵略者的野心未能得逞。拙文曾经指出，在马关一带，由于以李云珍为首的清军的积极抵抗，把法国侵略者赶回了安南；在麻栗坡猛洞一带，由于项从周团结苗、瑶、壮、傣、汉各族人民，坚持了长期的武装斗争，粉碎了法军的多次入侵，胜利地保卫了祖国的边疆，从而使法国侵略者妄图武装占领云南的阴谋遭到破灭。但是，敌人是不会甘心失败的，他们在中国人民面前是失败者，但在清政府面前却是胜利者。中法战后，法国侵略者通过胁迫清政府的办法，得到了他们用武力所不能得到的东西，

其中就包括了领土的野心在内。1885 年 9 月,根据《中法越南条约》之规定,清政府派出内阁学士周德润为勘界大臣,会同云贵总督岑毓英、巡抚张凯嵩办理中越勘界事宜,并着吏部主事唐景嵩、江苏试用道叶廷眷随同办理。法方派出浦理燮,以后又改派勘界大臣、驻越帮办狄隆,副将狄塞尔,五圈官西威仪等会勘中越边界。在谈判中,由于法方"反复刁难,变诈万端,内存为鬼为蜮之心,外肆侵土拓界之计"①,对清政府进行软硬兼施,而清政府软弱无能,虽然在划界问题上也经过长时间的讨价还价,但最后还是以满足法国侵略者贪得无厌的欲望而告终。通过谈判,法国侵略者得到了以下的土地:

(一) 对三蓬之侵占

云南广南府所属之三蓬,即上、中、下三蓬,位于普梅河下游、滇越第四段分界的地方,早在明代以前这里就是中国的领土了,其时归广南府土司管辖,后来该土司与越南保乐州土司结姻,他们未经中国政府许可,竟擅自将三蓬土地作为陪嫁品送给了保乐州土司。其女死后,广南土司要求赔还三蓬,保乐州土司没有应允。双方争执不休,长期悬而未决。1886 年 9 月,周德润会同法使狄隆勘界,据理要求将三蓬土地收回,遭到法使的蛮横拒绝。以后又拟将龙哈寨、中河卡、瑶人寨的我国土地收回,法使亦不从。双方相持了四十余日。"至九月三十日(公历 10 月 10 日)会晤,狄隆等出座密商,复入座定议,狄塞尔遂亲笔将北圻之苗塘子、龙潭、龙薄、田蓬街、沙人寨五处划入滇界。"② 这几处地方,系上蓬所属之几个村寨,仅是三蓬地界的十分之一二,而大部分土地均被法国侵略者占去。

热爱祖国的三蓬人民,对法国侵略者进行了坚决的抵制和反抗。他们纷纷集会,强烈要求回归祖国的怀抱,并且组织起来,准备同法国侵略者进行斗争。甚至越南保乐州土司阮谅也寄予同情,承认三蓬历来就是中国的领土,主张归还中国。但广南知府兴禄却厚颜无耻地声称:"卑府到界之初,风闻越属之三蓬民人麇集,相率归附,意欲抗令法员,将三蓬地方

① 《云南史料丛刊》第 2 辑,第 91 页。
② 《周德润等奏为遵旨校图定界分别办完折》,光绪十三年十月十六日。

划入中国。若是如此，不独阻挠界务，且恐变生临时，关系诚非浅鲜，当即密派随员，授以机宜，前趋安抚，幸不辱命，一律解散，声色无闻。"①这里，卖国分子兴禄的丑恶嘴脸昭然若揭。

（二）对黄树皮、箐门等地之侵占

云南开化府属之黄树皮、箐门等地，在明代以前就是中国不可分割的一部分。《云南通志·图考》记载："开化南二百四十里至交趾赌咒河为界。"赌咒河，即黄树皮、箐门外之大赌咒河，越南称为安边河。"安边"，就是两国边界接壤，相安无事之谓。但是安边河并不安宁，明末清初，交趾王趁中国国内动乱，我国政府无暇过问，遂领兵越过安边河，侵入我国境内，掠夺逢春里各寨人民。而云南开化总兵高必胜"私开谋利""既畏处分，又惮救援之劳，遂将塘汛移入内界"，"另指一小河强名为赌咒河"，用以搪塞上级，推卸罪责②。清世宗为了"息事宁人"和表现"天恩高厚""天朝岂与小邦争利"的大国风度，竟于雍正五年（1727年）将大赌咒河之地赏赐给了安南，而以马白关前之小赌咒河为中越两国的边界。

中法战争结束后，两国勘界，周德润、岑毓英鉴于马白无险可守，会商法使，要求收回南至黄树皮、箐门前之大赌咒河，东至船头之清水河，西至山门硐前之陆地的中国领土，共计460余里，5500余户，22700余人。但法使坚持以小赌咒河划线。为了收回这块土地，周德润、岑毓英经总理衙门的许可，决定将"荒远瘴疠，弃之不足惜"的猛梭（即丰收里）、猛赖一带二百余里的中国土地让给法人，以"换取"南丹山以北的我国领土。（按：猛梭、猛赖，原系云南临安府建水县管辖的猛梭、猛赖、猛蚌刁姓土司之地。咸丰年间，清政府忙于镇压回民起义，对三猛管理逐渐松弛，但三猛土司仍照例向建水县缴纳钱粮。中法战争中，三猛人民曾配合滇军，参加了抗击法国侵略者的斗争。中法战后，大部分滇军撤离三猛，仅留下少数驻防。法国侵略者遂乘虚而入，竭力拉拢利诱三猛土司脱离祖国怀抱。）1887年6月30日（光绪十三年五月初十日），清政府总理各国

---

① 《分办界务委员广南府兴禄禀》，光绪十九年三月。
② 高其倬：《勘察开化府边界折》。

事务大臣与法使恭思当反复会商，决定"将猛梭、猛赖一段准归越界；其南丹山以北，西至狗头寨，东至清水河一带地方，均归中国管辖"（《清德宗实录》，卷二百四十三，页五，函五）。这里所说的南丹山以北之地，系指开化府属归仁里所辖八甲中之一部分土地，而南丹山以南直至大赌咒河以北之地，原系归仁里所辖之聚义、聚美、聚仁三甲的土地，其中尤以聚仁甲（包括黄树皮、漫美、箐门等地）所辖地面辽阔，三甲之地约为八甲总和的二分之一。这样，法国便攫取了我国南丹山以南，横阔一百七十里、直长四五里的膏腴险要之地。光绪二十年二月（1894年3月），清政府将箐门、黄树皮正式割让给法国，滇军撤回开化。此后，法国侵略者又得寸进尺，法使西威仪再次胁迫清政府要在临安第五界段内"彼此互让一地"。临安开广道汤寿铭答"有争则有让"，于是将猛蚌划归越南，以"换取"猛洞三村（实际上，猛洞三村一直在我国境内；加之苗族首领项从周积极抗法，大败法军，使法人不敢越雷池一步。法人无可奈何，才转而向清政府敲诈勒索）。到了光绪二十二年（1896年），《中法界务专条附章》签订，法国正式侵占了黄树皮、漫美、箐门、猛梭、猛赖、猛蚌等地。

在这期间，边疆各族人民反抗法国侵占我国领土和反对清政府出卖国家领土主权的爱国斗争不断高涨。除了前面所提及的项从周坚持十多年的武装斗争，终于迫使法国不得不承认"猛洞三村，均在（中国）界内"，从而胜利地保住了我国扣林山一带的主权外，还有被占领的聚仁、奋武等地人民的抗法斗争。该地人民不甘接受法国的欺侮奴役，纷纷奔回祖国，请求清政府保护。根据文献记载，聚仁、奋武两甲人民，眼见沦入异域而"情急事迫"，说他们"久受中朝抚字之恩，咸求永隶，不甘外向，扶老携幼，相率赴地方官衙门沥情呼吁"[①]。而另一部分人民则拿起武器，同流落于中越边界的部分黑旗军、清军一起，共同抗击法国侵略军。1893年9月，黄九、阮朝宗、黄胜利等率领一千余人，攻入黄树皮，遭到中法反动势力的残酷镇压。1894年2月，清军开门揖盗，请催法兵接防箐门。当地

---

① 《滇督王文韶奏游勇充斥请缓撤聚仁奋武两甲中国驻兵藉资保护片》，光绪十九年三月二十八日。

抗法义军获悉后，连夜渡过黑河，分股直奔箐门，准备中途拦截法军。不料为虎作伥的清政府，竟事先设下埋伏，三面夹击义军，杀死、俘虏义军二百余人，伤者数百人。义军伤亡殆尽，被迫撤到河阳，继续坚持抗法斗争。直到 19 世纪末，这支抗法的武装力量才逐步被中法反动势力镇压下去。

（三）对猛乌、乌得之侵占

　　猛乌、乌得，是云南省普洱府下辖的两土司之地，早在元代，两乌便成了云南省的一个部分。明洪武十四年（1381 年），中央政府在此设置车里军民府，洪武十九年（1386 年）改车里宣慰司。清顺治十八年（1661 年），刀穆祷正式接受清政府委任，授车里宣慰司世职，管理十三版纳及六茶山之地。雍正七年（1729 年），普洱、思茅等地改设流官，各版纳仍归宣慰司管理；分置十三土司为十三猛，内属思茅八猛（大顺、倚帮、易武、猛腊、橄榄坝、猛遮、猛阿、猛笼），分隶宁洱县五猛（普藤、猛旺、整董、猛乌、乌得）。猛乌、乌得由于地域辽阔（近八万平方公里），矿藏丰富（该地之磨扫、磨旺等井，出产细白食盐，产量很高，远销南掌等地），加之位置十分重要（外通黑仙江、南乌江下游之猛赖、猛浑，内通六茶山之捷径，是滇南的重要门户），因而引起法国侵略者的垂涎。光绪二年（1876 年），法国殖民者特拉格以游历为名，经暹罗（泰国）、南掌（老挝）、缅甸，窜入云南的猛乌、乌得等地，将老挝通入云南的交通、山川、出产等作了详细记载，并绘成地图，为日后入侵做了充分的准备。中法战后，法国更加紧了对云南边疆的侵略。法国侵略者利用清朝政府发给他们的游历护照，窜到两乌等地进行诈骗活动。他们将护照用绣龙黄缎包裹，诡称是清朝皇帝的圣旨，前来"接收"猛乌、乌得。由于当地少数民族不识汉字，真伪莫辨，几乎为其愚弄。后来幸得有人当场识破，才揭穿了他们的骗局。光绪十九年（1893 年）七八月间，法国侵略暹罗得手后，便积极准备武装占领我十三版纳之地。车里宣慰司刀承恩对法人的入侵保持了高度的警惕，一方面向清政府飞文告急，另一方面率领十三版纳各土司头领，做好了抗击外来入侵者的准备。他在给清政府的禀文中说："自奉职以来，均体自己之职守，饬令各猛土弁小心保护各猛边界，不准外匪窜入滋扰地方……土职等本不愿离本乡故土归服他人，如上宪不派兵来边界弹压挡御，即南掌之地亦多丢失……土职等实不愿从洋人，是要照旧归顺做皇上百姓，如九、十月间洋人上来，定要开放枪炮同他对战。"① 表示了边疆各族人民维护国家领土主权，坚决抗击外来入侵的决心。但昏庸腐朽的清政府，却认为刀承恩的禀报"俱属无稽之言，或系暹罗有意挑唆，借势损法；或系该土司怀疑致恐，设词请兵"，并警告刀承恩等"切勿轻听人言，妄举滋事，致启边衅，获咎匪轻"②，给抗法爱国的边疆人民大泼冷水。同年九月二十七日，猛遮土司刀经成、前缅官召法弄等派方上容等八人再次向清政府禀报："闻法人三路进兵占据车里，不日即到，愿筹备兵饷，与各猛拒战洋人。"愚昧的清政府，不仅不支持人民的爱国行动，对法国的入侵警惕防范，反而训斥他们"编造谣言，挑逗生事"，说："西洋各国久通和好，立有条约，此次法暹划界，法人遵守条约，在总署自认不敢有损车里权利，岂有兴兵进占车里之理？与尔前缅官毫无干涉。如果洋人将来划界或游历贸易经过各猛边境，不惟前缅官妄启争端必干拿严办，即车里属各猛有与洋人争竞之事，亦惟前缅官是问。切勿造言播弄，妄想于中取事，徒干严办。"③ 甚至对于个别的爱国首领，他们竟下令要"设法诱除，以靖边患"了。在清朝统治者看来，积极抵抗外来入侵的爱国人民反而成了"边患"，需要加以"诱除""严办"，而肆意入侵的敌人倒成了"和好""遵约"的"友邦"，需要竭力加以保护。这种人妖颠倒、敌我混淆的卖国行径，实在令人发指！

　　光绪二十一年（1895 年）五月，法国借口三国干涉还辽有功，要挟清政府将猛乌、乌得两地割让。清政府"以法既因调停和局，坚求利益，自不得不勉从其请，以示酬答之意。因于界务、商务二者，权衡利害，于界务予以通融，于商务严其限制，允将猛乌、乌得两地让与法国，以敦睦谊"（《清季外交史料》卷 114，第 122 页）。当这个屈辱卖国的消息传出后，立即引起全国人民的愤怒和谴责。两乌人民更是"个个惊急，食卧不安"，一致要求清政府撤销这个卖国的决定。猛乌下辖的整秀村人民，立

① 《云南史料丛刊》第 2 辑，第 78 页。
② 同上书，第 81 页。
③ 同上书，第 86 页。

刻向当地官府递交了呈文，他们恳切地说："众百姓乃是皇上粮民，总要照旧，望祈作主。"(《云南史料丛刊》第 2 辑，第 78 页) 爱国之心，溢于言表。但清政府一意孤行，置人民呼声于罔闻。次年一月，派委员思茅同知许台身、张桓，宁洱县谢诗纯、知县黎肇元、游击刁丕文，会同法员巴威、桑德来、佘纳尔等勘察澜沧江东岸一带之地。两乌人民获悉清廷派员下来勘界，纷纷阻拦他们的去路："勘界华员两乌起程之日，土民闻法员起意侵占，遮道悲泣，哀求内附，揆之地势人情，均无让与法管之理。"(《云南史料丛刊》第 2 辑，第 171 页) 再次表达了两乌人民不愿脱离祖国怀抱，誓与法国侵略者斗争的坚强决心。但一味卖国的清政府，一面继续对人民进行威胁恫吓，说："遇有英法洋员带领役到境，不准轻率妄动，以及造谣播弄，擅开边衅，致干严办。"一面又飞札饬令各级地方官员转札各猛居民人等，"务令各安生业，不必惊疑"，并要当地对洋员切实保护照料。十足地表现了这群对内恣睢凶横，对外卑躬屈膝的奴才嘴脸。

在勘界中，法国采取各种卑劣手段，妄图更多地侵占中国的领土。法员巴威对黎肇元等清朝官吏竭尽拉拢利诱之能事，说："倘肯于界务上稍事迁就，则我驻京公使必有异常酬报；立跻显要，决不如是之循资艰难。"(黄诚沅：《蜗寄庐随笔二则》二) 利欲熏心、卖国求荣的黎肇元竟超越职权，在巴威事先准备好的界图上会印，但又做贼心虚，怕将来获罪非轻，于是又在图上注明：此图界线，系法员自画字样。狡猾的巴威骗黎会印之后，即于次日拂晓携图潜往北京，声称两乌地方业经滇省委员划归法界，盖有会印。清政府无可奈何，只好按图割让。在巴威图中，除两乌之外，还有车里宣慰司之整法，猛蚌属之磨丁，猛腊属之黄竹板等地，也划入了法国版图。1896 年，中法签订《界务专条附章》(下简称《附章》)，清政府正式承认法国对两乌、化帮等地的侵占。《附章》第三条说："自南马河注墨江之处界线……其西边之漫乃、倚邦、易武、六大茶山等处归中国，其东边之猛乌、乌得、化邦、哈当、贺联、盟猛地各处归越南……其猛莽、猛润之地归中国，至八盐泉 (一名坝发岩) 之地仍归越南。"为了掩人耳目，推卸罪责，在舆论的压力下，清政府不得不将黎肇元革职，但数万平方公里的土地却从此沦入法国手中。

光绪二十一年七月十九日 (1895 年 9 月 7 日)，法国接管猛乌、乌得，

"夷民男妇老幼哭声震天"（《云南史料丛刊》第 2 辑，第 179 页）。表示了边疆各族人民对法国占领的无比愤怒和对清朝政府卖国活动的强烈抗议。

二、法国加紧对云南地区政治、经济的侵略

（一）中法战后蒙自、蛮耗、思茅、河口开为商埠

法国侵略者发动中法战争的目的之一，便是为了打开中国的商品市场，掠夺原料，推销商品，以获取最大限度的经济利益。中法战后，两国在 1885 年 6 月 6 日签订的《中法越南条约》里规定："通商处所在中国边界者，应指定两处，一在保胜以上，一在谅山以北；法国商人均可在此居住，应得利益，应遵章程，均与通商各口岸无异……法国亦得在此设领事馆；其领事官应得权利，与法国在各通商口岸之领事无异。"（第五款）该约的第六款、第七款还规定，法国货物进出云南、广西所纳通商税应予减轻，以及日后中国修建铁路应向法国商办，等等。次年，即 1886 年，《中法越南边界通商章程》十九款的签订，又进一步对上述条文作了具体的规定。在关税征收方面，规定法国进口商品按中国海关通商税则减五分之一收纳正税，法国所购之土货出中国海关，则按税则减三分之一征出口税。此外，通过第三款、第十六款之规定，法国还强迫清政府，取得了其在中国通商口岸的居住贸易权、租地、建房、雇佣买办和领事裁判等权益。1887 年 6 月 26 日，法国对上述不平等条约仍不满足，再次强迫清政府订立《中法续议商务专条》十款，正式指定云南之蒙自、蛮耗，广西之龙州为商埠，法在这些地方设立领事馆；所征关税再次降低，法国将进出口税收各再按中国通商海关税则减少十分之四。1895 年，法国又以"三国干涉还辽应有酬劳"为借口，与清政府订立《中法商务专条附章》九条，除广西之龙州、云南之蒙自开为商埠外，还指定增开思茅为商埠，并改开滇越水陆之要冲——河口为商埠，以代替蛮耗。法国可在上述地区开设领事馆，并减十分之四的进出口税。《附章》第五条还议定："中国将来在云

南、广西、广东开矿时，可先向法国厂商及矿师人员商办，其开矿事宜，仍遵中国本土矿政章程办理。至越南之铁路，或已成者，或日后拟添者，彼此拟定，可由两国酌商妥订办法，接至中国界内。"《附章》之第六条规定，准许法国接通思茅至越南之电线等等。

通过上述一系列不平等条约的签订，法国在云南取得了蒙自、河口、思茅等地作为其政治、经济侵略的重要据点。他们用不断迫使清政府增开商埠、降低关税、控制海关等办法，使其商品在云南自由倾销，并掠夺云南地区丰富的矿产和农副产品资源，通过商品输出和原料输入的不等价交换，从而获取了巨大的经济利益。以蒙自县为例，根据民国八年（1919年）的统计材料，该县当年进口货物比出口货物多128145包（件），入超金额高达4971000元（《蒙自地志资料》卷四）。

再如曾被开为商埠的蛮耗，在中法战争以前，有棉田4000余亩，收草棉、木棉三四百担，城内城外及新安所有土机织布者500余户，年产土布60万匹；中法战争以后，洋纱、洋布等大量输入倾销，每年平均输入蛮耗之洋纱达三万七八千件。由于洋货的大量倾销，地方产品受到严重打击，造成境内棉田荒芜，手工纺织业纷纷破产。

位于蒙自西北的建水县，在法国入侵以前，商业活跃，市场繁荣，物价低廉，中街天市场由城内延至城外，交易有棉花、香油、棉布、棉线、农具、牲畜、副食品等本地产品。特别是手工纺织业十分发达。该县西庄、南庄等坝区，几乎家家都有纺织机械，十一二岁的姑娘便会纺织，甚至姑娘出嫁也要送纺机一架。每逢中街天，在马市街上交换自己纺织品的人就有数百，狗街子一天便有数百驮棉花在此买卖，几百挑土靛洽谈成交。中法战争以后，随着蒙自等地开为商埠，法帝的魔爪也就伸入了建水，洋纱、洋布、呢绒、洋靛、香油、煤油等大量涌入建水市场，使该地自给自足的自然经济受到了致命的打击。到民国初年，建水城乡的简单商品生产已几乎全部破产，专靠手工纺织为生的劳动者和靠种植土靛为生的农户已濒临绝迹，土产完全被洋布、洋纱、洋靛所冲击排斥，绝大部分纺织土机被迫停转，甚至当作柴禾付之一炬。

由上情况，法国通过开辟商埠，增加商品输出，对云南经济之掠夺可见一斑。据蒙自海关的报告，从光绪十五年（1889年）至宣统三年

（1911 年）的 23 年中，蒙自正关的每年收课数目，由 44000 余百两激增至 245380 两（《续蒙自县志》卷十，《外交志》）。而从全省来看，自 1919 年以后的十余年中，云南对外贸易连年入超，每年入超的白银在 500 万两以上，最多的是 1926 年，进出口相抵，入超白银竟达 1096125 两之巨！（《续云南通志长编》卷七十四）有人统计，从 1889 年蒙自开关到 1937 年的 48 年中，仅蒙自、思茅、腾越三埠的入超累计数为 127170911 关平两，出超累计数为 33382054 关平两，出入相抵后实际逆差达 93688957 关平两[①]。当然，这个数字还不是全省的绝对数字，对外贸易也不仅是法国，但蒙自是云南的主要海关，法国从中捞到的好处显然比其他西方各国要多得多。

（二）对云南路权的掠夺

19 世纪末叶，世界各资本主义国家已逐步完成自由竞争向垄断阶段的过渡，进入了它的最后阶段——帝国主义阶段，各国对殖民地、半殖民地的掠夺方式也由商品输出变为资本输出。除了继续进行商品输出外，这段时期法国的经济侵略则以修筑铁路、开设银行、操纵金融、掠夺矿权为其主要内容，其中铁路利权的取得又是法国进行经济侵略的重要手段。因为它不仅是侵略者输出"过剩"资本、榨取巨额利润的极好途径，同时又是其伸展势力范围，扩大政治、经济、军事侵略的重要工具。诚如一个帝国主义分子所鼓吹的："故夫铁道者，犹人之血管机关也，生死存亡系之。有铁路权，即有一切权；有一切权，则凡其地官吏，皆吾颐使之奴，其地人民，皆我俎上之肉，是'亡人国'而'亡之使不知其亡'、'分人土'而'分之使不知其分'的绝妙方法。"[②] 法帝国主义分子古德尔孟在其《云南游历记》中更是赤裸裸地宣称："吾望他日火车游行云南时，吾法之权力随之而达于云南全省。吾尤望云南铁路告成之日，能在日本休养未足之先，则席卷云南，如探囊取物矣。"帝国主义分子的自白，一语道出了他们在华修建铁路的真谛。

---

① 董孟雄：《辛亥革命前帝国主义对云南的经济侵略》。
② 宓汝成：《中国近代史资料》二，第 684 页。

1897 年（光绪二十三年）秋，法国驻华公使吕班，以 1885 年 6 月所订的《中法越南条约》和 1895 年 6 月所订的《中法商务专条附章》的规定为"理由"，向清政府提出在云南修建铁路的要求，并未经许可，就擅自派遣吉默里等人于同年 12 月进入云南，勘测河口—蒙自—昆明—叙州（宜宾）的线路。虽经数次争辩，但卖国的清政府慑于法国的威势，被迫于 1898 年 4 月 9 日、10 日（光绪二十四年三月十九日、二十日）照会吕班，"准允"法国"自越南边界至云南省城修造铁路一道"。1901 年（光绪二十七年）9 月，法国滇越铁路公司正式成立。同年 10 月 28 日，清朝总理外务部与法国签订《中法会订滇越铁路章程》（以下简称《章程》）三十四条，作为定章，以此遵照办理。于是法国正式攫取了修建滇越铁路的权益。《章程》的要点如下：

1. 在铁路的起止、宽窄方面，规定：由"东京边界至云南省城""自河口起，抵蒙自，或于蒙自附近以至云南省城""铁轨宽窄，在两轨之间，计一迈当"。

2. 在经营管理方面，规定：铁路之监工、副监工、匠目及各色执事由外国人充任；工人可招募云南或他省之人民充当。工人之招募或遇工人罢工、罢市，中国地方官应设法尽力相助，并负责保护洋员和铁路工程之安全。所有公司执事人员、工匠人夫等，归总监工或总监工所派之人管理。如有词讼，外国人应按条约办理（即享有治外法权和领事裁判权）。凡关铁路的事宜，须由铁路监工定夺。

3. 在土地的占用方面，规定：铁路修造之车站、机器、厂房、铁厂、存货栈房，均应备有地段听用，以足敷其用为止。"若所用地段系属官地，应即交公司收领；若系民业，应由滇省大吏购买，于六个月内拨交公司"。铁路两旁，可修造工程运路以抵石矿，开挖运送石块物料，并抵铁路及铁路所属厂房。所有修造此项运路地段，亦由该省交给公司。公司可逐段设立厂房，并于沿线敷设电线电话。

4. 在税收方面，规定："路成开车后，凡经此铁路出入之货物，均照通商税则交纳进出口正税，若运往内地，已经交纳子口半税，凡过关卡，概不重征""修造铁路及开办铁路应用机器物料等件，概免进口各色税项""客位、货物运送价值，均系公司自行核定"。

5. 在收回方面，规定："中国国家于 80 年期限将满，可与法国国家商议收回地段、铁路及铁路一切产业，其应须偿还所造花费并专门各色手工之资，及法国所保代为给发公司股本利息，凡所有此项铁路各色经费，俟到期限，均在此款内归清，则铁路及一切产业，自可归还滇省大吏收管，无庸给价，如欲核算各项制造等费，当以彼时开议法国所结历年出入账目为凭，则预知中国应否给费以收回此项铁路及一切产业。"

其他方面，虽然《章程》里也写上了一些诸如中国工匠人夫"自必优待，或有病症，应由公司济以医药，若有伤亡，应给抚恤"；公司"不准扰及民人生产"；"铁路专为治理商务，不准运送西国兵丁或西国兵力所用军火粮饷"；"遇有战事，悉听中国调度"等冠冕堂皇的规定，但实际上法国并没有照章执行，而是变本加厉地对中国人民和中国主权进行疯狂的掠夺和破坏。根据《章程》的规定，法国攫取了滇越铁路的修建权、管理权和拟订客货运价等权利，严重地侵害了我国的领土主权和经济利益。而中国方面则一无所得，只能为他们提供土地、土石木料和廉价的劳动力而已。至于铁路"收回"的规定，也是海市蜃楼的空文，因为 80 年后中国收回时是否给钱，要视铁路进款能否抵偿公司之投资及股本利息而定，而其进款又以法国历年之出入账目为凭。法方狡诈，自然不会公布经营款项，即使公布，也是弄虚作假，布置迷阵；中国方面则根本无权过问，只能听凭他们的摆布而已。

法国在《章程》订立后，即于 1904 年（光绪三十年）开工修建"滇段"。此段原拟从河口、新街，经大窝子、新现、鸡街、临安、馆驿、通海、玉溪、昆阳、晋宁、呈贡而至昆明。由于所经之地都是人口稠密和经济繁荣之区，受到沿线人民强烈的反对，因而被迫改由河口经碧色寨至阿迷州（开远），再沿南盘江北上，经盘溪、宜良到达昆明。1910 年（宣统二年）4 月 1 日滇越铁路全线修筑完毕，全长 855 公里，其中云南境内为 466 公里。

在修路过程中，法帝国主义对中国人民竭尽了欺压盘剥之能事，其罪行真是罄竹难书，令人气愤。法国公司不仅无偿地占用了铁路沿线的广大土地，破坏了许多田园、村舍、街衢、庐墓，砍伐了大片的森林，毁掉了人民的家园，使不少人流离失所，无家可依，而且强迫云南和外省人民作其苦力，对他们实行惨无人道的剥削与压迫。起初，法帝国主义为了急于修路，从沿线一带招募工人，但"滇之民近路工者，谂知其惨状，并知越路有害于滇，不愿为法人筑路"①，或是"皆因洋人虐待，散亡殆尽"（沈祖燕：《案事篇》），于是转而与清朝官吏勾结，利用政权手段，驱使云南人民筑路。一惯媚外卖国、为虎作伥的滇督丁振铎和洋务总办兴禄等人，竟甘当法帝的鹰犬，利用手中职权，"仰承风旨"，"严札饬催"云南、东川、楚雄三府共十六州县的官吏"勒民赴工"，说："倘敢任意玩延，定即撤任详参，决不宽贷。"并令"民间出钱财资送，一夫之费二十余金。一县数百夫，遂至数千金"。滇省民工不足，又向两广、福建、四川、山东、天津、宁波等地陆续胁迫、诱骗了二三十万人来滇修路。"其工棚伙食，概由苦力自备""或数十人十数人为一起，即于路侧搭一窝棚，斜立三叉木条，上覆以草，席地而卧，潮湿尤重……秽臭熏蒸，加以不耐烟瘴，到无几日，病亡相继，甚至每棚能行动者，十五一二。外人见而恶之，不问已死未死，火焚其棚，随覆以土；或病重路旁，奄奄一息，外人过者，以足踢之深涧，其得藁葬者，尚为幸事……先后共埋二千具之谱。于是，其未病者，皆舍命逃亡，不数日而尽，工价未得，路费全无，沿途乞食，转由蒙自入内地……计此次由海道所招来六千名，及由内地逃归者，至多不过六七百人而已。其后续由成都、重庆招来，或中途逃散，或到工未久而逃亡，见于交涉者十数起。在工瘴故，多未据报，已无确数可稽。"这是清政府驻蒙自滇越铁路总局会办的贺宗昌在《幻影谈》里所记述的惨状。

这些被诱骗来的工人，受尽了洋监工、洋包工和工头的层层盘剥和奴役，过着牛马不如的生活。除了上述情形外，他们还被克扣工资，甚至遭到洋监工的打杀。根据光绪三十三年（1907年）湖南存记道沈祖燕的实地调查，说："法人接造滇路，以意大利人包修为多，而希腊等国人次之，其中以意国包工为最苛刻。中国则又有工头，或管数百人，或管数十人不等，皆受命于洋包工，其发给工资，往往不按定章，多所扣欠，如工头黄福记被洋人瓦理格扣欠八千九百余元，黄胜记被洋人马约扣欠七千余元，李宝兴被欠三千余元，林六被欠四万二千余元等，此等克扣工资之案，积

---

① 陈荣昌：《特参司道大员奸邪柔媚贻误疆臣折》。

卷盈楼,虽经控追,亦不过一照会而已。"又说:"当其在工之时,洋包工督责甚严,每日须点名两次,偶值歇息,即扣工资一日,并有运米给食,作价倍昂者,稍不如意,鞭箠立至。甚有铁索贯十数人之辫发,驱之力作,偶有倦息,即以马棒击之。种种苛虐,实不以人类相待,多有凶殴致命及无故殴毙者,如洋人基施地之殴毙王开宗,纳弥那之踢毙刘保如,基日窝之枪毙唐贵廷,此等毙命之案,不能悉数……据沿路所访查,此次滇越路工所毙人数,其死于瘴、于病、于饿毙、于虐待者,实不止以六七万人计。"(沈祖燕:《案事篇》)类似的事例还有,如:光绪三十年(1904年)六月初六日,意监工咖尔赵你在和尚咀击毙工人张大兴;同年八月初九日,意监工咖钮在江头村无故打伤彭三,至十五日因伤死亡;三十一年(1905年)十二月二十三日,洋工雷维在七孔坡用石头打死工人马正海;三十二年(1906年)六月十一日,监工弗里阿在水井坡殴毙工人李四;等等(《云南杂志选辑》),真是层见叠出,举不胜举。这些触目惊心、血迹斑斑的事实,都是帝国主义欠下中国人民的一笔笔血债,也说明滇越铁路完全是用中国人民的血汗筑成的。

滇越铁路的筑成,是法帝国主义套在中国人民身上的又一根锁链,也是插在中国人民身上的一支吸血管。它成了法国侵略和掠夺我国的一个重要工具,给我国人民,尤其是给云南人民带来深重的灾难。1910年,越南总督都墨在给法政府的报告里就直言不讳地供认:"云南为中国天府之地,气候物产之优,甲于各行省。滇越铁路不仅可以扩张商务,而关系殖民政策尤深。"(《新亚细亚月刊》第3卷)法国通过滇越铁路的修建,控制了云南的交通命脉和沿线大片领土,掠夺了云南丰富的矿产、物产资源,垄断了云南的金融,并进而干预和操纵了云南的政治和军事,把云南社会进一步地推向了半殖民地化的深渊。

滇越铁路建成后,法国的商品直接从越南大量地进入云南市场,使云南自给自足的自然经济迅速解体和脆弱的的民族工业受到严重的打击。以开远为例:滇越铁路通车前,当地盛产甘蔗、棉花、稻米和油菜,土制白糖年年增加,榨糖机械有120多架,大米、棉花自给有余;滇越铁路通车后,由于洋糖、洋纱、洋布、洋油的大量输入,开远的土糖销路不畅,榨糖机被迫减少二分之一,榨油作坊几乎全部关闭,粮食也不能自给,每年要从越南进口两三个月的东京米，棉田也被改种烤烟，土纱、土布等手工业品一落千丈，几乎濒临绝迹的境地。

法帝国主义除了用铁路向云南大量倾销商品，还用它来掠夺滇省丰富的矿产资源。其时云南的对外贸易，出口以大锡为主，约占出口总值的80%～90%，其次是生丝、皮革、猪鬃、药材等农副产品。据蒙自海关统计，1890年（光绪十六年），滇省共出口大锡1338吨，1900年（光绪二十六年）增加到2497吨，1910年（宣统二年）滇越铁路通车后，一跃而为6195.4吨，为1890年的4.7倍。个旧大锡的产量，也由1890年的1315吨，猛增到1911年的6347吨，22年内增加了3.8倍[①]。这些大锡到哪里去了呢？主要还是到了法国的手里。据《建国前滇越铁路修建史料》的估计，在该路筑成后的30年中，法帝国主义通过滇越铁路，共掠夺我国大锡234242吨，价值达293845923关平两。

法国还通过任意提高车费，"自行核定"客货运价，在越南海关无限制地增收"过境税"等手段，巧取豪夺，对云南人民进行超经济的强制剥削。根据滇越铁路公司的报告，全路的投资为15846万法郎，而每年的收入却是6720余万法郎，其中纯利润竟达一千万法郎以上（《云南交通长编》）。这只是法方的片面之词，其实际数目当然比这要多得多。

（三）对云南财政金融的掠夺和控制

中法战争结束以后，法国对云南路权掠夺的同时，还加紧了金融资本的侵略。列宁曾经指出："金融资本是一种在经济关系和国际关系中的巨大力量，可以说是起决定作用的力量，它甚至能够支配而且实际上已经支配了一些政治上完全独立的国家。"（列宁选集》第2卷，第802页）事实正是如此。法国对华经济侵略的机构有二：一为东方汇理银行，一为中法实业银行。东方汇理银行创于1875年，总行设于巴黎，有资本800万法郎。中法战后，总行移至越南之东京、西贡，并于香港、上海、汉口、天津、北京、广州等处设立分行。滇越铁路建成后，该行于1914年在蒙自正式设立支行，1918年在昆明设立办事处，其后又将分行由蒙自移至昆

[①]　陈吕范等编：《云南冶金史》，第77、92页。

明。除承汇、保管铁路款项和海关关税外，东方汇理银行还包揽了云南的盐课、邮政的收益，操纵和控制了云南的对外贸易和金融。他们通过铸造银币、输入银元（到清朝末年，法国输入云南之银元总数为3000万元）、大量发行纸币（1912年发行总额81720109法郎，1933年增至956378946法郎，20年内发行额增加11倍）和抬高法元、打击国币（如1909年2月，铁路公司曾单方公告：铁路载运收费，无论是客是货，一律概用法元；如用龙元，每元须补水五分，即5%）等办法，搅乱了云南的金融，控扼了滇省的财政，从而达到"最'方便'最有利的使从属的国家和民族丧失政治上的独立"之目的。法帝国主义也因此从中国人民的身上吸尽了膏血，获得了丰厚的利润。到1931年，东方汇理银行的资本总额达到12000万法郎，公积金12200万法郎，相当于1875年开业时的14倍。而云南每年的财政赤字则年年递增，到1929年（民国十八年）竟达8021000元之巨！（万湘澄：《云南对外贸易概观》）云南的军阀政府又把经济的欠收转嫁到人民的头上，不断加捐加税，发行公债，从而进一步加深了云南人民的贫困化。

（四）对云南矿权的掠夺

19世纪末20世纪初，法国对云南经济侵略和资本输出的另一个重要方式，便是加紧对云南矿权的掠夺。1897年（光绪二十三年），法国驻越南总督都墨派遣奥塞和工程师克业等来云南，用巨金对云南洋务总办兴禄和矿务督办唐炯进行贿赂，提出对云南（今昆明地区）、澄江、临安、开化（今文山地区）、元江、楚雄、永北（今永胜）七府矿产的开采权。由于云南人民的坚决反对，云南地方政府未能应允。此后，法国又在幕后加紧活动，联合英帝国主义，组成英法隆兴公司，共同对清政府施加压力。清政府屈服于英法的压力，于1902年（光绪二十八年）经外务部左丞瑞良、右丞顾肇新与隆兴公司总办、法国总领事弥乐石签订《云南隆兴公司承办七府矿务章程》（下简称《矿务章程》）二十四款，出卖了七府矿产的开采权益。《矿务章程》要点如下：

1. 隆兴公司承办云南府、澄江府、临安府、开化府、楚雄府、元江直隶州、永北厅七处之矿产。如上述各府州县无矿可办，则由中国另指定他

府州县相抵，不得逾七处为率。（第一款）

2. 除官矿外，公司可开采民间未开及荒废之矿。（第二款）

3. 公司可在矿产附近修筑铁路及水陆各道。（第四款）

4. 公司开办铜矿，三年期满，即按年缴京铜六十万斤。再二年期满，按年加缴京铜四十万斤，以后即以岁缴铜一百万斤为定额。运转出口之铜，按每百抽五完纳落地税。开矿所得利润，中国得百分之三十五，内百分之十云南留用，公司各股东得百分之六十五。（第六款）

5. 公司可禀请地方官，在开矿处招募士勇，遴选武官一员，管带驻扎，保护弹压。（第十八款）

6. 六十年后公司将开之矿厂移交云南地方政府，无庸给价；倘限满后矿务兴旺，中国可允准展限，至多不得超过二十五年。（第二十一款）

《矿务章程》至关紧要的是第一款、第四款和第十八款，它规定公司可在云南七府开矿、修筑铁路和驻兵。这是对中国主权的严重践踏和侵犯，七府之地也无异于成了公司的殖民地。众所周知，云南矿藏富于全国，而七府矿产又甲于全省。公司不仅可在七府开矿，而且可以以"无矿可办"为借口到他处开采。这样，实际上英法帝国主义就等于霸占了云南的全部矿权，控扼了关系国计民生的经济命脉。所以，当《矿务章程》签订后，该公司在伦敦召开的股东会上，股东们无不眉飞色舞，喜形于色。其负责人更是露骨宣称："本公司有权在云南七府厅开矿，矿区面积甚广，若铜、若金、若银、若煤、若铁……无一不备。合同载明，七府厅境内之矿，如开工后见矿产不佳，或地势不合，准以他地更换。此言所关甚要，必如此而后云南全省矿权，始尽归本公司掌握也。"[1]

清政府对国家主权的出卖和英、法对云南矿权的攫取，激起了云南人民的无比愤怒和坚决反对，各地纷纷集会，要求收回矿权，废除条约。不少爱国学生更是在报刊上大声疾呼，痛陈矿权损失的危害，号召云南人民迅速行动起来，为开展废约而斗争。一篇题为《危哉云南七府矿产》（作者：义侠）的文章写道："财政者万事之根本也，矿产者财政之发源也……矿开则财政足，财政足则学可兴，军可练，铁路可建设，实业可举

---

① 汪敬虞：《中国近代工业史资料》第2辑，上册，第109页。

办，内可以整理内政，外可以捍御外侮……欲救云南，保全铁路而外，必
先保全矿产，欲保全矿产，实行自办而外，必须实行废约。"更有部分青
年，眼看我国主权的逐步丧失和亡国之祸迫在眉睫，无不义愤填膺，痛心
疾首。他们决心用实际行动向清政府请愿，"效秦廷痛哭，设目的不达，
则誓死争之"，即使牺牲也在所不惜（《云南杂志选辑》，第612页）。为
了表示决心，云南陆军小学堂的两位学生赵永昌、杨越，断指割臂，书写
血书，向政府慷慨陈词（在湖南，杰出的爱国主义者徐特立也拔刀断指，
表示了对中外反动派的无比愤恨）。他们的爱国壮举，得到了许多青年学
生、市民的同情和支持，纷纷成立"保矿会"，积极开展收回矿权、路权
的斗争。这个斗争逐步发展成为声势浩大的收回矿权的运动，参加的有工
人、农民、学生和工商业者，以及一些封建士绅，形成一个有各阶层参加
的、范围较广的反帝斗争高潮。在云南人民的坚决斗争下，清政府不得不
于1911年8月29日（宣统三年八月初八日），以150万两银子的代价，向
隆兴公司"赎回"了七府矿权。人民的斗争取得了一定程度的胜利。但
是，这个胜利的成果是有局限性的，因为矿权是自己的矿权，反而要出钱
向外国"赎回"。这是清代外交史上一件极为荒谬的事件，它说明清政府
是多么的昏庸和无能。

三、法国对云南文化的侵略

马克思主义告诉我们："宗教是人民的鸦片。"（马克思：《黑格尔法
哲学批判导言》）宗教是资本主义进行侵略的工具和别动队。中法战后，
法国对云南进行政治、经济侵略的同时，也就加紧了文化的侵略和渗透，
其中教会和传教士又充当了急先锋的可耻角色。

早在17世纪中叶，法国传教士帕努就向该政府鼓吹利用宗教征服亚
洲，在远东建立教会。1696年（康熙三十五年），云南成立教区，并派遣
雷勃朗为云南主教，开始传教活动。1714年（康熙五十三年），法国奥斯
定会士山遥瞻窜到云南，绘制云贵地图，为法国殖民者的入侵云南开辟了
道路。1787年，法国阿德兰区主教百多禄在向法国国王路易十六的奏议

中，建议以越南作为根据地，对中国进行侵略。他说："这些利益就是这个国家的天然富源以及建设一条达到中国中部去的商道，所将获取的莫大利益。建设中国中部的商道将使我们获得那个人们不认识的国家（中国）的（种种）财富。"① 百多禄的奏议，深得路易十六的赞许，并以此拟订了建立野心勃勃的"东方帝国"的计划。1857 年 6 月《中法天津条约》签订后，根据该约第十三款之规定，法国"入内地传教之人，地方官务必厚待保护"。这样就使得法国取得了在中国境内自由传教的特权，用宗教来毒化中国人民，并使得大批外国特务打着"游历""传教"的幌子，不受限制地窜到我国各地，搜集政治、经济、军事、文化情报，进行各种侵略活动，并进而干预我国的内政。特别是 1866 年（同治五年）云南回民起义以后，新任滇督劳崇光因畏惧人民的力量，躲在贵阳，不敢入滇，法国主教古若望觉得有机可趁，便到贵阳亲迎劳崇光到滇就任。劳崇光对法教士感激涕零，为了表示谢意，竟于 1870 年将昆明平政街某公馆之地慷慨地赠给了教会。从此"司铎之名乃大噪，官吏无不优礼备至"（《新纂云南通志·宗教考》）。其他各级地方政府也争相效尤，实现了中外反动势力的进一步勾结。中法战争以后，法国以越南为基地，不断地派遣传教士窜入云南，并以昆明为中心，将势力扩张至易门、宾川、曲靖、罗平、陆良、路南、弥勒、通海、文山、华坪、砚山、蒙化、永仁等几十个州县，并在这些地方建盖天主教堂。据《新纂云南通志·宗教考八》的粗略统计，民国二十七年至二十八年（1938—1939 年），昆明教区有教徒 11482人，预备入教者 4162 人，外籍教士 29 人，中国教士 13 人，大教堂 11 座，小教堂 45 座；大理教区有教徒 5038 人，预备入教者 1194 人，外籍教士 2人，大教堂 5 座，小教堂 55 所；昭通教区有教徒 5204 人，预备入教者236 人，外籍教士 1 人，中国籍教士 11 人，小教堂 15 所。总计全省有教民 21724 人，预备入教者 16339 人，外籍教士 47 人，中国籍教士 26 人，大教堂 16 座，小教堂 115 所。而中法战争前，法人在云南仅有十余所教堂，其中建于乾隆、嘉庆年间的各 1 所，道光年间建的有 4 所，同治年间建的 7 所；中法战后的第八年，即 1893 年（光绪十九年），云南的天主教

---

① 张雁深译：《1787 年百多禄主教上路易十六的奏议》。

堂由十余所猛增至 48 所，到 1938 年更激增至一百余所，为中法战争前的10 倍。

在建立教堂的同时，法国还在各地建立教会学校、医院、孤儿院等所谓的慈善机构，借以收买民心，推行奴化、洋化教育，麻痹中国人民反抗侵略者的斗志。在邓川、洱源等少数民族地区，他们歪曲、捏造云南各族人民的历史，处心积虑地挑拨民族关系，为破坏各民族的团结、阴谋分裂我国制造舆论。50 年前出版的《云南边地问题研究》等书，有关此类的记载比比皆是。如他们煽动边地少数民族说："汉官多年不来一转，看看他的子孙牛马，可见是决心不要你们了。"又说："我们的洋官不惟时时都来看视，并且每村都派有撒拉来保护你们，你们不要痴迷了，赶快入教吧！"更为恶毒的是，他们竟在小学生的课本里编上"汉人来了我怕"等课文，以此离间少数民族和汉族的关系，达到他们不可告人的目的。在中法战争期间，法国教士频频活动，到处刺探我国的军事情报，并在群众中散布"法兰西帝国不可战胜""中国不堪一击"等谬论，直接为法国的侵略战争服务。如永北厅（今永胜）的法国司铎艾若瑟，在马江海战中就竭力吹嘘法国的强大，"每以法扰闽海情形，夸张于市"，而且"广购军火米粮，招集夷保。民人疑有异谋"（《续云南通志稿》卷八十七，《洋务志·教堂》）。当地人民对这个披着宗教外衣的侵略分子是十分警惕的，因为他不仅为法国的侵略战争制造了舆论，同时还在行动上做好了应变的准备。

除此以外，法国传教士还盗窃了我国许多珍贵的历史文物和自然资源，包括昆虫蛱蝶在内无不搜求。如副主教龙氏（Ducloux）和赖教士（Delavay）在云南、广东的三十年中，就掠去我国植物标本达三万余种，其中三千种为我国独特稀有之新品种。法国天主教主教邓明德等，以"研究云南人种语言"为名，在漾濞、嵩明、陆良、路南等地搜集我国彝族的资料达三十年之久，并用彝文翻译教会经籍，在彝族地区广为传布。所著《云南罗罗文研究》《罗罗与苗子》《罗罗人之历史与宗教》《法夷字典》等书，在毒化人民方面也起了恶劣的作用。

尤其令人气愤的是，法国教会多招收乡里恶霸、地痞无赖之徒入教，并倚为心腹，充作爪牙，到处行凶作恶，掠夺财富，欺压善良，奸淫妇女，败坏人伦。一旦激成词讼，他们或勾结官府，或私设公堂，包庇教徒逍遥法外。而云南之地方官吏，视人民如草芥，对洋教士却畏如虎狼，千方百计加以庇护，致使云南人民"含冤莫诉"，发出了"其何日方得见天日"的呼喊（《云南杂志选辑》）。比如：宾川知州汪寿春，"专以妾妇之道事法教士田司铎"，为法教士鱼肉我国同胞推波助澜。汪问讼时，但听"教民"二字便吓得魂不附体，视为"神圣不可侵犯"（《云南杂志选辑》）。由于汪的媚教殃民，为虎作伥，因而使得法教士田得能横行无忌，"权重于官"。他们武断词讼，捆绑毒打良民，奸淫妇女，鞭挞路人，霸占房屋田产，干尽了种种坏事。有一次，田得能在宾居街路遇一人赶马数匹，因路窄避让稍缓，田立即将这人的头发拴在他乘坐的马尾上，拖至大街上示众。后来这人将头发割断，这才从王钟灵的店铺内逃去。田获悉后，又叫人将王钟灵铺内的货物毁尽，并系王之发于马尾，拖了数十里。宾川居民李济川，买得杨姓住宅一所。教民罗田斗，仗恃洋主子的势力，竟私造伪契，冒为己有。双方争执，田得能即命人将李济川投入监狱，罚了他四百元。像这样颠倒黑白、助纣为虐的事件，真是层出不穷。人民对此十分愤恨，把洋教堂称为魔窟，骂汪寿春是拍洋马屁的狗官。1906年，当地人民在忍无可忍的情况下，向省垣历陈了汪寿春媚教殃民的罪行，但滇督丁振铎却置之不理，致告状者怏怏而归。

哪里有压迫，哪里就有斗争。1883年（光绪九年）2月19日，迤西大理府浪穹县（今洱源）孟福营和沙凤村人民，因教堂司铎张若望勒民入教，奸污妇女，霸占农民吴大发之女傅吴氏而激起公愤，二百多白族群众，手持锄头、木棍，冲进了教堂，打死了为非作歹、衣冠禽兽的张若望及其爪牙十余人，并将其巢穴——教堂付之一炬。

1900年义和团运动爆发后，法国一方面在中越边境密陈重兵，广置炮垒，虎视眈眈，准备随时入侵中国；另一方面又命令驻云南领事方苏雅，从越南偷运枪弹数百箱及士兵百余人进入云南，企图伏兵昆明，阴谋里应外合，对云南实行军事占领。后事泄败露，军火等被昆明南关厘金局查获扣留。方苏雅带领几十个暴徒，气势汹汹地冲进厘金局，将军火抢回，并转移至平政街天主教堂内。昆明人民获悉后无不义愤填膺，立即包围了领事馆和教堂。方竟开枪打伤我数人。于是群情益愤，立即捣毁了领事馆附近之法工程师住宅，将天主教堂和小东门外之修道院烧毁。消息传到州县后，会泽、师宗、陆良、盐津、镇雄、昭通等地人民纷纷起来捣毁教堂，赶走帝国主义分子——传教士，尤其令人拍手称快的是会泽试用知县费希龄惩治法国传教士的事件。费是四川人，很有民族气节，他说，不少奉教的都是借外国传教士的势力，经常欺压老百姓的奸民，要制服这些奸民，就必须制服洋教士不可。因此，每当临审有人自称教民站起不跪时，他都拉下去先打二十大板后再勒令跪下审问。有一天，法国传教士唐司铎到县衙求见，费使人回复说："现公事忙，不得闲。"唐司铎从未受此冷遇，竟恼羞成怒，在大堂外高声叫骂。费希龄带了两个侍从，由侧门出来，亲自动手，一顿拳脚，将唐打翻在地。他边打边问："你来我这里胡闹什么？大堂外还能容你撒野？"唐被打得直告饶："不敢，来伺候大人。"费说："不消伺候，请你滚回教堂去吧！"唐从地上爬起，抱头鼠窜而去。这一下大灭了洋教士的威风，大长了中国人民的志气。当地人民都称赞费知县打得好。"从此风声所播，反教者日益增多，而教会干涉诉讼之风在费任内实已绝迹。"（徐崇光：《清末民初关于地方司法上之见闻录》）这对当时大小官吏莫不畏惧洋人、媚教殃民的风气是个大改变。

云南人民的反帝爱国斗争，由于北方义和团运动和本省项从周抗法武装斗争的影响，至20世纪初便逐步推向高潮。其标志就是19世纪末、20世纪初滇南爆发的杨自元、周云祥的武装起义。

首当法帝侵略要冲的滇南人民，在近代饱受了法帝压迫剥削之苦。中法战后，蒙自、蛮耗、河口相继开为商埠。1898年法国又取得了滇越铁路的修筑权。法人借口勘测线路，强占良田，估拆民房，还阴谋夺取个旧富饶的锡矿，因而引起了蒙自、个旧一带人民强烈的不满。光绪二十五年（1899年）正月十四日晚，个旧矿工及附近农民数千人，在矿工杨自元的领导下，攻打蒙自路斯洋关，遭到殖民者的抵抗。税务司斯必立（美国人）和法国领事宋嘉铭带领巡丁、卫队负隅顽抗。杨自元率众从海边寨方向进攻洋关的西南两方，与法军激战八九个小时之久。比及天明，蒙自城内清军即将出援法军，而洋关又急切难下，众人在愤怒之下，一把火焚毁了洋关，然后才缓缓向大屯、松树坡方向撤退。这时龟缩城内的清朝文武官吏，急得像热锅上的蚂蚁，镇台刘树元望见火起，急得直跺脚，知县颜先春更是吓得面无人色，慌作一团。杨自元焚洋关后，为了避免中外反动势力的联合镇压，下令解散弟兄，只身逃亡江外。1903年春，杨自元抱病回家，被知县孙家祥重兵包围，最后因寡不敌众，弹药告罄，被俘牺牲。杨自元虽然被清政府残酷镇压下去了，但云南人民爱国反帝的怒火并未熄灭。他们前仆后继，继续为反对最凶恶的敌人——法帝国主义及其走狗而英勇斗争。1902年秋，临安府属个旧锡矿工人周云祥"以拒修铁路、仇洋为名"（《林文直公奏稿》），往来于临、个之间，发动、组织锡矿工人，准备武装起义。次年四月十三日（农历），周云祥联络王显忠、张耀等人，率领数千名矿工，宣布起义。通风口峻岗一战，义军击杀清军哨弁李正春。蒙自知县孙家祥脱靴逃遁，才免为义军所擒。其余清军不战自溃，遭到了全师覆灭的命运。人民兴高采烈，热烈欢呼义军，有首民谣唱道："四月点兵动干戈，不怕官兵来得多；通风口前打一仗，死的死来逃的逃。"（《红河州文史资料选辑》第1辑）义军首战告捷后，乘胜直下个旧，十九日再挥师西向，二十日击毙清军管带马子贤，二十一日大队直薄临安城（今建水）。西门城守郭小六、中营游击陆鸣皋开门迎接。义军轻取临安，并竖起"官逼民变"的旗帜。人民讴歌义军，唱道："七月点兵七月七，松林坡上打对敌；马家管带打败仗，北门楼上插红旗。"（《林文直公奏稿》）周云祥攻克临安后，兵分三路，郭小六出通海，王显宗取石屏，张耀取阿迷。义军一路势如破竹：曲江张超杀死清吏巡检沈缵烈，响应义军；郭小六攻克阎家坡、管驿；王显宗兵不血刃占领石屏。此时义军威名远播，"风声至，省城大震，各属鼎沸"（《林文直公奏稿》）。连云南巡抚兼署云贵总督的林绍年也不禁惊呼："（周云祥）揭竿一呼，所在响应。自个旧拒捕起事，未乃旬日连陷临安、石屏，贼党不下万余人。及进窥通海，四出勾结，如阿迷、嶍峨、河西、江川、宁州、弥勒、广西、元江各处，土匪蜂起，警报纷传，势等燎原，几难收拾。"（《林文直公奏稿》）

清廷震惊之余，即调兵遣将对义军进行残酷镇压，同时对法国领事、税司、路工员役人等竭力保护，表现了他们是帝国主义的忠实走狗和坚决与人民为敌的反动阶级本质。清政府派遣云南臬司刘春霖为总统防团各军按察使，负责军事镇压，并从省城、楚雄、罗平、广南、浙江、江苏各地调遣五十余营清军及团丁万余人，对起义队伍进行围剿。而法帝国主义则趁个旧矿工起义之机，陈兵数千于中越边境，准备随时武装入侵中国。贺宗章在《幻影谈》里曾揭露说："时已五月中旬，烟瘴愈盛，保胜附近百里，驻有法军三千名，安南兵三千名……思借口内乱，进兵谋占个旧锡厂。"另一个材料也说，法军以"自行保护"为名，"欲由越南红河派兵来滇……即以助剿，其开至保胜者，已数千人"（《林文直公奏稿》）。当时的清政府，一方面尚有能力对付起义军，同时也怕法军来滇"助剿"引起麻烦，因此没有同意法人的要求。后来法国领事又想了一个花招，假借河口无粮，要派几千名军队到蒙自"就食"。这一下清政府可慌了手脚，赶忙派人送数十艘船粮米至河口，才算堵住了法国侵略者的嘴。最后，法国驻河口五圈官又照会清朝官员说："保胜烟瘴过甚，所部军队，死亡过多，欲到蒙自暂行避瘴，特告知照，并无他意，幸勿惊疑。"（《幻影谈》《蛮河之役》）真是此地无银三百两！法帝国主义的阴谋是显而易见的，就连清朝官员贺宗章也看出来了，他说："我蒙自非避瘴之地，贵军队岂避瘴之人？迭次来电，幸未辱命，今所言直欲启衅，敝处惟守条约，他非所知，虽能力薄弱，然责任所在，无所逃命，业已下令戒严，如有外兵闯越界桥，勉尽所能捍御矣。"（《幻影谈》《蛮河之役》）法帝国主义见中国方面有所戒备，才未敢贸然入侵。

个旧矿工周云祥领导的反法抗清的武装斗争，在反动派的镇压下很快失败了，云南人民的抗法爱国斗争也随之暂时处于低潮。但是，这个斗争并未结束。他们偃旗息鼓，聚积力量，准备迎接更大的革命风暴到来。1911年10月30日，继武昌起义之后爆发的昆明重九起义，便是个很好的例证。

（原载《中国西南文化研究》第3集，云南民族出版社1998年版）

中法战后的云南经济

　　1840 年鸦片战争后，西方列强用炮舰打开了中国的大门，中国逐步沦为半殖民地半封建的国家，社会经济也逐步变为半殖民地半封建经济。云南和全国一样，也处于这个总体的变化中。然而对云南产生直接的、重要的影响，还是 1883 年至 1885 年的中法战争。通过这次战争，西方列强打开了我国的西南后门，云南省成了战争的最大受害者。中法战后，法帝国主义强迫清政府签订了《中法越南条约》《中法续议商务专条》等一系列不平等条约，把魔爪伸进了云南，相继将蒙自、蛮耗、河口等地辟为商埠，1898 年又攫取了滇越铁路的修筑权，1902 年又伙同英国，胁迫清政府，取得了云南七府矿产的开采权。法帝国主义控制了云南的经济、交通和贸易，把云南变成了它的势力范围。差不多同时，英国用武力占领了缅甸，并以此为跳板，不断地向云南内陆腹地推进。因此，在中法战后，随着西方势力的步步入侵，云南半殖民地半封建化的社会进程进一步加深了。

　　蒙自、河口等地辟为商埠后，外国领事和洋行机构纷纷设立，外国商品源源不断地进入云南。他们用降低关税、控制海关等办法，使其商品在云南自由倾销，从而使云南自给自足的自然经济迅速解体，脆弱的民族工业受到严重打击。

　　1905 年，昆明继蒙自、河口、思茅之后被辟为对外商埠，外国洋行、公司和商品纷至沓来。法国的安兴洋行、沙厘爷洋行、亚细亚水火油公司，英国的英美烟草公司，日本的保田洋行，美国的三达美孚煤油公司，希腊的哥胪士洋行、若玛利洋行等相继在昆设立。在蒙自，法、意、希、日、德、英、美等国设立的洋行、公司便有 30 处之多。这些机构的设立和不平等的关税优惠，使外国商品如洪水般涌进云南市场，其中棉花、棉纱、棉布约占进口总值的 40%～60%。从民国元年（1912 年）到民国十二年（1923 年），平均每年进口洋纱都在 6 万担以上，最高时为民国元年，达 139020 担。外国商品的大量输入，首先受到最大打击的是云南的农业和家庭手工业，其次是云南的民族工商业。比如，被辟为商埠的蛮耗，中法战争前，有棉田 4000 余亩，年产土布 60 万匹；中法战后，由于洋纱、洋布的大量输入和倾销（每年达三万七八千件），地方产品受到严重打击，造成境内棉亩荒芜，手工纺织业纷纷破产的状况。又如开远县，1910 年滇越铁路通车前，当地盛产甘蔗、棉花、稻米和油菜，土制白糖年年增加，榨糖机械有 120 多架，大米、棉花自给有余；滇越铁路通车后，由于洋糖、洋纱、洋布、洋油的大量输入，开远的土糖销路不畅，榨糖机被迫减少二分之一，榨油作坊几乎全部关闭，粮食也不能自给，每年要从越南进口两三个月的东京米，棉田也被改种烤烟，土纱、土布等手工业品一落千丈，几乎濒临绝迹的境地。

1910 年 4 月，滇越铁路建成通车，这是法帝国主义套在中国人民身上的又一根锁链，也是插在云南人民身上的一支吸血管。法国驻越南总督都墨曾直言不讳地供认：“云南为中国天府之地，气候物产之优，甲于各行省。滇越铁路不仅扩张商务，而关系殖民尤深。”① 法国通过滇越铁路，控制了云南的交通命脉和沿线大片领土，掠夺了云南丰富的矿产、物产资源，垄断了云南的金融，并进而干预和操纵了云南的政治和军事，把云南社会进一步推向了半殖民地的深渊。

法帝国主义除了利用滇越铁路向云南倾销商品外，主要还用它来掠夺滇省丰富的矿产资源。其时云南的对外贸易，出口以大锡为主，约占出口总值的 80%～90%，其次是生丝、皮革、猪鬃、药材等农副产品。而在 1902—1935 年的 34 年中，云南出口的锡在全国锡的出口量中，占 99% 以上的有 29 年，占 80%～89% 的有 4 年。据蒙自海关统计，1890 年，滇省共出口大锡 1338 吨，1900 年增加到 2497 吨，1910 年滇越铁路通车后，一跃而为 6195.4 吨，为 1890 年的 4.7 倍。个旧大锡的产量，也由 1890 年的

---

① 盛襄子：《法国对华侵略之滇越铁路》，《新亚细亚月刊》第 3 卷，第 6 期。

1315 吨，猛增到 1911 年的 6374 吨，22 年内增加了 3.8 倍。据《建国前滇越铁路修建史料》的估计，在滇越铁路建成后的 30 年中，法帝国主义通过该路，共掠夺我国大锡 234242 吨，价值达 293845923 关平两，折合 243892116 美元。

不仅如此，西方列强在对云南路权掠夺的同时，还加紧了财政资本的输出，而尤以法国为最。法国对华经济侵略机构有二：一为东方汇理银行，一为中法实业银行。前者创立于 1875 年，总行设于巴黎，有资本 800 万法郎。中法战后，总行移至越南之东京（今河内）、西贡，并于香港、上海、汉口、天津、北京、广州设立分行。1914 年于蒙自设立支行，其后又将其移至昆明。除承汇、保管铁路款项和海关关税外，东方汇理银行还包揽了云南的盐课、邮政的收益，操纵和控制了云南的对外贸易和金融。他们通过铸造银币、输入银元、大量发行纸币和抬高法郎、打击国币等手段，搅乱了云南的金融，控扼了滇省的财政，从而达到“最‘方便’最有利的使从属的国家和民族丧失政治上的独立”① 之目的。法帝国主义也因此从中国人民的身上吸取了膏血，获得了丰厚的利润。到 1931 年，东方汇理银行的资本总额达到 12000 万法郎，公积金 12000 万法郎，相当于 1875 年开业时的 14 倍。而云南每年的财政赤字则年年递增，到 1929 年（民国十八年）竟达 8021000 元之巨②！

近代云南的经济，除了帝国主义的势力外，还有官僚资本主义、民族资本主义和封建主义经济。官僚资本主义主要兴起发展于第二次鸦片战争以后，清政府中的“洋务派”官僚，以“自强”为口号，兴办了一些以制造军火和军需品为主的工矿企业。云南地方政府于 1884 年（光绪十年）在昆明承华圃设立机器局，购买外国机器，制造新式枪炮弹药。这是云南官僚资本开办的的第一个近代军事工厂。此后，官办的电报局、邮电局、造币厂、制革厂等企业也相继设立。在个旧、东川的矿冶业中，虽然也采用了“官督商办”“官商合办”“商办”等形式，但仍以官僚资本的“官办”为主体。它们一方面从国外引进了一些近代的机器设备和技术，另一

---

① 《列宁选集》第 2 卷，第 802 页。
② 万湘澄：《云南对外贸易概观》。

方面又因其自身的腐朽性而阻碍了生产的进步和扼制了民族资本的向前发展。

19世纪80年代以后，云南的一批官僚、地主、商人逐步投资手工矿业，发展了一些私营的资本主义工业和商业。云南提督杨玉科，用剥削掠夺人民血汗的370余万两银钱，开设"长盛"和"云丰泰"商号，经营盐业和石磺。总兵丁槐，在腾冲、保山开设"有庆昌"堆店。腾越镇总兵蒋宗汉，在腾冲开设"福庆"堆店和"福春恒"商号，并在昆明、保山、下关、缅甸曼德勒等地设立分店，经营生丝、棉纱和土特产品的进出口贸易。

进入20世纪初叶以后，又有一些官僚、地主、商人对工矿业进行投资。1902年，会泽县大地主刘盛基等设立"鑫泰公司"，开采、冶炼当地的铅锌矿。1910年秋，昆明"同庆丰"商号的富商、"四品京堂"王鸿图，组织耀龙电灯公司，进口德国西门子公司的机器设备，于石龙坝建设水电站（装机450千瓦，15年后添建850千瓦，共1300千瓦），1912年建成投产。这是我国也是我省历史上出现的第一个水力发电企业。辛亥革命后，云南民族资本的发展具有以下有利条件：①中华民国政府提倡"振兴实业"，云南地方政府也颁布了一些发展工商业的措施；②列强忙于扩军备战，放松了对中国的控制；③云南的铜、锡、铅、锌进入国际市场，并成了第一次世界大战的紧俏商品；④广大农村经济破产，为工矿业提供了大量的廉价劳动力；⑤滇越铁路通车，云南对外出口路程大为缩短和方便。这些有利条件，促使云南的民族资本在第一次世界大战前和战争期间有了较大的发展。大战中，云南铜的年产量为209余万斤，锡达到8000～10000吨。1915—1919年间开办的铅锌矿共有42个，铁矿不下百余家。纺织、生丝、茶叶、药材、卷烟、面粉等轻工业也有较大的发展。商业贸易十分活跃，原来具有封建行会性质的商帮逐步发展为资本主义的商号，如昆明帮、喜洲帮、腾冲帮、鹤庆帮、通海帮等各商号，在沟通本省和沿海、本省和国外（缅甸、印度等）的经济交流中，起了重要的作用。

财政方面，云南由于地处祖国西南边疆，军费开支浩繁，加以统治者对人民的无情掠夺，因而财政上一向入不敷出，清政府统治时期，每年均要依靠邻省协饷接济。辛亥革命后，邻省协饷停止，云南财政更形拮据；

又兼军阀割据，战争频繁，人民处于水深火热之中。为了解决财政困难，云南军阀政府靠加捐加税、滥发纸币、大开烟禁以补军需，从而使鸦片在全省的种植、运销、吸食合法化，以致流毒无穷（1920 年，全省种鸦片 36 余万亩，1923 年达 70 余万亩）；同时由于大量发行纸币（1916 年富滇银行发行纸币 400 万元，1926 年发行 3860 万元），造成通货膨胀，物价飞涨，民不聊生。

1928 年龙云上台后，对云南进行了 18 年的封建割据统治。他加强了财政税收，增大了对人民的剥削，发展了云南地方的官僚资本主义工商业。除原有的富滇银行、锡业公司、东川矿业公司、个碧石铁路公司、电灯公司、自来水公司、兵工厂、造币局、官印局、电话局、电报局等 10 来个地方官僚资本企业外，又开办了兴文、劝业、益华、矿业、光裕、侨民银公司 6 家银行，以及由财政厅投资兴办的云南矿业公司（锡矿）、滇北矿务局（铜矿）、鲁甸矿务局（铅锌矿）、一平浪制盐场等；农田水利方面有开文垦殖局、洛川水利工程处、思普区茶叶试验场等；此外还有印刷厂、新华光学制药公司、开个汽车公司、盘江制糖厂、佛海纺织厂等。

1937 年抗日战争爆发后，由于东北、华北、华东等地相继沦陷，南京国民党中央政府所属各银行、厂矿纷纷迁移来滇。除中央银行、中国银行、交通银行、中国农民银行外，来昆设厂的有中央机器厂（在茨坝，昆明机床厂的前身）、炼钢厂（云南冶炼厂的前身）、电工器材厂、发电厂、光学厂、兵工厂、化工厂等；新组设的有滇北公司、明良煤矿、宣明煤矿、安宁钢铁厂、中国电力制钢厂（在安宁桥头村，安钢与电力制钢厂新中国成立后合并为昆明钢铁厂）等。这些银行、厂矿企业的迁滇，对云南的经济起了一定的刺激作用，并助长了云南地方官僚资本主义的发展。

抗日战争期间，在云南的经济生活中，还发生了以下两件大事：一是滇越铁路主权的收回；二是滇缅国际公路的开通。1940 年 9 月，日寇侵占越南，截断了中国通过滇越铁路的国际运输，同时进窥云南。法国贝当政府投降后，同年 9 月 17 日，中国政府根据中法条约，将滇越铁路主权收回。1943 年 8 月 1 日，国民党政府宣布对法绝交，正式接收滇越铁路。法帝国主义通过滇越铁路对云南进行为时 30 年之久的长期侵略，由此也就一去不复返了。

　　1937 年抗日战争爆发后，日寇凭借其海空的优势，妄图封锁我国沿海口岸，切断我方交通线。特别是越南被占后，我国西南的对外主要交通命脉——桂越铁路、滇越铁路及公路被迫中断。为了摆脱日军的封锁，以便取得外援，增强抗战的力量，因而另辟一条国际交通线便成了战略上十分紧迫的问题。1937 年冬，国民党中央政府与云南地方政府共商决定赶修滇缅公路西段，使之外通缅甸，内联川、康、滇、黔、桂，成为我国大西南的重要国际交通线。经过 20 万滇西各族人民的日夜奋战，1938 年 9 月 14 日全长 958 公里的滇缅公路终于告成通车。它的建成，对于我国早日战胜日寇，促进云南地方经济文化的发展，增进国际间的合作和友谊，都有着不可忽视的意义。

　　抗日战争胜利结束后，国民党政府在美帝国主义的支持下，撕毁"双十协定"，全面地发动了内战。云南地方政府为了配合内战，大搞征兵、征税、征粮，滥发纸币，对各种经济进行统制，无情地榨取人民的血汗，使云南出现了空前的经济危机，工农业生产大幅度下降。在工业方面，至新中国成立前夕，全省工业固定资产原值仅 1.1 亿元，工业总产值 1.86 亿元，年产钢 356 吨，钢材 248 吨，生铁 6442 吨，有色金属 1202 吨，原煤 23.7 万吨，发电量 0.51 亿度，糖 2.3 万吨，卷烟 2.7 万箱，棉纱 32660 件，食盐 88 万担，棉花 3888733 斤。交通极其闭塞，有三分之二的县不通汽车，运输全靠人背马驮。商品经济极为落后，城市轻工消费品大都靠沿海省市供给。新中国成立前两年，每年要从缅甸输入棉花 12 ～ 15 万担。过去曾经较为发达的云南矿冶业，由于帝国主义和国民党反动派的摧残，至新中国成立前夕，已经由衰落残破而濒临绝境了。和 1945 年比较，云南的锡、铜、铅、锌、铁等主要金属产品，在 1945—1949 年的 5 年中，分别下降了 52%、63%、61%、33% 和 62%。曾经拥有数万名工人的个旧锡矿和上万工人的东川铜矿，到新中国成立前夕，也只剩下不到过去十分之一的工人了。昆明钢铁厂也同样是千疮百孔、满目凄凉的景象。

　　农业方面，据云南省建设厅统计，1931 年全省 115 个县，共有人口 11753634 人，其中农业人口占 89%；到 1949 年，全省人口增至 1595 万人，而农业人口也增长到占 92%。农业生产条件很差，生产水平十分低下。到新中国成立前夕，全省耕地面积仅有 3392 万亩，其中有效灌溉面积只占 11%，农业总产值仅 9.25 亿元，粮食产量为 78.6 亿斤，平均亩产只有 231 斤。在广大农村，土地占有越来越集中，阶级分化愈演愈烈，占农户不到 10% 的地主、富农，却占有 70% 以上的土地和收获量的 60% ~ 70%。云南农村经济进一步恶化，各族人民陷入苦难的深渊。

总的来说，近代云南的经济，不仅十分落后，而且发展很不平衡。云南由于地处西南边陲，山川险阻，自然条件复杂，加之历史的原因，生活在这里的 20 多个民族处于不同的历史发展阶段，因而造成各地区、各民族间经济发展水平的巨大差异性和不平衡性。一般地说，在昆明、下关、个旧、东川等城镇和交通沿线平坝区，是资本主义工商业较为发达的地区，也是帝国主义、官僚资本主义渗透、控制的地区；一般坝区和半山区，则普遍处于封建地主经济的阶段；西双版纳等傣族地区，则处于封建领主制的阶段；在滇西北彝族聚居的大小凉山地区，则是奴隶制或农奴制的阶段；而生活在广大边远山区的基诺族、佤族人民，却停留在原始社会末期的发展阶段。这种各地区、各民族社会经济发展的不平衡性，直接表现为前资本主义社会诸形态的历史系列，因而构成了云南近代社会经济的一大特点，也是云南有别于全国其他省、市的一个重要省情。

（原载《云南方志》1989 年第 4 期）

19世纪末20世纪初滇南矿工武装斗争述评

滇南工业重镇个旧，是我国著名的"锡都"，也是镶嵌在祖国西南边疆上一颗熠熠生辉的宝石。她不仅以丰富的矿藏和巨大的产量而闻名于世，而且还以她反帝反封建的光荣革命传统而载诸史册。19世纪末20世纪初爆发的个旧锡矿工人杨自元、周云祥领导的武装起义，便是我国工人运动的一个重要组成部分。它揭开了我国早期工人运动的序幕，是我国近代史上工人阶级反帝反封建斗争的先驱，因而在中国的工运史上有着无可置辩的地位。

一

进入19世纪60年代以后，世界资本主义从自由竞争走向垄断阶段，即向帝国主义阶段过渡，西方资本主义国家加紧了对外掠夺和剥削，"开始了夺取殖民地的'大高潮'，分割世界领土的斗争达到了极其尖锐的程度"（列宁：《帝国主义是资本主义的最高阶段》）。法国是个老牌的资本主义国家，它与英、美、俄及后起的德、日等资本主义国家一道，为共同瓜分世界而进行赤裸裸的争夺。当时它的主要目标是远东的越南和富饶而孱弱的中国。

1862年，法国殖民者武装占领越南南圻，强迫越南政府签订了第一次《西贡条约》，此后又进一步向北圻进攻，企图以此为跳板，觊觎掠夺中国西南地区的财富。同年，法国商人奥塞和冒险家堵布益沿红河进入云南，回国后大肆宣传"云南是天府之国，富甲天下"。1866年，法国殖民者特拉格来与安邺率领探测队，对我国湄公河、红河两岸的矿产资源进行了"考察"。1868 年，堵布益为云南地方政府提供镇压各族人民起义的军火，并取得了在红河勘探矿藏和收买铜、锡的权利。法国殖民者的一系列侵略活动，引起了国内有识之士的注意和警惕。云贵总督刘长佑就上疏说："法人志在必得越南，以窥滇越之郊，而通楚、蜀之路……既得之后，或请立领事于蒙自等处，以攘山矿金锡之利；或取道川、粤以通江汉，据泰西诸国通商口岸之上游：计狡志邪，未有涯涘。"（刘长佑撰：《刘武慎公遗书》）这个见解，是相当精辟和正确的。

1885 年中法战争结束后，法国吞并越南，并以此为基地，把侵略的魔爪直接伸进了我国的西南地区。通过《中法越南条约》（1885 年）、《中法越南边界通商章程》（1886 年）、《中法续议商务专条》（1887 年）、《中法商务专条附章》（1895 年）等一系列不平等条约的签订，法帝国主义不仅强迫清政府相继将蒙自、蛮耗、河口、思茅、龙州等地辟为商埠，而且还攫取了在云南、广西等地修筑铁路、自由倾销商品和掠夺我国丰富矿产资源等种种特权。到了 19 世纪末叶以后，世界各资本主义国家相继进入帝国主义阶段，法国对中国的主要掠夺方式也由商品输出变为资本输出。除了继续掠夺原料和倾销商品外，这个时期法国的经济侵略则以修筑铁路、开设银行、操纵金融、掠夺矿权为其主要内容。法帝国主义分子古德尔孟在其《云南游历记》中便赤裸裸地宣称："吾望他日火车游行云南时，吾法之权力随之而达于云南全省。吾尤望云南铁路告成之日，能在日本休养未足之先，则席卷云南，如探囊取物矣。"帝国主义分子的自白，一语道出了他们在华修建铁路的真谛。

1898 年 4 月（光绪二十四年三月），清政府在法国的逼迫下，同意法国将滇越铁路修至昆明。1910 年（宣统二年）4 月，滇越铁路全线通车。这是法帝国主义插在中国人民身上的一支吸血管，也是殖民者直接掠夺个旧锡矿资源的重要工具。法帝国主义通过控制交通、操纵大锡运输、掌握海关和垄断矿产价格等手段，对个旧锡矿进行肆无忌惮的掠夺，并从中获取了丰厚的利润。据蒙自海关统计，1890 年（光绪十六年），云南省共出口大锡 1338 吨，1900 年（光绪二十六年），增加到 2497 吨，1910 年（宣统二年）滇越铁路通车后，一跃而为 6195.4 吨，为 1890 年的 4.7 倍。个旧大锡的产量，也由 1890 年的 1315 吨，猛增到 1911 年的 6347 吨，22 年内增加了 3.8 倍。而当时蒙自海关的出口总值，在云南的三个海关出口中名列前茅，约占三个海关出口总值的 80% 以上。其中个旧大锡又占蒙自海关出口总值的 80% 左右，并占全省出口总值的 60% ~ 70% 和全国锡出口量的 95% 左右。由此可见个旧大锡在云南的出口贸易中占据何等重要的位置了。另据《建国前滇越铁路修建史料》的估计，在该路筑成后的 30 年中，法帝国主义共掠夺我国大锡 234242 吨，价值达 293845923 关平两。

法帝国主义对我国矿产资源和路权的疯狂掠夺，加剧了云南人民的贫困化，同时也激起了广大人民的不满和反抗。19 世纪末 20 世纪初爆发的个旧锡矿矿工杨自元火烧洋关的事件和周云祥领导的矿工武装起义，便是这些如火如荼抗法爱国斗争中最重要的组成部分。

二

1898 年，法帝国主义从腐朽的清政府手中攫取了滇越铁路的修筑权后，便以勘察线路为名，到处霸占良田，强拆民房，破坏田园、村舍、街衢、庐墓，砍伐了大片大片的森林，毁掉了人民的家园，使不少人流离失所，无家可归。他们还强迫滇南各地人民作其苦力，对之实行惨无人道的剥削与压迫。据 1907 年（光绪三十三年）湖南存记道沈祖燕的实地调查，"此次滇越路工所毙人数，其死于瘴、于病、于饿毙、于虐待者，实不止以六七万人计"（沈祖燕：《案事篇》）。不仅如此，法帝国主义还图谋霸占整个个旧矿山，但遭到滇南人民，特别是个旧锡矿工人的坚决反抗。

1899 年 2 月 23 日（光绪二十五年正月十四日）晚，个旧矿工及附近农民数千人，在矿工杨自元的带领下，用土枪、铁钎、锄头、大刀、长矛为武器，攻打法国驻蒙自的海关和领事馆，计划夺取法国武备库，进而将法国侵略者驱逐出去。税务司斯必立（美国人）和法国领事宋嘉铭带领巡丁、卫队负隅顽抗。杨自元率众从海边寨方向进攻洋关的西南两方，与法军激战八九个小时之久。眼看快到天明，蒙自城内清军即将出援法军，而洋关又急切难下，众人在愤怒之下，一把火焚毁了法帝国主义在云南进行侵略的老巢——路斯洋关，然后向大屯、松树脚方向撤退。这时龟缩在城内的清朝文武官吏，急得像热锅上的蚂蚁，镇台刘树元（人称"刘跛脚"）望见火起，急得直跺脚，知县颜先春更是吓得面无人色，慌作一团。杨自元火焚洋关后，为了避免中外反动势力的血腥屠杀，下令解散弟兄，只身逃亡江外。1903 年春，杨自元抱病回家，被知县孙家祥重兵包围，最后因寡不敌众，弹药告罄，被俘牺牲。这次武装起义，共焚毁法国洋房十余间，击毙十多名为虎作伥的越南人和一个意大利籍工程师，迫使法帝国主义将海关迁到河口，斗争取得了一定的胜利。但杨自元等起义群众，却遭到了清政府的无情镇压。

三

　　杨自元起义失败后，个旧工人前仆后继，不久后又爆发了周云祥领导的规模更大的矿山工人武装反抗法帝国主义及其走狗的英勇斗争。

　　周云祥，云南临安府（今建水）西庄坝荒地村人。幼时家贫，十岁上即到个旧锡矿当童工（背锡矿砂），过着饥寒交迫的牛马生活。过了七八年，周云祥与人合股开尖采矿。此间，他目睹清政府的腐败和法帝国主义在中国的肆虐横行，因而激发了他仇洋抗官的革命意识。

　　1902 年，法帝国主义不仅攫夺了滇越铁路的修筑权，而且还勾结英国强迫清政府签订了《云南隆兴公司承办七府矿务章程》，取得了云南（今昆明地区）、澄江、临安、开化（今文山地区）、元江、楚雄、永北（今永胜）等七府矿产的开采权。这就大大加剧了云南人民反抗英、法帝国主义侵略，收回路权、矿权的斗争热情，促进了周云祥领导的武装起义的爆发。杨自元起义失败后，周云祥"以拒修铁路，仇洋"为名，频频活动于临安、个旧之间，并联络蛮耗一带的抗法反清组织"三点会"，秘密发动、组织矿工进行起义。他们响亮地提出"抗官仇洋""拒修洋路""阻洋占厂"等口号，把矛头直接指向法帝国主义及其走狗。

　　1903 年 5 月 9 日（光绪二十九年四月十三日），周云祥联络王显宗、张耀等人，率领数千名个旧锡矿工人，乘清军前往蒙自镇压人民反对法帝修筑滇越铁路，个旧城防空虚之机，举行武装起义，攻占了个旧矿山，受到了广大矿工的热烈欢迎。清政府闻讯后的第二天，即派一营清兵前往镇压。早已埋伏好的义军战士，在通风口峻冈一带迎击清军。清军管带麦贵安中弹身亡，哨弁李正春亦被击毙，蒙自知县孙家祥脱靴逃遁，才免为义军所擒，其余清军死伤狼藉，遭到了全师覆没的命运。

义军首战告捷后，乘胜直下个旧城，5月15日再挥师西向，16日击败临安督带马子贤，17日大队直薄临安府城。西门城守郭小六，中营游击陆鸣皋开门迎接。义军蜂拥入城，占领了东、西、南二门。唯北门为马子贤盘踞，拒不投降，妄图负隅顽抗。经过四天四夜的激战，义军终于消灭了顽抗之敌，击杀清军督带马子贤，全部占领临安城。

临安，是滇南的重要城镇，也是临安的府治所在地，起义军对临安的攻取，无论在政治上和军事上都有着重要的意义。它是义军继夺取个旧后的又一重大胜利。义军占领临安后，即竖起"官逼民变，除暴安良"的旗帜，并发布告示，出榜安民，开仓济贫，严束部下，因而受到广大人民的热烈拥护与欢迎。滇南人民纷纷响应义军，起义队伍不断扩大，除矿工外，还包括农民、手工业者、城市平民，以及部分乡绅，起义队伍总数达三万余人。

周云祥攻克临安后，以临安为义军指挥中心，决定兵分三路，北路派郭小六出通海，左路派王显宗取石屏，东路遣张耀取阿迷（今开远）。义军一路势如破竹：曲江张超杀死清吏巡检沈缵烈，响应义军；郭小六攻克阎家坡、管驿；王显宗兵不血刃占领石屏。义军威震滇南十余个州县，建立了以个旧、临安为中心的革命武装政权。其时革命风暴如燎原烈火，席卷了南起河口，北迄昆明，东达师宗，西至元江的滇南大地，"风声所至，省城大震，各属沸腾"。云南巡抚兼署云贵总督林绍年也不禁惊呼："（周）揭竿一呼，所在响应。自个旧拒捕事起，未乃旬日连陷临安、石屏，贼党不下万余人。乃进窥通海，四出勾结，如阿迷、嶍峨、河西、江川、宁州、弥勒、广西、元江各处，土匪蜂起，警报纷传，势等燎原，几难收拾。"（《林文直公奏稿》）

周云祥起义的斗争烈火，使法国侵略者及其走狗——清政府陷入一片惊慌混乱之中。蒙自法国领事署惊魂甫定，连忙纠集一支数百人的别动队，以帮助清政府镇压义军。他们还陈兵数千于中越边境，以"保护"法国路员、传教士为名，和以到蒙自"就食""避瘴"为借口，数次企图入侵我国，但都未能得逞。

清政府在震惊之余，连忙调兵遣将，镇压起义。除迅速从省城、楚雄、罗平、广南等地调集五十多营清军及团丁万余人前往围剿外，又命江苏、浙江、四川、两广等省资助粮饷军械，着人领军"驰往会剿"。清军一路烧杀抢掠，"老幼无遗，荡洗尽净"（《建水县志》）。起义军在周云祥的指挥下，英勇地抗击了清军的围剿，但由于敌我力量差距过大，义军不得不退回临安城内。清军包围临安后，周云祥部下猛将吴文魁率领"小松柏"等十余个年轻战士，不畏敌众，开城主动出击清军，并获得了许多次胜利。以后在和数千清军争夺北校场的战斗中，吴往来冲突，所向披靡，最后不幸中弹牺牲。

周云祥在损折大将之后，闭城坚守不出，形势变得对义军越来越不利。清军在加紧军事进攻的同时，也加紧了政治诱降活动。义军首领之一的邓云广（周云祥妹夫），在清政府许以四品顶戴的引诱下，开始叛变投敌。而周云祥则在敌人高官厚禄的利诱面前，大义凛然，不为所动。最后清政府黔驴技穷，使出了"骗母擒子"的毒招。他们先把周的老母熊氏骗至营中，然后逼周与其谈判。周云祥事母至孝，同时他宁愿牺牲自己去保全临安城百姓的性命，于是毅然前往清营。1903 年 6 月 28 日夜，叛徒邓云广将周云祥、汤学文等义军首领灌醉后杀害，清军乘机攻占临安，于是坚持了两月之久的轰轰烈烈的个旧矿工武装起义便宣告失败。

四

19 世纪末 20 世纪初滇南杨自元、周云祥领导的起义军，是以个旧锡矿工人为主体的，有广大农民、小手工业者和城市平民及部分乡绅参加的反帝、反封建的革命军。它是中国早期工人阶级进行武装斗争的先驱。但它终于失败了，其原因在哪里呢？

第一，由于当时的工人阶级处于年轻不成熟的阶段，没有明确的政治斗争纲领和严密的组织形式，更没有马克思主义的理论武装和自己先锋队共产党的领导，因而就使得斗争必然陷于失败的境地。这两次斗争，在很大程度上带有自发性和盲目性，虽然他们也提出了"抗官仇洋""官逼民变"等口号，但这还是比较朦胧的概念。杨自元的焚烧洋关，基本上是一哄而起，随即解散，实无组织可言。周云祥的起义，则沿用传统的农民起义方式——拜把结盟，因而就使得组织本身难免带有局限性和落后性。这种政治上的不成熟和组织上的涣散，在很大程度上又取决于中国早期的工人实际上是大半个农民这一因素的制约。起义队伍由于没有明确的政治纲领和远大的斗争目标，所以它在初期取得了一定的胜利后，就踯躅不前，不再进取，最后导致困以待毙的境地。

第二，没有联合各族人民，组成一支反帝、反封建的大军。云南是多民族的省份，民族问题占有十分重要的地位。清季之时，由于清政府执行民族歧视和民族压迫政策，激化了民族矛盾，酿成大规模的武装冲突。周云祥等起义领导人未能摆脱大汉族主义的影响，在政策上未能团结联合各族人民，团结一致，共同对敌。相反，清政府却利用了民族矛盾，策划一批少数民族上层反对义军。

第三，起义军缺乏领导骨干和对敌斗争经验，在军事战略上有重大失误。义军除了像杨自元、周云祥这样较有威信的领导外，出类拔萃的将才甚少，甚至有不少意志不坚定和别有用心的分子，钻进了革命营垒，一旦有风吹草动，他们就叛卖投敌。而作为起义的主要领导者周云祥，在攻占个旧后，迁就队伍的落后意识，没有抓住省城空虚之机，进占昆明，丧失了有利的战机。后来在为敌所困的时候，又不能利用滇南重峦叠嶂好打游击的有利地形，而坐守孤城，与敌谈判，成了"城下之盟"的牺牲品。历史上的石达开、杜文秀，也是在这样的情况下造成悲剧性的结局的。

杨自元、周云祥领导的个旧锡矿工人的武装起义虽然失败了，但它的影响是深远的，其意义不可低估。

首先，它是在帝国主义列强加紧瓜分掠夺中国，而国内的封建统治者又甘为帝国主义鹰犬，加紧出卖国家权益的情况下爆发的。起义沉重地打击了法帝国主义的侵略势力和国内的封建势力，迫使滇越铁路另改线路和推迟开工日期，同时也为我国收回矿产主权，废除《矿务章程》做出了积极的贡献。另外，这两次起义又是在国内资产阶级民主革命运动日益高涨的情况下爆发的。清政府为了镇压起义军，从江浙、两湖、两广、四川等省抽调大批兵员，动用巨额资财以扑灭义军。这就牵制了敌人的有生力量，使清军首鼠两端，四顾不惶，从而直接支援了资产阶级民主革命。

其次，起义还狠狠地打击了个旧地区的封建官僚统治，为矿山资本主义的发展提供了条件。在这两次起义的前后，个旧锡矿生产基本陷于停顿，利润大幅度下降，国内国外的剥削者受到严重打击。官商合办的矿务公司，便是在起义军的直接打击下宣告破产的。

最后，也是最重要的，就是个旧矿工，通过这两次起义的洗礼，锻炼了队伍，提高了阶级觉悟，从而为以后的革命斗争蓄积了力量，准备了条件。比如，当1911年的辛亥武昌起义号角一响，经这两次武装斗争锻炼的锡矿工人，立刻高举义旗，武装占领个旧，响应了全国的起义。尔后，中国共产党云南省地下工委，也是以富有反帝反封建光荣传统的个旧、蒙自为基地，领导各族人民，进行推翻"三座大山"的伟大斗争的。

由于杨自元、周云祥领导的以个旧矿工为主体的两次起义，是中国早期工人运动的先驱，是年轻的工人阶级为反对帝国主义侵略和国内的封建主义而举行的第一次大规模的武装斗争，因而无论在中国的工人运动史或是中国近代革命史上都有着重要的地位。而这两位矿工领袖在斗争中所表现的勇气、首创精神和历史功勋，必将永垂千古，激励人们为建设我们繁荣富强的社会主义祖国而奋斗不息。

（原载《云南师范大学学报》1990年第3期）

项从周抗法斗争事迹调查报告

今年（1983 年）仲春时节，我出差滇东南文山、红河地区，调查中法战争前后边疆各族人民的反帝爱国斗争。在这些斗争中，比较著名的人物有：河口的黑旗军将领黄茂兰，砚山的清军什长李云珍，以及猛洞的苗族首领项从周，等等。其中尤以项从周领导的抗法斗争规模最大，时间最久，成就也更为突出。他们显示了人民的力量，表现了中华民族与敌血战到底的英雄气概和伟大的爱国主义精神，在近代史上为抗击帝国主义的侵略和保卫我国的神圣南疆写下了光辉灿烂的一页。

本篇调查报告所要记叙的，主要是项从周联合边疆各族人民抗法斗争的光辉事迹，时间从 1883 年至 19 世纪之末，地点主要在猛洞之上、中、下三村（即今之上营盘、扣林、船头一带）。笔者于炮声隆隆中，深入麻栗坡、猛洞（扣林）、马关、河口等地，先后三次访问了项从周的孙子，现全国政协常委、云南省政协副主席项朝宗；项从周的孙子，现猛洞公社阳坡生产队社员项朝勋（七十三岁）；原国民党政府马关县参议长，现文山州政协副主席欧阳河途（八十岁）；文山州政协委员吴明铣（六十岁）；项朝宗的内兄，现麻栗坡县政协副主席熊自兴（苗族，六十二岁）；梅里长梅土司的孙子，现麻栗坡县南温河公社城子上小学教师梅家仁；猛洞生产队七十六岁的壮族社员卢汉斌；以及猛洞公社党委副书记李文芳（瑶族）；等等。访问中，由于得到他们的支持与合作，特别是各级党政部门负责同志的亲切关怀，各地文化站同志的大力帮助，因而使这次调查得以顺利进行。在此，谨向他们表示由衷的感谢。

项从周的家世

项从周，苗族，云南省西畴县么洒锅底塘村人，生于 1856 年，卒于 1914 年（民国三年）。项氏祖籍河南省项城县，明洪武十四年（公元 1381 年）随黔国公沐英到云南，定居于镇雄。大约过了两百多年，到 1621 年，川、黔、滇三省交界地区彝族土司叛乱，项氏又由镇雄迁居路南。清初，项氏九弟兄又从路南分道扬镳：四家迁居缅甸；两家沿红河而下到个旧；一家下董干；一家到耍马寨；项从周一家则迁到西畴么洒锅底塘。项从周七八岁时，其父项发正又把家迁到扣林山下的猛洞。民国二十六年（1937 年），苗瑶械斗，项氏由猛洞迁居野猪塘。苗瑶械斗平息后，项家再由野猪塘搬回猛洞。项从周的孙子、现年七十三岁的项朝勋，便住在猛洞公社猛洞大队的阳坡生产队，离猛洞街子大约七八华里。

项从周的父亲，一说是项发正（项朝勋说），一说是项正清（项朝宗说，他的父亲是项正清，曾祖父才是项发正），弟兄二人各持己见。项从周排行第四，人称项四，苗语叫年四。他有三个哥哥：从富、从义、从忠，苗名分别叫由中、由绒、由亮；有七个媳妇和十八个儿子：长子项国恩（原姓马，马赊头的儿子，小名马小孥，马死后过继给项从周），次子项国文，四子项国茂，六子项国云，九子项国仁，十子项国强，十一子项国忠，十二子项国安……项朝勋是老六项国云的儿子，项朝宗是老九项国仁的儿子，哥俩是堂兄弟。

猛洞位于扣林山下，在中越两国交界的国境线上，距麻栗坡县城五十余公里，战略上具有十分重要的地位。项氏初到猛洞时，村子里只有七户人家，周围是一片莽莽苍苍的原始森林，豺狼虎豹到处横行。项氏和几家苗、瑶居民，破土开荒，驱虎逐豹，把这一带荒野垦为良田。由于人烟稀少，遭受野兽践踏的庄稼很多，项氏又到锅底塘把同宗、亲戚接来猛洞同住，其他各地群众也陆续迁来猛洞，因而形成许多村落，到了 19 世纪 70 年代，猛洞有了二三十户人家，逐步形成了街子，经济日趋活跃，人丁也兴旺起来。由于猛洞生产木材，特别是出产一种当地叫"土杉"的珍贵木料，因而使得该地的经济有了相当的发展。据说，该木埋在土内历经数百年而不腐朽，挖掘出来后，芳香四溢，是做寿木的高级原料，一副板子可卖一千多元。当时猛洞每个街子有两三百匹骡马驮上驮下，有从马关来的商人，也有从文山、麻栗坡来的官绅，也有从越南方面过来贩茶运盐的商贾。马帮南来北往，人们川流不息，互市贸易已经具有相当的规模。据熊自兴同志讲，那时猛洞街子十分热闹，过往的马帮太多，项从周项土司和梅里长梅土司两家土官，轮流征收课金，每驮收钱二十文（十文可买二三斤大米）。梅、项两家各收半年。项从周死后，众子分居，轮流征收街课，一子征收一个月。另外，梅家还在保良街的漫由等地征收花户粮。据说，梅家原住河江（今越南河阳）坝子，项家势力发展起来后，他们不愿当官，也不会做官，就请梅家来猛洞做官。梅家于是从河江迁到了猛洞。后来项梅两家因收街课发生矛盾，并酿成武力冲突，梅氏才由猛洞搬到船头。后来项从周抗法，项氏主动与梅家修好，在抗击外来入侵的斗争中都做出了贡献。

猛洞，苗语叫猛考。"猛"，即是"苗"的意思；"考"，汉语为"洞"，即住的地方。猛洞二字，意思就是苗家住的地方。

关于苗族的来源，熊自兴说，相传苗族的始祖叫"之有"，就是同轩辕黄帝打仗的那个蚩尤，汉话翻译时把它译成蚩尤了。"之有"与黄帝打仗，失败后从黄河逃到了南方。因此苗族是从黄河迁徙来的。熊氏的说法，与滇中、滇西北苗族民间流行的苗族祖先为蚩尤之说相符。另外，根据文献资料，古代散居于巴东到江淮广阔地带的"三苗""九黎"诸部落，他们的酋长就是蚩尤。"三苗""九黎"，即以后的苗族和南方的其他少数民族。《尚书·吕刑》中说："惟始作乱，延及于平民，罔不寇贼，鸱义奸宄，夺攘矫虔，苗民弗用灵，制以刑，惟作五虐之刑。"孔安国也说："九黎君号蚩尤"是也。据此，说蚩尤是苗族的祖先，是苗族的酋长和首领，并非子虚乌有，而是有可信的记载的。当时，"三苗""九黎"经常与华夏各部落（传说中的大酋长黄帝）发生战争，失败后逃向南方。《史记·五帝本纪》说："于是黄帝乃徵师诸侯，与蚩尤大战于涿鹿之野，遂擒杀蚩尤。"《吕氏春秋》说："舜却苗氏，更易其俗。"《山海经注》云："昔尧以天下让舜，三苗之君非之，帝杀之，有苗之民叛入南海，为三苗国。"这些记载，与传说中的苗族来源基本符合，它说明苗和汉都是中华民族古老的成员。

关于项氏的来源，项朝勋说，听祖辈讲，他家的祖先是项羽。楚汉相争，项羽和刘邦打仗，项失败后乌江自刎，八千弟兄围着他的坟守了三年，等坟上的草长旺了才纷纷离去，散佚江东。项羽的姓，是舜皇帝亲自封的，他的食禄也在项城。因此项姓的祖籍就是河南的项城县，项家的祖先也就是战国末年叱咤风云的楚霸王了。这个说法，比较牵强附会，同时确有不少人喜欢把自己的祖先说成是历史上的某某大人物。不过，项朝勋之说并非凭空杜撰，《史记·项羽本纪》就有这样的记载："项氏世世为楚将，封于项（《索隐》：《地理志》有项城县，属汝南），故姓项氏。"可见项家是项羽之后，其祖籍是河南的项城，也不无道理。另外，项从周的祖辈由河南入两湖，再由两湖入贵州，由贵州到镇雄，再由镇雄而路南，而西畴，而猛洞，这与《马关县志·风俗志》所载吻合："苗族本三苗后裔，其先自湘窜黔，由黔入滇，其来久矣。"

项从周的青少年时代

据项朝宗、项朝勋、熊自兴三位老人说，项从周的"从"，是双人旁加上两个小人的"从"，不是崇拜的崇，这与《马关县志》等文献的记载吻合。个别书上把他写成项素周或项崇周，都是错误的。

项从周不识字，无文化。但他从小就有胆识，聪明机警过人，为人侠义，娴熟枪法。当时社会上普遍存在习武的风尚，青壮年都喜爱舞拳弄棒，主要是为了自卫，不被人欺侮。在项氏几弟兄中，从周的武艺超过了他的三个哥哥，在猛洞一带也是数一数二的人物。据熊自兴说，项年轻时曾经徒手和猛虎格斗，打杀过老虎、豹子。项从周的本事很好，能力举百斤，又会运气，纵身一跳，双脚可以蹬人的眼睛；一个筋斗，可以翻过丈把高的墙。他的这些超群武艺，大概也是他以后得以成为抗法首领、众人拥戴的一个重要原因。

项从周超群的武艺是从哪里学来的呢？是从苗族首领马賨头的弟弟马

飞天那里学来的。项十多岁时，跟随洞奔（今越南境）苗王熊天主（当地人叫他"猪熊"），当一名马弁。马赛头、马飞天也在熊天主驾前做事。由于苗王爱国抗法，后来被法国人收买刺客暗害。

有一次，法帝国主义伙同一批安南军，骑着十多头大象，全副武装，准备一举把洞奔踏平。起初，苗族吃了些亏，对付不了大象军。后来，苗王熊天主叫大家想办法。年轻的项从周想了想，对苗王说："苗王，有办法了！大象不是最怕老鼠吗？我们可以多捉些老鼠，再预备些小猪儿，等到法国、安南人的象队来时，把耗子遍地丢，再捏小猪儿的嘴，就像耗子叫了。大象一听老鼠叫，一见耗子跑，必然扭头就跑。我们趁势掩杀，准可大获全胜。"苗王深从其计。按项从周的办法，第二天果然大破象军，杀死了许多法国侵略军和安南伪军，把敌人赶出了洞奔。法国鬼子武装入侵失败后，十分痛恨苗王，转而采取收买刺客行刺的办法，把苗王刺死。

熊天主从"登基"到遇刺身亡，前后共十二年，项从周服侍了他八年。熊在世时对项从周说："这里有马飞天保护我，你回猛洞当那里的'汉大兵将'。那一带有我的几个帅主，你可辅佐他们。有陶帅主、李帅主、吴武爷、张帅主。"熊死后，由他的结拜义弟马赛头继位。马也是一位有名的爱国者（当地人叫他马爱国）。他积极组织群众抵抗法寇的侵略。马赛头在时，十分赏识项从周的机智和勇敢，特地请他到帐下当他的贴身侍卫，项也欣然应诺。由于马具有较高的威望和爱国思想，因而对项不无影响和熏陶，并由其弟马飞天教习项从周武艺，项也很快和马家弟兄结成金兰之好。不久，马飞天病故，法帝国主义又收买民族败类分子刺杀了马赛头。项从周悲愤已极，在众人的一致拥戴下，当了"苗王"，继续马赛头未竟的事业。

法帝国主义的入侵

19世纪末20世纪初，世界各资本主义国家相继由自由竞争走向垄断阶段，即过渡到帝国主义阶段，从而加紧了对外的剥削和掠夺。法国先后吞并了柬埔寨和越南南部，扩张至北圻，并进而侵入我国云南的马关地

中篇 中法战争与云南的关系

区，用武力侵占了安平厅南部（今马关县和麻栗坡县境内）长一百多公里、宽二三十公里的一个狭长地区。这一带与越南的河阳（今河江）、老街相接壤，居住着苗、瑶、壮、彝、傣、白、布朗、回、纳西等少数民族，约占总人数的二分之一。这里土地肥沃，气候温和，雨量充沛，出产较丰。特别是马关、麻栗坡地区丰富的森林和矿藏资源，如蔓家寨的铜，都龙、南丹的银、锡，麻栗坡、南温河的钨，大栗树、木厂、马白的金，都很有名，早在明代，有的已经进行开采。雍正二年（公元1724年），云贵总督高其倬在《勘察开化府边界折》中就说："都龙厂广产银铜，内地及外夷俱往打矿，货物易销，贸易者亦多，总兵设汛稽查，暗抽私利。"（《云南史料丛刊》，第三辑，第208页）咸丰八年（公元1858年）八月下旬，都龙铜街立的《万福攸同碑》也记载："蔓家寨产斯铜矿，经数十载，宝藏之兴，虽由于人胜，而实亲于有德。"又说："兹岁夏，予（唐丹园）适宝山，过铜街脚，有小溪历来以木舆梁，壹贰年间不无腐杇。回署公暇，有诸属役、炉户，欲砌巨石，各皆乐从，捐金雇匠，鸠工期月告竣。因志其事，并列名于左。"由此可见，从18世纪初到19世纪中叶，云南省开化府都龙蔓家寨一带的苗、瑶、壮、汉各族人民，已经对当地的铜矿进行了开采，并具备了相当的规模；及至19世纪的七八十年代，炉火仍很兴旺发达，因而引起法帝国主义的垂涎。同治元年（公元1862年），法人奥塞和堵布益就偷偷进入云南，对滇南的矿藏、出产、地理形势等进行"考查"，回国后在报刊上大肆鼓吹"云南是天府之国，富甲天下"。帝国主义分子古德尔孟更是赤裸裸地声称："云南……矿田之富，物产之饶，较诸越南，奚啻霄壤……以异常殷富之物产，以生吾法人无穷希望之心。"法帝国主义的强盗嘴脸昭然若揭。19世纪80年代初，法国侵略者公开进行了武装入侵，非法占领了都龙、南温河、猛洞、船头、麻栗坡和马关以南的大片地区，企图使之成为他们工业原料的基地。1883年，法国殖民者强占了这个地区后，对当地的各族人民进行了残暴的殖民统治和剥削。他们疯狂地掠夺都龙、南温河一带的矿产资源，强行征收各种赋税和劳役，迫使猛洞、保良街、那才、董干等地的各族群众为他们纳粮交税，筑路修桥，建造兵营，把青壮年拉到越南去为他们充当炮灰，对各族妇女任意侮辱奸淫，特别是他们上下马都要以人垫脚，稍不如意，即任意鞭打或杀

云南文库·学术名家文丛

— 265 —

害。在法帝国主义的铁蹄下，马关一带敌占区的各族人民过着暗无天日的殖民生活。但是，中国人民是有反抗外来侵略光荣传统的人民。不久，猛洞一带便爆发了以苗族首领项从周为首的各族人民的抗法斗争，它像燎原的烈火，越烧越旺，最后终于迫使入侵的法帝国主义分子，不得不退到安南去了。

揭竿而起

公元 1883 年，法国殖民者大举进攻越南北圻，并侵占了我国马关、麻栗坡的部分地区。这年 5 月，刘永福领导的黑旗军，在越南人民的支持配合下，大败了河内的法国侵略军，击毙了法军头子李威利。这一胜利，大长了中越人民抗法的信心和决心，大灭了敌人的威风，使人民看到了自己的力量，同时也戳穿了侵略者不可战胜的神话。次年，清政府正式对法宣战，中法战争进入了白热化阶段。刘永福的黑旗军和滇、桂军队在北圻英勇杀敌的事迹，进一步激发和鼓舞了项从周的民族自尊心和爱国热忱。也就是这一年，项从周的父亲项发正到猛洞赶集，被法国占领军拉去船头当苦力。由于山路崎岖，荆棘丛生，加之年迈力衰，负重难行，项发正两眼发黑，一下栽进了山坳里。不料法兵竟惨无人性，对老人一顿毒打猛踢，项发正当即口吐鲜血，昏死过去，法军也随之扬长而去。这些国耻家仇，不由项从周怒火中烧，从而更加坚定了他抗法的决心。这年仲春，项从周约集了他的十七个郎舅弟兄，并联合了猛洞一带对殖民者苦大仇深的苗、瑶、壮、傣、汉各族群众，高举起抗法斗争的大旗，决心以武力反对武力，为驱逐法寇、收复祖国的神圣南疆而英勇斗争。

项从周揭竿而起后，很快得到文山地区人民的响应和支持，起义队伍由二十多人迅速发展到二百多人，成分也由单纯的农民、猎户发展到铜、锡业工人和小产业主、民族上层，地区也由猛洞、船头、老寨扩展到保良街、都龙、漫美一带。他们以自己制造的大刀、杆子（长矛）、散杆、流星锤、火铳、毒弩、牛角叉、锴、火煓（土炸药包）、竹签、滚石檑木等为武器，同拥有来福枪、锥把枪（一号欧、二号欧、三号欧）、鬼绿枪、铜炮枪和火炮的一千多名法国侵略军展开了殊死的斗争。战斗主要在高棚、扣林、上营盘、马鹿洞、野猪塘、船头等地进行。他们利用滇南重峦叠嶂、林密箐深的有利地形，常常用游击战术，出其不意地消灭敌人。有时他们于敌寇的行军途中，设下埋伏，集中优势兵力，把敌人一个不留地消灭；有时又趁着黑夜，投放土炸药包，骚扰敌人军营，打得敌军晕头转向，丧魂失魄；有时敌人来攻，他们预先准备好滚石檑木，打得敌人措手不及；等到敌人仓皇后退，他们又用预先设置的连弩、竹签、陷阱来杀伤敌人。就这样，他们充分发挥了自己士气高昂、地形熟悉等有利条件，以己之长克敌之短，从而创造了以少胜多、以弱胜强的光辉战例。经过战斗，又用缴获敌人的武器来武装自己，进一步去扩大战果。

刀背岩、马跌坎之战

　　猛洞地区的抗法斗争揭开序幕后，项从周以上营盘为抗法根据地，积极地联络和团结四方的各族爱国志士，不分民族，不分土司头人和穷人，也无论官绅、地主、商人和农民，只要是打法国鬼子的，都欢迎参加到抗法的队伍中来。在爱国抗法的义旗下，参加者不仅有苗族，而且还有当地和外地的各族群众。如响水一带的瑶族青年梁武、盘绍光（人称"盘铜炮"），汉族的杨三、滕教师、张师爷（后改姓项，又称"项师爷"），壮族的卢和、王正祥、梅廷况（以上三人分别在瓦厂和金厂），傣族的黄承亮（在马关城子上），以及古姓、马姓、项姓的苗族弟兄，甚至还有从两广、四川、贵州、文山、西畴、丘北等地前来投奔的爱国志士，像李双刀、姚远学、黄鲢夹、童棍子、庞少管、苏铛钯等人。他们团结在项从周的周围，赞划军机，勇敢战斗，大都成了抗法的骨干和项的亲密助手。至此，抗法斗争的形势如燎原烈火，越烧越旺，席卷了大半个滇东南地区。

　　法国殖民者眼看猛洞地区的抗法武装日益壮大，十分恐惧，恨不得一下子将这支武装消灭。他们勾结当地个别民族败类，带领一百多个殖民军，由猛洞向野猪塘扑来。但项从周早已举家迁走。殖民军扑空后，便丧心病狂地放火烧了项家的草房，然后又四下搜索，打探项从周的下落。当他们得知抗法武装的主力和首领都驻上营盘时，便气势汹汹地杀奔上营盘来，企图一举拔掉他们的眼中钉、肉中刺。

上营盘距野猪塘约五六公里，由野猪塘到上营盘须经一条崎岖狭窄的羊肠山道，其间有一段长五六十米、宽不足两米的人称"刀背岩"的咽喉要道，形势十分险峻；要道的两侧是万丈悬崖，深不见底。项从周知道敌人要进攻上营盘，必先经过刀背岩，于是在此设下埋伏，等候敌人。

起初，法国殖民者的队伍凭仗着先进的洋枪洋炮，根本没有把只有大刀长矛的抗法武装放在眼里。他们吹着口哨，大摇大摆地向上营盘接近。当一半人马进入刀背岩时，只听一阵山崩地裂的响声过后，山上的檑木、滚石像暴雨般地倾泻砸落下来，走在前面的几十个法国鬼子，顿时被砸下了两面的深渊，在后面的几十个敌人，见状后吓得赶忙往后逃跑。他们在仓皇逃窜中，又触发了抗法武装事先设在草丛中的连环甩杆（当地人民作狩猎用的一种木质机关武器），一瞬间，只见一排排、一串串碗口粗的大木棍，从隐蔽的草丛中呼啸而出，直向侵略者扫去。法军当场被横木打死、打伤二三十人，被甩杆扫下深渊者十余人，剩下的少数人连滚带爬地逃回猛洞法军营地报丧去了。

驻猛洞的法国侵略军，自上营盘遭伏击后，再也不敢轻视猛洞地区的抗法武装力量，只好整日龟缩在营房内，不敢迈出猛洞一步。项从周根据敌众我寡、敌武器装备优良而现时又新遭打击不敢出洞的情况，决定进一步骚扰、打击敌人，不给他们一点喘息的机会。

项从周和杨三、滕教师等几位首领，率领一二十个苗、汉族青年，悄悄来到猛洞法军营地的后山坡上，借助灌木丛林的掩护，用甩兜把十来斤、二十斤重的大石块，狠狠地向法军营地甩去。法军顿时像被捅了窝的马蜂，乱作一团，但又不敢跑出营地，怕再次吃上连环甩杆和檑木滚石的亏，所以只好躲在营房内，向后山的丛林乱放枪炮壮胆。等到万籁俱寂，法军已经酣然入梦时，抗法武装又以更多更大的石块，冰雹般地向敌人甩去。打得法军哭爹叫娘，食不甘味，寝不安枕，一日数惊，惶惶不可终日。

项从周看到敌人军心动摇，士无斗志后，又进一步巧布疑阵，迷惑瓦解敌人。他把上营盘根据地的一百多名抗法战士，组成九队疑兵，每队每人各执火把二束，夜晚于猛洞法军营地前的大山上，不停地穿梭绕转；又把当地的苗、瑶各族老幼妇孺组织起来，在山上大敲铜锣、皮鼓，大声呐喊，作厮杀状。惊疑未定的法军，看到大山上整整过了一夜人马，弄不清抗法武装到底有多少人；锣鼓声又此起彼落，使得本来就已疲惫不堪的法军更成惊弓之鸟；而眼下，营地四周又都是抗法战士埋下的竹签、陷阱、连环杆、"三步跳"（即"见血封喉"，是当地人民猎获猛兽用的毒弩），弄得他们草木皆兵，动弹不得。眼看整个猛洞地区变成了埋葬殖民主义者的汪洋大海，这头冲入火阵的野牛就要面临灭顶之灾了，于是过了几天，侵入猛洞的法国殖民军，便夹着尾巴滚到船头，逃到河江去了。

项从周领导的苗、瑶、壮、傣、汉各族人民组成的抗法武装力量，赶跑了猛洞的法国侵略军后，声威大震。各族人民欢欣鼓舞，信心倍增。他们亲眼看到，过去神气活现的高鼻子洋人并不是不可战胜的庞然大物，"众人拾柴火焰高"，只要大家团结一心，再凶恶的敌人也是可以被打败的。于是又有几百名爱国志士投入到抗法的洪流中来，这支抗法爱国武装力量随着斗争的节节胜利而不断地发展、壮大了。一个抗法斗争的高潮正在猛洞地区形成、扩展。

就在法国撤出猛洞的第二年，即1884年，不甘心失败的敌人，又集结了数百人马，悄悄地由河江经船头，进攻老山，企图从侧后偷袭猛洞抗法根据地。从船头到老山脚，是一条险要的马跌坎石道。该石道位于老山山腰的陡峭石岩中，其上是状如刀削的千仞石峰，其下则是万丈深渊，险峻异常，以往马帮经过此地，就有不少人马因不慎而坠入万丈悬崖，因而当地群众以"马跌坎"称之。马跌坎石道，又是河江到老山、猛洞必经的唯一的咽喉通道。因此，它不仅十分"险"，而且还十分"要"，真有一夫当道、万人莫进的境况。

当法国侵略军从河江经船头，向老山进犯的时候，当地的瑶族群众便将这一十万火急的情报飞报了项从周。项从周一方面命令驻守天险马跌坎的瑶族首领盘绍光（人称"盘铜炮"）、梁武，迅速集结当地的瑶族战士，坚决扼守通道，不准敌人向猛洞靠近；另一方面，他迅即带领猛洞主力部队，赶赴马跌坎增援。而此时的盘绍光早已做好准备，在敌人尚未到达老山前，便已设下埋伏，在马跌坎石道上布下了大量的滚石檑木、连环甩杆，安上了"三步跳"毒弩和竹签；还在道口摆上两门土铜炮，填满火药，专候来犯之敌。

数百名法国侵略军，在一名四圈官的指挥下，分作前后两队，向老山进犯。当前队法军进入马跌坎伏击圈时，盘绍光一声令下，顿时铜炮怒吼，滚石檑木齐发，连环甩杆和毒弩像飞蝗般地射向敌人。法军倒下了一大片。但敌人毕竟是训练有素的军队，他们在遭到伏击后，就地卧倒，用密集的枪弹向抗法战士射击。抗法战士有的用火铳，有的用毒弩，有的使用刚缴获的洋枪回敬敌人。盘绍光杀得兴起，干脆脱光衣服，一手拿着大刀，一手提着铜炮枪，专向法军指挥官冲去。刀光起处，一个侵略者的脑袋像皮球似地滚下了深涧。敌人哇哇乱叫，向后倒退。后队的法军又涌了上来，他们一面卧倒射击，一面喝酒壮胆，在格林炮的掩护下，又猛地跳起，恶狼般地向抗法战士反扑过来。在敌人的猛烈炮火下，盘绍光身负重伤，其他瑶族战士也多半壮烈牺牲，形势变得十分危急。正在这时，忽听山后一阵呐喊，原来是项从周带领的增援部队赶到了。他们像下山猛虎，直向法军扑去。法军猝不及防，在这支生力军的冲击下，损失了大半人马，不得不遗弃大批的尸首、枪炮，往来时的路上撤退。项从周追赶了一程，获得了大批的军用物资，并用刚缴获的白兰地酒来庆祝自己的胜利。

马跌坎之战，由于抗法武装充分地利用了有利的天险地形，并事先作了周密的布置，加之有效的配合和及时的增援，因而取得了伟大的胜利。这次战役，共歼敌七八十人，其中一圈官、二圈官三人。不仅沉重地打击了法军，粉碎了殖民者妄图进攻老山、偷袭猛洞抗法武装根据地的计划，而且还使抗法力量获得了急需的先进武器装备。

船头之战

1885 年春，中法战争的陆路战场进入了紧张激烈的阶段，法国一万多名侵略军在尼格里将军的指挥下，气势汹汹地扑向谅山、镇南关。白族爱国将领杨玉科英勇阵亡，镇南关失陷。法国侵略军疯狂叫嚣："广西的门户，已不再存在了。"甚至他们已经狂妄地拟订了胁迫清政府投降的计划。

盘踞在文山地区的法国占领军也趾高气扬，气焰极为嚣张。为了配合陆路战场，他们加紧拉夫派款，强迫群众交粮、交鸡、交猪，并抓走了许多青壮年去越南为他们当炮灰，做苦工。项从周一方面教育群众，一起抵制侵略者的无理勒索；另一方面又派人在途中设下埋伏，多次打死押送民夫的侵略军，解救了许多被押送的各族同胞，从而配合清军正面战场，在敌人占领的后方打击了侵略者。

为了拔掉敌人的据点，这年春天，项从周率领队伍，主动进攻盘踞在船头的法国侵略军。法军凭借险要的地形和坚固的工事，负隅顽抗。项从周的队伍几次冲到敌人据点跟前，都被密集的炮火挡了回来，部下伤亡很大。后来在当地壮族群众的支援下，找来了十多床棉被。项从周和十几名勇士，披着浇湿的棉被，冒着敌人的炮火，舞着大刀，齐声呐喊地向敌人冲去。顿时枪炮声、呐喊声、兵器的碰击声和敌人的惨叫声混成一片。敌人一批批地倒在勇士们的大刀之下，剩下的赶忙落荒而逃。经过激烈的肉搏，勇士们终于冲进了敌人的阵地，彻底地消灭了盘踞在船头的法国侵略军。接着，高棚、保良街一带的苗、瑶、壮族队伍，也赶走了敌人；驻守在马关的以李云珍（壮族）为首的清军，经过马白之役后，也赶走了法国鬼子。这样，法国侵略军就全部被逐出了我国的领土。

新寨歼敌，勇士捐躯

1885 年 4 月，中法签订《巴黎停战协定》，慈禧太后下达了停战撤军命令，中法战争结束了。但法帝国主义并没有停止对文山地区的侵略，文山人民也绝没有停止反抗外来侵略者的斗争。战后的第一年，即 1886 年的秋季，法国侵略者再次纠集了几百名侵略军和越南仆从军，从清水河、老寨方向向扣林、猛洞扑来，企图一举消灭项从周的部队，重新占领文山地区。项得知消息后，没有等到敌人站稳脚跟，就主动出击敌人。他命令部队主力在新寨附近埋伏接应，自己则亲自挑选了古姓（苗族）、庞姓（瑶族）、美姓（汉族）等十多个精壮弟兄，由他率领，脱去衣服，全身抹黑，带着大刀和轻便武器，趁月黑风高，干掉了敌人的哨兵，冲进了驻在新寨的敌营。此时法军尚在梦中，来不及惊叫，一个个已成了刀下之鬼。埋伏在附近的我方战士，也闻声杀入，不到半个时辰，就消灭了法国鬼子和越南伪军二百多人。其余敌人丧魂失魄，纷纷向猛洞西北角的黄瓜坡方向逃窜。项从周手舞双刀，奋勇当先，率众紧追不舍。看看快要赶上，不料从黄瓜坡的斜坡上窜出一个高大的洋鬼子，一把拦腰将项抱住，两人便扭打起来，从山坡一直滚到山脚。紧跟项从周冲在前面的是他的侄子猫爪子（苗名），他见叔父的双刀丢在路上，不见人影，心已怀疑；再听坡下厮打喊叫，才闻声奔到山下。由于夜雾茫茫，分不清哪是叔父，哪是鬼子。只听叔父一会儿喊："下面的是我！"猫爪子正待举叉欲刺，忽又听说："上面的是我！"后来又听道："我在下面。快动手！"猫爪子看得真切，一牛角叉便结果了法国鬼子的性命。猫爪子扶起了叔父，揩揩身上的污血，再鼓余勇，又继续追杀敌人去了。刚过现在十号界碑的茅草坡时，猫爪子不幸遇伏中弹，英勇牺牲。他的头被法国侵略军割了下来，一直拖到离黄树皮（今越南境）不远的老黄箐时才被项从周的部队追上取了回来。年轻的勇士，为了祖国的自由和独立，就这样英勇地献出了宝贵的生命，他死时还不到十八岁。在抗法斗争中，先后牺牲的还有项从周的胞兄由绒（在扣林牺牲）、侄子由满（在老寨牺牲）、川林（在扣林牺牲）和胞弟差桑等多人。

寸土不让

中法战争结束后，光绪十一年七月（1885年8月），清政府命内阁学士周德润会同云贵总督岑毓英、云南巡抚张凯嵩办理中越勘界事宜，并着吏部主事唐景嵩等随同办理。由于法国侵略者的狼子野心和百般阻挠，直到1895年双方才勘界立碑，确定了现在的中越边界。边界分为五段。自龙膊河至戈索为第一段，立界碑二十二号；由戈索至高马白为第二段，立界碑十九号；从高马白至瑶人寨为第三段，立界碑二十四号……中越界碑的勘立，主要是边疆各族人民斗争的结果：在马关一带，由于壮族清军李云珍在马白之役中击败了法国侵略军的侵入；在猛洞一带，主要是由于项从周积极抗法，因而迫使法人西威仪不得不承认漫美及猛洞三村划归中国，从而放弃了原来"请将该地剖分一半"的贪婪妄想。

中法双方新立的界碑呈方柱形，顶部是个正四棱台，中为长方柱，下面是座基，全用花岗岩石料做成，被深深地埋在土内。界碑北面向中国，镌有"中华"二字，南面对安南，镌有"安南"二字，侧面则刻记着界碑的号数，一般都安置在高山之顶。每一界碑之附近，我国又密埋界砖，上刻汉字，以防界碑之偷移。但尽管如此，界碑建立后，法帝国主义还是像贼那样，偷偷摸摸地把界碑往中国境内搬移，企图重新侵占我国的领土。项从周为了保卫祖国神圣领土的主权，率领苗、瑶、壮、汉各族群众，同侵略者针锋相对，寸土必争，一步不让。敌人趁天黑无人之际，偷偷摸摸地把界碑移进来，他们就白天把它抬回原处。有时为了争夺一块界碑，双方你来我往竟达一二十次之多。特别是位于茅草坡前的第十号界碑，因所管的地方辽阔，法寇千方百计想把它移到大塘子来，苗、壮族群众在项从周的领导下，又坚决地把它抬回了原处。项从周估计，敌人是不会甘心的，便决定派人看守。果不出所料，天黑尽时来了四五个无赖，鬼鬼祟祟地又在动手挖碑了。早就埋伏好了的战士，在一声"打！"的命令下，顿时枪声大作，几个挖碑的家伙也就受到了应有的惩罚。打这以后，敌人越发恼羞成怒，又不断出动兵力武装移碑，项从周也毫不客气地用武力回敬敌人，一次次地把移碑的强盗歼灭，最后迫使法国驻河江的六圈官在第十号界碑前与项赌咒发誓。项当即严正警告侵略者："谁要再把界碑移过来，有如这鸡狗一样的下场！"说毕，将一鸡一狗的头斩了，掷于碑前。法官吓得面无人色，随即夹着尾巴灰溜溜地走了。项从周深知，同强盗赌咒是十分靠不住的，敌人常常是背信弃义、反复无常的，于是他命令各族战士做好充分的准备。但就在法官返回的途中，愤怒的船头人民将法国六圈官丢入清水河中淹死（现该坟墓还在越南的河江省）。从此法人不敢再移动界碑了。

按：关于与法官赌咒的时间、地点，不少文章都说是 1886 年，在马关城南二里处的小赌咒河进行。有的还说是因与法人赌了咒后才取名为赌咒河的。这次笔者对之做了实地调查，并对文献资料作了详细的考证，发现上面诸说都是不符合事实的：第一，赌咒河之名早在清初就见诸历史记载了，不能因名附事；第二，时间也不会在1886年，因勘界立碑是光绪二十年（1894年）后的事。据项朝宗说，他清楚地记得家人说过，乃祖与法官赌咒是在茅草坡的第十号界碑进行。茅草坡是项从周与法寇经常战斗的地方，猫爪子就英勇地牺牲在那里，后来的界碑争夺也主要在那里进行。据他说，自从法人赌咒被伏击后，就再也不敢经过十号界碑了。直至50年后的1949年，在一次他与法人的交涉中，法人到了十号界碑前的风丫口就止步不前了，一直不敢从碑前过来，最后绕道第十一号界碑才到达猛洞。可见第十号界碑是法人望而生畏的地方。

关于移动界碑的问题，除了第十号界碑外，还有位于绿塘子的那块界碑，法人企图把它移到马关的石丫口来，各族群众把它抬回了原处，后来法人又把它搬到都龙街的大梁子，马关的人民又把它抬回绿塘子。

"这是国家的江山，人民的土地！"

法帝国主义的武装入侵、偷移界碑的阴谋接连失败后，转而采取金钱利诱、物质拉拢和进行奴化教育等更阴险、更卑劣的手段。他们不断派遣传教士利用传播宗教之名，进行间谍特务活动，并拉拢一些地痞流氓入教，为他们的文化侵略张目；又以经商、做生意为名，对我境内的个别民族首领进行收买贿赂；把银钱财物撒在街上进行"布施"，以示他们的"富有"和"仁慈"。面对敌人种种阴谋，项从周不仅不受贿，而且教育当地群众和民族上层，坚决抵制法帝国主义的文化侵略，号召大家不入教，不受贿。"不要高鼻子的臭东西！"表现了崇高的民族气节。

起初，法国殖民者佯装成商人，用小单毫（银币）换成中国的小米钱（铜币），一到猛洞的街子天就遍街撒。项从周看见十分气愤，命令赶街的人不准捡，哪个捡了洋人的钱就砍谁的手，结果没有一个人去拾法人的钱。到了第二个街子，法国人以为中国老百姓赚钱少，于是改撒双毫和一块的大钱，但是猛洞的人民连看也不看一眼。法人的这一招又失败了，气急败坏地说："哼！难道你项从周真的不爱钱？"他们随即命人驮了十驮金银财物，来见项从周，要求购买猛洞圆堡（今猛洞文化站）牛皮大的一块

中篇　中法战争与云南的关系

地。项当即严词拒绝，说："别说牛皮大的一块，就是牛蹄大的一块我也不卖！"法人无可奈何，只好悻悻而去。事后，项的部下问他，法国人用这么多钱来买牛皮大的一块地，你为什么不卖？项解释说："法国鬼子很狡猾，手段也狠毒，明说是买牛皮大的一块地，实际上，他们把牛皮划成很细很细的线，横竖一拉，就不是牛皮大的一块，而是很大很大的一片，连对面的那座山都可以围进去了。再说，这是国家的江山，人民的土地，我怎么有权卖呢？"听了他的这一席话，众人茅塞顿开，连连称赞和佩服项的聪明过人和忠于祖国的爱国精神。

图穷匕见

法帝国主义的各种阴谋接连遭到失败后，狗急跳墙，图穷匕现，最后施展出了绝招：阴谋暗杀，除掉他们侵略道路上的这一巨大障碍。由于当时社会上普遍盛行比武打擂的习俗，法人便以比武为名，企图诱杀项从周。一次，法人通知项从周，他们要来猛洞和他比武。项明知敌人的暗害阴谋，但他自恃武艺高强，更不能在强敌面前显示中国人民的怯懦，于是欣然回复使者：欢迎他们前来。法方挑选了二三十个身强力壮的蛮汉，除了带着比武用的大刀、棍棒外，还身藏手洋炮，以便必要时动手。比武就在猛洞的街头进行。这日恰逢街子天，观战的人群里三层，外三层，把比武擂台围得水泄不通。法方选派了一个武艺高强的彪形大汉，拖着齐眉棍大摇大摆地出场了。他傲视一切，高声催促对方赶快出场比试。项看了看对手后，挑选了武艺较好的第六子项国云（苗名申狗）出场，一棍就把敌人打倒在地，大杀了敌人的傲气。其他法人刚想拔枪动手，项从周的部下早有准备，一下全部将鬼子缴了械。法人的阴谋未能得逞，只好赔着笑脸说："比武的，打伤了不要紧，下次再来。"在众人的哄笑声中，法人垂头丧气地抬着伤员走了。

法人一计不成，又生一计。1897年春季的一天，法人收买了一伙流氓无赖，前来刺杀项从周和与项并肩抗法的黄大老爷。黄、项二家相距不远，有六人去项家，二人去黄家。经过一场惊险的搏斗，企图暗杀项从周

— 275 —

的六个刺客全部落网。

其他两个分头去行刺黄大老爷的刺客，一个手拿十三响，一个手拿一对钩镰，径直冲进了黄家的大门。黄氏正在屋里抬着黄铜铸的烟杆吸烟，他见来了两个陌生人，正欲起身问事。话未出口，来人便一钩镰向他打来，老人急忙一闪，躲过钩镰，顺势一烟杆，打中了那人的鼻子；另一个想拔十三响，又被老人一烟杆，横扫在他的太阳穴上。两个刺客都被打翻在地。随后老人夺过十三响，"啪"！"啪!"两枪，便结果了两个刺客的性命。

清政府的出卖

猛洞苗族首领项从周，领导苗、瑶、壮、傣、汉各族人民，从1883年起，直至19世纪末叶，前后和法帝国主义斗争了十多年，粉碎了敌人的军事入侵，赶走了法帝国主义，收回了滇东南一带长一百多公里、宽二三十公里的大片国土，形成了现在的中越边界，对祖国、对人民做出了杰出的贡献。在赶走了法国侵略军后，他又不断地粉碎了敌人在经济、文化等方面的侵略，为保卫和巩固我国的南疆付出了巨大的努力。他们的斗争，不仅严重地打击了法帝国主义侵略我国的野心，推迟了文山地区向半殖民地化演变的进程，而且给腐朽卖国的清政府也是一个教训。本来，马关以南，南丹山、大赌咒河以北，以及都龙、漫美、保良街、猛洞等地向来就是中国的领土，《清季外交史料》卷八十七中说："只因黄树皮、箐门及猛洞三村等处，向来驻有华兵……"（按：猛洞上村为今之上营盘，中村为猛洞，下村为船头）可是到了光绪十二年（1886年），周德润、岑毓英会同法使狄隆勘界后，称猛梭、猛赖一带，"荒远瘴疠，弃之不足惜"，结果丢掉了两地。而原属于开化府八甲中的聚仁、奋武两甲（今之漫美、黄树皮、漫瓜、箐门、保良街、猛洞、船头等地），光绪十九年（1893年），滇督王文韶竟不顾"两甲人民，久受中朝抚字之恩，咸求永隶蚌嵘，不甘外向，扶老携幼，相率赴地方官衙门沥情呼吁"，而以"聚仁、奋武两甲，虽与北圻界外毗连，实距法国官兵甚远，声息隔绝，历年游匪充斥，皆有鞭长莫及之势"为借口，主张放弃两甲，撤回滇军，并催促法国"应早派兵接防"（见《滇督王文韶奏游匪充斥，请缓撤聚仁奋武两甲中国驻兵借资保护片》，光绪十九年三月二十八日）。王文韶的无耻卖国活动，遭到了两甲人民强烈的反对，连一向投降卖国的清朝总署也表示"殊堪诧异"！

以王文韶为代表的清朝官吏，媚外卖国，不仅在法帝国主义的面前屈膝投降，出卖两甲人民，撤走滇军，给敌人以可趁之机，而且还恶意诬蔑抗法的群众为"游匪"，主张进行镇压。项从周等坚决反对清政府的卖国行径，他们在内外夹攻、毫无外援等极端困难的情况下，团结各族人民，一致奋起抗击法帝国主义的入侵，连连取得胜利，使法人望而生畏，终不敢越雷池一步。即使王文韶等人无耻地把聚仁、奋武两甲拱手奉送给了法帝国主义，但法国侵略者始终不敢前来接收。直到光绪十九年（1893年）仲秋，项从周把经过浴血奋战，从法帝手中夺回来的两甲土地献给了清政府，清政府才迟迟承认"猛洞三村，均在界内"。而法使西威仪在失败面前，不得不说："漫美及猛洞三村，从前总署允归越南，现照红线，均在中国境内。请将该地剖分一半如何？"（《新纂云南通志·外交考一》，卷一百六十四）在人民的铜墙铁壁面前，早已碰得鼻青脸肿的法国侵略者，只好向反动卖国的清政府进行敲诈勒索了。腐朽的清政府在洋人面前，卑躬屈膝，再次妥协退让，终于以猛拨（原中国领土）"对换"猛洞，满足了侵略者的无理要求。根据光绪二十一年（1895年）五月二十八日签订的《中法续议界务专条附章五款》的规定，以及次年《中法界务专条附章》的规定，猛洞山及猛洞之上、中、下三村正式划归祖国的版图，但猛拨、猛蚌、猛叠和猛乌、乌得、化邦等地却同时沦入了敌手。位于猛洞对面的老寨，历来属于中国领土，此时也划入了越南，而清政府却掩耳盗铃地欺骗群众，说是和越南"调换"。至今流传于猛洞一带的民谣还有这样两句话："憨不憨，老寨换龙潭；傻不傻，老寨调那马。"

至于周、岑两大钦差下来定界，是否接受了法人十八两金子贿赂的问题，历史上没有记载，不过现在文山地区的人民一直盛传此事，说法人用十八两金子把周、岑两大钦差收买后，将开化府的八里（东安里、逢春里、江那里、归仁里等）、八甲（每里下又分八甲，如黄树皮、黑河到小坝分别叫纪美甲、纪龙甲、纪河甲；南温河叫平易甲；猛洞叫费五甲……）出卖给法国了，表达了人民对卖国投降的清政府的强烈不满和愤怒。人民的愤怒是有根据的，1887年就有这样的上谕："将猛梭、猛赖一段，划归越界；其南丹山以北，西至狗头寨，东至清水河一带地方，均归中国管辖。"（《德宗实录》，卷234，页5，函5）前面提及的滇督王文韶，将聚仁、奋武两甲拱手送给法国（后来由于人民的反对才未得逞）等等，都是清政府卖国投降的罪证。

"苗中豪侠"

1893年，项从周把从法帝国主义侵占下的麻栗坡和马关地区夺回来献给了清政府。为了笼络人心，以示奖赏，同年，清政府封项从周为千户把总，将猛洞地方赐给项作为世袭衣禄之地。光绪二十八年（1902年），清政府又赐项从周六尺长、二尺宽的红缎软匾一面，上书"苗中豪侠"四个大字（据项朝宗说，是"苗中之豪杰，边防如铁桶"十个大字），右边一行小字为："钦赐猛洞项从周"，左边一行小字为："大清光绪二十八年某月某日"。

据项朝宗、项朝勋回忆，清政府给他家的奖词、锦旗很多，有的被家里人做民族服装了，多数在1937年苗瑶械斗时失去。项朝勋说，他小时还见过一副清政府赐给他家的奖词，共有八张，挂在板壁上，老师教他识字，每天令他背诵奖词，所以至今尚还记得。词曰："猛洞一带地方，划归法洋，中外委员即已具结，彼此交代法人，而项从周不从。大员曰尔小小法国，胆敢横行，乃尔侵安南侵掠我，而项从周不休。国家生人，派员前密防守，攻击抗敢，与法人大动干戈于谅山、高平、牧马、保罗、老街等地。"这段奖词，已无从考订，加之老人口齿不清，记录亦难免失误。项从周是否与法人大动干戈于谅山、高平、牧马、保罗、老街等地，迄今没有更多的材料说明。从他当时的力量来看，不可能达到如此广阔的地方。熊自兴说："从马关黑河到清水河一带是项的势力范围是毫无疑问的。奖词中提到的那些地方，可能是指国家的南防，也就包括了冯子材、刘永福在内，不光是指项从周一人。如果说项的势力达到了谅山、高平等地，这要多少人啊！而当时项从周的队伍不过几百人，不可能占有那样宽广的地方。中法会勘边界，项带兵护卫，参加了一些工作也是可能的。"项朝勋自己也说，他爷爷与法人打仗，主要在清水河、老寨、保罗、坝关一带进行。

清光绪三十年（1904 年），法帝国主义为了要拔掉项从周这颗眼中钉，曾贿赂老寨的王鼎魁，向清政府诬告项在猛洞一带自立为王，说什么项盖铜瓦铁柱，老子称王，儿子称太子、太保，要反朝廷了，企图借清政府之手除掉项从周。清政府信以为真，指令云南清军清剿项从周。大军已到开化府（今文山），前军密探回报说项称王造反并无此事，清政府才发觉上当受骗，随即着人调查。来人回报说："项从周坚持抗法多年，忠心耿耿，并无异心。他住的是竹瓦房子，穿的是粗布衣服，吃的是苞米杂粮。"慈禧太后听后才放了心，转怒为喜地称赞项从周说："此乃我南天之锁钥也！"为表彰其功绩，除政府颁赠奖旗、锦匾外，还任命他为南防统带，负责河口、马关、麻栗坡一带的边防。项从周也尽心竭力保卫边疆，使法人不敢染指这一地区，直至 1914 年逝世。

项从周手下有三名管带（相当于现在的营级）。管带有贵带（正职）、帮带（副职）之分，每个管带下又有三名哨官（连级）。哨下为什长（排级），每哨约百余人。统带相当于团级，约统兵一千余人。项当了统带后，部下都称他为"项四大人"。项有常备兵员 500 人（有事临时可召集乡丁配合），配有调羹枪 360 支，九响枪 120 支，每月军饷花银 3600 两。民国三年（1914 年），从周死，长子项国恩袭职。时安平厅（现马关）谓匪患已平，南防兵员应予裁减。于是将南防统带撤除，另任项国恩为边防团练营管带，每月经费减为 360 两。民国十二年（1923 年）项国恩病故，由项国云（项从周的第六子）接任管带。这时中法边界平定，政府再将团练营兵员裁为 120 人，作为马关县政府的保卫队，饷银照发 360 两。到民国十四年（1925 年），改为 360 广毫。同年全国各地发行纸币，又改为 360 元滇票。民国二十六年（1937 年）改为 360 元国币。民国三十年（1941 年），由于国币贬值，360 元国币养不活兵员而自动撤销保卫队机构。自此，项氏的军事大权便宣告结束。项国云于 1946 年去世。

项从周武艺超群，善使双刀，会连弩法（据说是学孔明的连弩法，一下可射出十多支箭）。弩头有药，名为"三步跳"，又名"见血封喉"，人兽只要中箭出血，顷刻即亡，不能解救。他又会做土炸药包，当地名叫"火熿"，用火药、铁片、瓦渣、石块做原料，使布扎紧，上有引线，一般可扎三四层、五六层不等，重量可达 5～10 斤，投掷时视各人的体力而定。散杆（用五拃长的杆子、五拃长的绳子做成，前有一尖状铁器，几十步外飞掷伤人，百发百中）、流星锤等，亦是项从周得心应手的武器。项的双刀，据项朝宗讲，1949 年他还看见他的十叔背过，有四尺长、两指宽，刀柄用马鹿角做成，其刃锋利无比，出鞘寒光四射。现下落不明。清政府所赐的锦旗、绣匾，从周死后，由项国恩保存，国恩死，由项国文保存，国文死，由项国云保存。1937 年国民党反动政府挑起苗瑶械斗，项家逃到上营盘，家中财物荡然无存，仅双刀由项国云随身携带；项从周的坟也被挖掘，焚尸扬灰。以后项朝宗将其祖父的一些遗物和骨灰埋于猛洞附近的香草坡。现仅有一土堆，没有碑石。

关于"游勇"的问题

这里，还须一提的是，光绪十九年（1893 年）项从周参加围剿越南"游勇"的问题。中法战争结束以后，大部分清军和黑旗军撤回国内，但尚有一部分不愿归国，继续留在越南，同越南人民一起，进行抵抗法帝国主义的斗争。也有一部分滇军、桂军和黑旗军入关归国后，被淘汰遣散（如滇军被裁撤一万四千余人），其中一部分回家种田，一部分做小商贩，还有一部分无家可归。无家可归或不愿归家的，基本上是清军中的下级官兵，他们三五成群，流落于中越边境一带，有勇名而无粮饷，所以被称做"游勇"。他们无端被裁，对清政府极端不满。他们有爱国热忱，常常不顾清政府的命令，同入侵的法帝国主义进行斗争，以后又掉转枪口对付清政府的镇压。他们劫富济贫，有时为了生存，也对人民进行一些骚扰。因此，情况虽然复杂，但总的来说，这是一些抗法的武装集团。清政府为了取悦法帝国主义，扫除法帝侵略中国的障碍，竟丧心病狂地把这些抗法战士诬之为"匪",公开进行武装镇压。光绪十九年(1893年)八、九月间,游勇黄九、阮朝宗、黄胜利等一千三百余人,趁清军绥远营管带覃克振病故,新委接任管带黄忠襄尚未到防之机,袭击南冲、大牛等地,与清军激战于塘坝、安检,八月二十七日攻陷中越边境重镇黄树皮,清军退守漫美、都龙。九月上旬,清政府一面飞檄署临元镇总兵马维骐由蒙自速赴都龙、漫美,"进剿"黄树皮之游勇;一面又调署开化镇总兵张绍模,火速支援驻守都龙清军。九月二十三日,清军围逼黄树皮。次日,黄九、阮朝宗、黄胜利分三路进击清军,不利,退守黄树皮。十月二十日,清军攻克漫瓜。二十六日,清总兵马维骐派怀远前营把总项从周带领苗、瑶部队攻黄树皮之南,游击刘秀和、都司熊学文攻其东南,参将马遇龙、游击郭先阳攻其西北,并派哨弁王锡恩带开花炮队相机遥击。黄九等率游勇分路抵抗,相持两昼夜,互有伤亡。二十九日凌晨,黄九等突围,退守安枧、大牛;部分游勇约五六百人,于十月初八日夜由扒龙渡河,围攻小坝子。十二日晚,游勇分三路进攻都龙,击毙清军都司喻飞雄、守备廖兴仁。十四日清军张绍模大队赶至,游勇由茅坪、戈马渡河败退。十月二十九日,清军乘胜追击退守丫口寨、南庄街、漫龙、筠竹棚、小坝子等处的游勇。项从周等率领的少数民族部队,在"清剿"游勇中,眼看和自己一样抗击法帝国主义的义军,没有死在敌人的枪口下,而是死在自己同胞的手中,十分愤懑,因而在筠竹棚之战中,不愿继续屠杀自己的弟兄,主动撤围,回到猛洞一带防守祖国的南大门去了。马维骐、张绍模等于光绪二十年(1894年)正月,在镇压了中越边境一带的游勇之后,开门揖盗,请催法兵接防。正月二十四日,法国四圈官国思泥来箐门接防。原驻大牛、安枧之游勇义军,获悉后连夜渡过黑河,分股径奔箐门,准备中途截击法军。不料卖国反动的清政府,事先设下埋伏,三面夹击游勇,杀死、俘虏义军二百余人,带伤者不计其数。游勇义军伤亡殆尽,其余被迫撤退到河阳。马维骐等为法国侵略者扫清道路后,再次敦请法兵前来接防。二月初十、十一日,法国四圈官国思泥带领法兵七十余名、安南兵三百余名,接防箐门及附近之漫攸、扣刀等处;二十七日接防黄树皮;二十九日接防漫瓜。唯猛洞一带因项从周带兵驻扎,法国侵略者已多次领教,始终不敢前来接防并染指这个地区。

由上述材料，我们可以看到，项从周在当了清政府的土官后，不得不听命于政府，参加了镇压"游勇"的活动，这是他的历史局限性，但在其后期，他已初步觉醒，主动退出了残杀抗法弟兄的活动，并一直留守猛洞、马关、河口一带，使虎视眈眈的法帝国主义始终不敢妄越雷池一步，这又是他的可取之处和功绩。这次调查中，项朝勋对作者说："当年游勇闹边疆，那些游勇多半是两广的人，头头有阮朝宗、黄胜利、党三绍，还有梅里长。他们被我爷爷打败后，阮朝宗和梅氏跑到河阳去了，黄胜利、党三绍跑到河口去了。现在河阳还有梅家的人，在洞奔还有阮朝宗的后人叫阮富胜的。此事隔了十多年后，他们见我爷爷还不错，想回祖国来；我爷爷也想，苗家人不会当官，还是把梅家接来当官吧。于是就把梅家从河阳接来当里长。'里长'是随法国人的官号叫的，不是谁委任的。文官有街长、里长、州官，武官有少銮、洞銮、州銮，等等。"这些说法，大体与《谭中丞文稿》的记载相符。游勇阮朝宗等于 1897 年在广西泗城为清军所逼而"受抚"。《大清历朝实录》四〇七卷第一三页记载："游目阮朝中、黄镇辉、麦贵安，业经该督将其所部编为三营，分别安置。"黄镇辉很可能就是黄七。关于梅里长先是游勇，后被请到猛洞当里长之说，迄今未见记载，现姑且存之，以俟后来者详察。

团结就是力量

在本文快要结束的时候，作者拟用一点篇幅来探讨并回答这样一个问题：项从周为何能够以少胜多，以弱胜强，以几百人的武装最终战胜并驱逐了法帝国主义，在我国的近代史上创造了惊人的奇迹？我想其中原因很多，但最重要的一条，就是：团结就是力量，团结斗争就能胜利。

项从周除了武艺超群、斗争目的性明确、英勇善战、足智多谋（这些品质都是人心归附、博得群众拥戴的必不可少的重要因素）外，还有其杰出的组织才能和领导才能，因而能把麻栗坡、马关一带的各族人民组织起来，团结起来，为了实现保家卫国这一崇高的神圣目标而英勇斗争。

当时，马关、麻栗坡一带，由于清政府的投降卖国和法帝国主义乘机武装侵占后，各族人民处于水深火热之中，迫切要求有一个领袖人物出来领导他们斗争。项从周适应了人民的这一要求，及时地把群众的自发斗争变成声势浩大的群众运动。他揭竿而起，振臂一呼，万众响应，共同团结在他的义旗之下。但是，群众起来后，能否把大家扭成一股绳，斗争能否持久，这在很大程度上就取决于领导者的才能了。

据文山地区人民反映，项从周关心人民疾苦，仗义疏财，谁家有苦难，他就想方设法去解决；不管哪个村寨、哪个民族，只要受了法国侵略者的欺侮，他一知道后就派人或亲自前去解救，因而受到各族人民的拥护和支持。如前面提到的法国占领军强迫人民到越南当炮灰、服苦役时，他率领部下伏击押送民工的侵略军，解救了许多青壮年，后来这些青壮年大多跟随项从周，投入了反抗侵略者的斗争洪流。又如法国侵略军在船头、曼昆等地，除向群众派粮、派猪、派鸡外，还无耻地派姑娘陪他们睡觉。当地群众十分愤慨，严加拒绝。法军竟动用武力，抢夺民女。项从周得知后，立即率人前去，赶跑了法寇，搭救了民女，因而在船头之役中，群众积极支援人民的武装，争献大棉被。又如当时猛洞街子上很多群众生活困苦，他就主动送粮送钱接济他们。项朝勋说："我爷爷不爱财，他有一升米也要分半升给穷人吃。他常对家里人说：'我过去还不是穷人么？人家穷人不容易找着吃的，他们有困难我们就要帮助'。"因此，项从周在滇东南一带深得人心，在群众中享有很高的威望。领袖关心人民，人民热爱自己的领袖。有一次，项从周的大老婆项国恩的母亲被法军劫到河口时，瑶族青年梁武和盘绍光自告奋勇，挺身而出。他们安慰项国恩说："不要紧，大少爷，我们去把你妈夺回来！"说完，二人各背一把大刀，趁天黑时泅水过了南溪河，干掉了敌人的岗哨，摸进法军的军营，从牢房里把项国恩的母亲背了出来，后又夺得敌人的两匹军马，飞驰回营。

项从周是当地深孚众望的一位民族上层，但他不以领袖自居，生活简朴，从不搞特殊，吃的是苞谷饭，穿的是麻布衣，看上去像个放牛老倌。平时常和部下一起练习武艺，对待各族同胞犹如自己的兄弟姐妹，因此当地群众都亲热地叫他"老四哥"。他不仅团结了当地各族的爱国志士，如瑶族的梁武、盘绍光（人称"盘铜炮"），汉族的杨三、滕教师、张师爷（后改姓项），壮族的卢和、王正祥、美廷况（均在瓦厂），傣族的黄承亮

（马关城子），以及古姓、马姓的苗族弟兄，而且还热烈欢迎由两广、川、黔、文山等内地前去投奔他的爱国志士，并根据他们的特长，分别委以重任。他们在抗法斗争中，大都成了抗法骨干和项的亲密助手，有的在捍卫祖国的战斗中英勇地献出了他们宝贵的生命，如梁武、盘铜炮、滕教师等。

项从周还十分重视做团结民族上层的工作。这是因为，各民族的头人和上层，在大敌当前时，他们的民族利益和自身利益同样受到侵害，因而有可能共同抗法。另外，他们在本民族中具有一定的影响和威信，有相当的财力、人力和物力，团结他们，对取得抗法斗争的胜利，便有着不可忽视的意义。为了争取、团结他们，项从周主动地去联络附近各族的土司头人，晓以民族大义，陈以切身利害，使他们由观望、动摇到坚定地站到抗法斗争的行列中来。对于过去同他有前嫌的土司头人，他也能捐弃前嫌，主动登门拜访，使之和好如初。譬如，原来住在猛洞的梅里长梅光德，与项曾是友好的结拜弟兄，后因小隙，致动干戈，梅家被赶到船头。法人入侵后，项不记前怨，主动将占的土地退给梅山官，梅山官也赔还了从项家抢来的财物。二人握手言欢，重结金兰。自此两家一在船头，一在猛洞、都龙，齐心抗法，互相策应，在抗击法国侵略者的斗争中做出了贡献。

对于个别迷途的民族上层人物，项从周也竭力争取团结他们，使之迷途知返，共同联合对敌。如原住在黄树皮的一家傣族黄姓土司，起初依附法人，在项从周与法侵略者赌咒时，曾参加法方赌咒，同项争过地盘，做了一些不利于国家和人民的事；后又与法国侵略者发生矛盾，被赶出了黄树皮。项从周抓住机会，对黄开导教育，使之认识了自己的错误，回到了抗法的队伍中来。当时项的部下曾竭力反对，项对大家说："只要回来就好，何必计较人家过去的事情呢。"他又对黄说："如果那时（指赌咒划界）你不站在法国方面和我们争地盘，现在不就有你的土地种了？既然回来了，我们还是欢迎。你没有土地，就把那港给你好了。"黄土司连连称谢，并在以后的抗法斗争中，带领傣族群众，与项从周并肩作战，立下了不朽的功勋。

毛泽东同志说过："真正的铜墙铁壁是什么？是群众，是千百万真心实意拥护革命的群众。这是真正的铜墙铁壁，什么力量也打不破的，完全打不破的。"（《关心群众生活，注意工作方法》）又说："战争的伟力之最深厚的根源，存在于民众之中。日本敢于欺侮我们，主要的原因在于中国民众的无政府状态。克服了这一缺点，就把日本侵略者置于我们数万万站起来的人民之前，使它像一匹野牛冲入火阵……"（同上）毛主席的话，恰好说明了项从周为何能以数百之众（不！是千千万万的人民群众！）和千平方公里的弹丸之地，能够战胜世界第二强国——法帝国主义的重要原因，也说明了清政府为何以百万之师而在中法战争中却遭到失败的主要症结。

结　语

项从周抗法斗争的英雄事迹到现在已经是整整的一百周年了，他为捍卫我国的领土完整和民族的尊严贡献了毕生的精力，为祖国、为人民做出了杰出的贡献，在近代史上写下了光辉的一页。过去，由于统治阶级的民族偏见，他的英雄事迹很少被用文字记载下来，在史书中也就没有其应有的地位。今天，调查、研究项从周抗法斗争的活动，恢复他在近代史上应有的地位，乃是我们史学工作者义不容辞的光荣任务。最近，中共中央宣传部、中共中央书记处研究室在《关于加强爱国主义宣传教育的意见》（1983 年 7 月 2 日）一文中指出："中华民族不但以勤劳、智慧著称于世，同时又是酷爱自由、富于革命传统的民族。中国各族人民的爱国主义精神和彪炳千古的爱国事业，是中华民族发展史上最光辉灿烂的篇章。特别是近代以来，中国人民为了民族的生存和新中国成立，为了祖国的独立和富强，从鸦片战争起，中经太平天国运动、中法战争、中日战争、戊戌政变……直到推翻帝国主义、封建主义和官僚资本主义的反动统治，创建社会主义的新中国，进行的艰苦卓绝、可歌可泣的斗争。可以说，一部中国近代现代革命运动史，同时也就是一部中国近代现代的爱国运动史。"（《人民日报》，1983 年 7 月 16 日，第 2 版）中央号召我们，要宣传重大的历史事件和著名的历史人物。项从周正是中法战争这一重大历史事件中涌现出来的爱国者，他领导的滇东南各族人民的反帝爱国斗争，虽然不如义和团运动那样壮观宏伟，但其意义却是不可低估的。他的伟大和功绩就在于：他是我国近代史上第一个成功地抗击住了帝国主义侵略的民族英雄。他是苗族人民的骄傲，也是中华民族的光荣。

参考文献：

[1]《马关县志》卷五《绿营·附猛硐团练之设置》："项从周，行四，苗族，原居野猪塘，幼为梅里长器重。有胆识，娴枪弹。梅卒，猛硐地方附之。滇越划界，都龙六社及南山三社附入版图，猛硐地方倚从周为屏翼。助马维骐、张绍模数平边乱，以功加从周千总。自是之后，政府定案每月由县署支给从周团练饷银三百大元，以作练团之资。二十八年，苏抢元调周剿匪。民国三年从周卒，军府优给恤赏，准予国恩袭职。"

[2]谭钧培撰：《谭中丞文稿·越南游匪一律肃清折》，光绪十九年十二月："十月二十日，即将漫瓜攻克，各路营垒扎定。二十六日，把总项从周带队攻其南，游击刘秀和、都司熊学文攻其东南，参将马遇龙、游击郭先阳等攻其西北，并派哨弁王锡恩带开花炮队相机遥击。"

[3]谭均培撰：《谭中丞文稿·剿办越匪竣事并交防情形折》，光绪二十年四月："法国带兵官国思泥亦于二十七日带领法兵及安南兵接防黄树皮，二十九日接防附近之漫瓜，我军亦派怀远右营分扎南丹山。惟猛峒一段界务尚有鏖辏未交接，现仍派怀远前营项从周带勇驻扎，并添派怀远右营哨弁黄玉悦管带土勇一哨协防；其怀远左营仍扎小坝子一带。"

[4]王敬彝："敌骑马驱处，归仁思弃捐。虫沙沦异族，沧海变桑田。新市犹成里，临危转戍边。不应訾项伯，从汉识微权。前划界时，土司项从周，据地归有，隶安平厅，称归仁里。"

（原载《云南现代史料丛刊》1983 年第 1 辑）

项从周人名考

　　云南猛洞苗族首领项从周，是我国近代史上一位抗击法帝国主义入侵，捍卫祖国领土主权完整，为中华民族做出过宝贵贡献的民族英雄。但他的名字在许多著作、文章中却有几种不同的提法。一叫项崇因，如马曜先生主编的《云南简史》（云南人民出版社 1983 年版，第 203 页）；二是叫项从周，如拙著《苗族抗法英雄项从周》（云南民族出版社 1990 年版）、《苗族首领项从周抗法述评》（《中南民族学院学报》1986 年第 1 期）等等；三是叫项崇周，如胡兴义的《项崇周传略》（《云南地方志通讯》1984 年第 3 期）、项朝宗的《记我先祖项崇周》（《云南文史资料选辑》第 22 辑），等等。这几种提法哪种是正确的？第一种可能是编辑校对的差错，"周"字误排成了"因"字，但"崇"字可能是原作中的字，没有变动。余下的就是两个"从""崇"之别了。据笔者调查所悉，认为是"崇"字的人说，因项家是少数民族，他们崇拜中原文化，崇拜中华古老文明的周朝，所以叫"崇周"。我则认为，从周的从字是"从"而不是"崇"，理由有二：一是笔者 1983 年春在猛洞调查时，详细询问了项从周的嫡孙、第二代苗王项国云之子，时年已 73 岁的项朝勋。据他说，他是苗家文化较高的人，自幼读私塾，乃祖项从周的"从"是双人旁加两个人的"從"，意为顺从，归顺中华的意思，不是崇拜的"崇"（"從"字是今"从"字的繁体字）。二是文献中记载的"从"字。《谭中丞文稿·越南游匪一律肃清折》（光绪十九年十二月）中说："二十六日，把总项从周带队攻其南"；《剿办越匪竣事并交防情形折》（光绪二十年四月）也说："惟猛洞一带界务尚有孳葛，未便交接，现仍派怀远前营项从周带勇驻札"；《马关县志》卷五《绿营·附猛洞团练之设置》里记载："项从周，行四，苗族，原居野猪塘"；当时的学者王敬彝在写诗赞颂项的功绩后写道："前划界时，土司项从周，据地归有，隶安平厅，称归仁里。"文献资料是当时的历史记录，全部文献都清楚地记载是项从周而非项崇周。据此，笔者认为，项从周的"从"字是"从"而不是"崇"；"崇"字显系后人意会之误。因此事关系一位民族英雄的正名问题，故作短文考辨，以正视听。

（原载《云南史志》1996年第3期）

法国修筑滇越铁路是件"好事"吗?

近年来,有的青年同志由于对近代历史不甚了解,因而出现了一些糊涂的认识,如说什么法国修筑滇越铁路"帮助"了中国,是件"好事"等等;也有的史学工作者认为滇越铁路的修通,使云南得到了开发,促进了滇省经济的发展。对此,本文想用滇越铁路修筑前后的一些历史事实来澄清这个问题。

法帝国主义发动中法战争的一个重要目的,就是要在云南修建铁路,攫取云南和内地丰富的矿产、物产资源。1885 年中法战争结束后,通过《中法会订越南条约》的签订,法国取得了在云南修筑铁路的权利。1897 年(光绪二十三年)秋,法国驻华公使吕班,以 1885 年 6 月所订的《中法会订越南条约》和 1895 年 6 月所订的《中法商务专条附章》的规定为"理由",向清政府提出在云南修建铁路的要求,并未经许可,就擅自派遣吉默里等人于同年 12 月进入云南,勘测河口→蒙自→昆明→叙州(四川宜宾)的线路。虽经数次争辩,但卖国的清政府慑于法国的威势,被迫于 1898 年 4 月 9 日、10 日(光绪二十四年三月十九日、二十日)照会吕班,"准允"法国"自越南边界至云南省城修造铁路一道"。1901 年(光绪二十七年)9 月,法国滇越铁路公司正式成立。同年 10 月 28 日,清朝总理外务部与法国签订《中法会订滇越铁路章程》三十四条,作为定章,以此遵照办理。于是法国正式攫取了修建滇越铁路的权益。《滇越铁路章程》的要点如下:

(一)铁路起止、宽窄方面,规定:由"东京(今河内)边界至云南省城""自河口起,抵蒙自,或于蒙自附近以至云南省城""铁轨宽窄,在两轨之间,计一迈当"。

（二）在经营管理方面，规定：铁路之监工、副监工、匠目及各色执事由外国人充任；工人可招募云南或他省之人民充当。工人之招募或遇工人罢工、罢市，中国地方官应设法尽力相助，并负责保护洋员和铁路工程之安全。所有公司执事人员、工匠人夫等，归总监工或总监工所派之人管理。如有词讼，外国人应按条约办理（即享有治外法权和领事裁判权）。凡有关铁路的事宜，须由铁路监工定夺。

（三）在铁路土地的占用方面，规定：铁路修造之车站、机器、厂房、铁厂、存货栈房，均应备有地段听用，以足敷其用为止。"若所用地段系属官地，应即交公司收领；若系民业，应由滇省大吏购买，于六个月内拨交公司。"铁路两旁，可修造工程运路以抵石矿，开挖运送石块物料，并抵铁路及铁路所属厂房。所有修造此项运路地段，亦由该省交给公司。公司可逐段设立厂房，并于沿线敷设电线电话。

（四）在税收方面，规定："路成开车后，凡经此铁路出入之货物，均照通商税则交纳进出口正税，若运往内地，已经交纳子口半税，凡过关卡，概不重征""修造铁路及开办铁路应用机器物料等件，概免进口各色税项""客位、货物运送价值，均系公司自行核定"。

（五）在收回方面，规定："中国国家于八十年期限将满，可与法国国家商议收回地段、铁路及铁路一切产业，其应须偿还所造花费并专门各色手工之资，及法国所保代为发给公司股本利息，凡所有此项铁路各色经费，俟到期限，均在此款内归清，则铁路一切产业，自可归还滇省大吏收管，毋庸给价，如欲核算各项制造等费，当以彼时开议法国所结历年出入账目为凭，则预知中国应否给费以收回此项铁路及一切产业。"

其他方面，虽然《章程》里也写上了一些诸如中国工匠人夫"必自优待，或有病症，应由公司济以医药，若有伤亡，应给抚恤"；"铁路专为治理商务，不准运送西国兵丁或西国兵力所用军火粮饷"；"遇有战事，悉听中国调度"等冠冕堂皇的规定，但实际上法国并没有照章执行，而是变本加厉地对中国人民和国家主权进行疯狂的掠夺和破坏。根据《滇越铁路章程》的规定，法国攫取了滇越铁路的修建权、管理权和拟订客货运价等权利，严重地侵害了我国的领土主权和经济利益。而中国方面则一无所得，只能为他们提供土地、土石木料和廉价的劳动力而已。至于铁路"收回"

的规定，也是海市蜃楼的空文，因为八十年后中国收回时是否给钱，要视铁路进款能否抵偿公司之投资及股本利息而定，而其进款又以法国历年之出入账目为凭。法方狡诈，自然不会公布经营款项，即使公布，也是弄虚作假，布置迷阵；中国方面则根本无权过问，只能听凭他们的摆布而已。

法国在《滇越铁路章程》订立后，即于1904年（光绪三十年）开工修建"滇段"。此段原拟从河口、新街起，经大窝子、新现、鸡街、临安、馆驿、通海、玉溪、昆阳、晋宁、呈贡至昆明，由于沿线各族人民的强烈反对，法国才被迫改由河口经碧色寨至阿迷州（今开远），再沿南盘江北上，经盘溪、宜良到达昆明。1910年（宣统二年）4月1日滇越铁路全线修筑完毕，全长855公里，其中云南境内为466公里，共花了6年多的时间。

在修路过程中，法帝国主义对中国人民竭尽欺压盘剥之能事。法国滇越铁路公司不仅无偿地占用了铁路沿线的广大土地（仅昆明县近城南郊即被占用农田1700亩，至于铁路全线被占用之土地就难以统计了。据文献记载："计自开工迄今二十余载以来，除官地之价值不计外，其有产业，经由本省政府备价购买，拨交该公司应用者，总计垫款约达一百余万两之多。"直至1910年滇越铁路全线通车后，"该公司请求拨地之事，仍继续不已"，使"云南省政府所负担的地价，颇为不赀"①），破坏了许多田园、村舍、街衢、庐墓，砍伐了大片的森林，毁掉了人民的家园，使不少人流离失所，无家可归，而且还强迫云南和外省人民作其苦力，对他们实行惨无人道的剥削与压迫。起初，法帝国主义急于修路，便从沿线一带招募工人，但"滇之民近路工者，审知其惨状，并知越路有害于滇，不愿为法人筑路"②，或是"皆因洋人虐待，散亡殆尽"③，于是转而与清朝官吏勾结，利用政权手段，驱使云南人民筑路。一贯媚外卖国、为虎作伥的滇督丁振铎和洋务总办兴禄等人，竟甘当法帝的鹰犬，利用手中职权，"仰承风旨"，"严札饬催"云南、东川、楚雄三府共十六个州县的官吏"勒民赴

---

① 《清代至国民党政府外交部驻云南省特派员公署档案》卷138，卷144，云南省档案馆。

② 陈荣昌：《特参司道大员奸邪柔媚贻误疆臣折》。

③ 沈祖燕：《案事篇》。

工"，说："倘敢任意玩延，定即撤任详参，决不宽贷。"① 并令"民间出钱财资送，一夫之费二十余金。一县数百夫，遂至数千金"②。滇省民工不足，法帝又收买奸民充当工头为之招骗工人，他们许诺工头："汝辈有能为我法招路工一千，工作一年者，我辈许汝以大利益外，先以一大法宝星为质，将来路工告成时，我辈即以汝辈为云南官，随其择任。"③ 被收买的工头，先后从两广、福建、山东、天津、浙江、四川、贵州等地陆续胁迫、诱骗了二三十万人来滇修路。这些被胁骗来的民工，过着牛马不如的生活。当时清政府驻蒙自滇越铁路总局任会办的贺宗章在《幻影谈》里写道："其工棚伙食，概由苦力自备，工人以数十人或十数人为一起，即于路侧搭一窝棚，斜立三叉木条，上覆以草，席地而卧，潮湿尤重……秽臭熏蒸，加以不耐烟瘴，到无几日，病亡相继，甚至每棚能行动者，十无一二。外人见而恶之，不问已死未死，火焚其棚，随覆以土；或病重路旁，奄奄一息，外人过者，以足踢之深涧，其得藁葬者，尚为幸事……先后共埋二千具之谱。于是，其未病者，皆舍命逃亡，不数日而尽，工价未得，路费全无，沿途乞食，转由蒙自入内地……计此次由海道所招来六千名，及由内地逃归者，至多不过六七百人而已。其后续由成都、重庆招来，或中途逃散，或到未久而逃亡，见于交涉者十数起。在工瘴故，多未据报，已无确数可稽。"④ 在法帝国主义的百般虐待折磨下，"工人能散亡逃回……得保其身命者，实不过十之二三也"⑤。

被胁骗来的中国民工，不仅受尽了洋监工、洋包工和工头的层层盘剥和奴役，而且还随时遭到他们的任意打杀。革命党人杨振鸿在经过实地调查后写道："招路工时，本议石工每人每日工价八角或七角，土工每人每日工价四角，米价在内，惟米由法人每人每日给一斤，由工价内扣除，而价值之高昂，任被折扣。又工价每月发一次，至月中而工人之病死者，工价即被法人行骗。其或经满一月，而法人多方推辞，不给工价，工人苟强

---

① 沈祖燕：《案事篇》。
② 同上。
③ 志复（杨振鸿）：《滇越边务及铁路之实况》。
④ 贺宗章：《幻影谈》。
⑤ 沈祖燕：《案事篇》。

为催索，或被殴打或枪击，自后路工之被骗者苦无所告，亦不禀报，唯有流离饿死而已……路工死至数万人，工价被骗至数百万元……沿途之监工，有法人、意人、越人，每监工随身带有手枪一支，手棍一根，工人稍有倦惰，即以手棍击之，亦或以老拳、飞脚饷之，其甚者或以手枪击毙。"[1] 另一位目击者湖南存记道沈祖燕于光绪三十三年（1907 年）在他的调查报告中写道："法人接造滇路，以意大利人包修为多，而希腊等国人次之，其中以意国包工为最苛刻；中国则又有工头，或管数百人，或管数十人不等，皆受命于洋包工，其发给工资，往往不按定章，多所扣欠，如工头黄福记被洋人瓦理格扣欠八千九百余元，黄胜记被洋人马约扣欠七千余元，李宝兴被欠三千余元，林六被欠四万二千余元，此等克扣工资之案，积牍盈栋，虽经控追，亦不过一照会而已。"又说："当其在工之时，洋包工督责甚严，每日须点名两次，偶值歇息，即扣工资一日，并有运米给食，作价倍昂者，稍不如意，鞭捶立至。其有铁索贯十数人之发辫，驱之力作，偶有倦意，即以马棒击之。种种苛虐，实不以人类相待，多有凶殴致命及无故殴毙者，如洋人基施地之殴毙王开宗，纳弥那之踢毙刘保如，基日窝之枪毙唐贵廷，此等毙命之案，不能悉数……据沿路所访查，此次滇越路工所毙人数，其死于瘴、于病、于饿毙、于虐待者，实不止以六七万人计。"[2] 类似的事例还有，如：光绪三十年（1904 年）六月初六日，意监工咖尔赵尼在和尚咀击毙工人张大兴；同年八月初九日，意监工咖纽在江头村无故打伤彭三，至十五日因伤死亡；光绪三十一年（1905年）十二月二十三日，洋工雷维在七孔坡用石头打死工人马正海；三十二年（1906 年）六月十一日，监工弗里阿在水井坡殴毙工人李四，等等[3]，真是层见叠出，不胜枚举。这些触目惊心、血迹斑斑的事实，都是帝国主义欠下中国人民的一笔笔血债，也说明滇越铁路完全是用中国人民的血汗筑成的。

滇越铁路的筑成，是法帝国主义套在中国人民身上的又一根锁链，也是插在中国人民身上的一支吸血管。它成了法国侵略和掠夺我国的一个重

①　志复（杨振鸿）：《滇越边务及铁路之实况》。
②　沈祖燕：《案事篇》。
③　南昆仑生：《滇越路意监工殴毙华工案》，《云南杂志选辑》，第 418—419 页。

要工具，给我国人民，尤其是给云南人民带来了深重的灾难。滇越铁路通车的 1910 年，越南总督都墨在给法国政府的报告里就直言不讳地供认："云南为中国天府之地，气候物产之优，甲于各行省。滇越铁路不仅可以扩张商务，而关系殖民政策尤深。"① 法国通过滇越铁路的修建，控制了云南的交通命脉和沿线的大片领土，掠夺了云南丰富的矿产、物产资源，垄断了云南的金融，并进而干预和操纵了云南的政治和军事，把云南社会进一步推向半殖民地化的深渊。

滇越铁路建成后，法国的商品直接从越南大量地进入云南市场，使云南自给自足的自然经济迅速解体，脆弱的民族工业受到严重的打击。以开远为例：滇越铁路通车前，当地盛产甘蔗、棉花、稻米和油菜，土制白糖年年增加，榨糖机械有 120 多架，大米、棉花自给有余；滇越铁路通车后，由于洋糖、洋纱、洋布、洋油的大量输入，开远的土糖销路不畅，榨糖机被迫减少二分之一，榨油作坊几乎全部关闭，粮食也不能自给，每年要从越南进口两三个月的东京米，棉田也被改种烤烟，土纱、土布等手工业品一落千丈，几乎濒临绝迹的境地。又如曾被开为商埠的蛮耗，滇越铁路通车前，有棉田 4000 余亩，收草棉、木棉三四百担，城内城外及新安所有土机织布者 500 余户，年产土布 60 万匹；滇越铁路通车后，洋纱、洋布等大量输入倾销，每年平均输入蛮耗之洋纱达 37800 件。由于洋货的大量倾销，地方产品受到严重打击，造成境内棉田荒芜，手工纺织业纷纷破产。

法帝国主义除了利用铁路向云南大量倾销商品外，还用它来掠夺滇省丰富的矿产资源。其时云南的对外贸易，出口以大锡为主，约占出口总值的 80%～90%，其次是生丝、皮革、猪鬃、药材等农副产品。据蒙自海关统计，1890 年（光绪十六年），滇省共出口大锡 1338 吨，1900 年（光绪二十六年）增加到 2497 吨，1910 年（宣统二年）滇越铁路通车后，一跃而为 6195.4 吨，为 1890 年的 4.7 倍。个旧大锡的产量，也由 1890 年的 1315 吨，猛增到 1911 年的 6347 吨，22 年内增加了 3.8 倍②。这些大锡到

① 盛襄子：《法国对华侵略之滇越铁路》，《新亚细亚月刊》，第 3 卷，第 6 期。
② 陈吕范等编：《云南冶金史》，第 77、92 页。

哪里去了呢？主要还是到了法国的手里。据《建国前滇越铁路修建史料》的估计，在该路筑成后的 30 年中，法帝国主义通过滇越铁路，共掠夺我国大锡 234242 吨，价值达 293845923 关平两。

法国还通过任意提高车费，自行核定客货运价，在越南海关无限制地增收"过境税"等手段，巧取豪夺，对云南人民进行超经济的强制剥削。根据滇越铁路公司的报告，全路的投资为一亿五千八百四十六万法郎，而每年的收入却是六千七百二十余万法郎，其中纯利润竟达一千万法郎以上①。这只是法方的片面之词，其实际数目当然比这要多得多。

由上可知，法国修筑滇越铁路的目的，并不是他们发了"善心"，要"帮助"中国搞经济建设；滇越铁路的建成并没有给云南人民带来什么"好处"，而只是给他们增添了一条新的锁链。这诚如一个帝国主义分子所供认的那样："故夫铁道者，犹人之血管机关也，生死存亡系之。有铁路权，即有一切权，有一切权，则凡其地官吏，皆吾颐使之奴，其地人民，皆我俎上之肉，是'亡人国'而'亡之使不知其亡'，'分人土'而'分之使不知其分'的绝妙方法。"② 另一个法帝国主义分子古德尔孟更是赤裸裸地宣称："吾望他日游行云南时，吾法之权力随之而达于云南全省。吾尤望云南铁路告成之日，能在日本休养未足之先，则席卷云南，如探囊取物矣。"③ 帝国主义分子的自白，一语道出了他们在华修建铁路的奥秘，同时这对认为法国修筑滇越铁路是件"好事"的人，无疑是副很好的清醒剂。

（原载广州《东南亚研究》1990 年第 3 期）

---

① 《云南交通长编·铁路》。
② 宓汝成：《中国近代史资料》第二册，第 884 页。
③ 古德尔孟：《云南游历记》。

下　篇

战后的中越界务及历史上的宗藩问题

中越界务滇越段会谈及勘定

一

1885 年 6 月 9 日《中法越南条约》（下简称《条约》）签订后，中法战争正式宣告结束。《条约》第三款规定："自此次订约画押之后起，限六个月期内，应由中、法两国各派官员，亲赴中国与北圻交界处所，会同勘定界限。倘或于界限难于辨认之处，即于其地设立标记，以明界限之所在。若因立标处所，或因北圻现在之界稍有改正，以期两国公同有益。如彼此意见不合，应各请示于本国。"① 同年 8 月 29 日，清政府派内阁学士周德润为勘界大臣，前往云南，会同云贵总督岑毓英、云南巡抚张凯嵩办理中越界务（滇越段）勘界事宜。并着吏部主事唐景崧、江苏试用道叶廷眷随同办理。法方先派浦理燮，以后又改派勘界大臣、驻越帮办狄隆、副将狄塞尔、五圈官西威仪等会勘中越边界。

清政府在给周德润等的谕令中说："中越勘界事宜，关系重大，各国地图详略不一，应以会典、通志为主"②；"凡我旧疆固应剖析详明，即约内所云或现在之界稍有改正，亦不得略涉迁就"（《中法战争》七，第 2 页）。周德润、岑毓英也上折表示："臣等自当按照会典及通志所载图说，并相度形势，设法辩论，断不敢略涉迁就，分寸让人，以副朝廷保重边疆之至意"③。此外，岑毓英还于同年 10 月 9 日、29 日两次上折建议，在与

---

① 《中法战争》七，上海人民出版社 1955 年版，第 223 页。
② 同上书，第 22 页。
③ 《中法战争》七，第 24 页。

法人谈判中，拟请开导法使，令其在河内、海阳开设码头，把宣光、宜兴以西之地及谅山、高平数省退还越南，"以存越祀"；将原属中国、后赐安南的大赌咒河以西之地，特别是具有战略地位的都龙、南丹、新街收归中国，使我得以有险可凭；中越仍以大赌咒河为界。清政府认为，中法已经议和，如欲以口舌争回北圻数省，于河内、海阳设埠通商，看来事所难行。但要勘界大臣在与法使晤谈时，不妨姑持此论，以为抵制①。

1885 年 9 月 13 日，勘界大臣周德润率江苏试用道叶廷眷等随员离开北京，由天津取水路到广西百色，经剥隘，12 月 1 日抵开化（今文山），同先期到达的云贵总督岑毓英会合。岑氏曾数次带兵出关，对滇越边界情形谙熟，为周"口讲指画，备极分明"。并已派其弟岑毓宝踏看沿边一带，绘图贴说，粗具规模，以备临时考证。为了获得第一手资料，周德润与岑商议后，决定亲自查勘马白关、都龙、古林箐一带沿边情况，然后再回开化，与法使谈判。他们认为，界务问题，"山河寸金，关乎形势"，马虎不得，因此必须认真做好一切准备。12 月 31 日，周率同江苏试用道叶廷眷、记名海关道户部郎中张其浚、户部主事李庆云、兵部主事关广槐等，由开化启程，出勘马白关、都龙、古林箐一带，即沿南溪河到河口汛、保胜、蛮耗等处；岑毓英在开化督操防营，未能偕行，遂派其弟岑毓宝、安平同知凌应梧随同前往履勘。1886 年 1 月 12 日，周氏勘察完毕，返回开化。1月 20 日，他写了个奏折，汇报查勘情形，并提出了他的意见，这就成了后来中方边界谈判的指导思想。奏折说："臣等查马白关外约二里许即小赌咒河，有雍正六年碑记。河北属滇，地势平衍，无险可凭。河南属越，层峦叠嶂，峭峻异常……翻山而南，以都龙为最险……都龙为三路喉隘，扼守都龙，则万夫皆阻。考通志舆图内刊载，开化南二百四十里至交趾赌咒河为界，不得指马百汛外之小沟为赌咒河也。自开化府起，丈南丹、都龙等处应在界内。交趾领地结文亦云马白汛外四十里并系内地，本国蒙恩赏赐等语。值越南颠覆之余，岂能为我守险？昔受之天朝者，今还之天朝，在中国只收还旧界，与另行改正者不同……至古林箐一带，深林丛竹，高坡绵亘，数十里回环起伏，上为马白关声援，下为河口汛策应，实

---

① 《中法战争》七，第 29 页。

中路之要区……在昔为辅车相依，在今为卧榻之侧，设埠一条，似应于议商务之时会商改正，以在保胜之下为宜。"（《中法战争》七，第34－35页）清政府接折后电谕周、岑"先勘原界，以后酌度情形，再议改正"（同上书，第41页）。

法国方面派出的界务会勘使臣狄隆、狄塞尔一行，由于北圻越南义军和中国不愿回国的清军余部（俗称"游勇"，包括黑旗军）的节节抵抗，直到1886年的7月中旬才抵达河口，与中方使臣周德润等会晤，开始了中越边界滇越段的谈判。岑毓英因患痢疾，在南溪调治，未能参与此次会谈，但与周仍保持密切的联系，"往来函商，悉心酌定"。

二

中越两国山水相连，犬牙交错，许多民族又都跨境而居，历史上又有着特殊的"宗藩关系"，所以两国的国界虽有传统的习惯线，但长期以来并未有过明确的划分。中法战后，越南成了法国的殖民地，边界问题便成了迫切需要解决的问题，同时也使这一问题的复杂性和解决的难度增加了。法国的殖民政策，便是为了掠夺更多的殖民地，不管是过去的军事入侵，还是现时的边界谈判。而清政府则为了自身的安全防务起见（当然也有经济利益），也不得不与强敌"争"地盘，上谕有"多争一分，即多得一分之利益"便是如此（光绪朝《东华续录》，卷73，第2页）。

光绪十二年六月二十一日至七月初二日（1886年7月22日—8月1日），中、法两国勘界大臣会商后，议定先勘保胜上游一、二段，并拟解决全局办法8条，主要是：（1）所应勘之界，俱是现在之界。（2）勘现界后，或有改正之处，两国勘界大臣等会同商酌，如彼此意见不合，各为请旨商办。（3）先由老街勘到龙膊河及龙膊河邻近地方后，回老街再勘老街邻近地方。（4）红河自北河岸之老鍪至南岸之龙膊，均以河中为界。（5）滇越交界，遇有以河为界，均以河中为界，如有全河现在归中国界者，仍归中国，全河现在归越南者，仍归越南。

同年8月20日，6只法船行至红河南岸者兰地方，突遭越南义军的袭击，杀死法兵 13 名，兵官 2 员，焚船 1 只，余 5 只且战且走，退回保胜。此后法使不敢前往勘查，想"就图定界"，早日了结。但是，双方在各自展示自己的地图时，存在着较大的分歧。后来，经过协商，达成 6 条协议：（1）先于彼此图上，比较现界。（2）交界处所，注明中法文字。（3）界限各段，意见相合不相合与改正之处，分别清楚。（4）意见相合界限，立节略、绘图。（5）彼此意见不合之处，边界梗阻，将来勘定。（6）改正处所商酌。6 条协议达成后，谈判暂告一段落。法使又请展限数年，俟越界肃清，再由法照会续勘。中方同意了这一请求。根据协议，1886 年 10 月 19 日，中、法大臣签署《滇越边界勘界节略》，将滇越边界划分为五段。

第一段：自龙膊河入红河处起，至云南新店与北圻狗头寨交界处止，陆路之界较少。沿河之地，以河中为界。

第二段：自牛羊河将入大河之处起，至高马白以下止，彼此意见不合，俟将来沿边安静后，另行会勘划界。马白处仍以小赌咒河为界。曼冲、董纽两寨归还中国。

第三段：自云南三文冲、北圻高马白相对处起，至云南烂泥沟、北圻龙古寨之间止，双方意见出入不大。因绿水河卡在河之西，地势平衍，无险可凭，经反复会商后，定线于河之东岸处。

第四段：自云南烂泥沟、北圻龙古寨相对之间起，至云南凉水井、北圻篾邦相对之间止，以普梅河河中为界。河北之苗塘子、龙潭、龙膊、田蓬街、沙人寨划入滇界。

第五段：自龙膊河入红河处所起（以上红河全归云南），至云南之瑶人寨、北圻之龙兰街止，彼此意见不合，应各请示于本国，待将来勘定。

在这五段中，双方争议最大而又未能决定的是第二、第五段界，其焦点又主要集中在第二段上。

关于第二段界，中方经过实地勘查，并根据志书典籍，提出恢复过去清初被越南占领、后由雍正六年"赐"给越南国王的大赌咒河（黑河，亦称斋河）以北之地；滇越应以大赌咒河为界，而不能以现在的马白关外二里的小赌咒河为界。岑毓英在给清政府的奏折中说得很清楚："臣查马白关为入越要路，惟汛地临边，离小赌咒河不过数里，兼之地面平敞，四路通达，无险可扼。由马白直出越界数十里，有地名都龙新街，险峻异常，实为徼外之要隘。本在大赌咒河内，为云南旧界，失于明季。国朝雍正年间，督臣高其倬奏请查勘，奉旨撤回内地。后因越藩陈诉，奉谕以马白汛外四十里地赐之，而都龙遂仍归越南，云南即以小赌咒河为界。臣伏思越为中国外藩，要地归藩，原系守在四夷之义，不必拘定撤回。现在越几不能自存，何能为我守险？应否俟勘界时，将都龙、南丹各地酌议撤回，仍以大赌咒河为界，以固疆圉，以资扼守之处。"（《岑襄勤公奏稿》，卷25）嗣后周德润、岑毓英的联名奏折也基本上是这个思想，即主张恢复过去以大赌咒河为界的滇越边界。在1886年7月22日至8月1日的会谈中，中方代表就此提出，要求改正，但遭到法方的拒绝："德润与唐景崧等，因指大赌咒河、都龙各地，系滇省旧界，应归改正。反复辩论，该使（指狄隆）坚持不允；且指猛梭土司为越南地。"[1] 同年10月13日，即《滇越边界勘界节略》签订的前夕，周德润等照会狄隆，再次重申恢复原界："为照会事。照得滇、越现在之界，中、法勘界大臣业经会商辨认。惟查第二段界图由马白关、小赌咒河现界，南至横黄树皮、青门（应为"箐门"）前之赌咒河，东至船头下之清水河，西至山门硐前之陆地，系云南原界。应行商明贵大臣改正，划入云南界内。"[2] 而狄隆在同日的复照中则称："查此节，本大臣无权断定，应即抄录贵大臣来文并图，转报本国办理可也。"[3] 这段时间，双方你来我往，斗争异常激烈，"虽反复辩论，舌敝唇焦，几同凿枘之不入"（中国第一历史档案馆藏：《军机处录副奏折》）。后来，中国大臣以开化、广南、临安等府志书示之，法方理屈词穷，"不敢自出其图"，然而还是以"地面稍大，碍难骤办"为借口，拒绝了中方改正以大赌咒河为界的要求。

关于第五段界，周德润、岑毓英在光绪十二年十月十六日（1886年11月11日）《奏为遵旨校图定界分别办完折》中谈到了会谈的经过："自龙膊河西南沿黑江至木夏，彼此之图无大异，而界线悬殊。狄隆谓猛梭即丰收总，猛赖即莱州署，并拦马渡等处，均应归入北圻。屡引《通志》、

① 《续云南通志稿·洋务志》卷85，第5页。
② 《中外条约汇编·中法条约》，第95页。
③ 同上。

— 303 —

《会典》、《临安府志》以折之。该使谓书原可信，但近今四五十年，业经属越，凭据甚多，彼此碍难迁就。拟照节略第五条，各请示于本国。其曰将来如何勘定者从缓办理之词，何时勘定者，不能拟定年月之词。臣等查乾隆四十六年安南王黎维祁以猛梭、猛赖、猛喇、猛丁、猛蚌、猛弄六猛，为彼之昭晋、广陵、莱州等七州，请申划边界。五十七年，阮光平又申前议。嘉庆十年，阮福映令兴化镇目印传各猛。道光七年，越南意图占据六猛，阮元等奏明，照会阮福皎令遵旧规等因。盖各猛距滇省较远，其附越南甚近，历年勾结，间有为越役属者，然照旧纳课。咸丰、同治以来，滇省扰乱，各猛停征。臣毓英前年督兵出关，先后将各掌寨钱粮征纳，均存有册结为凭。今法人坚执猛梭、猛赖等处为越地，非日后另行会勘，不足以服其心。"（中国第一历史档案馆藏：《军机处录副奏折》）于是第五段临安府之猛梭、猛赖与越南之间的边界便作为悬案搁置了下来。《滇越边界勘界节略》说，其将来如何勘定，并于何时勘定，由两国再具体商定。但当时勘界大臣周德润和岑毓英由于把注意力集中在如何解决收回都龙、南丹的问题上，因而已有放弃猛梭、猛赖的打算。

1887 年 6 月 26 日，北京总理衙门奕劻、孙毓汶与法国公使恭思当根据《滇越边界勘界节略》所请求的问题举行会谈后，签订了《续议界务专条》。6 月 30 日的上谕对此作了说明："滇省界务，周德润与法使狄隆会勘时，意见未合，归入请示者两段。此次定议，经总理衙门与周德润按图面商，据称猛梭、猛赖一段，荒远瘴疠，弃之不足惜，岑毓英所见相同。至我所必争者，南丹山以北，马白关以南，其中山川险峻，田畴沃美，如能画归中国，即可固我疆圉，亦可兼收地利。当经总理各国事务王大臣，与法使恭思当反复辩论，将猛梭、猛赖一段准归越界；其南丹山以北，西至狗头寨，东至清水河一带地方，均归中国管辖……所有各该处界址，应照约按图，由地方官会同驻越之法员申划清楚，设立界碑。"[①] 至此，这两段边界在《续议界务专条》（下简称《专条》）中原则上被定了下来。双方声明，图上新界，以红线为界。《专条》对第二、第五段作了以下修正：

"滇越边界第二段，从小赌咒河南岸狗头寨，照图上甲字起，由狗头

---

① 《清德宗实录》卷 243，函 5，第 5 页。

寨自西直抵东，计五十余里，北边聚义社即聚姜社、聚美社、姜肥社即义肥社归中国，南边有朋社归越南。至图上乙字处，从乙字至丙字，亦由西抵东，中、越边界路经二河，其二河并归一河，入大赌咒河又名黑河，从丙字往东南约十五里至丁字以北之南丹地方，全归中国。从丁字往东北至猛峒下村即图上戊字处，按图上所划，从丁字至戊字界线，其南之南灯河、漫美、猛洞上村、猛峒山、猛峒中村、猛峒下村，全归越南，其北全归中国。从猛峒下村戊字起，经清水河入大河之处，即图上己字，以河中为界，从己字至庚字以大河中为界，河西之船头归中国，河东之偏马寨归越南。从庚字往北至辛字，经老隘坎至白石岩，中、越各有一半，白石岩、老隘坎以东归越南，以西归中国。"

"滇越边界第五段，自龙膊寨越南、云南边界，经龙膊河到清水河入龙膊河之处方止，此处图上甲字，由此界自东北往西南至绵水湾入赛江河之处为止，即图上乙字，按现划界，则清水河、绵水湾河归中国。自乙字由东直抵西遇藤条江，在大树脚以南为止，此段界线以南归越南，以北全归中国。"①

根据《专条》规定，中国收回了小赌咒河以南部分土地（都龙），而猛峒山、猛峒村一带仍在界外；猛梭、猛赖的大部分土地划给了越南，但猛梭寨、猛蚌仍在界内。而此时的情况是：法国虽然表面上占领了越南，但其实力仍停滞于红河三角洲；北圻的大部分土地仍在越南爱国者手中，他们不愿做亡国奴，正英勇地抵抗法军；在黄树皮、漫美、猛峒各处，清军、游勇和滇东南以项从周为代表的各族人民武装实际上控制着滇越交界的地盘。这个情况一直又延续了七八年，直到法国基本上镇压了越南义军和游勇的反抗，实际控制了北圻和老挝为止。

《中法续议界务专条》签订后，双方并未立即勘界立石，因法人此时未实际控制北圻。直至1893年5月，中、法派员实地会勘时，才发现图上与实际情况有较大差异，因而发生了争执：中方认为猛赖在历史上一直属于云南的临安府，不应归越；法方则认为猛梭寨应该归越，不能属滇。临开广道汤寿铭在与法使西威仪谈判时，西提出滇越第五段界，黑江源流方

---

① 光绪朝《东华续录》卷83，第2－3页。

向与原图不符，要求改正，并说："漫美及猛峒三村，从前总署允归越南，现照红线，均在中国界内。请将该地剖分一半如何?"① 1895 年 1 月，法员杜尔业在会勘时竟提出"请将猛蚌改归越南"的无理要求；并无视原定之红线，任意地以自己所指之界"志以蓝线"。腐朽的清政府同意了法人的蓝界线，将猛棱对换猛峒。1895 年 6 月 20 日，中、法在北京签订了《续议界务专条附章》（下简称《附章》），对滇越段边界作了以下修改：

第一，第二段自丁字处起至戊字处止，界线改绘如下：

界线自丁字处，向东北至漫美止，又自漫美向东至清水河之南纳止，漫美归越南，猛峒村、猛峒山、猛峒中村、猛峒下村各地归中国。

第二，第五段自龙膊寨起至黑江止，界线改绘如下：

自龙膊寨云南、越南第五段界线，溯龙膊河到红岩河入龙膊河之处，即图上甲字处为止。自甲字处向西北偏北，顺分水岭至平河发源处，又顺平河、木起河至木起河注打保河之处，又顺打保河至打保河注南拱河之处，又顺南拱河至南拱河注南那河之处为止。又界线溯八宝河至八宝河与广思河合流之处，又溯广思河即顺分水岭以至南辣河与南辣相注之处，又顺南辣河至南辣河注黑江之处，又从黑江中心至南马河即南纳河为止。

第三，自黑江与南马河相注之处起至湄江止，绘定如下：

自南马河注黑江之处界线，顺南马河至河源处止，又向西南，又向西，顺分水岭至南杆河、南乌江两水发源处，又自南乌江发源处界线，顺南乌江与南腊河并各支河中间之分水岭，其西边之漫乃、倚邦、易武、六大茶山等处归中国，其东边之猛乌、乌得、化邦、哈当、贺联、盟猛各处归越南。又界线以南北线，东南向，至南峨河发源处，又顺分水岭以西北偏西向绕南峨河及注南腊河南岸诸水发源之山，以至南腊河注湄江，在于猛拿西北之处而止，其猛莽、猛润之地归中国，至八盐泉（一名坝发岩）之地仍归越南②。

《附章》对第二段滇越边界的改绘比较清楚，认定猛峒山及猛峒上、中、下村归中国。第五段只载明河流及分水岭界线方向，而未说明具体村

---

① 《新纂云南通志·外交考一》卷 164。
② 《中法战争》七，第 471 页。

寨城镇之归属。不过，只要我们仔细查图，就可发现猛梭、猛赖、猛蚌已经划给了越南。《附章》中的第三款，自黑江与南马河相注之处起至湄江止，即为第六段界，清政府已将猛乌、乌得等地划给了越南。本来，在1886 年签订的《滇越边界勘界节略》与次年签订的《续议界务专条》中，并没有所谓的第六段边界问题。后来，随着法国完全控制北圻并占领了老挝后，法国得寸进尺，并利用中日战争中中国失败之机，法国借口干涉还辽有功，进而提出了割让中国领土猛乌、乌得的无理要求。腐朽卖国的清政府，屈服于法国的压力，被迫同意了法国的要求，并无耻地说："以法既因调停和局，坚求利益，自不得不勉从其请，以示酬答之意。因于界务、商务二者，权衡利害，于界务予以通融，于商务严其限制，允将猛乌、乌得两地让与法国，以敦睦谊。"① 中国人民对屈辱卖国的《附章》表示了极大的愤慨，两乌人民更是"个个惊急，食卧不安"，一致要求清政府撤销这个卖国的条约。然而清政府却一意孤行，将人民的呼声置若罔闻。《附章》签订不久，清政府即派勘界委员、思茅同知许台身，宁洱县知县黎肇元，游击刀丕文等，会同法员巴威、桑德来、佘纳尔等勘察澜沧江东岸边界。两乌人民"闻法员起意侵占，遮道悲泣，哀求内附。揆之地势人情，均无让与法管之理"②。清政府连骗带吓，平息了人民的不满和反抗。

在勘界中，巴威等法员对黎肇元采取拉拢利诱的手段，只要黎"倘肯于界务上稍事迁就，则我驻京公使必有异常酬报，立跻显要"③。贪图富贵、卖国求荣的黎肇元竟堕其术中。他先在法员事先准备好的界图上会了印，继而又做贼心虚，怕将来脱不了干系，于是又在图上注明："此段界线，系法员自画字样。"狡猾的巴威骗黎会印后，马上派人携图潜至北京，声称两乌地方业经滇省委员划归法界，盖有会印。清政府无可奈何，只好按图割让。在巴威的图中，除猛乌、乌得外，还有车里宣慰司之整法，猛蚌属之黄竹板，猛腊属之磨丁等地，也划入了法国的版图。为了推卸罪责，掩人耳目，在舆论的压力下，清政府经云南巡抚兼署云贵总督崧蕃参奏后，将黎革职，"以儆效尤"。然而数万平方公里的土地却从此沦入法国

① 《清季外交史料》卷114，函8，第1—2 页。
② 《云南史料丛刊》，第2 辑，第167 页。
③ 黄诚沅：《蜗寄庐随笔二则》（昆明务本堂），册2。

之手。光绪二十一年七月十九日（1895 年 9 月 7 日），法国正式接管猛乌、乌得，"夷民男妇老幼哭声震天"①，表达了边疆各族人民对法国占领的无比愤怒和对清政府卖国活动的强烈抗议。

《附章》签订后，中、法双方开始分段按图树立界碑。光绪二十二年九月十九日（1896 年 10 月 25 日），两国官员会商于保胜、河口，议定设立滇越第一、第二、第三、第四段界碑。确定："此四段边界，仍照前中、法界务章程定后。或界线遇有以河中为界者，勿容（庸）立碑。但以河为界之河能通船者，两国往返，两边皆可通行。倘若后来此河有水大小、深浅、沙石崩培成洲者，均以河中水深船舟可行之处为界。又界线经陆道者，仍以分水岭为界。界线或遇在高山险隘不好立碑之外，或在侧边，或在路边，亦可立碑，或就山石，当两国委员刻有字样、号数，亦准为牌。"②

光绪二十三年五月十四日（1897 年 6 月 13 日），中方总办滇越界务分统云南防开化府知府刘春霖、界务委员彭继志，与法方五圈官、督办中越界务委员本义德等于保胜签订《滇越界约》。《界约》将原《节略》中的第三、四段合并为第三段，正式将滇越边界划分为四段，共立界碑六十五个。这就是最后确定的，也是现在的中越（滇越段）边界。具体是：自龙膊河至戈索为第一段，立界碑二十二号；自戈索至高马白为第二段，立界碑十九号；自高马白至瑶人寨为第三段，立界碑二十四号。此即第一、二、三、四段界碑，共为六十五号。连同第五段界线，即由龙膊寨至黑江与南纳河相注之处的四个界碑，共为六十九号。又由黑江至湄江（澜沧江）止，中、法委员先后立界碑二十四个，此即为第六段界碑。

三

中、法两国关于滇越段界务的谈判、勘定，自 1885 年起至 1897 年止，前后历时达 12 年之久；从《滇越边界勘界节略》《续议界务专条》《续议

---

① 《云南史料丛刊》，第 2 辑，第 179 页。

② 《近代中越关系史资料选编》，广西人民出版社 1988 年版，第 583 页。

界务专条附章》到最后《滇越界约》的签订，也经历了一个曲折、艰难的过程，此中有激烈的斗争，也有妥协、退让之处。总的来说，中国方面由于清政府的腐败无能，因而在界务的会谈勘定中基本上是失败的。不过，由于中方在谈判前后所处的形势、地位不同，因而在结果上也有所差别。谈判之初，中国做了充分的准备，事先进行了调查研究，并考之志乘舆图，掌握了大量的史实依据，加之清军一直驻防于大赌咒河以北之地，这样就使得中方在谈判中处于有利的地位。另外，当时负责谈判的中方官员，如周德润、岑毓英、唐景崧等，都是一些爱国的主战派人物，他们以国家、民族的利益为重，在谈判中，坚持原则，据理力争，表现出较好的民族气节。法方尽管贪得无厌，态度也狡猾蛮横，但其势力尚未完全控制北圻，因而也不得不作些让步。所以，当中方提出恢复雍正六年前的大赌咒河旧界时，法方虽没有同意，但在经过激烈争辩和讨价还价后，他们也不得不在大、小赌咒河之间划一红线，作为解决问题的折中办法。最后，清政府在"有争必有让"的情形下，同意了法方的折中方案，并达成了一条妥协线：中国收回了小赌咒河以南、南丹山以北的领土，包括具有战略意义的都龙、猛峒、船头等地；法国则取得了大赌咒河以北、南丹山以南的黄树皮、箐门、勐康、漫美等地。中国虽然没有完全收回大赌咒河的旧界，并以较大的代价，用猛梭换回了猛峒，但却使滇南得到了一条稳固的、可靠的边防，从这个意义上讲，还不能说是完全失败的。

在滇越的西部和东部边界，基本上沿用清初的界线，变动不大。尽管在历史上，好些地方如广南府属之三蓬，临安府属勐莱、勐梭等地，虽曾是中国的领土，但自明代或清代中期以后，有的赠予安南，有的被安南侵占，而近千年的中越历史关系又比较复杂，边界变化频繁，此时你占了我一块，彼时我又占了你一块，如果大家各执一端，仅以某时的边界为凭，那就必然增加谈判的难度，使会谈陷入无休止的争执中，要达成双方都能同意的协议就更困难了。历史的条件只能作为参考，而重视现实则才是谈判的基础。

中国最大的失败在于第六段边界，即后来普洱府属猛乌、乌得之割让。两地原是云南省普洱府属车里宣慰司的十二版纳之一，早在元代，两乌便成了云南省的一部分。清雍正七年（1729 年），普洱、思茅等地改设流官，分置十三土司为十三猛，内属思茅八猛（大顺、倚邦、易武、猛腊、橄榄坝、猛遮、猛阿、猛笼），分隶宁洱县五猛（普藤、猛旺、整董、猛乌、乌得）。猛乌、乌得由于地域辽阔（近 8 万平方公里），矿藏丰富（该地之磨扫、磨旺等盐井，出产细白食盐，远销南掌等地），加之位置重要（外通黑仙江、南乌江下游，内通六茶山之捷径，为滇南重要门户），因而引起法国侵略者的垂涎。中、日甲午战后，法国借口三国干涉还辽有功，要挟清政府将猛乌、乌得割让。清政府屈服于法国的压力，被迫将两地割让给法国。政府的腐朽无能和地方官员的卖国求荣，是此次中国外交失败和领土主权丧失的重要原因，也是留给后人严重的历史教训。

至于参加中、法会勘边界谈判的中方官员，也有许多爱国之士，如周德润、岑毓英、唐景嵩等。他们以国家、民族的利益为重，认为"山河寸金，关乎形势"，马虎不得。特别是对关乎国家疆土安全的战略要地，他们紧紧抓住，不妥协，不退让，有时竟一连谈判十余日，和法使争辩得"舌敝唇焦"，也不罢休。为了争取主动，他们事先考证通志舆图，并实地作了详细的勘查；在谈判中又博引典籍，往往驳得对方哑口无言；而当谈判搁浅时，他们也能"稍事变通""略作通融"，但在收回具有战略意义的都龙和南丹山问题上，却是坚持不变的。参加滇越边界会谈的法国官员，在与中方谈判后写道："自从以对照地图作划界依据以后，周（即周德润）拒绝接受我方的地图和证据，而坚持要以声称叫人完成的地形测绘图作根据……他只接受他认为有利于他的书，即使官方的地理书和中国的百科全书也不例外。他不同意不利于中方的东西。"① 这是对周德润的最好说明和评价。

而其他的官员，上自慈禧、总理各国事务衙门的和硕庆亲王，下至云南地方官员如宁洱县知县黎肇元等，则是一群媚外求荣、丧权辱国的人物，他们已经被钉在历史的耻辱柱上。

（原载中国社科院《中国边疆史地研究报告》1991 年第 3～4 期，《1991 年国际清史学术讨论会论文集》收录）

---

① 《近代中越关系史资料选编》，广西人民出版社 1988 年版，第 578 页。

中越界务桂越段会谈及勘定

　　光绪十一年四月二十七日（1885 年 6 月 9 日），清政府代表李鸿章与法国驻华公使巴德诺在天津签订《中法越南条约》，从而结束了中法战争。条约第三款规定：自此次订约画押之后起，限六个月期内，应由中法两国各派官员，亲赴中国北圻交界处所，会同勘定边界。倘或于界限难于辨认之处，即于其地设立标记，以明界限之所在。若因立标处所，或因北圻现在之界稍有改正，以期两国公同有益。如彼此意见不合，应各请示于本国。根据条约之规定，清政府于同年七月二十日（8 月 29 日）派出内阁学士周德润为勘界大臣，前往云南，会同云贵总督岑毓英、巡抚张凯嵩办理中越边界滇越段的勘界事宜；派遣胪鸿寺卿邓承修为勘界大臣，前往广西，会同两广总督张之洞、广东巡抚倪文蔚、护理广西巡抚李秉衡办理中越边界桂越段、粤越段的勘界事宜，并着广东督粮道王之春、直隶候补道李兴锐随邓前往办理。清政府在给邓承修的密谕中说："中越勘界事宜，关系重大，各国地图详略不一，应以会典、通志为主。有谓谅山宜归粤界，此说与新约不甚相符，须费辩论。若于两界之间，留出隙地，作为瓯脱，以免争端，最属相宜。"①

　　邓承修于是年八月一日（9 月 9 日）在京接受慈禧太后的召见和训示后，即前往天津，会晤了北洋大臣李鸿章。后乘招商局轮船，经上海，抵广州，与张之洞、倪文蔚"熟商应办事宜"；并会晤了法国驻穗领事师克勤，拟定先办桂越边界，再议粤越边界。十月二十日（11 月 26 日），邓抵龙州，与护理广西巡抚李秉衡、广西提督苏元春连日晤商，"查看图说，

---

① 《中法战争》七，第 22 页。

互相考证"，并"随时查询土人，访求将弁，形势较为了悉"。对桂越段会勘做了比较充分的准备。

根据清政府的谕令，邓在与张之洞、李秉衡等会商后，拟订了桂越边界的意见：以谅山河为界，河北的驱驴归中国，河南的谅山归越南，自谅山河以南，东抵船头，西抵郎甲，以北为瓯脱。在地理上，驱驴以北30里为文渊，文渊北再10里为镇南关。文渊两侧有大山，若在山头安炮，飞弹可击至关内之关前隘（关内10公里）。他们认为，若就镇南关设税关通商，则法亦于此设领事，中外之隘，法与我共，将来边防可虞。因此，中方的方针，首先是力争驱驴，驱驴不得，再议文渊，并以此为限①。法国方面派出总理勘界事务大臣浦理燮及勘定边界官、广东领事师克勤，医官倪思、兵部武官狄塞尔上校、海部武官卜义内中校，于12月23日抵镇南关，与邓承修会晤。次年1月12日、14日、17日，在镇南关、文渊两地，中法开始中越边界桂越段的第一轮会谈。

会谈一开始，双方便出现了严重的分歧：中方根据条约精神，要求改正北圻现在之界，即以谅山为界，谅山北之驱驴、文渊，以及谅山西北之芄封、芄封北之高平、牧马、保乐等应收归广西，谅山东之禄平、那阳、先安、海宁等亦应划归广东。法方则坚持现在之界只能稍作改正，从而拒绝了中方以谅山为界的提案。由于双方分歧较大，因而第一轮会谈没有取得任何进展。邓承修在给清政府的电文中披露了此次会谈的经过，他说："初八、初十两日，修等与法使在关门、文渊往来会议。谨遵历奉密寄，并执约内'北圻边界必要更正，以期两国有益'之语，应以谅山迤西，自芄封、高平省至保乐州，东自禄平、那阳、先安州至海宁府，划归中界。浦以'稍有'二字，据伊国之义，甚属微少，不过于两边界址略为更改，不能说到谅山及东西如许之地。答以：'北圻全听贵国保护，更正此区区之地，非稍有而何？'浦云：'既要更正，是两国交错者都可更正。'答以：'约内只言北圻现在之界可改正，并未言中国之界亦可改正。据尔说，则直背约矣！'浦又云：'谅山是北圻内地，不得指为中国边界。'答以：'约内分明有准定中国边界两处，一在谅山以北字样，是中界原可以谅山

---

① 《张文襄公奏稿》卷10，第21－22页。

为断。'浦又云：'或因二字，是该有才有，也可有，也可以不有。'答以：'约内本有，不得说无有。'浦又力持'稍有'二字，不肯扩充。修等亦坚执'改正'二字，力为辩论。浦云：'如此非我等所能做主，必须照约请示本国。'"① 于此第一轮会谈便宣告中止停议。

在中法就桂越边界举行会谈的同时，法国通过中法和约的调停人总税务司赫德对清政府施加压力。赫德在给总理各国事务衙门的《节略》中，指责中国"违约""寻衅"，要求中方"以原界为界"，重开谈判。法国驻华公使戈可当亦以"如果中国再坚持以谅山为界，法方则马上停止勘界谈判"进行威胁。法国外交部也向清政府提出照会，指责中国勘界大臣"故违新约"，表示对中国的要求"断不可允"，法国之所得"永不许弃"。甚至向中国发出了战争的恫吓："倘有犯占之事，我即力阻，必能较近年尤觉得法。"② 清政府屈从于法国和赫德的压力，一方面表面上肯定邓承修等"守定'改正'二字，辩论甚是"，另一方面又担心"彼若借口罢议退去，则衅端终归未了"。要邓承修"相机进退，但属越界之地，其多寡远近，不必过于争执，总以按约束了，勿令借端生衅为主"③。1886 年 2 月 7 日，军机处奉旨命令邓承修："即日约会法使，先按原界详细勘明，以后稍有改正，再行妥商续办；如今春赶办不及，缓至秋末再勘。所有现议多划之界，均作罢论。云南、广东一律遵旨，按约办理，不得违误。贵大臣接奉此旨，务即懔遵约期，另议先勘原界，切勿再有拘执，致滋歧误，是为至要。"④ 2 月 12 日，再次谕令：广西界务，先勘原界，再议改正。法国驻华公使戈可当获悉他们给清政府的压力收效后，当即对浦理燮表示祝贺，并指示说："现在李鸿章将再次嘱邓就地勘察边境线。倘他们在这方面前来向你提出要求，你一定要站在最有利的地位上接受他们的要求。我有理由相信，邓在朝廷面前将处于最困难的处境，你绝不能助他摆脱困境。"⑤

国内外的强大压力给勘界大臣邓承修增加了不少困难：是屈从于法人

---

① 《中法战争》七，第 31 – 32 页。
② 同上书，第 39 页。
③ 同上书，第 32 页。
④ 同上书，第 40 页。
⑤ 法国外交部档案：《论文与资料·亚洲》卷 69，顾树鑫译。

的压力,按上司的命令赶快草率了结会谈勘界呢,还是以国家民族的利益为重,继续与敌在谈判桌上周旋,争取较好的结果呢?邓承修与李秉衡毅然选择了后者。光绪十二年正月十一日(1886年2月14日),他们致电总署,陈先勘原界再商改正有"三难""二害":"若先勘原界,百姓必然惊疑,恐遮道攀辕,因而滋事,难一;游勇近攻得保乐、牧马以东,千百为群,道路梗塞,若乘间邀击,法将咎我,别生枝节,难二;原界俱在乱山之中,十不存五,悬岩叠嶂,春瘴渐生,加之淋雨,人马不前,难三。既勘原界,彼必扬去,新界决无可商,岂惟驱驴,即文渊亦不可得。关门失险,战守俱难,害一。文渊已失,谅北无寸地属我,势必胁我关内,通商边营尽落后著。揖盗入门,已弃越地,复失粤地,害二。修、衡等不敢畏难,亦当虑害。"①

光绪十二年正月十日(1886年2月13日),中法开始了第二轮边界会谈。浦理燮以清政府的旨谕对邓进行责难,要邓"按约速了"。邓告以约文亦系奉旨,表示若看界而不更正,即断我头亦不能从。正月十三日、十五日(16日、18日),邓派王之春与法方狄塞尔继续会谈。在中方代表的再三坚持下,狄塞尔作了一些让步,答应如先勘原界,可将文渊、海宁、保乐三处划归中国;并亲绘文渊草图一纸,以备查看。十九日(22日)王之春、李兴锐与狄塞尔会谈,进一步提出将牧马、芄封、淇江、先安划归中国,遭到了狄的拒绝。王、李临行之前,邓曾一再叮咛:"牧马以东,土沃可耕,粤民易于安插,必须多争。"②李兴锐在谈判中竟擅自轻许东段边界10里给法国。为此,邓恼怒和焦急得彻夜难眠,他担心法人"沿边筑台",大炮可击至10里之外,而我界便在射程之内。为弥补计,次早即命人以王、李的口气,写信同法方婉商,并故意将"十里"写成"十五里"。李闻讯后,大发雷霆,责修食言,并以告假进行要挟。邓"知其气粗识浅","恶其轻躁",在与之辩论后,更对自己的作为毫不动摇。李越发不满,密电李鸿章,诬告邓承修,后经张之洞调解,才算平息了这起内部的风波。

---

① 邓承修:《中越勘界往来电稿》卷2,第1页。
② 同上书,第4页。

邓承修同左右的龃龉虽然得到了暂时的平息，然而与法国敌我之间、同清政府上下之间的矛盾却日渐尖锐起来。二十三日（26日），邓与浦在镇南关会谈时，浦竟食言，推翻前议，完全否定了将文渊、海宁、保乐三处划归中国的许诺。第二轮会谈再度陷入僵局。此后，法方故伎重演，把责任完全推给邓承修，并以"罢议"和"打仗"进行威胁。清政府再次屈服于法方压力，严厉电斥邓承修不遵旨速办，说他"执拗任性，罔知大体"；责备李秉衡"同办一事，何以随声附和，于迭次谕旨置若罔闻，任令邓承修肆意径行于此！"要他们"即行知照浦使，先勘原界；倘瘴发赶办不及，亦必勘办一二段，先立文据，余俟秋后再勘。若再托故迟延，始终违误，必当从重治罪"①。

对于朝廷的责难，邓以病重为词，不能会勘；李则致电总署，进行了申辩："衡遇事均与邓大臣商妥办理，固不敢偏执，亦万不敢附和……前屡奉密谕，此事关系重大，必应慎之于始，多争一分即多得一分之利益，切勿轻率从事。循绎圣谕，忧愤涕零，既不忍贻君父异日无穷之戚，更不敢辜职守而蹈疏失边防之咎。所以遵旨照约，稍商更正，百计羁縻，冀得稍裨大局。"② 这一来，使清政府更加怒不可遏，随即电斥邓、李："饰词规避，始终执拗，殊属大负委任！邓承修、李秉衡着交部严加议处，仍遵前旨，速即履勘；倘再玩延，致误大局，着英治罪成案具在，试问该大臣等能当此重咎乎！"③

在清政府的多次严旨催促下，邓承修、李秉衡被迫放弃了先勘原界的主张，与法使开始了桂越段现界的会勘，从而使过去的努力付之东流。

二

光绪十二年二月十日（1886年3月15日），邓承修、李秉衡到文渊，会晤浦理燮，商定桂越段从中段镇南关起勘，分东西两路，东至隘店隘，

---

①　《中法战争》七，第45－50页。
②　同上。
③　同上书，第50页。

西至水口关止，逐段绘图立约，互押存据。十七日（3月22日），中方代表王之春、李兴锐同法使会勘东界，至由隘，十九日（3月24日）至罗隘，二十三日（3月28日）至那支隘，二十五日（3月31日）至隘店隘，即洗马店，逐段辨志绘图。二十八日（4月3日），李秉衡、王之春、李兴锐在隘店隘与法使书约画押。惟镇南关左之邱契山界未议定，便注明图约。随后，王、李回勘西界，三月五日（4月8日）至巴口，七日至绢村、列仪、平而关。由于春瘴大起，山洪暴发，法使浦理燮、卜内义皆病，不能前勘，所以双方议定，勘至平而关止。三月十日（4月13日），邓承修由水口关折回平而关，与浦理燮书约画押①。双方还议定，秋后中历十一月初一日（1886年11月26日）前到达海宁，一起会勘广东越南段的边界。

光绪十三年三月五日（1887年3月29日），邓承修在与法使继续勘定由广西竹山起至各达村桂滇交界处的中越边界后，在广东钦州东兴签订了《粤越勘界节录》②。

中法大臣按图勘界后签署的中越边界桂越段的协议仅是桂越边界的大概轮廓，并不十分周详，有的地段与实际情形并不相符，这就需要加以更正。可是它没有立即实施，而是在拖了三年以后，才由中法立界委员在建立界碑时加以解决。

光绪十六年十一月四日（1890年12月15日），中法立界委员（中方为广西太平归顺道梧州府知府向万嵘，法方为法兰亭）于越南峒中会议，根据前次勘界协议，如约立界，彼此并无争论。后绘成广西东路界三图（由吞仓山至隘店隘为第一图，计中尺286里；由隘店隘至南关为第二图，计中尺242里；由南关至平而关为第三图，计中尺76里），共计604华里，凡应立石67处，均于约内详载地名，以便秋后会同立石③。

次年十二月十四日（1892年1月13日），中法立界委员（中方为广西委办界务太平归顺道蔡希邠，法方为西威仪）于平而关继续勘画广西西路之界。西界由平而关起至各达村止，计约1297华里，分五路进行：由平

---

① 勘界文件见《中外旧约章汇编》，第474－477页。
② 见《中外旧约章汇编》，第507－510页。
③ 法国档案馆海外部档案：《印度支那》，第155页。

而关至苛村隘为第一路，计 272 华里；由苛村隘至弄芘隘为第二路，计
293 华里；由弄芘隘至陇邦隘之金龟口为第三路，计 266 华里；由金龟口
至魁来山为第四路，计 213 华里；由魁来山至云南交界之各达村为第五
路，计 252 华里。每路各派委员一人，随带绘生勘画。在勘画中，蔡希邠
发现，前次画押全图，因两国使臣均只亲勘东路之界，而西路则未亲历，
以致隘卡多有漏错。如金龙峒七隘，即在漏画之中。金龙峒七隘（埂荡、
凌礜、哽疾、埂吉、哽重、崿岗、孔村），本为广西太平府安平土州地，
嘉庆末年，地方荒乱，人民逃亡，田土荒芜，越南遂乘机侵占；金龙峒之
里板、陇保、板孔三村，为安平土州官李秉圭当与越南，匿不以闻，而
钱、粮仍交中国政府。光绪九年（1883 年），游勇盘踞三村，广西督办苏
元春将游勇驱逐，在此建筑炮台三座，并留一营兵驻守。居民恃以安堵，
照旧输粮。此间，苏元春得悉金龙峒七隘三村的原委后，当即饬令李秉圭
行文越南，赎回旧壤。越政府同意清退，并立印文地图为据。光绪十二年
（1886 年），邓承修与法使会勘时，邓按图定界，未悉金龙峒三村之历史
状况，将其划在界外，而金龙峒七隘则遗漏没有议及。光绪十七年十二月
（1892 年 1 月），蔡希邠与西威仪定界时，西云："越南有地一块，深得贵
国保护"，意指越南退还给中国金龙峒的七隘三村。蔡希邠洞悉其奸，恐
有争论，遂将越南政府清还的印文地图抄绘一份，禀请广西巡抚转咨总署
在案。光绪十八年正月二十三日（1892 年 2 月 21 日），中法委员勘至金龙
峒时，"各村之民闻法人欲争，唯恐属越，扶老携幼，一路焚香环跪于蔡
道舆前，咸称我等皆中国苍生，幸登衽席，若复沦于异域，情愿就死。言
未毕，而哭声震野，遣之不去。西威仪见此民心甚固，乃商蔡道将内外界
分作两线，均绘入图，请因总理衙门会其驻京公使裁夺"①。后来，总理衙
门在与法国公使议定时，将金龙峒七隘收归中国，将里板、陇保、板孔三
村划归越南②。

在光绪十七年（1892 年）至十八年（1893 年）的中法复勘定界中，
桂越全线共查出遗漏的隘 40 个，卡 15 个；错的隘 2 个，卡 5 个。后来在

① 《中法越南交涉档》六，第 3903、4016 页。
② 同上书，第 3903、4016 页。

绘图立石时，经双方同意，分别作了补入和更正。

光绪二十年五月十六日（公元 1894 年 6 月 19 日），中国勘界委员、督办广西界务官蔡希邠与法国勘界委员、督办界务五画官格依哥厘等，在龙州道署签订了《中法桂越界约》。《中法桂越界约》将中越边界桂越段划分为东、西两部分：东部分由平而关第一路界碑至吞仓山第六十七号界碑，共立石 67 块；西部分由平而关第一号界碑至各达村第一百四十号界碑，共立石 140 块。东西两段，共立界碑 207 块。至此，中越界务（桂越段）的会勘、划定便全部结束。

三

在中越界务桂越段的会谈勘定中，中法双方对东西两段的分歧不大，虽然也出现不少漏划、错划之处，但后来都得到补正。唯中路部分是双方争议的焦点，即以原界或现界划线的问题。中越是唇齿相依的邻邦，地理上山水相连，两国边民不少跨境而居，而历史上又是传统的宗藩关系，因此，中越之间在中法战争前并没形成严格的边界。中法战争前，中越两国基本上友好相处，即使在个别的地方，越南上层纵容下面侵占了中国的土地，中国皇帝也因"天子守在四夷"而不与计较，甚至为了表现"泱泱大国"的风度，不惜加以馈赠，以示笼络。中法战争后，越南沦为法国的殖民地，中国的西南边疆直接受到帝国主义的威胁，作为边防安全考虑，收复过去的中国领土就是顺理成章的事了。"在昔为辅车相依，在今为卧榻之侧""越为中国外藩，要地归藩，原系守在四夷之义，不必拘定撤回。现在越几不能自存，何能为我守险？"① 这些见解，是封疆大吏们针对实际情况而得出的清醒认识。

会办桂越界务的勘界大臣邓承修，以及两广总督张之洞、广西巡抚李秉衡、广西提督苏元春等，为了维护国家的安全与利益，坚持以原界作为谈判的基础，在会谈中与法方展开了激烈的斗争，甚至在遭到法方的恫

---

① 《中法战争》七，第 5 - 11 页。

吓、威胁和清政府的多次警告的压力后，仍然坚持原则，没有妥协，继续同谈判对手进行斡旋，这种精神是十分难能可贵的。他们这种不计自己的私利、将个人的得失置之度外的行为，不能简单地归结为"忠君"二字，而是中华民族传统的爱国主义精神的体现。张之洞在勘界之始就上折说："查此次勘定中越边界，为以后边防枢纽，关系甚巨；至此次分画之疆域，即为他日战守之要害。"① 邓承修在与法使辩论中，唇枪舌剑，针锋相对，毫不示弱；当遇到内外的强大压力时，他仍坚定地表示："若看界而不更正，即断我头亦不能从！"② 为此，他"日来饮食减少，夜不能寐，病不敢言"③。其所以如此者，"境壤至微，所关甚大，鄙怀迂执，不敢迁就"④。这正是从国家安危、民族利益这个大前提出发来考虑问题的。当然，最后在清政府要将他"交部严加议处"的时候，他不敢再坚持原议，也无力再顶撞上司了，只好遵旨照"现界"会勘。他在前面的会谈中，不怕洋人，不怕"触犯龙颜"的精神是令人钦敬的，而最后不能实现自己的正确主张，被迫"就范"，这也是历史的局限和阶级的局限性所致，是我们今人不能苛求于前人的。

至于以慈禧为代表的清政府，就其本意，何尝不想趁划界之机，多得一些地方。光绪十一年十月十一日（1885 年 11 月 17 日）的上谕就指示勘界大臣："当详度地势，设法辩论，多争一分即多得一分之利益，切勿轻率从事。"⑤ 她还同意邓承修、张之洞等人的奏议，在勘界中，应以会典、通志及所载图说为主；指示邓承修"有谓谅山宜归粤界，此说与新约不甚相符，须费辩论。若于两界之间，留出隙地，作为瓯脱，以免争端，最属相宜"⑥。因此，她同意以谅山为界，或退而以谅山和关前文渊之地作为瓯脱的主张。但是，后来看到法国方面态度强硬，并在法国和英人赫德的压力下，清政府屈服了、后退了，同意以所谓的"现界"来划界，这样就使

---

① 《中法战争》七，第 5 - 11 页。
② 《邓承修勘界资料汇编》，第 32 页。
③ 邓承修：《中越勘界往来电稿》，卷 2，第 4 - 5 页。
④ 《中法战争》七，第 95 页。
⑤ 同上书，第 13 页。
⑥ 同上书，第 22 页。

中国失去了关前的大片土地。清政府的这种决定，是与当时面临的国内严重的阶级矛盾、想迅速结束中法纠纷、以求得暂时的和平的想法分不开的。同时也与清廷在镇南关、临洮大捷后"乘胜收兵"，以期早日结束中法战争的策略是一致的。总的来说，清政府在面临国内外的严重局势下，不得不用一定的妥协退让来结束战争，以求得和平和国内局势的稳定。在中越划界的谈判桌上也是体现了这个策略的。这种策略，在当时的历史条件下，有其一定的现实性和合理性，如果简单地指责为"卖国"，恐怕也不完全是科学的态度。

（原载中国社科院《中国边疆史地研究报告》1992 年第 1～2 期）

中越界务粤越段会谈及勘定

一

中越界务（粤越段）的会谈和勘定，在光绪十一年四月廿七日（1885年6月9日）的《中法越南条约》第三款中即作了规定，双方于订约后的6个月内，各派官员，会同勘定边界。同年七月二十日（8月29日），清政府派周德润前往云南，邓承修前往广西，会同各地督抚办理勘界事宜。由于两广与越南接壤延袤二千余里，其中大部分又在广西，所以在与法使商谈后，决定先从桂越段勘起，然后再勘粤越段。当邓承修与法使在会勘桂越段的同时，两广总督张之洞已派员对广西省钦州地区与越南交界处所，预先进行了查勘，并考据志乘，绘图附说，以备勘界大臣复勘。

根据查勘后各员的禀报，张之洞分别致电勘界大臣邓承修和清政府，提出钦越边界亟应改正的意见。在光绪十一年十二月初一日（1886年1月5日）的奏折中，他首先提出粤越边界钦州一境的如昔、时罗、贴浪、思勒、罗浮、河洲、渐凛、古森八峒等地，旧时为中国领土，后为越南侵占，这些地方亟应收回。其理由是："从前越为属藩，中外界限尚可稍为浑涵，今该国归法人保护，此时勘界一归越壤，其土地即沦为异域，其人民即弃为侏僞。"[1] 因此需要加以更正。

其次是关于广西思陵土州南境外，沿十万大山而南的"三不要地"（旧志谓广西不要，广东不要，安南不要），也应收回。该地崇山峻岭，有

---

① 《中法战争》七，第27页。

险可凭，居民数万，皆系华人。明末，安南趁中国内乱入侵，移民垦殖。中国政府因越为属国，不甚拘限，地由民间自垦，就地纳税越官，仍赴钦州考试，在庠序者甚多，庐墓皆在其中。又据志书记载，钦州西南三百六十里，即古森峒地，亦称三不要地，其最高之山曰分茅岭，岭有铜柱，为汉将军马援、唐节度使马总所立，为中国交趾分界之处。清雍正六年（1728 年），广东督抚曾会疏请将该地归入钦州管理，就地抚绥，并设北仑汛、白鸡汛，派兵戍守。除上述三不要地外，与钦州东兴汛仅一河之隔的芒街，以及距钦州州城仅百余里的江平，"均属华离要害之地，不能不与力争"。奏折请旨电饬勘界大臣邓承修，"与法使勘办辩论，庶边氓不致终沦异域，而于设防固圉实大有裨益"①。清政府批准了奏折，"着邓承修、李秉衡于桂界议定后，酌量情形，妥慎办理"②。

光绪十二年（1886 年）九月，桂越边界初步勘定，广西钦州与越南的界务勘办提到了议事日程。张之洞于上年十二月上折后，又添派官员，前赴八峒边界，重加履勘，续查案据，并同勘界督粮道王之春反复商议后，于九月初六日（1886 年 10 月 3 日）向清政府再次上折，提出了粤越边界划分为四线的具体方案。第一线为中越历来分疆旧址，即西北起自十万大山、三不要地、分茅岭，跨丈二河两岸，历东岸之峒中、永安、雁慕、平寮，西岸之旧街、新安州，至新安江口入海，海中包鸡头山、抬山诸岛，至大洋止。第二线将中国老界酌议，先行认还一半，即西北亦起自十万大山、三不要地、分茅岭，历峒中、丈二，沿思兴水之西里火、马头、山脚、六虎、必那、大嶂、大小茅山、下棠、潭下、河桧，海中包筷子笼、青梅头、副大门、九头山诸岛，至大洋止。第三线于老界内最切近者，先行勘认数处，余再商办，即西北亦起自十万大山、三不要地、分茅岭，历峒中，横抵思兴小水，沿思兴水之东，循河而下，出三岐江口，包石夹、岳山、万注、芒街、竹山、江平、万尾、黄竹、石角、句冬、山脚，海中亦包筷子笼、青梅头、九头山诸岛，至大洋止。第四线为现界近内地方，即近年中越接壤未经详辩确认之界。这四线方案，由远而近，较

---

① 《中法战争》七，第 28 页。
② 《清季外交史料》卷 62，第 57 页。

有层次，即使第一线地界不能马上划还，其第一、第三两线之西北面犹可收复十万大山、三不要地，东南面远处的潭下、河桧，近处的芒街、江平，以及大洋中的筷子笼、青梅头、副大门、九头山等水陆险要皆在界内。他说："总之，第一线乃中华旧壤，土应我属，民应我护，并非格外多争，即万不得已，第二、三线亦当力辩坚持，方不致弃所固有。"①

对于张之洞提出的粤越划界的四线方案，清政府考虑在中法会谈时可能会受到法方的阻挠，因此没有同意。光绪十二年十一月初八日（1886年12月3日），慈禧谕令军机大臣等："中越勘界尚未定，而目前总以现在中国界内华民居住之地方为断。若据前史及志乘所载，如今茅岭之以汉唐铜柱为凭，概欲划归中国，彼之狡执不允，实在意计之中。"② 打算放弃原来"凡我旧疆固应剖析详明，即约内所云或现在之界稍有改正，亦不得略涉迁就"③ 的初衷，准备在现界的基础上进行勘定。

二

光绪十二年三月十三日（1886年4月15日），中国勘界大臣邓承修在与法使会勘桂越段边界初步告竣后，即率王之春、李兴锐等随员前赴广东，与张之洞往返会商，基本上了解了粤越边界的情势。按光绪十二年三月双方在平而关签订的协议，中法使臣于中历九月十八日（10月15日）至十月初六日（11月1日）前到达海宁，会勘粤越边界。十月初一日（10月27日），邓承修等到达东兴。由于越境海宁发生变乱，法国勘界大臣狄隆（此前与周德润会勘滇越段边界）未能如期到达。直到同年十二月，双方才开始粤越段边界的会谈。

狄隆在未抵海宁前，即致函河内总督，转其属员爱思，要他"尽量收集一切有关从白龙尾到峏马这段国界线的情况和资料"，指示他"到海宁后，要打听该地的情况，特别要争取时间。对任何问题，不要作明确保

---

① 《中法越南交涉档》六，张之洞奏折，光绪十二年九月初六日。
② 《德宗实录》卷234，页6，函5。
③ 《中法战争》七，第2页。

证，因为你的谈判的目的，只是同邓友好地交谈，使他耐心等待……跟总督谈谈保证海宁和海防之间交通正常的重要性，以及有必要在海宁配备一支足够的军事力量，以便在中国人面前加强我们的地位"①。（着重号是本文作者加的）1886年10月27日，法方海防边界划分委员海士在给狄隆的汇报副本中称："我一到海宁，将尽可能收集有关的情报……他们（指中方）依据这沿海地区的居民都是中国人为理由，要划一界线把香蕉岛的北关、先安、河修和海宁归中国，也就是说，先安河的整个河谷直至湛江的源头，离边境104公里的最大宽度的一部分。如果我们让中国人在先安的公路上立定，那么谅山边境的西边、北边和东边都会受到威胁，说实话这边境将无法守卫。我们谅山、同登、七溪和高平一线也同样有变动。"② 同年11月7日，他在给狄隆的信中说："毋庸置疑，不管竹山所处的位置如何奇特，它确实属于中国……最好希望把中国这块领土让给我们，但是我得说明，实现这希望看来很成问题……毫无疑问，皇家代表团（指中方）想在竹山的前面有中国的水域。这样对他们的海关缉私船或军舰来说，就有一个通向这片水域的自由出口……我的意见，中国占有竹山，不应该使竹山湾本身也归属中国，也就是说，东京沿海的中国水域不能属于中国，竹山湾应该是安南的，中国的边界到海岸线为止。位于海湾进口处的，像琉梭（Loiuceou）这样一类的小岛应是安南的。在竹山整个海岸，我们将落潮时露出的整个海滨给予中国，我觉得这也足够了，但是我们也不应该否认，中国人从相反角度提出他们的论据。从我们这方面来看，我们在设法占有或者放弃竹山，对北仑海角和附近地区他们也有同样的看法。"③

归结起来，法国方面在会谈前的方针和步骤是：（一）尽量搜集有利于他们的资料和情报；（二）不惜用军事占领或武力作后盾，以加强其谈判的地位；（三）力争竹山划入越南，如这一打算不能实现，竹山湾和东京湾亦不能归入中国。为此，法国在会谈前即派兵围占江平、黄竹，开炮警众，甚至弹及思勒，对我进行威胁。并指使广西上思的主教富于道，尽速搜集有利于法方的情报和资料。

---

① 法国外交部档案：《论文与资料·亚洲》卷69，张庚祥译，雷如意校。
② 法国外交部档案：《论文与资料·亚洲》卷62，邹治平译，孙源校。
③ 同上。

光绪十二年十二月十一日（1887 年 1 月 4 日），双方使臣于芒街会议。会前中方代表即对法方侵占江平、黄竹提出抗议。会上狄隆声称江平、黄竹为越境，但毫无所据。邓承修则出示廉郡、钦州志图，上面明白无误地刊载中越边界在古森河海口，海口之东，江平、黄竹、白龙尾皆在内地，有图可据。而《越南志》内，海宁辖下无江平、黄竹等名目，因此江平、黄竹属中国无疑。十三日（6 日），双方于芒街再次会议。狄隆随意画一草图，将白龙尾、江平等处划入越界。邓承修当即严正指出，江平、黄竹、白龙尾等地"系我龙门所辖"。二十一日（14 日），双方在芒街举行第三轮会谈。中方出示翻译赫政所藏英、法十年前所绘中越界图，图线由白龙尾横过东兴，沿海皆广东界，标明江、黄、白等处属于中国。狄隆理屈词穷，但仍顽固地坚持将白龙尾、江平等地划入越界的无理要求。二十七日（1 月 20 日），双方再次会谈、校图，由竹山至北市大段相合，而白龙尾、江平仍僵持如前。至北市以上，中方根据志图，支河应循嘉隆、里火至峒中为界，法方则坚指大河直上北仑为越界。会议不果而散。二十八日（1 月 21 日），双方复议，中方提出立约三条：（一）由北市到竹山，彼此较图，意见相合。（二）由竹山至白龙尾，较图不合，作为未定，各请示本国。（三）现未定之界，法国已派兵前往，中国且不置议；其余未定之界，双方不得派兵员前往。但遭到法使的拒绝。张之洞对允许法在江平驻兵表示反对，马上分别给邓承修和总署去电，说："江平许以驻兵、画图，是今日已决定划归法界矣。""兵即不撤，界即难收，东兴、思勒隔绝域外，后路被断，有事难守。今日不必勤远略，而不能不虑近忧。此处插入内地，患在切肤。"[①] 他坚决要求法国撤兵，并将江平抽出另议。

法国则坚持军事占领的方针，拒绝从江平等地撤兵。狄隆在 1887 年 1 月 19 日致巴黎外交部的电文中说："关于江平和白龙尾，我们已用尽一切说服中国代表的手腕，包括使用谅解的方式，仍然不能使他们承认我们的权利。他们的策略是在三角地里维持着一种对和平充满危险的局势，以便利用任何有利于他们的机会来反对我们，而使我们不得不作出巨大的牺牲。他们企图这样来使我们放弃耐心，来使我们就范……不过，我们以为

---

① 邓承修：《中越勘界往来电稿》卷 3，第 15、17、18 页。

重要的是我们不顾一切地去做，使用尚可供支配的军事力量，进入三角地。"① 在同年 1 月 21 日给巴黎外交部的电文中，狄隆更是赤裸裸地宣称："我们……在得到政府的答复以前，维持我方的行政和军事占领的权利。这样，临时占领变成永久占领的康庄大道，而维持现状不会再有同样的危险。"② 2 月 17 日，狄隆在向法政府汇报的第 11 号电文中说："邓要求我方立即放弃对海角和三角地区的权利主张。他断然宣称这一地区是中国领土。他采取新的态度，寻找借口来断我们的工作，甚至可能使工作停下来，以便给我们制造一种充满政治冲突或土匪袭击危险的局势……我们以为有必要扩大和延长我方的占领，而远不是缩小或减短我方的占领……他们越看到我们强，越不敢从言辞变为行动。"③ 为此，除江平外，他们还派兵强占句冬、石角、白龙尾等处，火焚居民的房屋，破坏大片田园庐墓，枪杀无辜百姓，把一万二千多中国居民赶出了家园，胁迫他们迁入内地。这样造成大量中国村民流离失所，无家可归，纷纷逃亡。而法国殖民者便以军事占领这一既成事实，作为边界谈判的筹码，声称"兵力所得，断不轻让"。强迫清政府要将江平、白龙尾一带划归越方。

张之洞、邓承修断然地拒绝了法方的无理要求。张氏除了建议将江平抽出另议外，又致电总署，"将约内白龙尾一处抽出，万万不可许其驻兵""狄强将白龙尾画入未定之界，与约不符，当力争，不能画押"④。邓承修针对狄隆以白龙尾中画一线，左归华，右归越的议案，进行了驳斥："此我正辖会哨之地，何得通融？府志绘明，我界自白龙，东过竹山，包络江平，并无越地交错，兼有旧法，岂能让人含混？"⑤

由于谈判陷入僵局，清政府准备作些退让。慈禧在光绪十三年正月十六日（1887 年 2 月 8 日）下了一道谕令，说："先勘旧界，再商改正……然所谓旧界者，指中越现界而言，并非举历代越地曾入中国版图者，一概阑入其内。盖我于越南现界中强思多划，彼即于中国现界中妄肆贪求，倒

---

① 法国外交部档案：《论文与资料·亚洲》卷 69，张庚祥译，雷如意校。
② 同上。
③ 同上。
④ 故宫博物院明清档案部：《电报档》。
⑤ 同上。

戈反唇，正未有艾。"她在对邓承修进行了严厉的责备后说："兹特明白申谕，嗣后分界大要，除中国现界不得丝毫假借外，其向在越界华离交错处所，或归于我，或归于彼，均和平商酌，即时定议，不必归入请示。凡越界中无益于我者，与虽有前代证据而今已久沦越地者，均不必强与争论。新旧各界，一经分定，一律校图画线，使日前各有遵守。总期速勘速了，免致别生枝节。"①

对于朝廷的斥责，邓承修没有争辩，只是在与法使的会谈中，仍持原议，"执约驳图，力辩白龙尾系中国会哨之地，不得混入未定界内"②。张之洞则言词诤诤："大臣谋国，原不为名，但一身之名誉不宜沾，天下之名义不可不惜。此岂我等数人之名，乃国家万年之名！既为威望体面所关，即是有益于我。"③ 他致电邓承修：分茅岭乃古今中越分疆之地，妇孺皆知，不能属法；嘉隆八庄不可归越；白龙尾、江平定属我界，不得丝毫假借。他还授邓机宜："心内虽急，外示以缓，方能速竣。若敌测我急，（必）更多挟制迁延。""事至万难之时，如能设法与彼稍转颜面，或易就范。疆土至重，其余皆轻，请裁示。"④

正当中越勘界大臣的会谈因具体边界争端而相持不下之际，北京的高级谈判却出现了转机。光绪十三年二月初六日（1887年2月28日），法国公使恭思当向清廷总署表示，希望两国界务速了，以免边界肇衅。请将有争议的江平、白龙尾、黄竹等地暂从缓议，两国勘界大臣，先自钦州以西直至桂省全界彼此不争论之处，一律作速勘画。或有争论不决者，随后由公使与总署再和平酌商。他还电请法国政府给予全权，并将此决定知照了狄隆。法政府同意恭思当的意见，准给予全权，在京商办界务。而此时总署又新得一张法国海部所绘越南地图，标明白龙尾属中国。这样，中国史志与法国海部地图及赫政所藏十年前英、法所绘两张地图相合。由于有了新的证据，并见事有转机，清廷总署及时地将情况电告邓承修，表示"除

① 《李文忠全书》电稿八，第315页。
② 邓承修：《中越勘界往来电稿》卷4，第8页。
③ 同上书，第8、9页。
④ 同上。

白龙尾决定无游移外，其江、黄等处，拟于商务中略予通融，为抵换之计"①。二月二十二日（3月16日），邓承修与法使狄隆在芒街多次会谈后，狄始同意将分茅岭、十万山、嘉隆河归属中国。二月二十六日（3月20日），双方又经过五个时辰的争辩，狄隆"见我终不能夺"，最后不得不同意将钦界南自嘉隆河，北抵北仑、十万山、分茅岭，西至峒中墟北，两河包络，纵横数百里之地归入中界②。三月初五日（3月9日），中法使臣于广西钦州东兴签署《粤越边界勘界节录》，将粤越边界分为四段，其中尚有更正之处，拟定另日再商。至此粤越段陆界初步勘定完毕，准备下一步再会商海岛洋面的划分。

三

关于海岛洋面的划分问题，早在光绪十二年一月十八日（1886年2月21日）张之洞在致邓承修、李秉衡的电文中便提出来了。该电说："钦州海面界连越洋处，有九头山孤悬海中，素为海盗逋逃之所……虽称越境，居系华人……查此地狭小荒瘠，去东兴甚近，去海防甚远。海宁府归我，则此山应为华属。"③ 次年三月初六、初七、初九日（1887年3月30日、31日、4月2日），张又三次致电邓承修，请邓在会谈时对"海中诸钜岛皆不必提，只索九头一岛""大洋一切照旧，不在此内"④。同年三月二十四日（4月17日）在致总署的电文中，张又提出"海界只可指明近岸有岛洋面，与岛外大洋无涉"的主张⑤。

1887年3月29日《粤越边界勘界节录》画押后，中法使臣便开始了海界岛屿归属的谈判。会谈中，狄隆提出"海寨春阑直南所属之海岛洋面皆应归越南，中国应无异议"。邓答以"我亦电我朝廷竹山直南之海岛洋

① 邓承修：《中越勘界往来电稿》卷4，第15页。
② 同上书，第26页。
③ 邓承修：《中越勘界往来电稿》卷2，第2页。
④ 邓承修：《中越勘界往来电搞》卷4，第21、22页。
⑤ 故宫博物院明清档案部：《电报档》。

面俱应归华，法亦不得有异议"①。4月1日，狄隆致电广东巡抚，提出九头群岛划归越南的要求。3月31日，双方于东兴举行第十四次会议。狄隆首先提出"安南沿海各岛归安南"。邓对此提出异议，指出：竹山洋面之南的九头山岛（又称狗头山），向为海盗窝聚之所。同治十年，中国政府除派兵剿办外，曾照会越南政府派兵会剿。而该国复称："下国广安海分原无亚婆、狗头山等名号。"去年两广总督又派冯子材前往该岛捕获贼盗，奏报朝廷在案，是以应将该岛划归中国。海岛谈判未获结果，邓即提出更正陆界问题。

4月8日，双方于芒街举行第十七次会谈。狄隆除重申九头、亚婆两岛归越外，还提出对沥柱岛的主权要求。经会商后，双方达成两条口头协议：（一）由沥柱岛之东界自北向南之直线以西归越，凡各岛之在东京者，应归安南；（二）由北向南直线之东各岛，中国使臣谓属中国②。此次会议，中国方面初步同意将九头、亚婆、沥柱等岛划归越南，法国方面则答应把嘉隆八庄之地归中国。邓承修以九头山粤署有案，且津约未及岛界，和江平未定为由，没有画押，而由双方请示解决。他在4月14日给总署的电文中，建议以九头山对换江平③。光绪十三年五月初七日（1887年6月27日），邓承修奉旨回京。中法续订界务事宜，由奕劻和法使在北京画押；其设立界碑事宜，照约由地方官会同驻越法员办理。

光绪十三年（1887年）四月，法国公使恭思当与清政府总理衙门在北京就两国勘界大臣于意见不合之处举行会谈。恭思当称："以商务苟可通融，界务亦可稍让。"④ 提出以白龙尾、江平、黄竹一带地方，以及云南边界前归另议之南丹山以北，西至狗头寨至清水河一带地方，均归中国管辖，以此与商务作抵换，要求在广西龙州和云南蒙自通商。总理衙门同意了恭的意见。张之洞立即陈电反对，他说："龙州通商，有碍边防，其害甚巨，断不可许。如龙州设埠，镇南关就形同虚设。建议用九头岛对换白龙尾、江平、黄竹。"当即遭到慈禧的严厉训斥："今与法使约定，龙州、

① 《中法战争》七，第111页。
② 《中法越南交涉档》六，第3747页。
③ 《中法战争》七，第111页。
④ 《中外条约汇编》，第90页。

蒙自两处准其通商，势在必行，决无更改。"①

1887 年 6 月 26 日，中国皇帝特派管理总理各国事务衙门多罗庆郡王与法国特派全权大臣驻华公使恭思当在北京签订《中法界务专条》（下简称（专条））。关于广东界务，《专条》规定："现经两国勘界大臣勘定边界之外，芒街以东及东北一带，所有商论未定之处，均归中国管辖。至于海中各岛，照两国勘界大臣所画红线，向南接画此线，正过茶古社东边山头，即以该线为界（茶古社汉文史万注，在芒街以南，竹山西南），该线以东，海中各岛归中国；该线以西，海中九头山（越名格多）及各小岛归越南。若有中国人民犯法逃往九头等山，按照光绪十二年三月二十二日和约第十七款，由法国地方官查访，严拿交出。"② 同日，中法使臣于北京签订《中法续议商务专条》，将广西龙州、云南蒙自开为商埠。光绪十三年七月初二日（公元 1887 年 8 月 20 日），法兵撤出白龙尾。

四

根据《专条》之规定，双方于签约后按图立石，由广东地方官会同驻越法员办理。但《专条》图上所画之界，不过是个大概轮廓情形，而具体立界，难免有参差不合之处。清政府在给张之洞等地方官员的谕令中，指示"此次按约立界，不必存得寸进尺之见，但求不离线界，而于形势輬轇意见不同处所，先行记出，勘完再定，却是从速办法；且有无可以彼此相让之处，亦须勘毕通核，方能定议"③。

张之洞在接到清政府的电旨后，即饬令下属严守边界，不得逾越；对横模、板兴等地限期查勘完毕；又派钦州知州李受彤、防城知县孙鸿勋迅速查明界图红线内外地名，预备好石料、工匠，做好一切定界立石的准备。

法方会办官员拉巴第、法兰亭于光绪十五年十月（1889 年 11 月）才

---

① 《中法战争》七，第 115 页。
② 同上书，第 432 - 433 页。
③ 故宫博物院明清档案部：《电报档》。

迟迟来到芒街。十月初九日（11月1日），双方会晤，决定先勘东兴一带河界，再勘陆界，彼此先各绘一图，十四日（11月6日）定议。此后，拉巴第借故一再拖延，要求彼此均可过界绘图。中方答以河界分明，毋庸绘图，并呈报总署。总署电示："总以界无出入为断，不必执定前见。"① 光绪十六年闰二月二十五日（1890年4月14日），两国所派立界委员，将1887年6月所订之《北京条约》（即《专条》）辨认完毕，签订《广东越南第一图界约》五条：

（一）从北向南所画之线，正过茶古社东山山头，即照北南线，东各州归中国，西各州及九头山归越南。

（二）边界自竹山起界，系循河自东向西，到东兴、芒街此段作河心为界限，罗浮、东兴等处分别为中国界，帽豸、伍仕、紫京、菉林等要处归春兰社管，又芒街归万春社管，此皆分别为越南地界。

（三）在东兴、芒街到嘉隆北市边界，自西到北，河势弯曲，仍分别中国之那至（又名那芝）、望兴、嘉隆（又名加隆）等处，分别越南之宁阳、万春及滩潘、北市等处。

（四）两国边界河，因后来新起沙洲，相近某国即为某国所管地界。

（五）照1887年3月29日在芒街签订的议约章程，托岭系归越南。经查无托岭。现彼此俱不再查。因条约有南里系归越南。今河界左边中国界内有南里地名。将来办第二图边界时，若中国地名有在越南界内者，亦请照办。

照第一图界约，中国由嘉隆至竹山，法国由北市至狮子岭，各立石碑十号②。

光绪十六年四月（1890年6月），双方继续会勘所余之边界。按照图约，应从北市江西边枝河尽处约三十里名坑怀处起界。但法方违约，竟以河旁之双罗、北夹、刑宽三小沟向北合成之沟起界，将怀岭、板兴等处包入越南，将中国定想地方改名呈样，意图混侵。中方坚持按约辩论，而法方则一味蛮横纠缠，一再拖延。直至该年十一月初九日（1890年12月20

---

① 故宫博物院明清档案部：《电报档》。
② 《中法战争》七，第450—452页。

日），法方"自知理穷词屈，乃谓彼如得此险要（指板兴、怀岭）屯兵，兵少费省，愿以河界尾荒山相让"①。十一月十七日（12月28日），又"商从嘉隆枝河水沟之坑怀岭起画线，直至丈二，以彼之南云、青龙岭归我，从丈二自图约载明我之板兴并怀岭等处归彼，方易扼守，力请相让"②。由于该地地下资源丰富，又系军事要塞之区，我方在此筑台驻守，因此粤督李瀚章和中方立界委员李受彤均以图约难违而严加拒绝③。

光绪十九年（1893年），法国改派柯麻等接替拉巴第、法兰亭。中、法双方按图约辨认，重开谈判。是年十一月二十二日（1893年12月29日），两国立界委员查明第二段边界，签订《广东越南第二图界约》三条，立界石第十一号至第三十三号。

计粤越边界全长四百里，其中陆界仅五十里，皆系峻岭，其余则以河沟为界。粤督李瀚章在《奏钦州越南界务勘办完竣折附图约及章程》中说："查明界线，区画分明，不独原勘图约所载分茅岭、板兴、怀岭等处归我，即彼之纵横峒中十里亦全归我。惟披劳地方纵横约三里，各分一半，因系以水为界，不得不然，以符总理衙门所言地势辽辐，彼此相让之意。柯麻不似从前法员之固执，知板兴等为不可争，终得次第立竣。"④

<h1 style="text-align:center">五</h1>

中越界务粤越段会谈及勘定立石，从光绪十二年十二月十一日至光绪十九年十一月二十二日止（1887年1月4日—1893年12月29日），前后历时达七年之久。经过会谈履勘，中国方面收复了广东钦州西面的嘉隆八庄、三不要地、十万山、分茅岭等地，州西南的白龙尾、江平、黄竹、板兴、板典、怀岭等地，在近代的外交史上取得了令人瞩目的成就。参加此次界务会谈、勘定的中国大臣邓承修，以及道员王之春、署钦州知州李受

① 故宫博物院明清档案部：《电报档》。
② 同上。
③ 同上。
④ 《清季外交史料》卷70，第6页。

彤等功不可没。他们在与法人的谈判中，以国家、民族利益为重，坚持原则，坚持斗争，针锋相对，毫不示弱。在谈判桌上，尽管法方气势汹汹，态度蛮横，狡计百出，他们仍从容镇定，有理有据地与之辩论，及时地揭露对方的阴谋贪狡，使对手常常陷入理屈词穷的狼狈境地。而当法方想以武力侵占，使既得土地成为事实，从而进行威胁要挟之时，他们也没有屈服，及时地向清政府汇报，并向法方提出抗议。当法方以"如此相持不了，贵朝廷必归罪邓大人"进行威胁时，邓斩钉截铁地回答："我办事只论是非，不计利害。"① 这种威武不能屈的可贵民族精神，在近代外交史上是不多见的。张之洞在评论邓承修时说："此次界务，公挽救之功已钜"，并向他表示"鼎力钦佩"②。

邓承修在内外的压力下，仍不屈不挠，坚持原则，坚持斗争，克服困难，尽心尽责，为维护民族的尊严和祖国领土的完整做出了可贵的贡献。由于历史的局限，在外交谈判中，他也做了一定的让步和妥协。但这非其本意，我们当不能苛求于前人。

特别值得一提的是，两广总督张之洞在粤越边界会谈勘定中的作用和功绩。张是中法战争中最坚定的主战派之一。此次中越界务会谈，他又未雨绸缪，在谈判之前，及时上折政府，积极提出建议。他处处从国家领土的完整和边防的安全考虑，在作了充分的调查研究并考之志乘舆图后，上疏力陈收回江平、黄竹、分茅岭等地，并提出以四线划分作为会谈的原则，以列举之十证作为会谈的依据。中法会谈前，张连日与邓商议，讨论了谈判桌上可能出现的情况和对策。当会谈陷入僵局，法方以罢议为词向清政府施加压力时，张指出"此乃无谓恫喝""彼安能决裂"③！当清政府责备邓"切勿固执己见，贻误大局，自干重咎"，催其会办时，他又给邓打气、出主意："此辨认旧界，不与更正相涉""此事宜善救，不宜梗阻"④。当法派兵占据江平等地时，张致电邓承修和总署，要求法国撤兵，告邓"万不可遽与画押立约""将江平抽出另议"，白龙尾则"当力争，

① 邓承修：《中越勘界往来电稿》卷 3，第 819 页。
② 同上书，第 18 页。
③ 邓承修：《中越勘界往来电稿》卷 1。
④ 《张文襄公奏稿》卷一二六，电牍五，第 15 页。

不能画押""万万不可许其驻兵"①。当总署与法使在北京会商,拟以商务作抵,换取江平、黄竹时,张即指出:"若商务作抵,必致设关在镇南关内,所损更多也。"② 在海界岛屿的划分中,张亦从国家安全出发,提出争取九头岛归华、大洋一切照旧的意见。此外,他还筹措经费,安顿被法国驱赶归粤的中国难民,在海滩筑堤垦田,发展生产。

总之,在粤越边界的会谈勘定中,张之洞作为与钦差大臣邓承修会办勘界事宜的两广总督,是起了重要的,甚至是决定性的作用的。由于他事前即做好了充分的准备,并和邓紧密磋商对策,在有力的证据面前,加之邓的努力,因而使得谈判取得了较大的成果。此间,清政府曾四次电谕张之洞,斥责他"固执己见""始终不悟"。但他心地坦然,没有计较个人的得失,仍以国家的安危和民族的利益这个大局来考虑问题。他对邓承修说:"疆土大局所系,洞任守土,公任使命,责备利害,彼此同之,并无区别,不得不竭力筹商。"③ 邓承修在签订界务草约后致电张之洞,说:"界务草约已定,此皆承公指授。"④ 可见其地位与作用。

(原载广州《东南亚研究》1991 年第 4 期)

① 邓承修:《中越勘界往来电稿》卷 3。
② 邓承修:《中越勘界往来电稿》卷 4。
③ 邓承修:《中越勘界往来电稿》卷 3。
④ 邓承修:《中越勘界往来电稿》卷 4。

《万福攸同碑》与滇南都龙边地的变迁

云南马关县都龙铜街有一块《万福攸同》石碑。1983 年春,该县文化馆派人将碑运到县城。同年 4 月上旬,我到猛洞、马关、河口一带调查中法战争前后云南各族人民的抗法爱国斗争事迹,于县文化馆处得见此碑。其时碑身满是泥土,经反复冲洗后乃得见碑文。文中个别字迹虽模糊不清,但大多数仍可依稀辨认。碑云:

> 盖闻:天生德是亲,地以人而胜,诚至言也。□蔓家寨产斯铜矿,经数拾载,宝藏之兴,虽由于人胜,而实亲于有德。兹岁夏,予适宝山,过铜街脚,有小溪,历来以木舆梁,壹贰年间不无腐杇。回署公暇,有诸属役、炉户,欲砌□石,各皆乐从,捐金雇匠,鸠工期月告竣。因志其事,并列名于左。(以下是炉户秦廷卿、属役梁文材等捐银的名单。)

此碑宽 50 厘米,高 80 厘米,厚约 10 厘米。文为阴文正楷汉字。除"万福攸同"四字横写外,其余全为直书。无标点。

《万福攸同碑》记载的是咸丰八年八月(公元 1858 年 9 月)都龙铜街聚隆堡矿诸属役、炉户集资修砌石桥的经过。石桥竣工后,该碑立于铜街桥头。它是我们研究滇东南政治、经济历史的一件重要文物。

根据云南地方史料记载,明清之前,云南开化府治南二百四十里之赌咒河,是中国交趾的交界线,河南为交趾,河北为中国①。赌咒河,即黄

---

① 《云南通志·疆域志》载:开化府南二百四十里至交趾,赌咒河为界。

树皮、箐门外之大赌咒河,交趾称为安边河,意谓两国边界接壤、相安无事之谓。距河一百二十里境内的都龙,向来属于中国领土;该地广产银铜,早在明代,边疆各族人民和内地人民即前往开采,因而颇负盛名。厂商常常将铜运至交趾贩卖,"获利甚丰"。由于交趾不产银铜,且见有利可图,遂渐染指都龙,并进而用兵侵占。明末清初,交趾国王趁中国国内动乱,我国政府无暇过问之机,兴兵越界过河,侵占了我国大片领土。而开化府之地方官员,腐败无能,丧失保卫疆土的职责,"总兵、知府既畏处分,又惮救援之劳,遂将塘汛移入内界,称此外系交趾地方,另指一小河强名为赌咒河"①,用以敷衍上司,推卸罪责。这样就使得交趾国轻易地占去了我大赌咒河以北、都龙厂对过山下一百二十里的土地。此后四十余年,"历来知而不言者,因都龙厂广产银铜,内地及外夷俱往打矿,货物易销,贸易者亦多,总兵设汛稽查,暗抽私利,恐说出旧界,则一经清查,此弊亦露"②。开化府之地方官员,为了中饱私囊,竟将失职弃界之事隐瞒下来,长期不报。康熙二十一年(1682年),交趾派兵侵入我逢春里地区,抢掠各寨人民,开化总兵不救,致使该地人民的生命财产受到巨大损失。此后交趾未经中国许可,便擅自在逢春里收赋立界。到了雍正年间,随着都龙铜矿的兴旺繁荣,江西、湖广等内地人民前往采矿贸易者竟达万人,而交趾的封建统治者对该地区也越发觊觎垂涎。他们唆使本国居民前往都龙,争矿寻衅,借以挑起事端,以便从中渔利。我都龙人民坚决维护祖国的领土主权和经济利益,据理力争,但由于地方政府不加过问,他们才不得不将情况禀报云南藩司(省政府),这才引起清政府的注意。雍正二年(1724年),云贵总督高其倬根据布政使李卫的报告,又反复核对志书图籍,找到了明代中国同交趾的旧界和中方的塘汛旧址,以及被交趾侵占地区人民年纳秋粮十二石有余的详细记载。随后他命令开化镇总兵冯允中"亲身详查""具折奏闻"。忠于职守的冯允中,经过一番详细的勘察后,查出了都龙厂对过铅厂山下至赌咒河一百二十九里的我国领土,在四十年前即被交趾用武力侵占,而该地除了马都戛等六寨外,又新查出

---

① 高其倬:《勘察开化府边界折》,雍正二年十一月十六日,见雍正《朱批谕旨》第四十五册。

② 同上。

了南狼、猛康、南丁等三四十寨亦被交趾强占。为了维护祖国版图之完整，收复被交趾侵占的土地，身任封疆大吏的云贵总督高其倬认为，"铜矿事小，疆境事大"，遂于雍正二年十一月十六日（1724 年 12 月 31 日）、雍正三年正月二十六日（1725 年 3 月 10 日）两次上折，据实奏闻，一面报告了边地丧失之经过，一面请求政府按旧界收回被交趾侵占的一百二十余里的土地。与此同时，高其倬又移咨安南（交趾）国王，指出大赌咒河（安边河）才是两国的边界，安南侵占我安边河至铅厂山的大片土地是非法的，双方应立即派员会同清理旧界。但安南国王黎维陶不仅诡词狡辩，而且派员率兵数千，前往该地驻扎，妄图长期霸占。高其倬亦派兵员到都龙戍守，等候清廷的谕示。

对于"朝廷境土臣以尺寸为重"、一片忠心为国的云贵总督高其倬的两次奏折，雍正皇帝不仅不予嘉奖鼓励，反而把他训斥了一通，说："朕思柔远之道，分疆与睦邻论，则睦邻为美；畏威与怀德较，则怀德为上。据云：都龙、南丹等处，在明季已为安南所有，是侵占非始于我朝也。安南自我朝以来，累世恭顺，深属可嘉，方当奖励是务，宁与争尺寸之地，况系明季久失之区乎！其地果有利耶，则天朝岂宜与小邦争利？如无利耶，则又何必与之争？朕居心惟以大公至正为期，视中外皆赤子；且两地接壤连境，最易生衅，尤需善处，以绥怀之，非徒安彼民，正所以安吾民耳。即以小溪为界，庸何伤？贪利幸功之举，皆不可为。"①

雍正三年五月二十六日（1725 年 7 月 6 日），高其倬又再次上疏，进一步详细地汇报了边地沦丧的经过，以提请皇帝的注意："当日（按：康熙初年）开化镇总兵高必胜在任之时，开化有八撤一汛，下有河口通海，广东洋船可到，高必胜私开课利。彼时，广商到此颇多，遂有往都龙贩货者，走到双眼井地方，被劫杀死三人。高必胜畏事，随暗将该汛撤进四十里，另在马伯汛立界碑，谓此外与开化府无涉，逢春里之各寨亦隔在外，此弃界之由也。然虽弃出，交人亦未敢攘为己有。后于康熙二十一年，彼国有小交王伪宽之乱，抢掠逢春里各寨人民，开化总兵不救，都龙土目援

---

① 高其倬：《勘察开化府边界折》，雍正三年五月二十六日，见雍正《朱批御旨》第四十五册。

之，故各寨遂认彼粮，此各寨与安南纳粮之由也。然安南虽收各寨之粮，究只在都龙立界，此时并未设守，中外皆置之不内不外、若有若无之间。臣向未知此界。藩司李卫管理铜务，有土人呈开铜矿，铜矿无验，遣员查出此境，详报前来。臣遣员再查，查出双眼井地方有芹菜塘之旧址，又有逢春里之马都戛等六寨，原纳开化府秋粮共正米十二石有零，年年总催赔纳……"① 高其倬根据大量确凿的史实和派员勘察的结果，认定安边河是中国、安南两国的交界河，揭露了安南派兵非法侵占铜厂山、都龙地区的事实；敦请安南火速派员前来会同查考，"议清疆界，永杜争端"。可惜他一片忠心为国，据理据实，三次上疏力争收回失土的意见，不但未被雍正皇帝采纳，反而将他调离云南，任闽浙总督去了。

雍正四年三月十二日（1726年4月13日），虽调任闽浙、而"职任封疆，难容久弃外域"、不甘缄默的高其倬，又再次上疏，说："云南开化府南与交趾邻界。臣前查出自开化府马伯汛外四十里至铅厂山下小河内，有逢春里六寨，册载秋粮十二石有余；且有芹菜塘昔日塘房基址，足据于康熙二十二年失去，遂入于交趾，应行清查。再查《云南通志》开载，自开化府南二百四十里至赌咒河与交趾为界，今开化府南至现在之马伯汛止有一百二十里，即至铅厂山下小河，亦止一百六十里，是铅厂山下小河以外，尚有八十里，亦系云南旧境，虽失在明朝，但封疆所系，亦请一并清查。缮折具奏，钦奉朱批：'境界失自明朝者，恩免清查。'令臣另议立界。臣谨钦遵圣谕，移咨安南国王，其自铅厂山下小河以外之境，宣播皇仁，界与安南不复清查外，其铅厂山下小河以内四十里之境，事在本朝……臣查此四十里之疆界，既有志书可凭，又有粮册炳据，且事在本朝；且六寨之人，现皆衣窄袖之衣，尤为可证。今安南不即清还，虽皇上天覆地载，子育万国，但臣职任封疆，难容久弃外域，今虽调任闽浙，难容缄默，伏乞皇上谕令现任督臣界安南速行清还。"② 但由于自高自大的雍正皇帝一味坚持"勿与小邦争利"和表现"天恩高厚"的宽容态度，谕

---

① 高其倬：《勘察开化府边界折》，雍正三年五月二十六日，见雍正《朱批御旨》第四十五册。
② 《雍正安南勘界案·高其倬折二》，雍正四年三月十二日，见故宫博物院《史料旬刊》。

令"境界失自明朝者恩免清查"，并要继任的云贵总督"别议立界"。

继任高其倬的云南巡抚管云贵总督事鄂尔泰（后任云贵总督），经过再三勘察后，仍得出了与高其倬一致的结论，并于雍正四年（1726 年）三月、七月、九月、十二月，雍正五年（1727 年）闰三月、五月、六月、八月、九月九次上折，议定边界。他说："铅厂山下地方山川形势，中外截然，不独志书可凭，且有粮册可据，塘汛旧基可查，居民服饰可验，原属内地，应于此处立界。仅收还四十里，仍予以八十里。"① 铅厂山外直至大赌咒河（安边河）之间虽然曾是中国的领土，但由于有雍正皇帝"着于铅厂山立界，余地尽行赏给"的敕谕，所以鄂尔泰只得遵旨委员于铅厂山下距河岸一百零三丈处建关立界。关墙高一丈六尺，厚八尺，正面及左右共长十三丈；关楼三间，高二丈八尺；墙尽处接连木城，达左右山顶，各设看房一间，烟墩一座；墙上竖旗一杆，炮台四座；关前十二丈处竖立大石界碑一座，高一丈二尺，上书"敕建云南省开化府界"九个大字，又有"大清雍正四年五月初四日钦奉圣旨于铅厂山立界，凡河水上流以内村寨俱系中土，外夷不得越境侵扰"等字样。此外，又于各寨径路立碑六块，各书"钦奉圣旨，于铅厂河一带立界建关，凡客商来往，俱由山口，不得私从山径小路出入，如敢故违，把守兵役捆拿解究不贷"。关楼、界碑于雍正四年八月一日动土开工，同年十月初十日告竣。

铅厂地方设关立界后，中国疆界已经退让了八十里。但安南国王仍贪餍不足，一面陈兵五千于铅厂山对面屯扎，增置卡房营盘，对我进行威胁；一面又致书于云贵、两广督抚和清廷，诬称"开化府捏报"，胡说马伯汛外一里之小赌咒河为两国的界河。对此，鄂尔泰一面申报朝廷，严饬开化备兵防范；一面将此事始末移咨广省督抚，密札商嘱；另外又咨覆安南，对其无理的要求进行了有理有据的驳斥。

一向"息事宁人"的雍正皇帝批准了鄂尔泰的奏折，认为"今即此立界之事，只可委曲善全"②。他说："朕再四筹画，不如特遣天使，申明事情大义，伊便少有不恭处，朕意亦当隐忍……便将此数十里地界赐他，毫

---

① 《雍正安南勘界案·鄂尔泰折九抄录咨会安南国原稿》，见故宫博物院《史料旬刊》。

② 《雍正安南勘界案》雍正五年八月初十日朱批，见故宫博物院《史料旬刊》。

无损失国体，更表朕之仁政也，何妨乎？"① 狡猾的安南国王揣摩透了中国皇帝的心理，在得知"颁谕安南国王遵奉施行"的旨意后，一面仍然无理纠缠，死乞百赖地硬要四十里之地；一面又假惺惺地派员"敬备龙亭仪仗""三跪九叩""山呼万岁，鼓乐彩旗"迎接圣旨，从而使清朝皇帝自尊自大的心理得到了满足。雍正六年（1728 年）正月，清世宗因安南国王"感恩悔过"，下令"特沛殊恩，将云南督臣等查出之地四十里，赏赐该国王"②。还说："朕统驭寰区，凡属臣服之邦，皆隶版籍。安南既列藩封，尺地莫非吾土，何必较论此区区四十里之壤？……顷鄂尔泰将该国王上年十二月内本章呈奏，知国王深感朝廷怙冒之仁，自悔从前执迷之误，踊跃拜命，词意虔恭。（按：安南国王黎维陶谢表全文为：'安南国王臣黎维陶谨奏：十二月初二日，臣接领敕谕，焚香披阅，喜惧交并。窃臣国渭川州与云南开化府接壤，原以赌咒河为界，即马伯汛下之小河。臣国边目世遵守土，臣罔知侵占内地为何事。且未奉诏书，是以备因陈奏。旋奉敕谕，令撤回斜路村等处人员，别议立界之地，仰蒙慈照，欣幸无涯。今复奉敕谕，定于铅厂山小河立界，谕臣勿悖优待之恩，怀无厌之望，自干国典。臣怵尺天威，弥深木谷。目今铅厂山经广南知府先已设关门，筑房屋，立界碑。臣国边目土目遵臣严饬，帖然无言。臣竭诚累世，向化圣朝，蒙圣祖仁皇帝柔怀六十余年。今恭逢皇帝陛下所膺景命，如日方升，且薄海敷天，莫非王土。此四十里地，臣何敢介意有所觊望也？兹荷纶言，晓谕诚切，臣感戴圣恩，欣跃欢忭。惟愿万方拱命，圣寿无疆。圣朝千万年太平，臣国千万年奉贡。谨奏。'）朕览阅之余，甚为嘉悦。在王既知尽礼，在朕便可加恩。况此四十里之地，在云南为朕之内地，在安南仍为朕之外藩，一毫无所分别。着将此地仍赏赐该国王世守之，并遣大臣等前至该国，宣慰朕衷。朕念已加惠藩王，亦当俯从民便。倘此地居住民人，有情愿加入内地者，已令督臣鄂尔泰酌量料理。并谕该国王知之。"③ 雍正六年九月十八日（1728 年 10 月 20 日），署开化府吴世鲲、署开化镇

---

① 《雍正安南勘界案》雍正五年八月初十日朱批，见故宫博物院《史料旬刊》。
② 《世宗实录》卷 65；又见《清实录·越南缅甸泰国老挝史料摘抄》，云南人民出版社 1986 年版，第 19 页。
③ 同上书，第 20 页。

中营游击王无党，同安南兵部侍郎阮辉润、国子祭酒阮公采会立界于马伯汛南小河之两岸。北岸界碑的碑文是："开阳（开化）远处天末，与交趾接壤，考之志乘，当府治南二百四十里之赌咒河为界。继因界址混淆，委员查勘，奏请定界于铅厂山。我皇帝法威远播，念交趾世守恭顺，宠颁谕旨，复将查出四十里之地仍行赐赍。士鲲等遵承总督云贵部院檄委，于九月初七日会同交趾国差员阮辉润等，公同议于马伯汛之南小河为界，即该国王奏称之赌咒河也。爰于河北遵旨立界碑亭，从此边陲永固，亿万年蒙休于弗替矣。雍正六年九月十八日署开化府臣吴士鲲，署开化镇中营游击臣王无党敬立。"① （本文作者 1983 年春到此考察时，界碑及碑亭早已拆除，只有一条丈余宽的小沟蜿蜒于田畴之中。此小沟离马关县城二华里，即安南国王蒙混奏称的赌咒河。）

以上所述，便是中国云南开化府所辖小赌咒河至大赌咒河（安边河）地区失去的由来。此次失土，可分为三个阶段：第一阶段为明末清初，交趾国乘中国社会动乱、政府无暇过问之机，兴兵过界，用武力强占去铅厂山至大赌咒河之地，而云南地方政府不闻不问；第二阶段为都龙铜矿兴旺后，交趾前往争利，因而与中方发生争执。雍正皇帝谕令"境界失自明朝者恩免清查"，"准予别议立界"。从而使得交趾的非法侵占合法化，中国的疆界由大赌咒河后退了八十里；第三阶段是雍正六年清政府将小赌咒河以外之地全部赏赐给了交趾，中国的边界又后退了四十里，共失国土一百二十里。中国边地丧失的原因，大致有三个方面：一是清初中国社会刚刚经过动乱，战争频仍，社会经济和政治状况亟需安定，而边疆的安定更是统治者需要考虑的问题。所以雍正皇帝采取了"息事宁人"、以退让求睦邻的政策。二是交趾步步入侵，而开化地方政府失职弃界，坐视不救，一误再误，终铸大错。三是中国历来的封建统治者均以大国自居，所谓"溥天之下，莫非王土，率土之滨，莫非王臣"。况交趾又是"累世恭顺"的藩国，所以赐之几百里的土地在清朝皇帝看来也就算不了什么。但是，这却成了后来中越界务蓼輵纠纷的来由。

1885 年中法战争结束后，安南沦为法国的殖民地，中越界务的会谈和

① 《云南史料目录概说》，中华书局 1980 年版，第 1265 – 1266 页。

勘定便提到了议事日程。在昔为辅车相依，在今为卧榻之侧的中国政府赐给安南的旧地，现在给予收回，自然是顺理成章之事。所以云贵总督岑毓英在给清廷的奏折中说："臣伏思越为中国外藩，要地归藩，原系守在四夷之义，不必拘定撤回。现在越几不能自存，何能为我守险？应否俟勘界时，将都龙、南丹各地酌议撤回，仍以大赌咒河为界，以固疆关，而资扼守之处……"①中国勘界大臣周德润在查勘了滇南边界后也上折说："臣等查马白关外约二里许即小赌咒河，有雍正六年碑记。河北属滇，地势平衍，无险可凭。河南属越，层峦迭嶂，峭峻异常；如敌人登高俯视，凡关外营屯皆飞弹可击。翻山而南，以都龙为最险。从马白至都龙有三路：右路至都龙、箐门、南宴；中路至都龙、漫美、黄树皮、南翁；左路至都龙、箐口、南翁河、船头河、纤绳：度其隘口，有仅容一人行者。都龙为三路喉嗌，扼守都龙，则万夫皆阻。考通志舆图内刊载，开化南二百四十里至交趾赌咒河为界，不得指马白汛外之小沟为赌咒河也。自开化府起，丈南丹、都龙等处应在界内。交趾领地结文亦云马白汛外四十里并系内地，本国蒙恩赏赐等语。值越南颠覆之余，岂能为我守险？昔受之天朝者，今还之天朝，在中国只收还旧界，与另行改正者不同。"②为此，中方代表在会谈中坚持要求收回都龙、南丹等地，但遭到了法方的拒绝。后中方提出以中国云南临安府建水县所属的勐梭、勐赖、勐蚌土地（今越南莱州省之大部分）作为交换。光绪十三年五月初十日（1887年6月30日），清政府总理各国事务衙门与法使恭思当反复会商后，决定"将勐梭、勐赖一段准归越界；其南丹山以北，西至狗头寨，东至清水河一带地方，均归中国管辖"③。光绪二十一年三月（1895年4月），清总署将勐蚌划归越南，勐洞"换归"中国。至此中越边界始定，马关县属之都龙、南丹地区重新回到祖国的怀抱，但三勐及南丹山以南直至大赌咒河的广袤地区却沦入法人之手。

《万福攸同碑》立于咸丰八年（1858年），其时都龙地区已先被越人侵占、后由清朝皇帝赐给了安南。但当地人民仍然心向祖国，他们早就

---

① 《中法战争》七，上海人民出版社1957年版，第5页。
② 同上书，第34页。
③ 《德宗实录》卷二百四十三，页五，函五。

"急望天朝进兵，皆愿倒戈相向，合力前驱"①，给敌人以沉重的打击。但由于都龙铅厂、南丹的铜矿是块肥肉，安南统治者"久倚此二厂以为大利，必支吾抗拒"（高其倬：《勘察开化府边界折》，雍正三年正月二十六日），所以他们千方百计地图谋永远霸占，并疯狂地掠夺我国丰富的矿产资源。根据《马关县志》所载，都龙铜矿绵延二十余里，不仅藏量大，品位高，而且还是铜银伴生矿。该矿"每生铜百斤可提银八两至二十两，铜值亦十一二两。以铜抵工资，以银为净利"（《马关县志》卷十《物产·都龙铜厂记》，民国二十一年修）。就是说，每产铜一百斤，可提银八至二十两，而每百斤铜又值银十一二两，因此每生产一百斤生铜便可值银三十两，除掉工资外，尚可获得二十两银的净利。这是何等可观丰厚的利润！（当然还有军事地理上的重要价值）难怪安南的统治者要觊觎霸占这块土地了！从雍正六年到咸丰八年的一百多年的时间里，铜矿的开采冶炼不仅没有丝毫的衰减，反而更加兴旺红火了。《万福攸同碑》说，都龙蔓家寨铜矿虽然经过了数十年的开采，到了19世纪的中期仍然是兴旺发达的。这兴旺的原因不是别的，正好说明安南统治者对我国资源的无情掠夺和榨取！而《马关县志》所说，在清代的嘉庆、道光时期（18世纪末至19世纪中叶），都龙铜厂"产矿甚旺，矿工达数千人，居民城市，庙宇辉煌"，这也可以成为《万福攸同碑》的佐证。该书还记述了铜厂的兴衰，这对我们研究滇南矿业和边防的历史是有一定价值的。现摘录如下：

"距县治东南行六十里有铜厂遗址焉。山脉来自老君山，气势磅礴，矿区广袤二十余里。当有清嘉道时代，产矿甚旺，矿工达数千人，居民城市，庙宇辉煌。至咸丰丙辰，盗匪蜂起，矿工离散，厂地建筑付之一炬，矿务遂停。观其陈迹，犹可见当日盛概。"（《马关县志》卷十《物产·都龙铜厂记》，民国二十一年修）

咸丰丙辰年当为1856年。据县志所说，1856年后，都龙铜厂因"盗

---

① 《雍正安南勘界案·鄂尔泰折九》，见故宫博物院《史料旬刊》。

匪蜂起，矿工离散，厂地建筑付之一炬，矿务遂停"，昔日拥有数千矿工，"居民城市，庙宇辉煌"的繁荣矿山，而今已变成历史的陈迹了。但是在此两年后所立的《万福攸同碑》，不仅没有只字提及两年前"盗匪蜂起，矿工离散"等情况，相反，铜厂虽"经数十载"的开采，仍然十分兴旺；而铜街脚小溪的木桥，因年久失修，已经腐朽，不便交通，所以诸属役、炉户纷纷集资，捐钱雇匠，改建石桥。由此观之，矿山又无衰败之迹。那么，这个矛盾又作何解释呢？到底哪个是正确的？笔者以为，《万福攸同碑》所载是正确的，原因有二：其一，碑是当年工程告竣时所立，时间最近；而县志修于民国二十一年，时间较晚。其二，县志站在封建统治者的立场上，污蔑咸同时期的回彝起义，把矿山被破坏的罪责强加于义军（"盗匪"）的头上。实际上，都龙铜厂衰败的原因和时间，应是19世纪的60年代以后，法国侵略者的侵入北圻和越南封建王朝的腐败无能，是导致北越社会秩序混乱和经济衰落的主要原因。《刘永福历史草》里说："是时，越南已以频年变乱，内则大臣弄权，交相排挤，盗匪遍野，民无宁岁；外则强法眈眈，侵掠无厌，忧患之深，前古所无也。"（刘永福《刘永福历史草》，第44页）当时任云贵总督的刘长佑在《刘武慎公遗书》中也指出："越南连年用兵，国益贫弱……法国蚕食于海滨，黎商虎视于横山，桶冈则白苗跳梁，峒奔则黄英雄踞。戎兵莫诘，变乱繁兴，积为苟安，其势国难复振。"（《中法战争》一，上海人民出版社1957年版，第64页）内忧外患，致使北越社会动荡，经济凋残，民不聊生；而当时仍然处于被越南侵占的都龙铜厂，自然也受其影响，铜产没有销路，厂商纷纷倒闭，矿工离散，矿务遂停，到处呈现出一片萧条破败的景象。这种状况，一直延续到19世纪的末叶，都龙、南丹正式回到祖国的怀抱，铜矿才渐次有了生机。而它的真正兴旺发达，则是新中国成立以后的事。

（原载中国社科院《中国边疆史地研究报告》1993年第1～2期）

论中越历史上的宗藩问题[*]

——兼驳河内史家的种种谬说

在中国、越南的历史上，曾经存在过宗藩关系。但河内的某些史学家正利用宗藩关系，大肆歪曲、篡改中越关系史，竭力攻击中国人民。他们公然否认中越历史上曾有过宗藩关系，提出越南从来不曾是中国封建王朝的藩属，如果存在过"藩属"关系，那也是越南人的一种策略，"是为了实现保卫比敌人小许多倍的越南国家的民族独立主权所进行的柔婉外交路线"①。尽管他们闭着眼睛不承认，但还是利用宗藩关系的一些事实，肆意歪曲中越历史上的一些战争，借以煽动民族情绪。他们鼓吹在战争中要"争取主动""先发制人"；重弹"来自北方的威胁"，胡说"上千年的历史事实充满着来自中国挑起的对越南的侵略战争"；还将中法战争比作是"两只野兽争夺越南这块肥肉"，说黑旗军和刘永福是清朝豢养的"走狗"；等等②。因此，我们在研究中越历史上的宗藩问题时，就不能不对上述谬论进行驳斥。

---

* 本文原载《研究集刊》1986 年第 1 期，共 4 万余字。北京外国语学院《亚非》杂志 1987 年第 7 集和暨南大学《东南亚研究》杂志 1987 年第 1、2 期合刊对部分内容作了转载。1987 年 10 月在南宁广西社会科学院主办的中法战争史学术讲座会上，作者又应邀以此为题，向中国人民大学、武汉大学、华东师大等八所高等院校的研究生和青年教师作了学术讲演。此文是讲演的前半部分。

① 越南《历史研究》1985 年第 2 期；广西编《学术研究动态》1985 年第 7 期，范宏贵译。

② 同上。

一

所谓"宗藩"，按《词源》的解释，"宗"为本源、主旨之谓；"藩"即屏卫之意。《史记·太史公自序》云："（汉高祖）乃封弟为楚王，爱都彭城，以疆淮泗，为汉宗藩。"历史上，中越两国并非自古就有宗藩关系，它是个历史范畴，是封建这一特定时期中国与周边国家的特殊关系。但这个关系并非突然出现，而是源远流长，有其发生、发展和消亡的较长过程的。

为了探讨中越两国的宗藩问题，我们不妨从它们的地理、历史、文化等关系说起。

越南，中国史书称作交趾、占城，又称安南，19世纪初才正式改名为越南。越南和中国山水相连，唇齿相依，是亲密的邻邦。地理位置上，越南位于中国南部，中南半岛的东部。东面和南面濒临南海，北面与我国云南、广西接壤，西部同老挝、柬埔寨为邻。南北长约1650公里，东西最宽处600公里，最窄处50公里，国土呈两头大、中间小的哑铃形。面积329600平方公里，海岸线长3260公里。人口约5000万。境内五分之四的土地为山地和高原，北部和西北部为高山、高原盘踞，是中国大陆山脉的延伸部分，山间谷地为中越间的天然通道。越南国内著名的两条大河——红河、湄公河，分别发源于中国境内的元江和澜沧江，流到越南后冲积成两个肥沃的三角洲。这两条河流是中越两国古老文化、经济得以联系的纽带；红河及湄公河三角洲也由于它们的滋润而发展成越南北部和南部两个重要的发达地区。

在历史上，中国云南是元谋猿人的故乡，亚洲文化的摇篮。170万年前，元谋猿人已生息繁衍在中国南方的土地上，后来沿红河、澜沧江、怒江向中南半岛迁移，并定居于越南、缅甸、泰国等地，再经过若干万年的发展、融合，逐步形成今天的越南、马来、缅甸诸民族。罗香林教授曾在《南诏种族考》一文中说："今日云南境内之僰夷，固为南诏与大理国遗民之一支。僰夷自称为歹，故又称为歹人，惟自称为歹之种人，则除了云南一省外，如安南、暹罗、缅甸等地尚所皆有。此类非云南境内之夂人，虽亦为古代越族遗裔之一支，然其移植于安南、暹罗、缅甸等地，既远在东汉之前，且为其种人之自然扩殖，非中夏宗邦有所驱逐；更非在南诏与大理统治期内，始自滇境外迁，尤非在大理国为忽必烈所并灭后，始自滇境外迁。"① 罗氏未能看到元谋猿人的发掘，但他主张早在东汉以前，滇境和中国南部地区的人类便已移植到中南半岛了。《海国图志》说："（交趾）面貌皆似中国，本汉人之苗裔也。"法国学者费琅（Ferran）也认为中国人与马来人、越南半岛人、马达加斯加人同出一源，都是亚洲高原古代居民的后裔②。但从考古发掘来看，亚洲高原的古代居民最早应为170万年前的元谋猿人，他们才是亚洲人种的真正祖先。《越南历史》一书仅根据在平嘉（今越南谅山省）发现的与"北京猿人相似的"几颗牙齿和在度山（今越南清化省绍化县）发现的几件旧石器，便将越南文化一下提前拔高到"几十万年前"，并吹嘘这是"世界上最早出现人类的地区之一""是人类的摇篮之一"③，等等。如果真的像越南学者所说，几十万年前他们的土地上就有人类生活的话，那么，至少也应这样认为，那些人类都是百多万年前从云南高原上逐步迁徙去的元谋猿人的子孙。

同样，云南是铜鼓的故乡，这已经是世界公认的事实。根据碳十四的科学测定，云南楚雄万家坝 23 号墓及其出土的铜鼓距今为 2640 年 ~ 2690 年，即公元前 700 年左右；祥云大波那铜鼓为公元前 400 年 ± 75 年。而越南最早的铜鼓，即被《越南历史》称为"东山文化"的铜鼓，顶多也不过 2350 年 ~ 2100 年，比楚雄万家坝的铜鼓晚了将近 300 年，但他们却厚颜地说："铜鼓从越南向北传到滇（云南）、蜀（四川）地区，向南传到马来亚半岛和椰岛之国（印度尼西亚）。"④ 还有个名武胜者，更进一步地说："在北方，东山鼓的形状和纹饰在晋宁留下深刻的痕迹，并从这里流传到广西和广东。"⑤ 他们这种不顾事实、颠倒黑白的伎俩早被我国的学者

① 《中山学报》第 1 卷第 1 期。
② 《昆仑及南海古代航行考》，转引自刘伯奎著《中法越南交涉史》，第 3 页。
③ 越南社会科学委员会：《越南历史》第一集。
④ 同上。
⑤ 武胜：《在越南和东南亚的东山鼓分布状况》，载《考古学》1974 年第 3 期。

批驳得体无完肤了，这里毋庸赘述。需要指出的是，在越南发掘出来的铜鼓，应是战国末年至西汉时期的晚期铜鼓。从鼓型和纹饰看，很可能不是当地的产品，极大可能是云南的产品，它们是通过红河而流传到越南境内的。因此能否称为"越南铜鼓"，我认为都是值得商榷的。

由上可知，越南族源及其古代文化，同毗邻的云南有着十分密切的关系，其历史文化渊源，同自然地理因素有着不可分割的关系，如同红河、湄公河一样，它们源于中国而流于越南。如果不尊重事实，硬说越南是"人类的摇篮""铜鼓的故乡""铜鼓从越南向北传到滇、蜀"等等的话，那么，也就如同说红河的水是从越南发源而流到云南一样地可笑。

三

中越关系，源远流长，可以追溯到遥远的古代。但有正式的文献记载，则始于周成王六年（公元前1109年）。在我国的先秦古籍中，已有不少关于尧帝"南抚交趾、北降燕都"①的记载。查交趾之名，最早见于《礼记》。《后汉书》引《礼记》说："南方曰蛮，雕题交趾，其俗男女同川而浴，故曰交趾。"②还说："交趾之南，有越裳国。周公摄六年，制礼作乐，天下和平。越裳以三象重译，而献白雉。"③关于这次有时间、地点的中越间的第一次交往报道，最详细的要算《尚书·大传》了，该书说："交趾之南有越裳国，以三象重九译而献白雉，曰：'道路悠远，山川阻深，恐使之不通，故重九译而朝。'成王以归周公，公曰：'德不加泽焉，则君子不享其质；政令不施焉，则君不臣其人。吾何获此赐也？'其使请曰：'吾受命吾国之黄老曰：久矣，天之无烈风淫雨，意者，中国有圣人乎？有则盍往朝之！'周公乃归之于王，称先王之神，以荐于宗庙。"后来使者回国，周公怕他迷失路途，特制指南车五乘相送。古代由于语言不通，加之古人的地域概念模糊，因此当时进献白雉的是否就是今日位于越

---

① 《墨子》。
② 《后汉书·南蛮传》。
③ 同上。

南南部的越裳氏，而其时是否就已建立了"国"，是很值得怀疑的。因为在这一千年以后，那里的人民仍过着"居无屋舍，依树止宿""保身犹耻，无蔽衣"的生活，基本上处于无阶级的原始社会阶段，怎么谈得上有国家的出现呢！但不管怎么说，越裳氏克服"道路悠远，山川阻深"，来到周朝的都城镐京，进献方物，朝贺中国的"圣人"；而周公也友好地以指南车相赠。因此可以认为，这次"朝贡"，是中越关系史上的一个重大事件，也是两国友好交往的第一次。

周赧王五十八年（公元前257年），巴蜀王子姓蜀名泮者，领兵三万南下，征服了交趾地区的"雒王""雒侯""雒将"诸部落，筑城于封溪，自称安阳王。城"广千丈，盘旋如螺形，故号螺城，又名思龙城（又叫升龙，即今之河内）"①。

公元前221年，秦始皇统一六国，建立起了封建的中央集权制国家。公元前214年（秦始皇三十三年），"秦发诸道逋亡人、赘婿、贾人为兵，使校尉屠睢将楼船之士，使史禄凿渠运粮，深入岭南，略取陆梁地，置桂林（今广西）、南海（今广东）、象郡（今越南北部），以任嚣为南海尉，赵佗为龙川令，领谪徙兵五十万人，戍五岭"②。由于内地大量的人员进驻岭南三郡，先进的中原文化和生产技术也就随之而传入这一地区，这对开发和促进象郡经济、文化的向前发展，无疑是起了积极作用的。秦朝灭亡后，南海郡尉赵佗（真定人）乘"秦为无道，天下苦之……豪杰畔秦自立"之机，击并桂林、象郡，又于秦二世二年（公元前208年），击败了螺城的安阳王蜀泮，自立为南越武王，建立起了南越割据政权。汉高祖刘邦平定天下后，需要有个安定的社会环境，故"释佗弗诛"，并于汉高祖十一年（公元前196年）遣陆贾赐尉佗印，封佗为南越王。"（佗）乃顿首谢，愿奉明诏，长为藩臣，奉贡职"，"遂至孝景时，称臣遣使入朝请"③。从此南越王便成了汉朝属下的一个诸侯王，中越的宗藩关系，实际上也就从这里开始了。

赵佗被封为南越王之后，传五世。至武帝元鼎五年（公元前112年），

---

① 《大越史记全书·外纪》卷一，《蜀纪》。
② 同上。
③ 《汉书》卷95，《南粤传》。

南越王丞相吕嘉发动叛乱，杀死汉使者及王、王太后。汉武帝遣伏波将军路博德等平定叛乱，将南越地分置为南海、苍梧、郁林、合浦、交趾、九真、日南、珠崖、儋耳九郡，设交趾刺史进行管理。九郡中的交趾、九真、日南三郡，均在今天的越南境内。交趾郡治瀛，即今之河内；九真郡治胥浦，为今之清化；日南郡治朱吾，即今之富春。自此南越地区又成为汉朝封建集权国家的一个组成部分，中央政府直接派官吏进行统治。

西汉末东汉初，汉朝派遣锡光为交趾太守，任延为九真太守。他们把中原地区先进的生产技术和发达的文化介绍到南越，对促进这一地区经济、文化的发展做出了贡献。在此之前，虽然经过两百多年秦、汉在此开设郡县，并"徙中国罪人，使杂居其间，乃稍知言语，渐见礼化"①。但总的来说，其生产水平还相当低下，人民还处于十分落后的状态。史载，其时"凡交趾所统，虽置郡县，而言语各异，重译乃通。人如禽兽，长幼无别。项髻徒跣，以布贯头而著之"②"九真俗以射猎为业，不知牛耕。骆越之民无嫁娶礼法，各因淫好，无适对匹，不识父子之性，夫妇之道"③。由此可以认为，秦汉之际的交趾、九真社会，还处于以狩猎为主、仅有简单粗放农业的原始生产阶段，很可能还没有跨入阶级社会的大门，因为那时他们还没有建立起父权制的家庭。锡光、任延奉命到职后，"教其耕稼，制为冠履，初设媒聘，始知姻娶，建立学校，导之礼义"④。《水经注》说："九真太守任延使教耕犁，俗化交土，风行象林。知耕以来六百余年，火耨耕艺，法与华同。"⑤ 他们把中原地区先进的铁犁、牛耕和种植技术传授给交趾人民，从而增加了种植面积，大大地提高了农业生产力。《后汉书任延传》说："延乃令铸作田器，教之垦辟。田畴岁岁开广，百姓充给。"⑥ 由于铁制农具和牛耕技术的推广使用，使得交趾地区的生产有了突飞猛进的发展，其社会组织也很快地进入阶级社会了。越南史学家

---

① 《后汉书·南蛮传》。
② 同上。
③ 《后汉书·任延传》。
④ 《后汉书·南蛮传》。
⑤ 《水经注》卷36《温水》。
⑥ 《后汉书·任延传》。

明峥也说，由于铁犁的使用和推广，开浚沟渠，引水入田，以及氏族土地制度的被废除，越南的农业生产比过去有了进步①。

与此相适应的，是在上层建筑领域内进行的改革。锡光、任延根据交趾"无婚娶礼法""长幼无别"的情况，"乃移书属县，各使男年二十至五十，女年十五至四十，皆以年齿相配。其贫无礼聘，令长吏以下各省俸禄以赈助之。同时相娶者二千余人。是岁风雨顺节，谷稼丰衍，其产子者，始知种姓。咸曰：'使我有是子者，任君也。'多名子为'任'。……九真吏人生为立祠。"② 他们还在交趾、九真等地建立学校，输入汉字和汉文书籍，传播内地发达的科学文化，从而使当地的文化水平有了明显的提高。

到了三国时期，"董督七郡"的绥南中郎将、交趾太守士燮，对中原先进文化在交趾地区的传播做出了重大的贡献。士燮字威彦，苍梧广信人。士燮先祖因避王莽之乱迁徙交州。六世至燮父赐，恒帝时为日南太守。士燮弟兄四人，分别为交趾、合浦、九真、南海太守，"并为列郡，雄长一州，偏在万里"③。燮为人"体器宽厚，谦虚下士"，"既学问优博，又达于从政"，对《尚书》《春秋》十分精通，为之注解简练精微。这样一位博学多才的政治家和学者，对传播中原文化是不遗余力的："（士燮）乃初开学，教取中夏经传，翻译音义，教本国人，始知习学之业。"④ 他治理交趾四十余年，对传播中原文化，发展交趾的社会经济和文化教育事业做出了重大的贡献，因而受到交趾人民的尊敬和爱戴："胡人夹毂焚烧香者常有数十……当时贵重，镇服百蛮，尉他（指南海尉赵佗）不足逾也。"⑤ 后来的越南史家也赞扬说："我国通诗书，习礼乐，为文献之邦，自士王始，其功德岂特施于当时，而有以远及后代，岂不盛矣哉！"⑥

锡光、任延、士燮等，都是为交趾地区经济、文化的发展做出重大贡

---

① 《越南史略》（初稿），生活·读书·新知书店1958年版。
② 同上。
③ 《三国志》卷49《士燮传》。
④ 《殊域周知录》卷6《安南》。
⑤ 《三国志》卷49《士燮传》。
⑥ 转引自吕士朋《北属时期的越南》，香港中文大学新亚研究所1964年版，第56页。

献的汉人，理应受到人们的尊重，然而今天的越南史家们又是如何对待评价他们的呢？陶维英在《越南历史》（第一卷）中，也不得不承认："东汉时期在交州社会新成立的制度与瓯骆社会的前奴隶制形式比较是前进了一步。""从锡光和任延太守的同化政策之后，（越南）氏族社会的习俗已经逐渐让位于父权家族与婚礼制度。"但另一方面，他又对锡光、任延进行了攻击，说："锡光占据了各村社人民和瓯雒贵族们的一部分土地，拿来分给那些帮助他的中国士大夫。在这些新兴地主的各大庄园中，农民丧失土地并且贫困化，沦为奴隶（或农奴）来给地主种地，按照他们所传授的新技术，使用铁制农具和牛来耕作。""任延强迫二十岁到五十岁的男人，十五岁到四十岁的女人，必须根据相应的年龄按照中国的婚礼相互匹配。这样明目张胆地触犯原有的风俗习惯，必然会使人们难于接受。"[1] X·H的《越南历史概要》，攻击任延、锡光、士燮是中国各代推行同化政策最得力的太守。黎笋更是对任延革除他们祖先"男女同川而浴"的陋习痛心疾首，百般地美化交趾人原始落后的生活方式。他说："雄王时代（按：氏族部落时代），我们社会的生活是十分健康和愉快的，村庄与国家紧密相连，上下和顺，君臣共浴一条河，同饮一泉水。"[2] 照他们看来，任延、锡光、士燮把中原地区先进的文化、技术传到越南，用进步取代落后，以文明战胜野蛮，是不值得肯定的，因为它"触犯了（交趾）原有的风俗习惯"，是中国对交趾的"侵略"和"同化"；铁器、牛耕和开办学校，仅是"为殖民者的利益服务而已"；因此最好还是回到他们祖先穿树叶兽皮、刀耕火种、结绳记事、长幼无别的时代。很明显，这种违背历史前进法则的观点，越南人民是不会同意的。

在锡光、任延的治理时期，交趾地区的社会经济虽有一定的发展，但在他们之后，由于中央封建统治者和地方官吏的残酷剥削，因而激起了该地区人民的不满和反抗。《后汉书》写道："旧交趾……前后刺史率多无清行，上承权贵，下积私略，财计盈给，辄复求见迁代，故吏民怨叛……咸言赋敛过重，百姓莫不空单，京师遥远，告冤无所，民不聊生，故聚为盗

---

① 《越南历史概要》，第38页。
② ［越］《人民报》1977年5月21日。

贼。"① 东汉建武十六年（40 年）爆发的二征起义，是劳动人民反抗封建统治者剥削压迫的一次起义，后被马援镇压了下去。越南史学界竭力歪曲这次起义，把它描绘成"一个小国反对强大的侵略者所进行的卫国战争"②"反映了貉越人想摆脱殖民统治的意志"③，甚至说它是与古罗马斯巴达克起义具有同等重要意义的"我们这颗行星上的各民族为争取和维护主宰国家权利而进行的最早的惊天动地的斗争"④，等等。这些说法，只不过反映了他们无视历史事实，借机煽动民族情绪而已。实际上，当时交趾只是一个郡，是中国领土的一个组成部分；该地又才进入阶级社会，根本无国可言，那么又有什么"国家"可"保卫"的呢?!

交趾地区作为中国古代领土的组成部分，从公元前 214 年秦朝平定南越起，除掉赵佗"为汉藩臣"的 57 年，中经西汉、东汉、三国、晋、隋、唐、宋各代，直至公元 939 年吴权击败南汉军队，自立为国止，前后共约 1100 年。其间中国政府对该地区进行着有效的治理：任命官吏，发展生产，同内地进行密切的经济文化交流。在行政管理方面，汉献帝建安八年（203 年），东吴将交趾改为交州，又新置武平、九德、新昌三郡，合前之九真诸郡，皆统辖于交州。隋开皇十年（590 年）改为玉州。唐武德四年（621 年）设交州总管府，旋改交州都督府。永徽二年（651 年）改为安南都督府，治所在交州，安南之名由此而来。至德二年（757 年）改为镇南都护府，兼置节度。大历三年（768 年）罢节度，置经略史，仍改镇南为安南都护府，下设州、县、乡各级地方政府，以贯彻执行中央政府的法令。咸通四年（863 年）六月，唐废安南都护府。咸通七年（866 年），升安南都护为静海军节度使。直到唐朝灭亡，安南地区的文武官吏，都由中央政府直接任命和罢免；该地发生了重大事情，也由中央政府派员前去"宣慰"、处理。曾写"海内存知己，天涯若比邻"的王勃，其父王福畤便在安南做官。上元二年（675 年），王勃前往交趾省父，路过洪州（今

---

① 《后汉书》卷 31《贾琮传》。
② 阮文昇、膏波：《进一步探讨我国人民在二征夫人时期反抗东汉侵略军的战争》，越南《历史研究》1977 年 3～4 月。
③ 陈国胜、何文晋：《越南制度史》（第一卷）。
④ 《探索二征夫人起义的遗迹》，1978 年 3 月 11 日越南《人民报》。

江西南昌），登滕王阁，写下了著名的《滕王阁序》，中有"家君作宰，路出名区""舍簪笏于百龄，奉晨昏于万里"的词句，便是他万里探亲的写照。可惜次年渡南海时，他不幸堕水而卒，时年仅二十七岁。

三

公元944年吴权死去，管内"十二使君分立"，直到968年丁部领才统一了安南北部，建国号大瞿越，自称大胜明皇帝。970年春，丁部领遣子丁琏为使入宋结好。宋封丁部领为交趾郡王，封丁琏为检校太师、静海军节度使、安南都护。并制词曰："尔部领世为右族，克保遐方；夙慕华风，不忘内附。属九州混一，五岭廓清，靡限溟涛，乐输琛赆。嘉乃令子，称吾列藩，特被鸿私，以旌义训。介尔眉寿，服兹宠章。可授开府仪同三司、检校太师，封交趾郡王。"① 公元975年，丁琏遣使携带金帛、犀、象、香料等贡品再次到中国。宋亦派人赍册赴交趾，正式册封丁琏为交趾郡王。979年，交趾丁部领及长子丁琏为臣下所害，琏弟璇幼嗣立。大将黎桓乘机篡权。980年冬，宋太宗为挽救丁氏王朝，派兵进攻交趾，干涉了他国的内政。战事以宋军的失败而宣告结束。983年，"桓惧朝廷终行讨灭"，遣使贡方物，为丁璇上表谢罪。宋太宗也只得承认现实，下诏说："朕以交趾称藩，代修职贡。昨闻贼臣篡夺，害其主帅之家，聊举师徒，用申赴救，非贪土地，寻罢干戈。"② 淳化四年（993年），宋封黎桓为交趾郡王。995年，黎桓派兵侵入中国，《大越史记全书》概要地记载了这次入侵的历史背景、经过和宋朝的态度："时，宋惮于征役，帝（黎桓）负山海险固，稍纵边民侵掠宋境……交趾战船百余艘寇如洪镇，掠民居、劫廪食而去。是夏，我苏茂州又以乡兵五千侵宋邕州，为都巡检杨文杰所击而还。宋帝意在抚宁，不欲用兵，置之不问。"③ 1009年，交趾李公蕴夺取黎氏政权，建立李朝，遣使奉贡。宋朝鉴于征讨黎桓的教训，不

---

① 《宋史》卷488，第14058页。
② 《宋史·交趾传》。
③ 《大越史记全书·本纪》卷1《黎纪》。

加干预，仍授李公蕴为静海军节度使，封为交趾郡王。天禧元年（1017年），又晋封为南平王。此后，宋朝对李氏子孙均有加封，"赐赍甚厚"。1029 年李公蕴死，遣使入贡告哀。宋派广南西路转运使王惟正为祭奠使兼赐官告使，前往安南，封李公蕴子李德政为安南都护、交趾郡王。1032年，宋加李德政为同平章事。1049 年，李德政遣陪臣献驯象。宋朝对之热情款待，赐使紫袍、金带、酒宴，"以示来远之意"。1055 年，李德政死，子李日遵遣使告哀，并进驯象。宋派人吊唁，赐绢、布各五百匹，羊五十只，面五十石，酒五十瓶给李日遵，并封之为静海节度使、安南都护、交趾郡王。此后李朝虽然表面上也不断来贡称臣，但实际上却包藏祸心，趁宋朝国内空虚，"惮于征役"之机，不断地派兵侵略中国，蚕食宋土，掳掠人口，抢劫财物。而宋朝方面，自宋太宗之后，真宗、仁宗、英宗、神宗相继即位，国内阶级矛盾日益尖锐，北方和西北部又连续遭到辽、西夏的严重威胁。对于安南李氏王朝在边界地区的不断挑衅和入侵，宋朝无暇顾及，没有积极认真"备边"，而是采取了息事宁人的忍让态度。李氏王朝也因此得寸进尺，终于导致了 1075 年对中国的大规模军事入侵。

神宗熙宁八年（1075 年）十一月，交趾郡王李乾德以"追捕亡者"和"中国作青苗、助役之法，穷困生民，我今出兵，欲相拯济"[1] 为辞，派出十万大军，分水陆两路突然侵犯宋境：一路由太尉李常杰率水师出永安，攻取钦、廉；另一路由大将宗亶领陆军出永平，攻取邕州。由于敌人的突然袭击，加之宋军无备，因此钦、廉二州很快失陷。李、宗两路合攻邕州。次年正月（1076 年 2 月），李常杰攻陷邕州，"杀吏卒、土丁、居民五万余人，以百首为一积，凡五百八十余积。并钦、廉州所杀，无虑十万余人，并毁其城以填江"[2]。《大越史记全书》也说："城中感（苏）缄恩义，无一人降者，尽屠五万八千余人，并钦、廉之死亡者几十余万人。常杰等俘虏三州人而还。"[3] 这是安南李朝封建统治者公开出兵干涉中国内政，赤裸裸地侵略中国领土、屠杀我国人民的血腥罪行。云南马关县城西南两公里处的古坟和《宋代难民因公殒命古墓碑》也记载了此事，碑云：

---

① 《续资治通鉴长编》卷 271。

② 同上，卷 273。

③ 《大越史记全书·本纪》卷 3《李纪》二。

"大坟相传土人合葬于此。当有宋之时，吾邑接壤越南，越人开拓边疆，不时过界滋扰，土人不服，起而反抗，惨遭杀戮者指不胜屈。昔部落时代……人死多属鸟葬，狐狸丛食，蝇蚋姑撮，惨不忍闻，惟此地某酋长独怜而合葬之。"① 1075 年，安南李朝不仅侵入广西，而且还侵入了今云南马关地区，大肆烧杀掳掠。马关人民奋起反抗，但遭到安南统治者的残酷镇压和屠杀。这座古坟和石碑，是越南封建统治者为"开拓边疆"，疯狂侵略我国领土，血腥屠杀我国各族人民的历史见证；同时，它也是我国边疆各族同胞不甘屈服，"起而反抗"外国侵略的一块纪念碑。

当李朝派重兵围攻邕州时，我邕州军民英勇地进行反抗，谱写了我国古代反侵略斗争的光辉篇章。1075 年 12 月下旬，李朝十万水陆军队大举侵入钦州、廉州，由于宋军毫无防备，很快两州失陷。接着，李朝军队又攻破邕州之方平、永平、迁陆、古万四寨，并向邕州逼进。邕州知州苏缄闻讯后，立即检点郡兵，得厢、禁卒并老弱兵丁共二千八百余人，上城拒守。他召集部下进行动员，并将百姓中之壮勇者编为义勇，分地自守。又拿出国库中的钱粮和家中的财物分赐部下，命令他们坚壁固守，以待外援。对个别未战先逃、动摇军心者，给以严厉的惩处。"由是上下胁息听命"，愿与城共存亡。为了挫折敌人的凶焰，苏缄于 2800 名士卒中，挑选数百名精壮者，乘船沿邕江而下，在邕江中同侵略军展开了一场激战，杀死敌人二百余人，击毙大象十余只。但敌人仍凭借兵力的优势，疯狂进行反扑。宋军寡不敌众，被迫退入城内。1076 年 1 月，侵略军全面包围了邕州城。苏缄命部下坚守，自己则日夜巡城防护，不断地鼓励和慰劳守城将士。他选派了一批神弓手，埋伏于城堞内，专视敌之首领和大象射杀，"仆贼殪象，不可胜计"②。后，敌人制造了许多云梯，从四面攻城。城上宋军早已等候，待敌爬上云梯，他们先发火箭、火炮焚其梯冲，继则矢石俱下，前后又杀伤敌军五千余人。敌人一计不成又生一计。他们秘密派人挖掘濠洞，通入城内，放水入濠，再派人蒙以牛、象生皮，偷袭宋军。苏缄侦悉敌人的密谋后，暗于濠洞水中注入油脂，俟其既渡，令人纵火焚于

---

① 龙永行：《滇东南散记续七·历史的见证》，载《春城晚报》1984 年 1 月 21 日。
② 《续资治通鉴长编》卷 271。

濠中。侵略者在邕州人民的铜墙铁壁面前，弄得一筹莫展，无计可施，于是准备撤退。后来当他们看到邕城宋军孤立无援，城内粮草水源已竭，士卒多病，战斗力日益降低时，便下令加紧攻城。他们于城下囊土积山，高数丈，登土囊以入，城遂陷。苏缄仍率领受伤军士，"驰驱苦战"，拼命抵敌。但因寡不敌众，且战且退。看看部下伤亡殆尽，他大呼曰："吾义不死贼手！" "乃还州廨，阖门命其家三十六人皆先死，藏尸于坎，纵火自焚"①。苏缄的儿子、桂州司户参军苏子元，在侵略军来到邕州前，携妻孥全家往邕省父，"将还，适闻有交贼，缄以郡守家属出城，见者必以为避贼，则人有去心，独遣子元还桂州而留其妻孥，至是俱死"②。苏氏全家三十七口，包括苏缄的次子子明、子正，及孙广渊、直温等，在反对外来的入侵者中，忠于职守，壮烈殉国，不愧为中华民族的楷模。那么，邕州人民的表现又如何呢？ "邕州被围凡四十二日，缄率厉将士固守，粮储既竭，又岁旱，井泉皆涸，人饥渴，汲沤麻污水以饮，多病下痢，死者相枕，而人无叛者。"③ 这是一幅多么英勇悲壮、可歌可泣的战斗画卷！邕州军民在苏缄的领导下，在内无粮草、饮水，外无援兵和敌我力量悬殊的不利情况下，同仇敌忾，气壮山河，同入侵者浴血奋战，直至战斗到最后一个人，而没有一个投降敌人的。而李朝侵略者惨绝人寰地屠杀我十多万同胞，毁灭了我国南方三个工商繁华的城市，其血腥暴行也是史上罕见的。

对于这样赤裸裸的野蛮侵略，只要不带一点民族和阶级偏见的人，都会对之进行谴责的。然而河内的史家们又是如何描述和评价这次战争的呢？

"众所周知，以宋神宗和王安石为代表的中国宋朝封建统治者，为了摆脱内外交困的境地，决定实行侵略我大越南的主张。"④

"当听到宋朝准备进行侵略时，李常杰决定粉碎宋朝的侵略阴谋……由于得到了中国人民的拥护，我军在邕州进展得顺利。"

---

① 《续资治通鉴长编》卷 272。

② 同上。

③ 同上。

④ 阮文昇、阮郎：《关于 1076—1077 年裒江防线的研究》，越南《历史研究》1965年 3 月第 75 期。

"……李常杰'首先出兵',只是为了'阻遏来势汹汹的敌人'……并不是出兵去侵略中国的土地……如果是一场侵略（而且是封建式的侵略），那么，它应当是掠地、设官兵统治、掠夺人民的财产……在这儿我们没有看到这些。至于残杀人民，剥夺一些财产，与其他封建战争相比，我们所看到的就很少了，而且这一点也是一个封建统治阶级的军队所不能避免的。"

"李常杰的这次积极自卫的战争是根据'先发制人'，在敌人的土地上破坏敌人计划的战略的。"①

"他（李常杰）对抗战的胜利立下了卓越功勋并且作出了伟大的贡献。李常杰是一位民族英雄，是一位把天才的韬略与卓越的政治和外交才能相结合的杰出的军事家。"②

1985 年 2 月 28 日至 3 月 1 日在河内召开的所谓学术讨论会上，有人说："李常杰进攻邕、钦、廉的目的，是消灭宋朝皇帝正在准备对越南进行侵略的根据地，在反对宋朝侵略战争中争取主动。"③ 如此等等。

在这里，侵略和被侵略，正义和非正义，是与非的地位完全被颠倒了。明明是越南侵略了中国，反而说是"宋朝准备进行侵略"。于是李常杰侵入中国所进行的肮脏战争，便被描绘成"正义的、合法的、积极自卫的、反侵略战争的性质"了。他们不仅把发动这场侵略战争的罪魁祸首、屠杀十万中国人民的刽子手李常杰美化成越南"伟大的民族英雄""杰出的军事家"，而且还把他打扮成"帮助华南人民摆脱'王安石变法'之灾"的"救世主"了④。甚至他们编造了这场侵略战争"得到了中国人的拥护，我军在邕州进展得顺利"之类的鬼话。谣言世家竟堕落到如此不择手段的地步，不知他们可曾读过他们史书中关于"城中感（苏）缄恩义，无一人降者"⑤ 的记载？难道中国人民会"帮助"并"感谢"恶魔去屠杀

---

① 陈国旺、何文晋：《越南封建制度史》（第一卷）。

② 越南社会科学委员会：《越南历史》第一集。

③ 越南《历史研究》1985 年第 2 期；广西编《学术研究动态》1985 年第 7 期，范宏贵译。

④ 张友炯：《关于民族抗敌救国传统的几个方面的问题》，越南《历史研究》1968 年第 5 期。

⑤ 《大越史记全书·本纪》卷 3《李纪》二。

自己的骨肉同胞吗？其所以如此，无非是给恶狼的身上披上一件美丽的外衣罢了。

　　为了美化这次战争，替侵略者辩护，他们不仅装聋作哑，而且强词夺理地声称："李常杰并不是出兵去侵略中国的土地。我们没有看到他掠地、劫掠财产。至于残杀人民，剥夺一些财产，与其他封建战争相比，也是很少的，而且是不可避免的。"李常杰带领十万大军到中国的土地上烧杀抢掠，毁灭了邕、钦、廉三个城市，屠杀了十余万中国人民，俘虏三州男女老幼而还，这不是侵略又是什么？他们甚至给李常杰入侵中国找到了一些借口，其一就是所谓的"帮助华南人民摆脱'王安石变法'之灾"。王安石的变法，姑且不论其政治进步性曾被列宁称为"11世纪伟大的改革家"，就一般而言，这纯粹是中国的内政问题，与安南何干？这不是赤裸裸地侵犯中国主权、粗暴地干涉中国的内政又是什么？借口之二是宋朝在沿边设防，"准备侵略越南"。宋朝在沿边设防，主要鉴于"濒海之民常惧交州侵扰，承前旨令互市于廉州及如洪镇……今若直趋内地，事颇非便"[1]，因而禁止他们到内地贸易，并在钦、廉一带布防。本来，这是一个国家为保卫自己而采取的措施，同时也是一个主权国家拥有的毋庸置辩的权利，可是这反而成了他们入侵的借口。你要设防吗，我就说你在"准备侵略"，就可以对你"兴师问罪"，大张挞伐了。借口之三是越南出兵是为了"主动出击""先发制人"。按他们的说法是，"当听到宋朝准备侵略时，李常杰决定粉碎宋朝的侵略阴谋"。关键在于"听到"二字。只要我一"听到"你"准备侵略"，我就可以"主动出击""先发制人"了。真是道道地地的强盗逻辑！这里，他们不仅在为他们老祖宗的侵略中国张目，而且也为今天地区霸权主义者的扩张寻找依据。在"先发制人"的口号下，我们看到了希特勒的侵入苏联和蹂躏西欧的土地，看到了日本法西斯偷袭珍珠港，看到了今天阿富汗的被侵占和柬埔寨的沦亡……可以说，"先发制人"这句口号，已经变成一切强盗、侵略者对外扩张、掠夺的借口和遮羞布了。须知，一切霸权主义、扩张主义都是在"爱国""反对侵略""维护民族利益""先发制人"等动人的词句下，干着杀人越货、欺

---

[1] 《续资治通鉴长编》卷78。

凌他国人民的罪恶勾当的。事情就是这样：昨天他们可以以"先发制人"为"理由"，侵入我国，屠杀十万计的邕、钦、廉人民，"俘虏三州人而还"；今天，他们又以"应柬埔寨人民的邀请，帮助他们反对波尔布特"为借口，出兵占领柬埔寨，将它变成自己的殖民地；明天，他们又何尝不可以以"履行崇高的国际主义义务"为辞，去"主动出击"泰国或别的什么国家呢？列宁说："谁直接为某种政策辩护，这并不重要，因为在现代崇高的资本主义制度下，任何一个大财主都可以随便'雇佣'或者收买或者诱使一些律师、作家甚至议员、教授、神甫等等，让他们来捍卫各种各样的观点。我们是生活在商业时代，资产阶级是并不以买卖名誉和良心为羞愧的。"[①]

对于无产阶级革命者，我们并不一概地反对战争，而是反对非正义的侵略战争，反对任何形式的霸权主义和扩张主义。对于历史上曾经发生过的战争，我们必须站在工人阶级国际主义的立场上，用历史唯物主义的态度去分析、评判和对待这些战争，而不管这些战争是发生在本国或在他国的境内。对于剥削阶级发动的一切侵略和掠夺性的战争，我们都应坚决谴责，彻底批判；而对于人民的、反侵略的正义战争，则应寄予深厚的同情和大力的支持。当俄国参加1914—1918年帝国主义的侵略战争时，列宁就坚决地谴责和反对了俄国资产阶级政府进行侵略战争的罪恶行径，并提出要使本国政府在战争中失败，"变现时的帝国主义战争为国内战争"[②] 的口号。当沙俄不断向外扩张，掠夺中国的土地，凶残地镇压和屠杀中国人民时，列宁愤怒地揭露和谴责了沙俄的暴行，对中国人民寄予了无限的同情和声援。他写道："欧洲资本家的贪婪的魔掌现在已经伸向中国了。俄国政府恐怕是最先伸出魔掌的，但是它现在却扬言自己'毫无私心'。它'毫无私心地'占领了中国旅顺口，并且在俄国军队保护下开始在满洲修筑铁路……欧洲各国政府（最先恐怕是俄国政府）已经开始瓜分中国了。不过它们在开始时不是公开瓜分的，而是像贼那样偷偷摸摸进行的。它们盗窃中国，就像盗窃死人的财物一样，一旦这个假死人试图反抗，它们就

---

① 《对谁有利？》，《列宁全集》第19卷，第33页。
② 《战争和俄国社会民主党》，《列宁选集》第2卷，第574页。

像野兽一样猛扑到他身上。他们杀人放火，把村庄烧光，把老百姓驱入黑龙江中活活淹死，枪杀和刺死手无寸铁的居民和他们的妻子儿女。"① 看看列宁对待沙皇俄国进行侵略战争的态度，再对比当代河内某些史家对待李氏王朝侵略中国的态度，就不难明了什么是马列主义的正确原则，什么是霸权主义的扩张政策了。河内史家打着"维护民族利益""爱国"的幌子，不断地召开"纪念会"和"学术会"，连篇累牍地炮制反华文章，竭力歌颂非正义的侵略战争，大肆美化发动战争并沾满了中国人民鲜血的刽子手，不断地鼓吹"主动出击""先发制人"的战略战术，其种种丑恶表演，不仅背叛了马列主义，背叛了越南人民，而且已经可悲地堕落成越南封建统治阶级的辩护士了。

四

李常杰入侵中国，屠城、毁城、"俘虏三州人而还"后，宋朝于次年秋七月派郭逵、赵禼为招讨使，出兵反击，一直打到富良江边。由于南方暑热，将士不服水土；李朝又承认自己侵犯宋境的错误，愿遣使入贡，于是宋军班师回境，两国重新修好。元丰元年（1078 年）秋，李朝遣使入贡，且以广源等州为请；次年十月，又归还了被掠去的 321 人。宋朝为了息事宁人，表示友好，准李朝所请，将原邕州所辖的广源州赠给了交趾。

在这以后的 180 多年中，宋朝与交趾保持着良好的关系，经济、文化得到了广泛的交流。交趾商人往往用鱼蚌等海产品和沉香等物到中国换取米、布、锦、缎，使臣朝贡也乘机进行贸易。中国商人则从四川将蜀锦贩运到交趾出售。这种贸易十分频繁，"凡交趾生活之具悉仰于钦（州），舟楫往来不绝也""富商自蜀贩锦至钦，自钦易香至蜀，岁一往返，每博易动数千缗"②。特别值得一提的是，大中祥符四年（1011 年），中国江、淮、两浙三路干旱，宋朝派人从占城输入穗长无芒而又耐旱的优良稻种三

---

① 《中国的战争》，《列宁选集》第 1 卷，第 214 页。
② 《岭外代答》卷 5《钦州博易场》。

万斛，从此占城稻便很快在我国各地推广开来，并成了南方人民的主要食粮。

到了 13 世纪中叶，元蒙军队南下，1253 年灭了大理国，1257 年 12 月侵入交趾。国王陈胜逃亡海岛。1258 年 1 月，元蒙大将兀良合台因新取云南，后方需要巩固，于是班师而还。同年 3 月，交趾遣使纳贡入附，承认蒙古政权是宗主国。忽必烈征服南宋、统一中国后，认为交趾未全部尽到藩属国的职责，"谕以六事：一、君长亲朝；二、子弟入质；三、编民数；四、出军役；五、输纳税赋；六、仍置达鲁花赤统治之"①。并以交趾国王不请命而自立为辞，威胁说："汝若弗朝，则修尔城，整尔军，以待我师。"② 其时交趾之南的占城国虽称臣内属，然"负固弗服"，经常拦劫元朝与东南亚国家交往的船只和使臣。至元十九年（1282 年），元将唆都率战船千艘，出广州，浮海进攻占城。占城迎敌，兵败，士卒被杀者 11 万人，最后投降了元朝。1285 年 1 月，元朝派镇南王脱欢假道交趾征占城；唆都亦领兵夹击。交趾陈氏王朝奋力抵抗。是年 6 月，元军因盛暑疾作，班师回境，遇交趾军伏出，伤亡惨重，唆都战死。至元二十四年（1287 年）十一月，元发江淮、江西、湖广三省蒙古、汉、券军，及云南兵、海外四州黎兵共 9 万余人，分道进攻，与交趾兵战于女儿关、木兀门。交趾军失利，放弃都城，退入海岛、山林。元兵深入交趾国境，因"天时已热，恐粮尽师老，无以支久"③，被迫向后撤退。次年三月八日，交趾设伏于白藤江，元军溺死者甚众，遭到了很大的损失。

元朝统治者在 1257 年、1285 年、1287 年发动的三次对交趾的战争，是非正义的侵略性战争，中国人民对此是抱着批判和谴责态度的，因为它不仅给交趾人民，同时也给中国人民带来了深重的灾难。而交趾军民反抗元朝的斗争，则是防御的、反侵略的正义战争，它理所当然地受到中国人民的同情和支持。事实上，以黎德、欧钟为代表的中国人民反对元蒙封建统治者侵犯交趾、占城的起义斗争（如拦劫元朝的军粮等），便是对交趾人民的有力支持和援助。今天，我们是站在工人阶级国际主义的立场来评

---

① 《元史》卷 290 《安南传》。
② 同上。
③ 同上。

价元蒙对交趾所进行的战争的。我们反对和批判的仅是少数封建统治阶级的侵略行径。但与此同时，我们也坚决反对越南当局以纪念如月江、白藤江战役为名，趁机挑拨、煽动民族情绪，用以攻击中国政府和中国人民的恶劣行为。

1294 年，忽必烈死，元成宗铁木耳继位，对交趾采取了"休兵息民"的睦邻政策。交趾陈氏王朝也遣使奉表"谢罪"，称臣称藩，贡献方物，承认元朝的"圣天子"和宗主国的地位。但此时的交趾政权也不时侵入中国，蚕食我国领土，掠夺我国的劳力和资源，甚至支持怂恿民族主义分裂分子，如黄胜许等与中央政权为敌。如仁宗皇庆二年（1313 年）正月，交趾军三万余人，马军二千余骑，侵犯中国镇安州云洞，杀掠居民，焚毁仓廪庐舍。又陷禄洞、知洞等处，"掳生口牲畜及居民资产而还"。四月，交趾王子亲领军队焚养利州官舍民居，杀掠中国居民二千余人。交趾封建统治者对中国的侵犯，和元蒙三次侵犯交趾、占城一样，其本质都是剥削阶级为扩展领土、掠夺人口资产而进行的非正义侵略战争。

明代建立后，安南国王陈日奎于洪武二年（1369 年）派专使来贺，贡献方物，奉表称臣，并请封爵。朱元璋遣翰林侍读学士张以宁等持诏、印前往该国，封陈日奎为安南国王。1400 年，黎季犛篡位，国号大虞，改姓胡，名奃，于是陈亡。为了维护安南的封建宗法统治，兴灭继绝，同时也为了行使宗主国的权利，明成祖于永乐四年（1406 年）冬十月，派几十万大军，数胡奃"罪状"二十条，进入安南，力图"复陈氏之宗祀"。事平，遍求陈氏之子孙，其国之官吏耆老莫邃等上表，"言陈氏子孙尽为黎贼所戮，无可继承。请为古制，复立郡县"①。明从其所请，置交趾都指挥使司、交趾等处承宣布政使司、交趾等处提刑按察司及军民衙门，直接由中央派员进行统治。

明成祖出于维护安南陈氏王朝的封建统治而对安南用兵，这是粗暴地干涉他国内政的行为。及至事平，又置郡县进行统治，显然也是不适时宜的。因此它必然遭到安南人民的反抗。永乐六年（1408 年）爆发了简定、邓悉、阮帅的起义。永乐十六年（1418 年）又爆发了以黎利为首的反抗

---

① 《明太宗实录》卷 50。

明朝统治的武装斗争。1428 年，黎利奉表陈情谢罪，贡代身金人、银人，并送还明军溃散的官军马匹，请求明军班师。明军在黎利答应誓守"永为藩臣，常奉职贡"和立陈氏之后的诺言下，退回国境。此后黎利借口陈氏"实无见存"，明朝只好"俯从所请"，封黎利"权署安南国事"。从此安南又建立起了黎氏政权。

1433 年，黎利卒，遣人如明告哀。次年，明派郭济等到安南吊祭，"其祭馔皆自北道赍送，极为丰盛"①。1437 年春，明遣兵部尚书李郁为使，赍诏敕、金印赴安南，封黎利子黎麟为安南国王。黎麟亦遣陪臣捧表和方物，如明谢恩。此后，安南向明"常贡不绝"，两国的政治、经济关系得到了发展。

黎氏王朝传七世，嘉靖初年为莫登庸所篡。莫氏"窃据国城，阻绝道路，以致久废职贡"②。明朝为行使对藩属的权力，准备"兴师问罪"。后莫氏"畏威悔过，上表乞降，籍其土地人民，恭听处分"③。表内有"伏望圣慈矜宥，俾获自新。其土地人民皆天朝所有，惟乞俯顺夷情，从宜区处，使臣得以内属，永世称藩"之语④。显然，这是不得已而为之的。嘉靖二十年（1541 年），明朝认为莫氏"情有可原"，遂降安南国为安南都统使司，以莫登庸为安南都统使，官从二品。仍令三岁一贡。到万历二十五年（1597 年），黎氏驱逐莫氏，继为安南都统使，一直同明朝保持着宗藩的朝贡、册封关系。

在明代的 276 年中，除了 1406—1427 年明派兵进占安南和设置郡县外，明朝与安南基本上保持着睦邻的宗藩关系。这种宗藩关系，一方面是明代的封建统治者在政治上显示其"溥天之下，莫非王土，率土之滨，莫非王臣"，以示其大国、宗主、"天子"的尊严，因此它要求藩属国家给它朝贺、进贡，享受其宗主国的权力；另一方面，宗主国也必须承担维护藩属国家封建统治秩序的义务，对它进行"册封""诏谕"，甚至在出现"篡位"时，出兵干预，"兴灭继绝"。但这种出兵，并非为了占领，而是

---

① 《大越史记全书·本纪·实录》卷 2《黎纪》二。
② 《大越史记全书·本纪·续编》卷 1《黎纪》七，附《莫记》。
③ 《明宣宗实录》卷 227。
④ 同上，卷 248。

为了恢复和延续藩属国家的封建宗法统治。明太祖朱元璋曾对部下说："四方诸夷及南蛮小国，限山隔海，僻在一隅，得其地不足供给，得其民不足使令。若其不自忖量，来扰我边，彼为不祥。彼不为中国患，而我兴兵伐之，亦不祥也。"① 安南的封建统治者也为了政治上的需要，"奉正朔，保境而威其邻"（侵吞占城国），因而向明称臣称藩，不断派使臣请求册封、朝贡、谢恩和告哀等等。所以这个时期的中越宗藩关系，是建立在两国封建统治者的政治需要的基础上，是符合他们各自的基本利益的。而双方的统治者在利害相左，甚至兵戎相见时，则反映了他们之间的争夺和矛盾。从经济上看，朝贡是维系宗藩关系的一种重要方式，它可以表现宗主国的"尊大"和属国对上国的"诚敬"。它是不平等的，但这仅是指政治而言。若从单纯的经济方面看，朝贡往往是"薄来而厚往"，中国回赐给安南的物品一般都优厚于所贡的方物。明太祖曾说："安南远居海滨，率先效顺，方物之贡，岁以为常。朕念彼知响慕中华，服我声教，岂在数贡。"② 他下令说："中国之于四夷，惟推诚待之……若彼来贡，亦令三年一来，所遣之人，不过五员，所贡之物，务从简俭，且须来使自持，庶免民力之劳，物不贵多，亦惟诚而已。"③ 但安南朝贡多"兼贸易"。双方使节除携带贡、赐品外，大都携带商品，进行贸易。这对两国的经济交流，物资上的互通有无，以及生产上的相互学习借鉴都是有好处的。如 1434年，安南使臣黎伟、阮傅等如明告哀，"多买北货，至三十余抬"。次年明使朱弼、谢经等到安南，"弼等又多赍北货来……发人夫几至千人"④。福建、广东的红铜、瓷器、绫绢等物品，源源不断地运往安南、占城，"官为收买"，又转手卖给安南的老百姓。河内的史家说中国通过朝贡，对安南进行了残酷的剥削和掠夺，是不符合历史事实的。如果说安南封建政府通过朝贡和贸易，捞到了许多好处，这倒是真的。

值得注意的是，这个时期安南的封建统治者，利用宗藩关系，麻痹中央政府，不时地侵扰我国边境。如：洪武二十九年（1396 年），安南侵夺

---

① 《明宣宗实录》卷 16。
② 《明太祖实录》卷 201。
③ 同上，卷 122。
④ 《大越史记全书·本纪·实录》卷 2《黎纪》二。

思明属地丘温、如敖、庆远、渊脱等五县，"逼民附之"。1468年，侵入并占据我国广西凭祥。1607年，由龙门港侵入钦州，"掳掠以去"。1405年，侵入云南宁远州猛慢地区，"掳掠人民畜产，征纳差发，驱役百端"。1474年，入寇云南广南府富州，"攻劫边寨，惊散人民"，等等。不仅如此，安南封建王朝还对邻国加紧进行扩张。位于安南南方的占城国，与明朝一直保持着密切的藩属、朝贡关系，但也遭到安南的欺侮。1470年12月，安南遣人到占城"索取犀象宝货"，令"待其人亦如奉天朝使命之礼"。占城不肯屈从，于是黎灏起倾国之师，亲率舟师一千余艘，精兵七十余万侵入占城。次年4月，攻破占城都城阇槃，俘虏占城国王罗茶全等三万余人，斩首四万余级，"以占城地，置为广南承宣及升华卫，置十二承宣按察，及置广南三司"①，对占城直接进行统治。

黎氏侵占占城后，又使出恶人先告状的惯技，派人入明，告占城"侵凌"安南，说占城"弃礼悖义""蹂籍边民"。明政府洞悉其奸，知"灏贪心罔极，阴谋吞并，乃阳为奏请"。于是对之进行了"诚谕"，严厉地申斥了安南方面凌弱暴寡、侵地杀人的行为。但碍于"王者不治夷狄"的古训，故一直没有出兵干预。而安南黎朝则始终"阳顺阴逆，稔恶弗悛"，没有放弃对四周邻国的扩张侵略政策。

五

1644年，清朝取代明朝，在中国建立起统治秩序后，安南的黎朝又与清朝建立并保持着宗藩关系。康熙五年（1666年）五月，安南黎维禧向清缴送明王永历敕印，清封之为安南国王。原安南都统使莫氏因与吴三桂勾结，发动叛乱，后被清朝支持的黎氏消灭。到了乾隆五十一年（1786年），安南西山阮光平（阮惠）起义，推翻了黎朝，建立了西山政权。乾隆五十二年（1787年），阮氏派人叩关内附。五十四年（1789年），又请求亲自到京瞻觐。乾隆"阅其表文，情词肫切，出于至诚"，于是封阮光

---

① 《大越史记全书·本纪·实录》卷3《黎纪》三。

平为安南国王。当阮氏起义之时，清朝曾应黎氏之请，出兵帮助镇压阮光平，但遭到了失败。后来阮氏当权，"自知贾祸，大惧王师再出；又方与暹罗搆兵，恐暹罗乘其后"①，所以再三叩关谢罪恳求，希望得到清廷的谅解、首肯和支持。乾隆也看到黎氏"优柔废弛，已为天心厌弃，自无复令立国之理"，于是来了个"顺天而行"，承认既成事实，给予阮氏封赠。清朝乾隆的这一措施，是合乎实际的明智之举，较明代对安南陈氏一味的"兴灭继绝"的顽固保守政策高明多了。他在《御制安南记事文》中，对安南问题进行了回顾和总结，说："安南虽南瀛小邦耶，然亦有民人焉，有社稷焉，且奉本朝正朔，称外藩者百余年。其邦遭乱，兴灭继绝，礼亦宜之，是盖奉天道也。然彼邦之遭乱，岂无所由，且其据黎城而擅号召者，原非一姓也，则自古至今，主中华而称正统者，率可知矣。虽乘除有命，而兴亡在人，顺天者昌，逆天者亡。吁，是不大可畏乎！"② 过去，乾隆虽然从维护藩属国的封建宗法统治出发，曾出兵灭阮扶黎，镇压了阮惠的起义，把兴灭继绝看成天经地义的事。如他曾说："朕维抚驭中外，绥靖遐迩，义莫大于治乱持危，道莫隆于兴灭继绝。"③ 但他却没有固囿于这种落后保守思想的束缚，他能正视现实，并从中外大量的历史经验教训中得出"兴亡在人，顺天者昌，逆天者亡"的结论，从而否定了过去的"正统"思想，改变以往的策略，以适应新的形势发展和需要。这种敢于突破传统，一切从实际出发，以及不断进取的精神，作为封建阶级的最高统治者，应该说是十分难能可贵的。如他说："今，天厌黎氏，而朕欲抉之，非所以仰体天心，抚驭属国之道，朕不为也……揆之天时地利人事，实有不值。"④ "夫兴灭继绝，弗利其土地臣民，此非欲得也。"⑤ 这是对封建正统的"道"——兴灭继绝的否定和批判，也是乾隆的一大进步。也正是这种进步，使他在对待阮氏新政权上采取了务实的态度，从而把两国的宗藩关系推向了历史发展的最高峰。

---

① 徐延旭：《越南世系沿革》。
② 《清高宗实录》卷 1327。
③ 《清高宗实录》卷 1315。
④ 《清高宗实录》卷 1319。
⑤ 《清高宗实录》卷 1321。

云南文库·学术名家文丛

乾隆五十五年（1790年）三月，安南国王阮光平（实为范公治）率子阮光垂、陪臣吴文楚等，携带金、银、象牙、沉香等丰厚的贡品，不远万里，前往热河承德避暑山庄，祝贺乾隆的八十大寿。乾隆为了"以示格外优眷"，令广西总督福安康、广西巡抚孙永清伴送入京，在其途中又亲笔赐诗一律，谕令"经过沿途各省地方与各督抚接见自应以宾主之礼相待"，并降旨封王子阮光垂为世子。同年八月，乾隆接见"阮光平"于热河行宫，设盛大国宴进行款待，并亲书"拱极归诚"四个大字以赐，还有一副对联，云："祝嘏效尊亲永失丹忱知弗替，觐光膺宠锡载稽青史未前闻。"酒酣耳热之际，乾隆又制御诗一章以赐阮光平。诗云："瀛藩入祝值辰巡，初见浑如旧识亲。伊古未闻来象国，胜朝往事鄙金人。九经柔远只重译，嘉会于今勉体仁。武偃文修顺天道，大清祚永万年春。"宴毕，乾隆再赐安南国王衣服、器皿、古玩等物，另加赏银一万两。阮氏父子陛辞回国，乾隆又再次接见，"亲抚其肩，慰谕温存。令画工绘其形赐之"①。阮光平父子归国后，十分感激清帝的接见，他在次年二月的《恭谢表》中说："至臣深情、尤所感激铭镂石、意料所不到者，臣之亲赴阙庭，展觐祝厘，诚欲借葵向之忱，庶可答天恩万分之一。而臣之国人见臣起身入觐，乃本国前姓李、陈、黎所未有之事……臣既出南关，回到国城，髫庞遮道，皆忻之然曰：大皇帝至德如天，爱出寻常……御制诗文，恩赐物件，置之殿堂之上，几案生乎春风。公之瞻仰，播诸所闻，莫不颂皇仁而歌帝德。臣国从今有磐石之安，有沧桑之固，实唯大皇帝永远之赐，有非言所能载也……臣捧钦颁，臣子拜领之间，臣之家庭昆弟以及国内臣民，莫不举手加额，感颂大皇帝为臣国家计，又为臣子孙计……真是天高地厚莫可状其至仁……臣既忝列藩输，唯愿恪修保障，恭敬不失以事上，行善不懈以守邦……"② 同年春节，乾隆又特书一大"寿"字赐阮光平，为新春佳节之庆，并加赏金线葫芦大荷包一对，小荷包四对，及白玉鹅、汉玉象、珐琅金胎碗、果脯等物。阮氏焚香叩首，敬谨领受。他在乾隆五十六年三月十九日（1791年4月21日）的《恭谢表》中说："昨委臣国员目

---

① 《大南实录·正编·列传初集》卷3《阮文惠传》。
② 《军机处录副奏折》。

奉迎御批、御赐各件自南关回义安城。雨露沛来，江山普媚，士庶环观，咸曰：大皇帝恩施至于此极，莫不眉欢额庆，歌颂载途。矧臣躬被荣光，感激何似，祗惟拭目五云，驰神九陛，长祝圣寿无疆，流泽下国，将无穷也。"① 同年十二月二十五日（1792 年 1 月 18 日），乾隆颁旨，除例赏朝鲜、琉球、安南、缅甸四国国王、贡使的锦、缎、罗、织金沙、织金罗等物外，特加赏安南国王玉如意一柄，玉器二件，瓷器四件，玻璃器四件，绵四匹，大彩缎四匹，闪缎四匹，蟒缎四匹。

乾隆五十七年（1792 年）九月，阮光平在义安身故。弥留之际，"唯以不得长事圣天子为憾，谆嘱伊子（光缵）世笃忠诚，无负天朝恩宠"②。并传旨将他安葬于西湖，"以西湖较义安至镇南关，近有十数站，庶几魂魄有知，亦得近依帝阙"③。乾隆五十八年（1793 年）正月，阮光缵遣陪臣赴京告哀。清帝览奏，深为惋惜，亲制诔诗一章，派人赴义安祭奠，于阮光平坟前焚化，并赏大哈达一个。又于广西藩库内发银三千两，以示轸恤。即封阮光缵为安南国王。诔诗云："外邦例以遣陪臣，展觐从无至己身。纳款最嘉来玉阙，怀疑堪笑代金人。秋中尚忆见冠肃，膝下诚如父子亲。七字不能罄哀述，怜其忠恺出衷真。"阮光缵恳求将御笔诔诗"敬谨供奉，永作传国之珍，俾小国臣民恭悉大皇帝加光缵父子优隆，实非寻常外藩所可冀及，从此世代咸知，感仰天恩，恪守藩服，以报圣明高厚鸿慈，求曲加俯允准留传，实为万幸"④。另外，乾隆又于阮光平之墓道作诗勒碑，以表其"一心恭顺，始终恋阙之诚"。诗云："归藩拭泪别枫宸，回首频称觐九旬。嘱令西湖以身妥，示依北阙志心亲。似兹乱命同治命，忍谓外臣诚世臣。藻什七言勒琬琰，桂疆千载识忠纯。"⑤

请看，这是一番何等热烈、何等亲密的景象！真是大有超出君臣、胜过父子之情了。也许读者会问：难道自诩"钦承天道，洞悉先机""聪慧过人"的乾隆皇帝，竟连入觐的假阮惠也看不出来了么？其手下的耳目难

① 《军机处录副奏折》。
② 同上。
③ 《清高宗实录》卷 1428。
④ 《军机处录副奏折》。
⑤ 《清高宗实录》卷 1428。

道都是酒囊饭袋？当然不是！他之所以假装糊涂，接见阮惠，其后又给予亲切关怀，乃是政治上的需要，是着眼于大局，着眼于两国的安定和睦邻。他说："安南虽南瀛小邦耶，然亦有民人焉，有社稷焉。"就是说，要以国家为重，不要去计较个人的恩怨，尽管阮惠与清曾有前隙，但只要你归顺，我就可以既往不咎了。他还说："天朝抚驭外夷，逆则加以征讨，顺则永受宠荣。"① 这就是清政府对藩属国的路线和政策。此时安南的阮氏已经臣服认错，而且破例地"入觐面圣"，已经达到了乾隆的目的，所以他也就另眼相看，"锡之殊恩"了。而作为安南国王的阮惠父子，面对强大的清政府，他不得不虚与委蛇，诚惶诚恐，小心谨慎从事，对清政府尽量表现出"忠诚"的样子。实际上，这是阮氏的一种"韬晦"策略，是为了稳住清政府，有个安定的北方，以便他对其他邻国下手。当然，尽管两国的封建统治者为着各自的政治需要，大做其真真假假的表面文章，但在客观效果上，却是对两国的安定、和平有利的。

18 世纪末叶，中国、安南的关系十分密切，政治、经济、文化的联系大大加强，宗藩关系发展到了高峰阶段，而且这种关系一直保持到 19 世纪的 40 年代。

到了嘉庆七年（1802 年），原割据安南南方的阮福映推翻了北方的阮光缵，国号嘉隆，建都顺化。是年五月，阮福映派户部尚书郑怀德为如清正使，赍国书、礼物去见两广总督，后又派兵部尚书阮光定等赍国书、贡品至北京请封，且请改国号为南越。为了接待清使，阮氏命令在升龙（今河内）建行宫使馆，增构殿宇和接使堂；又令在谅山修仰德台，谅山至珥河间置驿馆七所，专门安置清使歇息。次年（1803 年）六月，清廷因其"恪恭请命，且鉴悃忱，请锡藩封，虔表具贡，特予嘉纳"。准其国"用'越南'二字，以越字冠于上，仍其先世疆域；以南字列于下，表其新锡藩封。且在百越之南，与古所称南越不致混淆，称名既正，字义亦属吉祥，可永承天朝恩泽"② 。1804 年春，嘉庆派广西按察使齐布森赍诰、敕、印前往宣封，改安南国为越南国，封阮福映为越南国王。又赐彩缎、瓷

---

① 《清高宗实录》卷 1327。
② 《清仁宗实录》卷 111。

器、茶叶诸品物。阮福映闻报，派员充候命使、界首候接使、公馆候接使于镇南关及沿途迎接。再派弁兵三千五百人、象三十匹，随候命使往关上迎接清使。弁兵一千人从候接使于京北界伫候。又令廷臣遴员分直诸馆驿。阮福映则亲自在升龙的朱雀门迎接清使，并举行了最隆重的礼仪接受清廷的诰封。清使归国，阮又派员送出关外，并遣使向清廷谢恩、朝贡。此后两国的宗藩关系一直继续向前发展，使臣络绎不绝于途，而安南国名也由此正式改为越南，并一直沿用至今。

　　随着中越宗藩关系的向前发展，两国的经济贸易也更加频繁了。此间贸易有两种方式：一为官方贸易，一为民间贸易。官方贸易，主要靠贡使的往返。安南使臣入贡有二路：一、陆路由镇南关入粤；二、水路经江宁进京。贡使除携带贡品外，大都带有土特产及银两，他们趁经过江宁暂留之机，便在该地销售土特产品，并订制中国的绸缎等物，于次年由京返回时提取，一次议价竟达四万余两之巨。嘉庆八年（1803 年），阮福映贡船回国时，置办绸缎一万余斤。嘉庆十九年（1814 年），越南朝廷发银一万两，到广东采买货物。最大的一次是乾隆五十七年（1792 年）四月，安南国王阮光平上书于清廷，言："诚愿学中国文物声容之盛，庶几不囿于陋……又本国所需物件，式样颇多，必得专人带式前往定织，方可中款。现拟派银数万两，差本国通晓工技者一人，随带五人，亲赴采织。"①

　　民间贸易方面，1790 年，阮光平因国内"物产短绌，吁请开关通市"。清廷鉴于安南战争频仍，兼以连年荒歉，物产耗竭，人民生计维艰，特"俯从所请"，于1792 年2 月，将久经封闭的平而、水口、马白三关及由村隘启封，作为两国人民进行商业贸易的地点，并免征税收。安南亦于谅山镇属之花山设立贸易点，方便由平而关来的中国客商。由是"商贾骈集，百货云屯，（安南）国内渐舒，举国臣民皆咸颂大皇帝柔远深仁，处处歌舞"②。清廷派去镇南关视察之官吏也说："自两国通市以来，出口商货，源源不绝，沿途关隘亦极宁谧。"不过，双方的贸易是不平等的，它对安南比较有利。其一，中国方面，对进出口的货物均免征税收，而安南

---

　　①　《军机处录副奏折》。

　　②　同上。

方面则对出口之货物倍征其税。其二，中国出口，均是安南急需之物，而进口物对中国则相应显得并不那么重要："安南土产微啬，并无中国需用之物，而内地药材、硝磺、绸缎等物，系彼处必需"①。除上述药材、绸缎外，中国还向安南出口布匹、纸张、铁锅、茶叶、陶器、农具等生产、生活资料，进口物品，则有砂仁、胡椒、竹木、香料等。

在思想文化交流方面，随着两国政治经济联系的加强，清代也比过去各代有了进一步的发展。在历法、律书方面，中国由于经过几千年的社会实践，孕育、发展和完善了一套律书和历法。嘉隆十一年（清嘉庆十七年，1812 年），越南国王命令阮文诚、武桢等根据汉、唐、宋、明的律令，编成律书，并"参以清朝条律，取舍秤停，务止于当，汇集成编，颁行天下"②。历法方面，清代以前，安南一直沿用中国历法和明大统历法，"三百余年未有改正"。清康熙年间，中国重新审定、编制了新的历法，"其书步测精详，比之大统愈密，而三线八角之法，又极其妙"。越南国王"令天文生考求其法"，于是"天度齐而节候正矣"③。1831 年 2 月，大清时宪历曾准确地预测到该月有日食发生。事情果然像预测的那样，这使越南人民十分钦佩。在生产技术方面，嘉隆九年（1810 年）十一月，越南聘请了三位广东瓦匠去越南传授制作琉璃瓦技术，"使工匠学制如式"。当他们圆满地完成任务后，越南政府"厚赏遣还"。其他如中国的汉字、古典文学、诗词、"四书""五经"、史学、艺术、风俗习惯等等，这个时期都对越南发生过重大的影响，这种影响直到今天，我们仍可清晰地看到它的历史痕迹。

（原载《研究集刊》1986 年第 1 期）

---

① 同上。
② 《越史通鉴纲目》卷 45。
③ 《大南实录》。

明清时期的中越关系

从明代到清代鸦片战争前的四百多年里，是中越两国关系史上的重要时期，其政治、经济、文化诸多方面较之宋、元各代均有重大的发展。这一时期，中国的封建经济走向高度发达阶段，并有了新的资本主义因素萌芽，在和安南、占城等国的对外关系中，也较过去密切了。而这个时期的安南封建经济，也有一定程度的发展，反映在政治和对外关系中，更多地有赖于加强同中国传统的"宗藩"关系，以达到"奉正朔，保境而威其邻"的目的。

一

公元 1368 年（洪武元年），朱元璋推翻了元朝统治，建立明朝后，便遣使颁诏安南、占城等国，同他们建立了友好睦邻的关系。其时越南北部为安南国陈氏统治，南部为占城国统治。安南国王陈日煃于次年（洪武二年）派专使来贺，朝贡方物，并请封爵。占城国王阿答阿者亦于同年遣使来朝，并告安南恃强欺凌一事。朱元璋当即派遣翰林侍读学士张以宁、翰林编修罗复仁等分别持诏、印前往二国，封陈日煃为安南国王，封阿答阿者为占城国王，各赐《大统历》一本，织金文绮纱罗四十匹，并对他们的纷争进行调解，劝谕其"各宜罢兵息民，毋相侵扰"（《明太祖实录》卷八六）。

1399 年（建文元年），安南黎季犛杀死陈日焜，屠戮陈氏宗族百余人，篡夺了陈氏政权。次年 2 月，黎季犛立其子黎汉苍为太子，自己称帝,改国号为"大虞",年号"元圣"。于是陈亡。黎季犛亦改名为胡一元,子黎汉苍改名为胡㐌。接着,胡一元让位于胡㐌自称太上皇。胡㐌奉表朝贡,托词自己是陈氏外甥,为众所推,权理国事,请求明朝正其名分,赐爵位。1403年(永乐元年),明成祖遣使赍诏前往安南,封胡㐌为安南国王。不久,黎氏篡权阴谋败露。1404年9月,原安南陈氏陪臣裴伯耆向明廷告发了黎氏父子弑主篡位、杀害忠良的罪行,请求明政府"哀无辜之众,兴吊伐之师,隆灭绝之义"(《明太宗实录》卷三〇)。与此同时,前安南国王之孙陈天平,由老挝军民宣慰使刀线歹遣使护送前来中国。陈天平以亲身经历向明廷痛陈了黎氏篡权谋位的经过,请求明朝政府"伐罪吊民,兴灭继绝",帮助恢复陈氏的统治。明成祖知道自己受了胡㐌的欺骗,于是派使诘责胡㐌。胡自知阴谋败露,便假意上表谢罪,表示愿洗心革面,迎还陈天平,以君事之。并愿归还在此期间被安南侵占的广西禄州、西平州永安寨及云南宁远州所辖之猛慢等寨给中国。1406年1月,胡㐌陪臣阮景真来中国,迎接陈天平。同年2月,明派广西都督佥事黄中等以兵五千护送陈天平归国。当黄中一行经过鸡陵关(今友谊关)将到芹站时,遭到安南十余万伏兵的突然袭击,陈天平被杀,明军死伤者不计其数。明成祖闻讯后大怒,于是决定对胡㐌兴师问罪。

1406年(永乐四年)8月,明成祖命成国公朱能为总兵官,西平侯沐晟为左副将军,新城侯张辅为右将军,率军数十万南征。行前成祖命令只准拿获黎氏父子及同党,其胁从无辜不问。并诫谕他们:"毋养乱,毋玩寇,毋毁庐墓,毋害稼穑,毋姿取货财,毋掠人妻女,毋杀戮降附。有一于此,虽有功不宥,尔其慎之……罪人既得,即择陈氏子孙之贤者立之,使抚治一方,然后还师。"(《明太宗实录》卷四四)明军遵守成祖的训谕,并于进军沿途发布檄文,揭露黎氏父子弑主篡位、暴杀无辜、侵占中国土地、掠夺占城财物等二十条罪状。大军一路秋毫无犯,进展十分顺利。1407年,黎氏父子被擒,安南事平。明军发榜,遍求陈氏子孙立之。其国之官吏耆老莫邃等上表,"言陈氏子孙尽为黎贼所戮,无可继承,请为古制,复立郡县"(《明太宗实录》卷五〇)。明从其所请,置交趾都指挥司、交趾等处承宣布政使司、交趾等处提刑按察司及军民衙门,直接由中央派员进行统治。

以上是明朝对安南用兵的大体情况。其起因虽然十分复杂，而明成祖的主要目的是为了尽宗主国的义务和职责，帮助维护陈氏王朝的封建统治，但不管怎么说，其性质是非正义的；及至事平，又置郡县进行统治，显然也是不合时宜的。此后安南各地的反明活动不断开展起来。1408年（永乐六年），爆发了陈简定、邓悉、阮帅的起事。次年众又拥立陈季扩为皇帝，进行反明活动。1414年（永乐十二年），二陈反明活动均被扑灭。1418年（永乐十六年），安南蓝山又爆发了黎利反抗明朝压迫的武装起义。义军受到人民的拥护，迅速地攻占了茶笼州、新平、顺化等地。1427年（宣德二年）黎利又连续打败广西、云南两路的明军，迫使交趾总兵王通与之盟誓退兵。1428年（宣德三年），黎利奉表陈情谢罪，贡代身金人、银人并送还明军溃散的官军马匹，请求明军班师。明军在黎利答应誓守"永为藩臣，常奉贡职"和立陈氏之后的诺言下，退回国境。此后黎利借口陈氏"实无见存"，明朝只好"俯从所请"，封黎利"权署安南国事"。从此安南又建立起了黎氏政权，中越两国又恢复了友好睦邻的关系。

1433年（宣德八年），黎利卒，遣人如明告哀。次年，明派郭济持丰厚的礼品到安南祭奠。1437年（正统二年）春，明遣兵部尚书李郁为使，赍诏敕、金印赴安南，封黎利子黎麟为安南国王。黎麟亦遣人捧表和方物，如明谢恩。此后安南向明"常贡不绝"，两国的政治、经济关系得到了发展。据统计，从1368年（洪武元年）到1637年（崇祯十年）的269年中，安南朝贡79次，占城朝贡达72次之多。

黎氏王朝传七世，嘉靖初年为莫登庸所篡。莫氏"窃据国城，阻绝道路，以致久废职贡"。明朝为行使对藩属国的权力，准备"兴师问罪"。后莫氏"畏威悔过，上表乞降，籍其土地人民，恭听处分"（《明世宗实录》卷二二七）。1541年（嘉靖二十年），明朝认为莫氏"情有可原"，遂降安南国为安南都统使司，以莫登庸为安南都统使，官从二品，仍令三岁一贡。到1597年（万历二十五年），黎氏驱逐莫氏，继为安南都统使，一直同明朝保持着宗藩的朝贡、册封关系。

二

在明代的 276 年中，除了 1406—1427 年明派兵进占安南和设置郡县外，明朝与安南、占城基本上保持着睦邻的宗藩关系。这种宗藩关系，一方面是明代的封建统治者在政治上显示其"溥天之下，莫非王土，率土之滨，莫非王臣"，以示其大国、宗主、"天子"的尊严，因此它要求藩属国家给它朝贺、进贡，享受其宗主国的权利；另一方面，宗主国也必须承担维护藩属国家封建统治秩序的义务，对它进行册封、诏谕，甚至在出现"篡位"时，出兵干预，"兴灭继绝"。但这种出兵，并非为了占领，而是为了恢复和延续藩属国家的封建宗法统治。明太祖朱元璋曾对臣下说："四方诸夷及南蛮小国，限山隔海，僻在一隅，得其地不足供给，得其民不足使令。若其不自忖量，来扰我边，彼为不祥。彼不为中国患，而我兴兵伐之，亦不祥也。"（《明宣宗实录》卷一六）安南的封建统治者，也为了政治上的需要，"奉正朔，保境而威其邻"（侵吞占城国），因而向明称臣称藩，不断派使臣请求册封、朝贡、谢恩和告哀等等。所以这个时期的中越宗藩关系，是建筑在两国封建统治者政治需要的基础上，是符合他们各自的基本利益的。而双方的统治者在利害相左，甚至兵戎相见时，则反映了他们的争夺和矛盾。从经济上看，朝贡是维系宗藩关系的纽带和重要方式，它可以表现宗主国的"尊大"和属国对上国的"诚敬"。它是不平等的，但这仅是指政治而言，若从单纯的经济价值而论，朝贡往往是"薄来而厚往"，中国回赐给安南的物品一般都优厚于所贡的方物。明太祖曾说："安南远居海滨，率先效顺，方物之贡，岁以为常。朕念彼知响慕中华，服我声教，岂在数贡。"（《明太祖实录》卷二〇一）他下令说："中国之于四夷，惟推诚待之……若彼来贡，亦令三年一来，所遣之人，不过五员，所贡之物，务从简俭，且须来使自持，庶免民力之劳，物不贵多，亦惟诚而已。"（《明太祖实录》卷一二二）但安南朝贡，"多兼贸易"。双方使节除携带贡品、赐品外，大都携带商品，进行贸易。这对两国的经济交流，物资上的互通有无，以及生产上的相互学习借鉴都是很有好处的。

如 1434 年，安南使臣黎伟、阮傅等如明告哀，"多买北货，至三十余抬"。次年明使朱弼、谢经等到安南，"弼等又多赍北货来……发人夫几至千人"①。广东、福建的红铜、瓷器、绫绢等物品，源源不断地运往安南、占城，"官为收买"，又转手卖给安南、占城的老百姓。河内的史家说中国通过朝贡，对安南进行了残酷的剥削与掠夺，是不符合历史事实的。

值得注意的是，这个时期的安南封建统治者，利用宗藩关系，麻痹明朝中央政府，不时地侵扰我国边境。如：1396 年，安南侵夺明属丘温、如敖、庆远、渊脱等五县，"逼民附之"。1468 年，侵入并占据我国凭祥。1607 年，由龙门港侵入钦州，"掳掠以去"。1405 年，侵入云南宁远州猛慢地区，"掳掠人民畜产，征纳差发，驱役百端"。1474 年，入寇云南广南府富州，"攻劫边寨，惊散人民"，等等。不仅如此，安南封建王朝还对其他邻国进行扩张。位于安南南方的占城国，与明朝一直保持着密切的藩属、朝贡关系，但也遭到安南的欺侮。1470 年 2 月，安南遣人到占城"索取犀象宝货"，"令待其人亦如奉天朝使命之礼"。占城不肯屈从，于是黎灏起倾国之师，亲率舟师 1000 余艘、精兵 70 余万侵入占城。次年 4 月，攻破占城都城阇槃，俘其国王槃罗茶全等 3 万余人，斩首 4 万余级，"以占城地，置为广南承宣及升华卫，置十二承宣按察，及置广南三司"②，对占城直接进行统治。

安南黎氏吞并占城后，又使出恶人先告状的惯伎，派人如明告占城"欺凌安南"，说占城"弃礼悖义""蹂籍边民"。明政府洞悉其奸，知"灏贪心罔极，阴谋吞并，乃阳为奏请"，于是对之进行"诫谕"，严厉地申斥了安南凌弱暴寡、侵地杀人的行为。但碍于"王者不治夷狄"的古训，故一直没有出兵干预。而安南黎朝则始终"阳顺阴逆，怙恶不悛"，没有放弃对四周邻国的扩张侵略政策。

在明代，随着安南同中国政治关系的发展，两国经济、文化的交流也更为频繁密切了。明代的中国，是个民殷国富，政治、经济、文化都高度发达的大国。为了表现其"统驭华夷""声教四方"的"天国"风度，除

---

① 《大越史记全书·本纪·实录》卷二、卷三，《黎纪》二、三。

② 同上。

了在个别情况下，它不得不用兵宣威外，绝大部分时期对安南等藩属国家都采取怀柔政策，以维持和平友好的关系，从而有利于两国社会经济文化的发展。这个时期，中国的封建文化典籍，如"五经""四书"、《资治通鉴》《汉书》《唐书》《三国志》等，在安南得到进一步的传播，其他如天文、地理、历法、医药、刑律法度、礼乐朝仪、文武官制、科举考试等，在安南也无不仿效中国。1370 年（洪武三年），明朝开科取士，特准安南、占城等国以乡贡赴试于京师。规定安南岁贡儒学生员，充国子监，府学每年二名，州学二年三名，县学一年一名。到 1419 年（永乐十七年），安南已有 23 个县设立儒学。他们以"周公为圣，孔子为先师"，"祠孔子以大牢"，"新乐"以"仿明朝制为之"。其乐器，如大鼓、编磬、编钟、瑟琴、笙箫、琵琶等均与中国同。所以安南国陪臣黎文老上奏说："诗书所以淑人心，药石所以寿人命，本国自古以来，每资中国书籍、药材以明道义，以跻寿域。今乞循旧习，以带来土产香物，易其所无，回国资用。"（《明英宗实录》卷二七九）明英宗从其所请。

为了方便两国贸易，明朝在广州、泉州、宁波等地设立市舶司，并谕令福建行省："占城海泊、货物皆免征税，以示怀柔之意。"（《明太祖实录》卷六七）1405 年（永乐三年），明成祖命郑和出使西洋，首达占城国新州（今归仁），以后六次出使西洋，每次均在新州、灵山（今绥和）停泊。占城国王率众出城迎接，贡献方物；郑和亦回赠金银瓷器等物答谢。

为了学习中国先进的文化和工艺，1407 年（永乐五年）8 月，交趾总兵官张辅一次就派九千名博学有才、明经能文、聪明正直的安南子弟到金陵深造，明成祖遣工部以锦衣、靴袜赐之。1413 年（永乐十一年），交趾工匠 130 余人及其家属来到金陵，成祖命有司赐给钱粮衣物，安排住居，病者还给以治疗。对黎季犛的孙子叔林，明太宗不仅赦免了他，而且还授以工部尚书的高官，令他专门负责军工产品的督造。1406 年（永乐四年），明成祖营建北京城，特地委任安南人阮安负责紫禁城和天坛的设计施工。这些新建的建筑群，布局匀称严谨，气魄恢宏壮丽，使北京成为当时世界上最杰出的城市之一。阮安为北京城市的建筑做出了不可磨灭的贡献。

三

公元1644年，清朝取代明朝，在中国建立起统治秩序后，安南的黎朝又与清朝建立并保持着宗藩关系。1666年（康熙五年），安南黎维禧向清缴送明王永历敕印，清封之为安南国王。原安南都统使莫氏因与吴三桂勾结，发动叛乱，后被清朝支持的黎氏消灭。到了1786年（乾隆五十一年），安南西山阮光平（阮惠）起义军推翻黎朝。次年，阮氏派人叩关内附；后又请求亲自到京瞻觐。乾隆"阅其表文，情词肫切，出于至诚"，于是封阮光平为安南国王。当阮氏起义时，清朝曾应黎氏请，出兵帮助镇压阮光平，但遭到了失败。后来阮氏当权，"自知贾祸，大惧王师再出；又方与暹罗构兵，恐暹罗乘其后"（徐延旭：《越南世系沿革》），所以再三叩关谢罪恳求，希望得到清廷的谅解、首肯和支持。乾隆也看到黎氏"优柔废弛，已为天心厌弃，自无复合立国之理"，于是来了个"顺天而行"，承认既成事实，给予阮氏封赠。清乾隆的这一措施，是合乎实际的明智之举，较明代对安南陈氏一味的"兴灭继绝"的顽固保守政策高明多了。他在《御制安南记事文》中，对安南问题进行了回顾和总结，说："安南虽南瀛小邦耶，然亦有民人焉，有社稷焉，且奉本朝正朔，称外藩者百有余年。其邦遭乱，兴灭继绝，礼亦宜之，是盖奉天道也。然彼邦之遭乱，岂无所由，且其据黎城而擅号台者，原非一姓也，则自古至今，主中华而称正统者，率可知矣。虽乘除有命，而兴亡在人，顺天者昌，逆天者亡。吁，是不大可畏乎！"（《清高宗实录》卷一三二七）乾隆虽然从维护藩属国的封建宗法统治出发，曾出兵灭阮扶黎，把兴灭继绝看成天经地义的大事。如他曾说："朕维抚驭中外，绥靖遐迩，义莫大于治乱扶危，道莫隆于兴灭继绝。"（《清高宗实录》卷一三一五）但他却没有固囿于这种落后保守思想的束缚，他能正视现实，并从中外大量的历史经验教训中得出"兴亡在人，顺天者昌，逆天者亡"的结论，从而否定过去正统的思想，改变以往的策略，以适应新的形势发展和需要。这种敢于突破传统，一切从实际出发，以及不断进取的精神，作为封建阶级的最高统治者，应该是十分难能可贵的。如他说:"今,天厌黎氏,而朕欲扶之,非所以仰体天心,抚驭属国之道,朕不为也……揆之天时地利人事,实有不值。"(《清高宗实录》卷一三一九)"夫兴灭继绝,弗利其土地臣民,此非欲得也。"(《清高宗实录》卷一三二一)这是对封建正统的"道"——兴灭继绝的否定和批判,也是乾隆的一大进步。也正是这种进步,使他在对待阮氏新政权上采取务实的态度,从而把两国的宗藩关系推向了历史发展的新高峰。

1790年(乾隆五十五年)4月,安南国王阮光平(实为范公治)率子阮光垂,陪臣吴文楚等,携带金、银、象牙、沉香等丰厚的礼品,不远万里,前往热河承德避暑山庄,祝贺乾隆八十大寿。乾隆为了"以示格外优眷",令两广总督福安康,广西巡抚孙永清伴送入京,在其途中又亲笔赐诗一律,谕令"经过沿途各省地方与各督抚接见自应以宾主之礼相待",并降旨封王子阮光垂为世子。同年9月,乾隆接见"阮光平"于热河行宫,设盛大国宴进行款待,并亲书"拱极归诚"四个大字以赐,还有一副对联,云:"祝嘏效尊亲永失丹忱知弗替,觐光膺宠锡载稽青史未前闻。"酒酣耳热之际,乾隆又制御诗一章赐阮光平。诗云:"瀛藩入祝值启巡,初见浑如旧识亲。伊古未闻来象国,胜朝往事鄙金人。九经柔远只重译,嘉会于今勉体仁。武偃文修顺天道,大清祚永万年春。"宴毕,乾隆再赐安南国王衣服、器皿、古玩等物,另加赏银一万两。阮氏父子陛辞归国,乾隆又再次接见,"亲抚其肩,慰语温存,令画工绘其形赐之"①。阮光平父子回国后,十分感激清帝的接见,他在次年二月的《恭谢表》中说:"至臣深情、尤其感激铭镂石、意料所不到者,臣之亲赴阙庭,展觐祝厘,诚欲借葵向之诚,庶可答天恩万分之一。而臣之国人见臣起身入觐,乃本国前姓李、陈、黎所未有之事……臣既出南关,回到国城髫庞遮道,皆忻之然曰:大皇帝至德如天,爱出寻常……御制诗文,恩赐物件,置之殿堂之上,几案生乎春风。公之瞻仰,播诸所闻,莫不颂皇仁而歌帝德。臣国从今有盘石之安,有苍桑之固,实惟大皇帝永远之赐,有非言所能载也。"(《军机处录副奏折》)同年春节,乾隆又特书一大"寿"字赐阮光平,为

---

① 《大南实录·正编·列传初集》卷30、《正编》卷4。

新春佳节之庆，并加赏金钱葫芦大荷包一对，小荷包四对，及白玉鹅、汉玉象、珐琅金胎碗、果脯等物。阮氏焚香叩首，敬谨领受。他在1791年（乾隆五十六年）4月的《恭谢表》中说："昨委臣国员目奉迎御批、御赐各件自南关回义安城。雨露沛来，江山普媚，士庶环观，咸曰：大皇帝恩施于此极，莫不眉欢额庆，歌颂载途。列臣躬被荣光，感激何似，只惟拭目五云，驰神九陛，长祝圣寿无疆，流泽下国，将无穷也。"（《军机处录副奏折》）次年（乾隆五十七年）1月，乾隆颁旨，除例赏朝鲜、琉球、安南、缅甸四国国王、贡使的锦、缎罗、织金纱、织金罗等物外，特加赏安南国王玉如意一柄，玉器二件，磁器四件，玻璃器四付，锦四匹，大彩缎、闪缎、蟒被各四匹。

1792年（乾隆五十七年）10月，阮光平在义安身故。弥留之际，"惟以不得长事圣天子为憾，谆嘱伊子（光缵）世笃忠诚，无负天朝恩宠"（《军机处录副奏折》）。并传旨将他安葬于西湖，"以西湖较义安至镇南关，近有十数站，庶几魂魄有知，亦得近帝阙"（《清高宗实录》卷一四二八）。1793年2月，阮光缵遣陪臣赴京告哀。清帝览奏，深为惋惜，亲制诔诗一章，派人赴义安祭奠，于阮光平坟前焚化，并赏大哈达一个。又于广西藩库内发银三千两，以示轸惜。即封阮光缵为安南国王。诔诗云："外邦例以遣陪臣，展觐从无至己身。纳款最嘉来玉阙，怀疑堪笑代金人。秋中尚忆见冠肃，膝下诚如父子亲。七字不能罢哀述，怜其忠悃出衷真。"阮光缵恳请将御笔诔诗"敬谨供奉，永作传国之珍，俾小国臣民恭悉大皇帝加光缵父子优隆，实非寻常外藩所可冀及，从此世代咸知，感仰天恩，恪守藩服，以报圣明高厚鸿慈，求曲加俯允留传，实为万幸"（《军机处录副奏折》）。另外，乾隆帝又于阮光平之墓道作诗勒碑，以表其"一心恭顺，始终恋阙之诚"。诗云："归藩拭泪别枫宸，回首频称觐九旬。嘱令西湖以身妥，示依北阙志心亲。似兹乱命同治命，忍谓外臣诚世臣。藻什七言勒琬琰，桂疆千载识忠纯。"（《清高宗实录》卷一四二八）

请看，这是一番何等热烈、何等亲密的景象！真是大有超出君臣、胜过父子之情了。也许读者会问：难道自诩"钦承天道，洞悉先机""聪慧过人"的乾隆皇帝，竟连入觐的假阮惠也看不出来了么？其手下的耳目难道都是酒囊饭袋？当然不是！他之所以假装糊涂，接见阮惠，其后又给予亲切关怀，乃是政治上的需要，是着眼于大局，着眼于两国的安定和睦邻。他说："安南虽小邦耶，然亦有民人焉，有社稷焉。"就是说，要以国家为重，不要去计较个人的恩怨；尽管阮惠与清曾有前隙，但只要你归顺，我就可以既往不咎了。他还说："天朝抚驭外夷，逆则加以征讨，顺则永受宠荣。"（《清高宗实录》卷一三二七）这就是清政府对藩属国家的方针和政策。此时安南的阮氏已经臣服认错，而且破例地"入觐面圣"，已经达到了乾隆的目的，所以他也就另眼相看，"锡之殊恩"了。而作为安南国王的阮氏父子，面对强大的清政府，他不得不虚与委蛇，诚惶诚恐，小心谨慎从事，对清政府表现出"忠诚"的样子。实际上，这是阮氏的一种"韬晦"策略，是为了稳住清政府，有个安定的北方，以便对其他邻国下手。当然，尽管两国的封建统治者为着各自的政治需要，大做其真真假假的表面文章，但在客观效果上，却对两国的安定、和平是有利的。

18世纪末叶，中国和安南的关系十分密切，政治、经济、文化的联系大大加强，宗藩关系发展到了高峰阶段，并一直保持到19世纪的40年代。

到了1802年（嘉庆七年），原割据越南南方的阮福映推翻了北方的阮光缵，国号嘉隆，建都顺化。是年6月，阮福映派户部尚书郑怀德为如清正使，赍国书、礼物去见两广总督，后又派兵部尚书阮光定赍国书、贡品至北京请封，且请改国号为南越。次年（嘉庆八年）7月，清廷因其"恪恭请命，且鉴悯忱，请锡藩封，虔表具贡，特予嘉纳"。准其国"用'越南'二字，以越字冠于上，仍其先世疆域；以南字列于下，表其新锡藩封。且在百越之南，与古所称南越不致混淆"（《清仁宗实录》卷一一一）。1804年（嘉庆九年）春，嘉庆派广西按察使齐布森赍诰、敕、印前往宣封，改安南国为越南国，封阮福映为越南国王。又赐彩缎、瓷器、茶叶诸物品。阮福映闻报，派员充候命使、界首候接使、公馆候接使于镇南关及沿途迎接。再派兵弁3500人、象30匹，随候命使往关上迎接清使，并令廷臣遴员分直诸馆驿。阮福映则亲自在升龙（今河内）朱雀门迎接清使，举行了最隆重的礼仪接受清廷的诰封。此后两国的宗藩关系一直继续向前发展，使臣络绎不绝于途，而安南国名也由此正式改为越南，并一直沿用至今。

四

　　随着中越宗藩关系的向前发展，两国的经济贸易也更加频繁了。此间贸易有两种形式：一为官方贸易，一为民间贸易。官方贸易，主要靠贡使的往返。贡使除携带贡品外，大都带有土特产品及银两，他们趁经过江宁暂留之机，便在该地销售土特产品，并订制中国的绸缎等物，于次年由京返回时提取，一次议价竟达四万余两之巨。1803 年（嘉庆八年），阮福映贡船回国时，置办彩缎一万余斤。1814 年（嘉庆十九年），越南朝廷发银一万两，到广东采买货物。最大的一次是 1792 年（乾隆五十七年），安南国王阮光平上书于清廷，言："诚愿学中国文物声容之盛，庶几不囿于陋……又本国所需物件，式样颇多，必得专人带式前往定织，方可中款。现拟派银数万两，差本国通晓工技者一人，随带五人，亲赴采织。"（《军机处录副奏折》）乾隆从其所请。

　　民间贸易方面，1790 年（乾隆五十五年），阮光平因国内"物产短绌，吁开关通市"。清廷鉴于安南战争频仍，兼以连年荒歉，物产耗竭，人民生计维艰，特"俯从所请"，于 1792 年（乾隆五十七年）2 月，将久经封闭的平而、水口、马白三关及由村隘启封，作为两国人民进行商业贸易的地点，方便由平而关来中国的客商。由是"商贾骈集，百货云屯，（安南）国内渐舒，举国臣民皆颂大皇帝柔远深仁，处处歌舞"（《军机处录副奏折》）。清廷派去镇南关视察之官吏也说："自两国通市以来，出口商货，源源不绝，沿途关隘亦报宁谧。"不过，在双方的贸易中，对安南比较有利。其一，中国方面，对进出口的货物均免征税收，而安南则倍增其税。其二，中国出口，均是安南急需之物，而进口物对中国则显得并不那么重要："安南土产微啬，并无中国需用之物，而内地药材、硝磺、绸缎等物，系彼处必需。"（《军机处录副奏折》）除上述药材、绸缎外，中国还向安南出口布匹、纸张、铁锅、茶叶、陶器、农具等生产、生活资料；进口物器，则有砂仁、胡椒、竹木、香料等。

　　思想文化交流方面，随着两国政治、经济联系的加强，在清代有了进一步发展。在历法、律书方面,中国由于几千年的社会实践,孕育、发展和完善了一套律书和历法。1812 年(嘉庆十七年),越南国王命令阮文诚、武桢等根据汉、唐、宋、明的律令,编成律书,并"参以清朝条律,取舍秤停,务止于当,汇集成编,颁行天下"(《越史通鉴纲目》卷四五)。历法方面,清代以前,安南一直沿用中国历法和明大统历法,"三百余年未有改正"。清康熙年间,中国重新审订、编制了新的历法,"其书步测精详,比之大统愈密,而三线八角之法,又极其妙"。越南国王"令天文生考求其法",于是"天度齐而节候正矣"。1831 年(道光十一年)2月,大清时宪历曾准确地预测到该月有日蚀发生。事情果然像预测的那样,这使越南人民十分钦佩。在生产技术方面,1810 年(嘉庆十五年)12 月,越南聘请了三位广东瓦匠去越南传授制作琉璃瓦技术,"使工匠学制如式"。当他们圆满地完成任务后,越南政府"厚赏遣还"。其他如中国的汉字、古典文学、诗词、史学、数学(珠算)、艺术、风俗习惯等等,这个时期都对越南发生过重大的影响,这种影响直到今天,我们仍可清晰地看到它的历史痕迹。

(原载广西《东南亚纵横》1994 年第 4 期,中国人民大学报刊复印资料《中国古代史》1995 年第 3 期全文转载)

近代中越宗藩关系刍议

　　宗藩问题，是封建时代中国与周边国家间存在的一个特殊关系问题。而中越历史上的宗藩关系，又是比较复杂、十分微妙和颇为敏感的问题。因此对它进行研究，不仅有其一定的历史价值，而且还有其重大的现实意义。历史是客观存在的，否认它，回避它，或是改变它都是不足取的。问题是作为无产阶级的史学家如何用马列主义的立场、观点、方法来分析、研究这一特定历史范畴的产物，阐明它发生、发展和消亡的过程，并揭示其本质和作用。在研究宗藩关系中，我认为有两点是必须遵循的：第一，站在无产阶级国际主义的立场上，避免可能出现的大国沙文主义和地区民族主义的倾向；第二，实事求是，不搞历史的虚无主义和不承认主义，更不容许歪曲历史，恶意中伤他国人民。

　　本文拟对近代中越宗藩关系作一概述和浅析。

一

　　19 世纪 40 年代以后，中越两国的宗藩关系开始进入了一个新的阶段，由此到 1885 年中法战争结束的 45 年，是中越宗藩关系的解体和消亡时期。

　　1840 年鸦片战争后，西方的炮舰打开了中国的大门，中国由高度发达的封建社会开始向半殖民地半封建社会过渡。在西方列强的步步进逼下，中国国内的封建统治已岌岌可危，在国外要维持其宗主大国的地位也不那么容易了。但对其周边藩属国家，清政府仍然勉力地承担着保卫他们安全的义务，同时也是为了保护自己的切身利益，所谓"辅车相依，唇亡齿寒"就是这个道理。作为藩属国越南来说，此时国内有严重的阶级矛盾和封建统治阶级的内部矛盾，国外又有同清政府宗主国的矛盾，统治者企图凭借西方的势力来巩固统治，同时抵制和削弱清朝的影响。及至引狼入室后，他们才发觉事与愿违，接着而来的是山河破碎，国土沦丧，条约附身，亡国之祸迫在眉睫，于是不得不转而求援于保护它的中国。法国在西方资本主义国家争夺东方殖民地的过程中，后来居上，但其侵略野心却比其他国家都大，手段也更为阴险狠毒。在其侵略计划中，法国不仅要把越南变成自己的殖民地，而且还要以此为桥头堡，进一步侵入中国的西南腹地，掠夺那里丰富的资源，以实现其建立包括印度支那、中国长江流域在内的"法兰西东方帝国"的野心。因此，在 19 世纪的中叶以后，中越的宗藩关系由于西方资本主义的侵入，其性质已逐步发生了变化：中国和越南都成了法国资产阶级侵略、掠夺的主要对象，法国殖民者是他们的共同敌人。过去的宗藩关系已名存实亡，只是徒具形式而已。但这个形式是重要的，它成了两国人民团结共同对敌的纽带，而两国间以往的宗主、臣属的关系也逐渐变成同盟和战友的关系了。

但是，中越的结盟是十分脆弱的。由于越南封建王朝的软弱、背信弃义和中国清政府的腐败无能，再加上法帝国主义的干扰破坏，致使中越的结盟迅速解体，藩属关系渐告动摇和崩溃，直至终止。

1771 年，安南阮惠在西山起义，推翻了黎氏政权，1786 年自立为安南皇帝，并于次年被清朝乾隆皇帝封为安南国王。1792 年阮惠死，子阮光缵继位。1777 年，前黎氏的外甥、南方阮氏家族的阮福映，向暹罗借兵，反对西山政权，但未获成功，于是转而求援于法国。而此时的法国资产阶级，在经过 1756—1763 年的七年战争之后，为补偿它在印度的损失，便把越南作为它在东方的主要掠夺目标，并大力实施占领越南的计划。在其侵略活动中，传教士一直是殖民地的开路先锋和得力助手。阮福映为了击败对手，找到了法国正在安南活动的阿德兰区大主教百多禄，说："今贼未平，国步艰难，卿之所知。卿能为我使西洋，发其兵以助我乎？"(《中法战争资料》一，第 318 –319 页) 这正中百多禄的下怀，便满口答应下来。

1787 年，百多禄代表阮福映回到法国，立即向法王路易十六呈交了占领越南，并以此为根据地侵入中国中部的奏议。路易十六接受并根据其奏议，拟订了庞大的"法兰西东方帝国"计划。同年 11 月，百多禄代表阮福映，同法国签订了《越法凡尔赛条约》。条约规定：法国派兵帮助阮福映复国，越南则割让土伦港和昆仑岛给法国。条约签订不久，法国爆发了资产阶级革命，路易十六上了断头台，此事遂暂告中止。

1802 年，阮福映推翻阮光缵，建立了嘉隆政权。次年，清政府封阮福映为越南国王。阮氏在清朝的支持下，为维护自己的统治利益，拒绝承认《越法凡尔赛条约》。

1857 年，法国以要求履行条约为借口，出兵占领土伦港。1858 年，法国勾结西班牙，侵占了安海、奠海，1859 年侵占了西贡，1862 年又先后侵占了边和、嘉定、美萩（定祥）、永隆等省和昆仑岛。1862 年 5 月，越南阮氏王朝被迫同法、西两国签订第一次《西贡条约》十二款。通过第一次《西贡条约》的签订，越南割地赔款，开始沦为法国的殖民地，法国殖民者则初步掌握了越南的政治、外交大权；中国和越南的宗藩关系也因为条约的签订而开始崩溃：越南可以背着中国私订条约，而且事后也不必奏闻了。作为宗主国的清政府，自太平天国革命和第二次鸦片战争之后，已经变得十分虚弱，自身尚且难保，当然没有能力去顾及他人了。在现实面前，清廷无能为力，只好听之任之。正如法国预料的那样："这个合并（即法国占领越南的永隆、昭笃、河仙等省），一个暴行也没有过，一滴血也没有流过，是和平地进行了的……清国官宪，看见墨守旧惯的专制的旧利器在其手中破碎了，人民的同情及信赖离开了他们而集中到我们来……（清国官宪）了解应该屈服。他们不抗议，不鸣诉不平，把不能满足新要求、新希望的施政的管理权，抛弃在我们手里。"（《中法战争资料》一，第 373 页）

法国侵略者并不以签订《西贡条约》而满足，它的下一个目标是占领整个越南，并进而侵入中国。1873 年 11 月，法国侵略军的急先锋安邺，率军进袭河内，后又连陷海阳、宁平、南定诸城。越南王朝束手无策，只好求援于驻在北圻的黑旗军。黑旗军见义勇为，立即支援了越南人民的抗法斗争。他们从保胜翻山越岭，昼夜兼程，赶到河内，12 月 21 日于河内城外大败法国侵略军，斩其渠魁安邺。但很快越南王朝就出卖了黑旗军，他们与法人媾和，并于次年 3 月签订越法第二次《西贡条约》二十二款。

这个条约，实际上是法国在越南"独立"的幌子下，使越南进一步脱离与中国的藩属关系，从而在实质上否定中国对越南的宗主权。越南的殖民地化进程也因此而进一步加深了。

进入19世纪80年代以后，法国财政资本迅猛发展，开始向帝国主义阶段过渡，因而"特别加紧地推行兼并政策（殖民政策）"（《列宁全集》第22卷，第261页），以转移国内人民的视线，缓和阶级矛盾。1881年7月，法国议会通过240万法郎的军事拨款，并于次年3月派遣海军上校、交趾支那远征军司令李威利率军进攻北圻，5月侵占河内，1883年3月侵入南定。同年5月19日，黑旗军大败法军于河内纸桥，击毙法国侵略军头子李威利。与此同时，法国议会通过增拨550万法郎作为远征越南经费的提案，并遣海军中将孤拔率舰队速赴越南，令交趾支那民政专员何罗碰迅速做好把东京变为法国保护国的准备。1883年8月，孤拔进攻越都顺化，腐败无能的越南政府乞降，同法国侵略者签订了第一次《顺化条约》二十七款。这个条约又比前两个条约更进了一步，它公开否定了中国对越南的宗主权，使越南完全置于法国的保护之下，其殖民地化的地位也越来越加深了。

清政府对于这三次条约的签订和越南藩属的弃离采取什么态度呢？从以往情形来看，清政府对待藩属一般都采取宽容放任的态度，除注意朝贡、册封之事外，其内政、外交很少过问干预，它所要求的仅是藩属国家承认、尊重它的"上国"尊严而已。特别是1840年鸦片战争之后，清廷内忧外患，无暇他顾，所以越南几次和法国私立条约，只要其朝贡如常，尽管越方事前并未禀明中国，但清政府也没有多加过问。在第一次《西贡条约》签订前后，清政府认为越法是"蛮触之争，不足与较"；同时中国"亦势难为继，鞭长莫及"。及至1874年越法第二次《西贡条约》签订，法国承认越南"独立"，越南接受法国的保护后，清廷才开始注意起来。1875年，法驻华公使罗淑亚将《西贡条约》通知清廷总署。总署恭亲王认为该约违背了中国的宗主权，于是严词拒绝，表示："约文中有承认越南为独立国之语，为中国所不解。越南自古为中国属邦，故中国政府不能公认此条约。"（转引自刘伯奎著《中法越南交涉史》第25页）他断然否认了越南的"独立"和法国的"保护"越南，而且明白表示越南自古以来就是中国的属邦，中国不能承认这个条约。

越南方面，自第二次《西贡条约》签订后，阮氏封建王朝感到亡国之祸迫在眉睫，于是一面想拉拢暹罗、西班牙，但被法国干预而止；另一方面又向清政府告急，曾先后两次不顾法国的阻挠，派使前来中国，要求中国援助越南抵抗法国的侵略，尽其宗主国的义务。1876 年，越王照常遣使携贡品至北京。1880 年，越王又派使臣赴北京，法国虽闻其事，但不能制止。越使于 1880 年 10 月 4 日进入广西，次年 6 月 30 日抵达北京。清政府除表示欢迎外，还明确表示越南是中国的藩属；要越南国王自力图强，不要被法方的甜言蜜语所欺骗。1882 年，越南阮氏王朝又咨呈清廷，说："下国久赖天朝封殖，豫列职方，二百余年，尺土一民，皆天朝隶属……夫以下国仰赖帡幪，犹高丽也，字小之仁，保属之义，想不忍膜视。况疆土皆其所属，岂忍听人占取，以薄藩篱?"（《中法战争资料》五，第 141 页）在严峻的形势面前，清政府已经看到"法人觊觎越南，蓄志已久"，而"越之积弱，本非法敌，若任其全占越土，粤西唇齿相依，后患堪虞。且红河为云南澜沧江下游，红河通行轮船，则越南海口旬日可至云南。此事关系中国大局"（《中法战争资料》五，第 87 页）。这是清廷考虑之一。其二是，藩属问题不仅仅是同越南的问题，而且还关系到同其他属国的大问题，"实不能以度外置之"。如果听任法国侵吞越南，那么，1879 年日本占领琉球便是先例，其他朝鲜、缅甸等周边藩属国家也势必相继解体，"天朝"大国的威严也将全部丢尽。其三是，越南为滇、粤之唇齿，国外之藩篱，"藩篱陷则门户危，门户危则堂室震"（《清史稿》卷 527，第 14648 页），越南之存亡同中国的安危息息相关，命运与共，故不能等闲视之。其四是，法国侵略者不仅要占领整个越南，而且还要进窥滇、粤，打通楚、蜀之路，阴谋建立一个包括中国中部地区在内的"法兰西东方帝国"，严重地威胁着清朝的统治。如果让法国的阴谋得逞，那么列强势必争相效尤，中国被瓜分的危险也就近在咫尺了。鉴于以上情由，清政府既不得不勉力撑持宗主国的面子，同时也是为了自身的利益计，因而采取了一些保藩固边的措施。在外交方面，命令驻英、法、俄三国公使曾纪泽，不断向法国外交部抗议法国对越南的侵略，拒绝承认法国强加给越南的一切条约。曾纪泽向法国政府严正申明："越南受封中朝，久列属邦，该国如有紧要事件，中国不能置若罔闻。"（《曾惠敏公奏疏》卷四，第11页）中法"讨论的问题，只能是关于中国对越南的宗主权方面的问题"（摩尔斯：《中华帝国国际关系史》卷二，第348页）。在军事方面，清政府应越南政府之请，于1881年底至1882年初，派出两支军队进驻北圻，要他们"分布边内要害""以剿办土匪为名，未可显露作战之迹，致启衅端"（《清光绪朝中法交涉史料》卷五，第3、27页）；另一方面，又"暗资刘永福以军饷、器械，使之固守以拒法人"，以达到"鹬蚌相持，渔人获利"的目的（《中法战争资料》五，第129－130页）。

1883年12月至1884年3月的山西、北宁之战，由于清政府不准"开衅"的被动政策和清军的腐败而失败。在法国的软硬兼施下，1884年5月11日，李鸿章与法国福禄诺在天津签订了《中法简明条约》五条，中国承认法国占有全部越南；中国将驻在北圻之清军调回边界，并对越法所有已定与未定之条约概置之不问。这样，中国事实上也就放弃了对越南的宗主权，而对越法所有已经签订或尚未签的条约也就无权过问了。

《中法简明条约》签订还不到一个月，6月6日，法国以修约为名，又强迫越南签订了第二次《顺化条约》十九条。主要内容是：越南承认接受法国保护，法国是越南对外代表；法国设统监为法国驻越南的代表，以确保法国的保护权；法国得在越南驻军；等等。这样，法国便最后确立了对越南的殖民统治。

但是，法国侵略者并不以此为满足，同年6月23日挑起谅山事件，8月23日又在中国马尾摧毁了福建海军和福州造船厂，10月1日攻陷基隆炮台。清政府被迫宣战，中法战争正式爆发。1884年12月11日至1885年3月3日，陆路战场上的西线清军，包围法军于宣光城七十余日，几乎使法国侵略军巢覆卵灭。清军从东、西两个战场发起反攻，并于1885年3月23日这天同时取得了镇南关大捷和临洮大捷的辉煌胜利，法国茹费理政府因此而倒台。越南各地人民纷纷起义，响应清军。清军乘胜前进，收复北圻已经指日可待。可是腐朽的清政府却把军事上的胜利当成与敌和谈的资本，同法媾和了。李鸿章就上奏声称："当藉谅山一胜之威，与缔和约，则法不致再事要求。"（《清史稿》卷527，第14658页）1885年6月9日，李鸿章与法国公使巴德诺在天津签订《中法会订越南条约》十款，中国承认越南是法国的保护国，双方撤兵，中法战争遂告结束。

中法战争后法国完全占据越南，越南成了法国的殖民地，中越的宗藩关系也就到此结束了。与此同时，中国由于失去西南藩篱，云南、广西、广东诸省直接受到法、英等帝国主义的侵略，西南边疆危机日趋加重，中国被列强瓜分的厄运日益危急，半殖民地半封建的社会地位也因此而进一步加深了。

二

中越历史上的宗藩问题，也就是指那些在"中国周围的许多由中国保护的国家"的问题（《毛泽东选集》第二卷，第622页）。它是在封建社会条件下，中国与周边国家国际关系史上的特殊产物，也可以说是封建君臣关系在国家关系中的一种表现。它是不平等的，中国被奉为"天朝""上邦"，有着至高无上的权威和尊严，接受属国定期的朝拜、进贡，并为属国的国王册封、诰命，当属国有事时，就充当仲裁和保护人的角色。按规定，属国必须三年一贡，六年遣使来朝。历代越南国王由于不能亲自进京朝觐，遂以金人代身作贡，由陪臣携至中国，甚至金人要作囚首面缚俯伏于地之形。黎利、莫登庸等皆是如此。黎维潭后，所贡代身金人作肃容拱立状，便被清朝皇帝看成是"不恭朝命"，从而引起很大的不快，由此可见宗藩在政治上的不平等。而越南的封建王朝，为了得到中国皇帝的承认和保护，以维持其国内的统治并向周围的弱小国家扩张，也必须履行其朝、贡、请求册封和告哀的义务。因此，宗藩关系，在很大程度上也反映周边国家对中国的依附关系。历史上，中国是个政治、经济、文化高度发达的封建大国，越南则是比较落后、孱弱的小国，它们无论在地理、历史甚至血缘关系上都有着十分密切的关系。自古以来，越南的封建统治者，在纷繁复杂的政治斗争中，为了寻求大国的支持与庇护，在斗争中加重自己的分量，以击败自己的对手，他们往往以朝、贡、册封为手段，请求"正名定分"，来争取中国的支持和承认，谁得到中国当局的承认，谁就在政治上赢得了主动和胜利。另外，由于越南国小，其经济、文化的发展有赖于中国的帮助和支持,其生存(特别是在西方势力入侵之后)也需仰赖中国提供保护和援助。而中国的封建统治者,为了维护其大国的地位,以达到"四方来贡,万邦来朝"的目的,除了享受属国朝、贡、册封的权利外,还承担着保护他们的义务。在一般情况下,"宗"对"藩"更多地采取"抚慰"的办法;只有当"藩国"出现内乱,原统治者不能维持其统治的时候,"宗国"才应邀进行军事干预,其目的是为了"兴灭继绝",以维持那里"君君、臣臣、父父、子子"的封建秩序,而不是要夺人之地,掠人之财,灭人之国。因此,封建时代中越之间的宗藩关系,一方面是不平等的以小事大的关系,另一方面又是双方出于政治上的需要而产生的相互依赖的关系,它对促进两国政治上的稳定、经济上的发展和文化上的交流是起了一定历史作用的。

这里,需要指出的是,宗藩关系和西方资本主义的殖民关系是有着本质的区别的。宗藩关系,是君臣上下的依附关系,保护与被保护的关系;殖民关系,则是占领与被占领,奴役与被奴役,剥削与被剥削的关系。以越南阮惠为例。阮惠在击败黎氏后,为取得中国的认可和支持,他多次遣使朝贡,甚至"亲自"入觐京师祝贺清朝乾隆八十诞辰。他在奏文中请求说:"伏望圣德洞烛微情,逾格加恩,假臣封号,俾得寿有名分,凭藉天宠,鸠集小邦。实蒙圣天子复载生成之德,自臣及其子孙世守南服,为天朝之藩民,惟有一心恭顺,以期永荷天恩于勿替也。"(《安南纪略》卷22)乾隆览表后说:"该国镇抚民人,全仗天朝封爵,况造邦伊始,诸事未定,尤赖正名定分,明示宠荣,以为绥辑久远之计。已明降谕旨,将阮惠封为安南国王。"(《安南纪略》卷22)阮惠请求册封,取得"名分"的目的,是为了"凭藉天宠,鸠集小邦""以为绥辑久远之计",也就是说是为了巩固自身的统治。而朝、贡和赏赐,则是维系双方宗藩关系的手段和必不可少的形式,正如走亲戚一样,要送礼和还礼,但不在礼物轻重多寡,唯其心诚而已。贡物一般是象牙2对,犀角4座,绸纨、绢布各200匹,沉香600两,速香1200两,砂仁、槟榔各90斤。中国回赐的礼品,例制是蟒缎8匹,彩妆闪缎8匹,线缎27匹,春绸27匹,以及磁器、漆器、茶叶及其他手工艺品。康熙五十五年(1716年),清帝"轸念(安南)路途遥远,人役劳苦,特颁谕旨,嗣后犀角、象牙,免其进献;金香炉、花瓶、银盆折作金银，同其余供物俱交广西藩库谨贮"（《明清史料》庚编第一本，《礼部题本》）。次年又规定将原来的两年一贡、四年一遣使的惯例，改成三年一贡、六年一遣使，并作为永久的定制。乾隆除了减少安南的例贡外，又大量厚赐礼品给他们，以体现其"对下国怀仁之意"。他说："天朝统驭万国，厚往薄来，即该国不能备物，亦不妨稍从节减，用示体恤……以仰副圣主怀柔抚字至意。"（《明清史料》庚编第一本，《礼部题本》）安南国王阮光平（即阮惠）仍请将三年一贡改为两年，六年遣使来朝改为四年，而且还要增加贡物。乾隆加以阻止，他说："'任土作贡'，原视物产所宜，况此次新定该国贡期，已较前稍密，足以表该国王亲敬之心，其旧例金银器毋庸呈进。即此作沉香等物，若未能备数，不妨就该国所有，如土纻、绢布均可进奉，不必拘成定例。所谓不惟其物，惟其意也。"（《军机处录副奏折》）清廷谕令不断减少安南的贡物和延长贡期，而且要他们"稍从节减""视物产所宜""金银器毋庸呈进""不必拘成定例"，等等，其追求的不在贡物的贵贱多寡，而着重在其心意。由此可见，贡物只是一种象征性的礼物，从政治上说，它体现了越南对中国以小事大的不平等关系，而从经济上讲，中国的"厚往薄来"，对越南并不见得就是吃亏的交换。当代越南的史书和文章中，把贡物说成是"历代的外国封建统治者一直维持着纳贡的剥削方式，并把它看成是重要的剥削方式"；还说"这是一种最残酷、最野蛮的剥削方式""它同西方殖民者的残酷剥削、掠夺没有什么区别"（越南社会科学委员会：《越南历史》第1集）等等。这都是不符合历史事实的、蛊惑人心之谈。

中国之对越南，除象征性的朝贡外别无所求。那么再看看法国占领越南后的情况又是怎样的呢？1885年《中法会订越南条约》签订后，中国放弃了对越南的宗主权，越南变成了法国直接统治的一块殖民地。法国对越南不仅实行军事上的血腥镇压，政治上的残酷统治，而且在经济、文化上施行最野蛮的剥削、掠夺和奴化教育。

首先，在政治上，法国吞并越南后，将越南分为三部分：南部交趾支那正式成为法国的殖民地；中部安南成为法国保护下的王国；北部东京由越南国王"让予"法人"管理"。三个部分的最高统治者是法国政府任命的总督。为了方便统治，法国占领越南后，名义上暂时保留着国王的称号，但实际上国王不过是法人"挟之以号令国中"的一个工具罢了。《越南亡国史》说："其时越南国王的住居被法兵重重包围看守，出入不得自由，国君出都门一步，须奉法人号令。国中一切政令诏旨，皆先禀问法人，得法人一诺乃敢施行，或法人自传出意旨，国君更不得开口问一声。""法人绳缚索勒王族极紧，每一月两三次检王族谱宗人名，照名点首，有欠名的，法人必穷追，四面罗捕，严刑治罪。"（《越南亡国史》，越南南巢子述，梁启超撰）他们甚至经常断绝王室的口粮，不时地对国王下毒手。至于一般臣民，他们在法帝国主义的铁蹄下，更过着"眼泪洗面"的日子。法国为了巩固统治，一面饵诱、豢养部分越南民族的败类做其鹰犬，一面又对敢于反抗者进行血腥的镇压。法帝国主义在越南建立了一套军事、特务、警察、司法和监狱的机构，强制施行严酷的刑法。法律规定：不准四人集于一室；人民往来须持有政府的凭照，不然即作奸细论处；外出不归者，即以一家、乡族试问，或杀其父母，或縻其妻眷，或掘发其坟墓，甚至诛其全族全乡者。他们收买了一大批为虎作伥的无赖、恶棍，组成"英豪会"与"密魔邪"，充当坐探、爪牙，随时侦捕和屠杀越南的爱国志士。他们还设夜行之禁、偶语之禁、博酒之禁、盗煮私盐之禁、阴图潜匿之禁、异人异样之禁、窝娼贮赃之禁，等等，不一而足，主要是为了钳制人民的思想，限制人民的自由，镇压人民的反抗。他们在昆仑岛、萝山等地设置了庞大的监狱群，经常被关押的"政治犯"竟高达数千人！

在经济上，法帝国主义对越南人民实行野蛮的超经济强制剥削与掠夺。法国的"东方汇理银行"全面地控制了越南的土地、交通、矿山、茶园、橡胶园、工厂，操纵着越南的经济命脉，疯狂地掠夺越南的资源。据统计，1890年，法国在印度支那有庄园116个，占地面积11690公顷，后来通过巧取豪夺，庄园面积不断增加：1896年为15800公顷，1897年为78674公顷，1900年为100146公顷。及至20世纪30年代（1930年），法国殖民者在越南拥有的庄园面积已经高达1025000公顷之多（阮鸿峰：《越南村社》，梁红奋译，第30-31页）。他们在庄园内建立茶叶、橡胶、咖啡、稻谷等种植业，掠夺原料，榨取越南人民的血汗。法国殖民者除输出资本外，还垄断了越南的进出口贸易，从越南输入廉价的大米、橡胶、玉米、矿产品，向越南输出价格高昂的工业品，通过垄断价格的不平等交易，夺走了越南人民的大量财富。如 1934 年，法国"东方汇理银行"就获得 5 亿法郎的高额利润，而它的资金才不过 1.2 亿法郎。另外，法帝国主义还向越南人民征收名目繁多的苛捐杂税，直接进行剥削。有田土税、人丁税、屋居税、渡头税、生死税、契券税、船户税、商贾税、盐酒税、工艺税、地产税、殿寺税等，甚至房有税，梁有税，窗有税，连牛、狗、鸡、猫都有税。以田土税为例，法国将越南土地分成上中下三等，上等每亩年收银 1 元，中、下等稍减。1886 年后，将中、下两等田土依次递加，中等加为上等，下等加为中等，上等无级可加，则增税 10%。此后，又用倍增法盘剥越南人民，即 10 亩土地以 20 亩计，100 亩按 200 亩收税。人民要求勘度，法人不仅不予理会，甚至诬陷为隐瞒田地，通统给予没收。而且不论年岁凶歉，税收一点也不减少；如有交纳不完税的，则有悍卒"挟枪剑至其乡，名曰'坐收'，尽一乡之牲畜，供其饱饫，缧绁其父老，钳烙其子弟，呼号之声，惨不忍闻，卖妻鬻子，转于沟壑"（《中法战争资料》七，第 545 页）。

广南省是受害较深的地区之一。中法战后，该省灾害频仍，连年歉收，人民负担不了沉重的赋税，纷纷到法国公使署请求减少税项。法公使不仅不同意，而且派军队镇压，驱赶请愿的群众，当场溺死了三人。于是愤怒的群众抬着尸首到公使署前示威，数千人披麻戴孝，哭声震天，十多日也不散去。公使慌了手脚，忙请示上司"钦使"。钦使至，喝问为何要造反作乱？示威的群众高声回答："我们手无寸铁，怎么造反！只是赋役太重，交纳不起，所以才来请求减少税项。"钦使大骂说："你们这些穷鬼，不能完成国家税收，不如死了的好！"于是下令开枪射击，当场杀死了数百名徒手的平民，"血流成渠，而民始散"（《中法战争资料》七，第 546 – 547 页）。沉重的负担，残酷的镇压，使越南人民过着"如在荆棘之上，汤火之中，饮毒茹荼，吞哀咽恨"的生活（罗惇曧撰：《越南遗民泪谈》），以至他们不得不发出"仇人！仇人！吾誓必殄灭而朝食也"的强烈怒吼（《越南亡国史》，越南南巢子述，梁启超撰）。

文化方面，法帝国主义在越南实行愚民政策和奴化教育。越南历来按中国的办法，取士有文武二科，这二科都是越南千年来腐敝的政法。然武科较文科稍有点"刚强奋厉的景象",所以法国占领越南后,立即废除武科,而保留"痴惑蒙昧"腐污无用的文科,用以箝制人民的思想,笼络部分帮闲文人。在为数寥寥的学校中,法帝国主义又不准许开设体育、音乐和越南历史等课程;讲授的都是法文、法语,灌输的是一系列的奴化教育思想,用以摧毁越南人民的民族精神和民族文化,培养他们需要的走狗和唯法命是从的洋奴分子。此外,法帝国主义还垄断了越南的一切宣传机构,所有报纸、广播、出版机构无不为其殖民政策服务。而在肉体上,他们在越南大量开设酒馆、烟馆和妓院,用以毒害越南人民,摧毁他们的民族意识和身心健康。

　　由此可以说明,1885年以前中越的宗藩关系和1885年以后法越的殖民关系是有很大区别的:宗藩关系是个历史范畴,是封建时代君臣等级关系在国际关系中的一种表现,也可以说是小国依附大国的关系。它在政治上是不平等的,但在经济上却不是以压榨、掠夺为目的,军事上也不是为了占领和奴役他国;殖民关系则是资本主义、帝国主义时代占领与被占领、剥削与被剥削、奴役与被奴役的关系,二者是不能混为一谈的。而且,宗藩关系也不是一成不变的,它随着封建制度、封建王朝的盛衰而不断演变,其性质和作用前后也有所不同:鸦片战争前,中越的宗藩关系,就中国而言,主要是为了追求和维持大国的尊严,帮助越南王朝维持其封建的宗法统治;鸦片战争后,形势已经起了急剧的变化,两国都面临着西方列强的威胁,中华民族与越南民族都沦为受侵略和被掠夺的地位,他们的共同敌人都是西方帝国主义。因此这个时期的宗藩关系就必然注入了新的历史内容,赋予了新的历史使命——抵御帝国主义的侵略。尽管此时中越间的宗藩关系已经名存实亡,徒具形式,但它还是起到了把两国人民团结起来共同对敌的纽带作用。我们看到,清政府在内忧外患的情势下,已经显得力不从心,但仍然根据宗藩关系的义务,出兵北圻,援越抗法。这固然有其维持宗主国地位的一面,但更多的是因为唇亡齿寒,对强法侵越,"不忍坐视,弃越南于水火",以完成"天朝覆庇成全之德"的义务。在法国侵占南圻后,清政府应越南政府之请,由暗中接济,到出兵陈边,到代越守土,到战争的全面爆发,动员了全国将近一半省份的人力、物力和财力来进行抵抗法国侵略的战争,并为此付出了重大的代价和牺牲,甚至不惜承担把战火引进国内的危险，派出了将近 10 万人的军队出关，与越南军民并肩作战，共同打击凶恶的敌人，不少将士因此而长眠在越南的国土上，他们的英雄业迹一直受到越南人民的尊敬和爱戴。因此，就清政府的出兵援越抗法来说，无论过去、现在和将来，都应视为正义的、无可指责的行动，是符合中越两国人民的根本利益的，也是符合中越两个民族的共同愿望的。比如，长期坚持抗法斗争的越南军民，他们对清政府派兵援助就十分欢欣鼓舞，抱着很大的希望，并给予积极的合作与支持。原山兴宣总督充协统军务阮廷润、原谅平巡抚充参赞军务吕春葳等，于光绪十一年十二月（1886 年 1 月）呈清政府的禀函中说："窃念下国千百余年来，君臣民庶得安宇下，皆天朝覆庇成全之德也。三十年来，所被法匪侵扰，承天朝念其累世恭顺，不忍弃绝置之水火，大师出关垂援，下国老幼男妇莫不奔走迎接供役，乐以忘劳，曰：'天朝将有大造于我南也。'本年二月二日之役，天威所临，夷酋就缚，不一日间，他族数十屯不战自溃，则又焚香顶祝以贺曰：'庶其复见天日乎？'……下列奉下国王之命，纠集北圻忠义豪绅，随机战守，且料理粮储，以待天兵。现今下国北宁、山西、海阳、南定、兴安诸省士民响应，凡他派兵粮夫役，均不承应，其从之各府县及司属募兵人等，各已抽回……"（《中法战争资料》七，第 484 页）又如镇南关大捷后，冯子材进军北宁时，"越地义民闻风响应，越官黄廷经纠北宁等处义民五大团，建冯军旗号，自愿挑浆饭作响导，随军助剿，或分道进攻"（无名氏：《克复谅山大略》）。在陆路战场的西线方面，"自官军入越，兵势大振，加以招徕越民，望风吐款，自山西、河内、兴安、宁平、南定各省共举义旗，来迎官军"（《中法战争资料》六，第 428 页）。

由上可见，清政府在越南遭受法国侵略的情况下，为履行宗主国的保护义务，派兵出关，援越抗法，是受到越南人民欢迎和支持的正义行动，是符合两国人民的根本利益的。但是越南某些史学家，出于某种政治需要，对此横加指责，甚至说中法战争是"中法两个帝国主义国家为了争夺越南而进行的狗咬狗的争夺""是两只野犬争夺越南这块肥肉"，这是对历史的严重歪曲和对中国人民的恶意诬蔑，同时也是对越南人民的诬蔑！

当然，尽管某些人利用中越历史上的宗藩问题大做反华的文章，甚至不惜用歪曲篡改历史的手法，编造中国"侵略""威胁来自北方"的种种谎言，以欺骗蒙蔽越南人民，挑拨离间中越人民的友好关系，但毕竟是枉费心机的。正像2000多年的历史表明的那样，两国人民的友谊是主流，两国的和平共处符合中越人民的共同愿望；现时的中越关系恶化只不过是历史长河中出现的短暂乌云，我们相信终有一天会云开日出，两国的友好关系会沿着正常的轨道继续向前发展的。

（原载广州《东南亚研究》1987第1、2期。1986年作者曾以《论中越历史上的宗藩关系》为题，在《研究集刊》上刊出，共4万余字。次年10月，作者应广西社科院之请，就中越宗藩关系向中国人民大学、武汉大学、华东师大、广西大学、广西师大等八所院校的研究生和青年教师作了学术报告。报告前半部分在北京外国语学院《亚非》杂志和广西社科院《东南亚纵横》上刊出，此为报告的后半部分）

17～19世纪越南华侨的移居活动与影响

　　从17世纪到19世纪，越南华侨曾有两次大的移居活动，一次是在明末清初之际，一次是在19世纪的60年代以后。这两次移居活动，对越南社会的经济、政治、文化都产生了重要的影响，对中越两国历史关系的向前发展也起了推动作用。

　　1644年，清兵入关，到1664年才全部征服中国。在这20年中，清统治者为了建立统治秩序，镇压人民的反抗，不惜采用空前残暴的烧杀劫掠手段，"焚其庐舍""杀其人，令士卒各满所欲"。因此，从北至南，凡清军所到之处，成千上万的人民被屠杀，房屋被烧毁，财产被洗劫一空，田土荒芜，工商业受到严重的破坏。1645年，清政府又强制下令薙发，限全国在10天之内薙完发，"留头不留发，留发不留头"，稍作反抗，即杀头悬竿示众。企图从人身上和精神上达到奴役人民的目的。薙发与否，是中国人民是否承认清政权的决定性表示。"头可断，发决不可薙！"历来视发为命的汉族人民，在南明士大夫、官吏的领导下，对薙发进行了坚决的反抗与斗争。但随之而来的是残酷的镇压，江阴、嘉定的屠城，舟山的被毁，以及苏、浙、闽、粤沿海50里内的焦土和海禁。

　　1664年前后，随着清政权的逐步建立和南明政权的覆灭，不少南明将士、官吏，以及江南工商业城市的市民阶层和中小地主，由于抗清斗争失败，在国内不能立足，或由于不愿薙发，死守明节，便纷纷从海路逃往属国安南。公元1660年，明将军邓耀败走海康，被清军水陆夹击，"遁走交趾"。公元1679年春，明将龙门镇总兵杨彦迪、副将黄进，高雷廉总兵陈上川、副将陈安平率弁兵门眷3000人，战船50余艘，由海路投泊安南之思贤及沱㵽诸海口。安南王太宗将十分荒凉、"朝廷未暇经理"的东浦

（今嘉定）等地赐之，令其"辟地以居"。杨彦迪、黄进兵船驶往霄鼹（今属嘉定）海口，驻于美湫（今属定祥）；陈上川、陈安平兵船驶往芹滁海口，驻于盘辚（今属边和）。他们披荆斩棘，开荒拓土，建房盖舍，安营立市，在不到 20 年的时间里，便把原来荒凉不毛的东浦变成了商贾凑集、经济繁荣的"乐土"。1698 年，安南于东浦置嘉定府，"建藩镇营，斥地千里，得户逾四万"①。府下又设新平县和福隆县。华人来商居新平者，立为明香社，居福隆者立为清河社。安南政府在此"空租庸税例，攒修丁田簿籍"②。从行政管理的确立到经济税收规章制度的完善，都"自伊始"。由于华侨和当地人民的共同努力，越南南方从此得到很好的开发，"辟闲地，构铺舍，清人及西洋、日本、阇婆诸国商船凑集，由是汉风渐渍于东浦矣"③。

广东雷州人莫玖，明末流亡越南南方。由于他有雄厚的财力和一定的社会地位，便广招华人流民于富国、芹渤、架溪、陇奇、香澳、哥毛等处，建立 7 社村；又因他所居之地传说有仙人出没河上，便将其地取名为河仙。1708 年秋，安南国王颁赐印绶，授莫玖为河仙镇总兵官。"玖归镇，建城郭，起营伍，具僚佐，多置幕署以延接贤才，民日聚居，遂成一小都会焉。"④ 莫玖之子莫天赐，继承光大父业，1736 年春任河仙镇都督。他开铸钱局，以通贸易；训练士卒，修筑城堡，抵御外侮；发展生产，倡导商业，使"诸国商旅凑集"。天赐不仅是个治理地方的经济能手，而且还是位精通韬略、文武兼备的官员。他"招来四方文学之士，开招英阁，日与讲论唱和，有河仙十咏，风流才韵，一方称重，自是河仙始知学焉"。公元 1739 年春，"真腊匿盆侵河仙，天赐率所部击之……由是真腊不敢窥河仙矣"⑤。

---

① 《大南实录·正编·列传初集》卷 31，《外国列传·高蛮》。
② 《大南实录·前编》卷 7。
③ 《大南实录·前编》卷 5。
④ 《大南实录·前编》卷 6，《莫玖传》。
⑤ 《大南实录·前编》卷 6，《天赐传》。

一

清代初期，在残酷的民族压迫和阶级压迫下，除了南明士大夫、官吏阶层因抗清失败，从海上移居越南南方外，还有不少江南失业的矿工，无业的游民，失去土地的农夫，以及不能出海的商人，为了生计和躲避政治迫害，也于此时纷纷从广西、云南的天然通道移居到越南北方。越南北部多五金矿藏，但缺乏资金和技术。越南封建统治阶级为了支持其匮乏的财政需要，便利用中国商人的资金，大开矿山，铸造钱币，"招商开采""抽分矿税"，在政策上吸引了许多中国商人和矿工前往该地。越南太原通州之送星厂，银锡资源十分丰富，而越人不谙采炼。祖籍广东潮州、韶州的华侨，便前往开采，"矿丁、碏户结聚成群""一厂佣夫以至万计"。这些华侨的祖先，早在明代以前就已移居越南，"落籍世居，子孙繁息，数百年来，与交趾人无异，尽散于富良江以北"。他们和越南人民一道，"并力同作，食力相安"，用勤劳的双手，谱写了开发越南北方的篇章。到了乾隆四十年（1775年），送星厂已呈现"随聚成市，饭店酒楼，茶坊药铺，极为繁凑"① 的景象。此外，由华侨高宏德、黄桂清出资雇工在清华开采的银矿，汉族商人林旭三、李京在边和罗奔开采的铁矿，兴宁人黄恒有在兴化蝎翁厂开采的金矿，等等，都为越南工矿业的开发做出了贡献。

文化教育方面，除了前述的莫天赐在河仙镇兴办学校，开招英阁，广集四方文学之士，大力传播中原文化外，便要数郑怀德的贡献了。郑祖籍福建，世为宦族。明末清初，郑的祖父郑会蓄发南投，客镇边。父名庆，"少好学"。郑怀德生长在这书香门第之家，从小就受汉文化的熏陶，加之学习努力，成绩突出，因而受到越南政府的重视。1788年郑怀德应举，授翰林院制诰，次年充东宫侍讲，1794年任户部右参知，1802年升户部尚书，充如清正使。次年9月，同副使、兵部参知吴仁静（祖籍广东）等携带国书贡物至热河承德避暑山庄，受到清仁宗的接见。清政府在听取了大

---

① 《军机处录副奏折》。

学士保宁的意见后，于是年改安南国为越南国，册封阮福映为越南国王。1808 年，郑怀德任越南国礼部尚书兼管钦天监事务。1813 年改授吏部尚书。1820 年复任越南史馆副总裁，寻升协办大学士领吏部尚书兼领兵部尚书，官居一品。1824 年任钦修玉谱总裁。郑怀德不仅是位政治家、外交家，还是位博学多才的史学家和著名诗人，著有《嘉定通志》《艮斋诗集》《北使诗集》《嘉定三家诗集》（与吴仁静、黎光定的吟咏唱和集）等，对越南的史学、文学都产生了重要的影响。

17 世纪至 18 世纪，也是越南社会激烈动荡、阶级斗争尖锐复杂的年代。1773 年，越南阮文岳、阮文吕、阮文惠三兄弟领导西山农民起义，占据归仁府。华侨商人李集亭、李才、洪阿汉（均为广东惠州、潮州人）等不堪越南封建朝廷的压迫，积极响应义军，李集亭建忠义军，李才建和义军，同政府军作战。他们英勇果敢，战功卓著，分别担任义军的高级领导职务。李集亭被封为开国公，洪阿汉授为汉胜侯，刘阿眉、谢阿睦、李阿第等也各授以公、侯、大将军名号。他们为义军出谋划策、冲锋陷阵、筹集粮草、书定文告，对西山政权的建立做出了重大的贡献。

二

1840 年鸦片战争后，中国逐步沦为半封建半殖民地社会，民族矛盾和阶级矛盾都非常尖锐。1851 年，中国爆发了历史上最大的一次农民起义——太平天国革命运动，影响波及了大半个中国。1864 年太平天国革命失败，其他各地的农民运动也转入低潮。此后，封建地主阶级反攻倒算，大肆烧杀抢掠，使富庶的江南人口锐减，矿山、田地荒废，社会生产遭到极大破坏，造成"野无耕种，村无炊烟"的景象。失业的矿山工人，破产的农民，以及遭到残酷镇压的农民起义军余部，为了生存不得不向封建统治力量相对比较薄弱的邻国越南迁徙。从 19 世纪 60 年代中期至 80 年代中期的 20 年中，是清代华侨移居越南的第二次高峰期。

当时的越南社会状况，同中国相差无几，自 1862 年第一次《西贡条约》签订以后，便逐步沦为法国的"保护"国。西方殖民者的入侵，越南王朝的腐败，以及地方势力的横行猖獗，弄得越南经济凋敝，民不聊生，社会秩序大乱。人民需要保护，社会需要安定，外寇需要抵抗，这就为中国农民起义军的余部得以在越南生存和发展提供了历史的机遇和有利条件。1865年前后，广西太平天国的余部天地会，在数万名清军的围剿下，纷纷向越南北部转移。其中有两支势力较大，一支是黄崇英（盘轮四）率领的黄旗军，一支是刘永福领导的黑旗军。黄崇英占据河阳，初时有数千人，后来"拥众数万"。十余年后，这支武装逐步被清军消灭，其部属有的参加黑旗军，有的则流散在越南各地。刘永福初到越时只有二百余人，后来他多次回广西招集义军残部，并吸收流亡在越的人员，使队伍壮大到五六千人。1873年云南杜文秀回民起义和李文学彝民起义相继失败，其余部也有一部分流落于中越边境一带，有的在越南北部从事开挖铜矿、煤矿的工作，有的则寓居十洲，同当地少数民族结合，成为"帮子"。

　　1865年，刘永福率部入越。入越前，刘对部下说："现在安南多被白苗、瑶人霸据称雄，百姓多遭蹂躏，号呼无门，甚至越王也无可奈何，我想前去为民除害。"及至六安州，果然"四乡百姓因白苗苛刻，烦扰不堪，见公之来，如久旱逢甘雨，欢声载道。公亦开诚布公，创立中和团黑旗军，自愿尽保护之力。于是四路恳求保卫，各愿供食用"①。1867年，刘永福用计杀死了白苗头目盘文义，剪除了这个"狠毒异常，惨无天日"的地方恶霸，安定了北越六安州的社会秩序，使那里两年之内"烽烟无警，鸡犬无惊"。接着，刘又相继惩办作恶多端、横行乡里的大小头目数十员。1870年，刘率部抵保胜，在越南人民的支持帮助下，打败了在"各处关卡，抽丰甚多，强横霸收"的保胜土霸王何均昌。此后，刘又用5~6年的时间，同越南政府军、清政府军一起，消灭了勾结法寇、引狼入室的黄崇英所部。刘永福在越南"除三害"，消灭了北圻的地方割据势力，减轻了人民的痛苦，安定了越南的社会秩序，赢得了越南人民的尊敬与爱戴，甚至"十州（越之羁縻州，属兴化，包括三猛）土酋亦颇畏威受约，咸属其子，父呼刘焉"②。为此，越南国王屡次上谕嘉奖，三圻各人民团体和官

----

① 黄海安撰：《刘永福历史草》。
② 唐景嵩：《请缨日记》。

云南文库·学术名家文丛

员亦称颂刘之功德，有"德公来除巨患，万民感激，朝廷倚若长城"①之语。

越南人民支持刘永福，刘永福也热爱越南和越南人民。他把越南看作是第二故乡，视越南人民为兄弟姐妹，同越南人民建立了深厚的战斗情谊。当法国侵略者向北圻大举进攻，清廷派员同他联络时，他断然拒绝了他的同乡、清朝史部主事唐景嵩所陈"越为法逼，亡在旦夕，诚因保胜传檄而定诸省，请命中国，假以名号，事成则王"的建议，说："现今越乃天朝之藩属，越国有事，天朝尚要帮兵助饷，竭力维持，方为正当办法，安可乘人之危，夺人土地……"他对越南和越南人民的爱护，正是对敌人，对法国侵略者的恨。他说："永福中国广西人也，当为中国捍蔽边疆；越南三宣副提督也，当为越南削平敌寇。"②他义无反顾地高举起援越抗法的大旗，英勇地站在抗击法寇的最前线，狠狠地打击了法国侵略军。1873年12月上旬，当他接到越南政府的求援书信后，便毅然率领一千多名黑旗战士，从保胜出发，昼夜兼程，12月中旬赶到河内西郊，12月21日大败法国侵略军，击毙其头子安邺。这次胜利，使"法人寝谋，不敢遽吞越南者，将逾一纪"③。1883年5月，法国交趾支那舰队司令、海军上校李威利率军攻占河内，越南政府再次请求黑旗军出来抗法。刘永福又率领三千健儿，倍道前进，直奔河内。5月19日，双方决战于河内城西纸桥。法军大败，侵略军头子李威利被打死，中下级法国军官被击毙三十余名，士卒成异域之鬼者二百余人。这就是震动中外的纸桥大捷。纸桥大捷后，越南国王授刘为三宣正提督，加封义良男爵。以后，在中法战争中，黑旗军又与清军合作，在丹凤、宣光、临洮等战役中，勇敢作战，立下了不朽的功勋。敌人闻之而胆丧，人民倚之如长城。因此，当法国侵略者勾结清政府，胁迫黑旗军撤出越南时，越南人民苦苦挽留，依依不舍，不让离去。史载："唯此消息传出后，土人与客人皆大恐慌，聚合数千人来挽留。永福告以'中朝已九次谕旨催促，不能再事流连'，又告以'法人既来，汝等在势不得不与之周旋……今与汝等约：期以三年，此三年中，吾入关相

① 黄海安撰：《刘永福历史草》。
② 《黑旗檄告四海文》。
③ 罗惇曧：《中法兵事本末》。

度机宜，容有再来之日……'语次，仰面欷歔不已。土人亦泪下失声。"①
当时与刘一起并肩作战的越南爱国者阮光碧，也赋诗表达了对战友离去的
痛苦心情和对刘的无限崇敬。诗云："闻道南溪去步迟，君心不乐我心悲。
炎天雨露长铭刻，犹有来人订会期。"刘永福虽然被迫回国了，但他的事
迹，他的精神，一直鼓舞着越南人民和中国侨民为越南民族的解放而英勇
斗争。

　　除了黑旗军外，在中法战争中，还有近 7 万名清军开赴北圻作战。在
东线，冯子材等率领的桂粤军队达 49 营，共 18300 余人；在西线，岑毓英
率领的滇军达 131 营，约 5 万人，加上刘永福的黑旗军 12 营 5000 人，共
55000 人（黑旗军受滇军主帅节制）。中法战争结束后，大部分清军和部
分黑旗军（滇军 3 万人，黑旗军 1400 人）撤回国内，但尚有一部分不愿
归国，继续留在越南，同越南人民一起，进行抵抗法帝国主义的斗争；也
有的在那里生产劳动，娶妻生子，与越南人民和睦相处，成为侨民。入关
归国的滇军、桂军和黑旗军，有一部分被清政府裁汰遣散（如滇军被裁撤
14000 余人），其中一部分回家种田，一部分做小商贩，还有一部分无家可
归。无家可归或不愿归家的，基本上是清军中的中下级官兵，他们成群结
队，流落于中越边境一带，有勇名而无粮饷，所以被称为"游勇"。他们
无端被裁，对清政府极为不满。他们有爱国热忱，对法帝国主义的侵略十
分仇恨，对处在水深火热中的越南人民深表同情，常常不顾清政府的命
令，深入越南境内，同法国侵略者进行斗争。1885 年后，黑旗军余部及清
军余部"游勇"，共约 2 万人，在首领陆东环、王玉珠、汤宗政、朱冰清、
黄俊秀、梁茂林、叶成林、梁正理、魏名高等的领导下，同越南人民一
道，继续坚持战斗，谱写了战后抗法斗争的新篇章。

　　1885 年 9 月 28 日，黑旗军余部和当地摆夷、苗人、沙人联合，于红
河南岸的者兰袭击了法国勘界人员，打死法军官 2 人，士卒 13 名，焚毁法
船 1 艘，给了侵略者以沉重的打击，迫使法国勘界人员退回保胜，不敢前
往勘查，只好"就图定界"。同年越南王室的爱国将领和官吏领导勤王运
动，黑旗军余部和清军"游勇"纷纷响应，在越南北方诸省积极地参加了

---

① 黄海安撰：《刘永福历史草》。

抗法斗争。陆东环、叶成林等在兴化、宣光以西率众近万人，梁正理等在谅山、高平以南率众六七千人，汤宗政在保胜率 3000 余人，魏名高、魏云龙在猛罗率众 2000 余人，此外还有宣光的何十二，高平的莫炳荣、黄炳忠、李亚义、党少芹，太原的冯立富，黄树皮的阮朝宗、黄胜利、黄九等，都在抗法斗争中，做出了宝贵的贡献。史载：是时，"南北两圻诸省，以至山遥海徼，汉族清蛮，无处不有揭竿斩木，与法人捐生，久者几二十年，近者亦一二载，有与法人憨战（应为酣战）死者，有为法人拿捕以死者，有为法招诱不屈而死者，有阳为法官阴结义党为法人所觉而死者，有愤极填胸，自寻死法而死者"①。黑旗军余部和清军"游勇"的抗法斗争，中法战后又坚持了 10 年之久，直到 1895 年初在清政府和法帝国主义的联合镇压下失败。此后，仍有一部分继续留在越南，参加了黄花探的安世起义；有的则独立坚持抗法，直到 20 世纪的初叶。黑旗军将领疤头梁，原籍钦州，停战后留在越南，率部千人在左州开荒种田，继续同法寇斗争，"和老番打了二三十年，到民国初年，老番改用政治手段，收买了疤头梁的后代，才得进左州"②。莱州知州刁文持，原籍合浦，中法战后率领几百人转战于十州猛拉，1889 年避难云南，以后又回越南继续抗法，"使十州成为不受法国寇管辖的独立地方。直到民国十年左右，刁文持死了，法国鬼才能进入十州"③。云南猛洞苗族首领项从周，从 1883 年起直到 20 世纪初，在中越边境一带独力抗击法帝国主义的侵略。他们用自己制造的大刀、杆子、火铳、毒弩为武器，同拥有先进武器装备的 1000 多名法国侵略军展开了殊死的斗争。战斗主要在猛洞、扣林、河江、上营盘、野猪塘、新寨等地进行。经过大小数十百次战斗，终于打败了侵略者，捍卫了中国的南疆，同时也解救了越南北部处在水深火热中的苗、瑶人民④。

在越南的华侨和黑旗军、清军余部，不仅在抗击法国侵略的斗争中做出了巨大的贡献，同时在进行生产建设、发展越南的社会经济方面也做出了许多成绩。保胜（老街）原来是一片荒凉的烟瘴之区，很少房屋和田

① 越南巢南子述，梁启超撰：《越南亡国史》。
② 《中法战争调查资料实录》，第 260 页。
③ 同上书，第 264 页。
④ 龙永行：《项从周抗法斗争事迹调查报告》，《云南现代史料丛刊》第一辑。

地。咸丰时有位姓何的广东商人来到这里，修房屋，置馆舍，还从广东请来了建筑师傅，运来木石砖瓦，在保胜盖起了关帝庙，经营起棉纱生意。黑旗军来了后，就地烧砖砍木建房，修起了一条有两百间砖瓦房的新街，并在河边修了个亚婆庙，又在对岸的河口修了座亚公庙，意思是中国和越南都是父母之邦，不能忘怀。新街修成后，刘永福又招来许多两广人、越南人来此居住。他们在这里披荆斩棘，开荒屯田，种植玉米、甘蔗、芋头、木薯、花生等作物，饲养猪牛鸡鸭，做到自耕自食。在保胜扎下根后，黑旗军又沿红河而下，在数百里之内，于河两岸的山坡地带开辟出大片大片的坡田，种植庄稼。军队平时生产，战时打仗，做到寓兵于农。为了鼓励生产，还规定凡新开之田，谁种谁收，不用交租；对外来的华侨和越南人，其新开之田 3 年后才纳粮税，田粮一般很轻，山区 100 斤种收一两元，平原地区收五六元。由于政策优惠，所以吸引了不少两广"客佬"和"土人"前往开垦经营。在商业上，红河自古就是中越交往的一条主要水上通道，广东北海的货船经海防到保胜，再由保胜上达云南的蛮耗，每日来往的船只络绎不绝。主要货物有盐、成衣、布匹、百货、土特产等。黑旗军在北圻打土匪，惩办地方恶霸，维持了社会治安秩序，使红河一带"鸡犬无惊"；又派人护送来往商船，保证了商旅生命财产的安全，使他们安心地做生意；同时还在保胜、大滩、安坝三处设关抽税，以税养兵，从而保证了黑旗军的军饷供给。刘永福任山（西）兴（化）宣（光）提督后，将以上发展生产的措施扩及越南整个西北部，从而促进了北圻农业生产的发展和商业经济的繁荣。史载：永福"招纳四方豪杰，施惠布恩，名传遐迩……将军各授以田土，使之耕种，自食其力，久之生齿日繁，拓田愈广，计东西中地长七百余里，各处屯田之所，悉成巨镇，烟户稠密，合数万家。鸡犬相闻，桑麻接壤……"① 《中法战争调查资料实录》也说："黑旗军来到保胜，开了大街，客人越来越多，出现了商店铺头，市面也热闹起来。刘永福主张公道，告诉士兵和外来商人，买东西要给钱，不要欺负土人；同时又行文给越南地方官吏，不准本地人抬高物价，欺骗客人。大家公平交易，不敢强横。那时从广东北海有木船开到越南海防，转

----

① 《刘大将军台战纪实》。

上保胜。在保胜也有几百只船通云南蛮耗。过往的货物很多，没有货栈，货物都是露天搁放，但没有人敢拿一件。地方很平静，商人非常满意，老百姓更不用说了。"① 黑旗军在越南流寓 20 年，其后余部又长期居住越南，同当地人民融合，娶妻生子，成为华侨或越人。他们为越南社会经济的发展做出了宝贵的贡献。

工矿业方面，这一时期的华侨和华人，也为越南北部矿冶业的开发作出了成绩。中越交界处的都龙铅厂山和南丹蔓家寨铜矿，原是中国云南开化府逢春里的辖地，雍正六年（1728 年）后被安南封建王朝占去。该矿广袤 20 余里，不仅蕴藏丰富，品位高，而且还是铜银伴生矿。"每生铜百斤可提银八两至二十两，铜值亦十一二两。以铜抵工资，以银为净利。"② 就是说，每产铜 100 斤，可提银 8 ~ 20 两，而每百斤铜又值银十一二两，因此每生产 100 斤生铜便可值银 30 两，除掉工资外，尚可获得 20 两净银的利润。这是何等丰厚的利润！难怪安南统治者看中了这块肥肉，"久倚此二厂以为大利"，拼命地加以掠夺和榨取了。而世世代代生活在该地的中国侨民和商人，以及从东川、临安（今建水、个旧）来的矿工，他们用辛勤的汗水，开发了都龙铅厂和南丹的铜矿。从雍正六年（1728 年）到咸丰八年（1858 年）的 100 多年里，蔓家寨已经变成"产矿甚旺，矿工达数千人，居民城市，庙宇辉煌"的繁荣矿山了。此后虽经频繁战乱，矿山曾一度停产，但后来又逐步恢复了生产，直到中法战争结束③。

三

由上可知，在 17 世纪至 19 世纪的 200 余年中，越南华侨规模大的移居活动有两次：一次是明末清初之际，一次是太平天国革命之后。移居的主要原因，前者因民族矛盾激烈，中国国内社会动荡而引起；后者则是由

---

① 《中法战争调查资料实录》，第 33 页。
② 《马关县志》卷 10。
③ 龙永行：《〈万福攸同碑〉与滇南都龙边地的变迁》，《中国边疆史地研究报告》1993 年第 1 ~ 2 期。

于阶级矛盾尖锐，人民为政治和生活逼迫所致。移居的路线和人员成分，第一次主要是由海路到达越南南方，人员成分多为江南的士大夫、官吏、将领和士兵；第二次主要是由中越两国的陆上天然通道进入越南北部，人员成分多为贫苦农民、渔民、矿工，以及中下级官兵。华侨的主要活动区域，前者为南圻，后者为北圻。他们把中国先进的生产技术、生产工具和文化知识带到相对比较落后的越南，对促进越南农业、商业、矿冶业和手工业的向前发展，对中越两国的文化交流，无疑是起了积极作用的。特别值得一提的是，19世纪60年代以后，当西方殖民者加紧对越南入侵之际，刘永福的黑旗军高举义旗，坚定地站在援越抗法的最前线，两次击毙法军头子，狠狠地打击了侵略者，保卫了越南，捍蔽了中国；中法战争中，他们又和清军一起，在丹凤、宣光、临洮诸役中，英勇战斗，建立了不朽的功勋；中法战争结束后，黑旗军余部和清军余部留在越南，继续坚持抗法斗争，为越南民族的独立、解放做出了宝贵的贡献。

（原载广州《东南亚研究》1997年第6期）

后　记

　　这本论文专集，是我从已发表的 150 余篇论文中选辑出来的，也是我 1994 年出版的《中法战争论丛》的浓缩版，原拟名为《中法战争与云南》，后因被列入云南省委的《云南文库·学术名家文丛》出版，按统一命名要求，现定名为《龙永行学术文选》。作为 100 位学术名家之一的学者，有幸在有生之年看到它的面世，自是令人高兴而又愉快的事。

　　除了感谢云南省委领导和丛书编委的关心、重视和支持外，我还要特别感谢云南省四千万各族人民，感谢各位老师、亲友对我的教育、培养和帮助。云南是我的第二故乡，云南大学是我的母校，近 60 年生于斯，学于斯，作于斯，其恩之深重，其爱之笃厚，是我难报答于万一的。

　　我还要感谢我的妻子杨先碧。她是昆明纺织厂的高级工程师，为人正直善良，工作勤勤恳恳，兢兢业业。她又是一位对丈夫关爱备至，对女儿宠爱有加的贤妻良母。我们相濡以沫 44 年，多数时光都是在艰难困苦中一起度过的。比如"文化大革命"中我在泸西插队（干校），她每日早出晚归，用单车推着两个女儿从翠湖到昆明纺织厂上班。以后又常不辞辛劳，连夜帮人抄写资料，借以资助孩子上学。一次，她和大女儿同时因病住院，我无钱请护工，只好睡在医院走廊冰冷的水泥板上，两头奔走招呼，还要写作校对论文。2004 年 1 月，妻子被确诊为癌症晚期，在接受几次大手术后，仍强忍着巨大的痛苦，悄悄为我抄写手稿，并作诗自勉。直至 2007 年 6 月 29 日，病魔夺走了她的生命。此间我一直侍奉左右，寸步不离。我的论文、诗词，她是第一个读者，也是褒扬、批评我的第一人。因此，这本专著，她也倾注了不少心血，是值得我敬重并感谢的人。

　　另外，云南大学出版社的同志，特别是责任编辑李兴和以及陈曦同志，对本书的出版付出了艰辛的劳动，做了大量具体而细致的工作，在此谨向他们致以诚挚的敬意和谢意。

龙永行

2015 年 6 月 4 日

学术年表

（龙永行主要论著目录、获奖及社会效益概况）

专　著：

《苗族抗法英雄项从周》，云南民族出版社 1990 年 12 月出版，已改编并拍成电视连视剧。

《中法战争论丛》，《东南亚》增刊，1994 年 1 月出版，云南日报专文报导，对其作了较高的评价。专家认为是国内研究中法战争史唯一的个人论文专著。

《纵论历史风云》，云南民族出版社 2006 年 11 月出版。

《再论历史风云》，云南民族出版社 2011 年 12 月出版。

《龙永行学术文选》，云南大学出版社、云南省人民出版社 2016 年 4 月出版，入编《云南文库·学术名家文丛》。

《云南省情》（参与编写），云南人民出版社 1986 年 1 月出版，获"云南省 1977—1989 年社会科学优秀成果"二等奖。

《新编云南省情》（参与编写），云南人民出版社 1996 年 11 月出版。

《当代中国的云南》（参与编写），当代中国出版社 1991 年 3 月出版，获"云南省 1990—1992 年社会科学优秀成果"特别奖。

论　文：

《开拓丝绸之路的人》，浙江《丝绸》1982 年第 8 期。学术界认为这是研究丝路及其开拓者较早的一篇论文。

《驳越南陈辉燎等人对中法战争性质的歪曲》，广西《学术论坛》1983 年第 3 期，中国人民大学报刊复印资料《中国近代史》1983 年第 5 期全文转载，又收入中国社科院《改革开放与市场经济文选》。获云南省1986年社会科学研究现实问题理论文章三等奖，2002年国际人文学科优秀论文奖，"中国现代理论创新与实践优秀论文精选"特等奖。

《纪念中法战争一百周年》，《民族工作》1983年第3期。

《刘永福与黑旗军在援越抗法斗争中的功绩不可磨灭》，《东南亚资料》1983年第2期。

《试论刘永福的归国》，《昆明师范学院学报》1983年第2期。

《云南各族人民在中法战争中之贡献》，《民族文化》1983年第3期。

《黑旗军击毙李威利考》，河南《史学月刊》1983年第4期。

《关于中法战争史研究中的几个问题》，《研究集刊》1983年第1期。

《云南历史概况》，云南省委办公厅文件（机密）1983年3月。

《宣光、临洮之战》，《研究集刊》1984年第1期。

《中法战后法国对云南的侵略和云南人民的抗法斗争》，《研究集刊》1984年第2期。

《民族英雄项从周的传说》，《山茶》1984年第2期。《民间故事集》《苗族民间故事》《中华各民族谁也离不开谁的故事》《中小学语文增读本》等书均收入。

《论宣临战役在中法战争中之地位》，《福建中法战争史论文集》，1984年。

《赛典赤的才干与忽必烈的知人》，《思想战线》1984年第1期，《新华文摘》1984年第6期摘载。

《中法战争中云南少数民族爱国英雄人物谱》，《民族工作》1984年第1期。

《项从周抗法斗争事迹调查报告》，《云南现代史料丛刊》1983年第1辑。

《中法战争及其经验教训》，《研究集刊》1983年第2期。

《扣林地区的抗法斗争》，《云南画报》1984年第6期。

《宣光、临洮战役初探》，《东南亚》1985年第1期，中国人民大学报刊复印资料《中国近代史》1985年第5期全文转载，又收入《云南地方民族史论丛》（云南人民出版社1986年4月出版）。

云南文库·学术名家文丛

《略论中法战争中的滇军》，《云南社会科学》1985 年第 1 期，〔日〕东京大学《东方研究》1988 年译载。获云南省历史研究所科研成果奖。

《中法战争中滇军出国人数考》，《云南师范大学学报》1985 年第 1 期。

《评赡思丁的改革》，《研究集刊》1985 年第 1 期。

《刘永福同清政府是"合流"吗？——兼论历史人物的评价问题》，《研究集刊》1985 年第 2 期。

《苗族首领项从周抗法述评》，武汉《中南民族学院学报》1986 年第 1 期。《光明日报》《北京日报》等均有评介，认为是国内首次披露。获云南省历史研究所科研成果奖。

《镇南关古战场考察记》，《东南亚》1986 年第 1 期。

《云南主要历史时期的经济和政治概况》，《云南省情》第 5 章，云南人民出版社 1986 年出版。获"云南省 1977—1989 年社会科学优秀成果"二等奖。

《再论刘永福——兼与丁名楠同志商榷》，《云南社会科学》1986 年第 2 期。

《论中越历史上的宗藩问题——兼驳河内史家的种种谬说》，《研究集刊》1986 年第 1 期。北京外国语学院、暨南大学等学刊转载；次年又为中国人民大学、武汉大学、华东师范大学、广西大学等八所大学的研究生、青年教师讲授。

《评中法战争前后的岑毓英》（上），《研究集刊》1986 年第 2 期。

《评中法战争前后的岑毓英》（下），《研究集刊》1987 年第 1 期。

《坚持改革的纳速剌丁和忽辛》，《云南现代史料丛刊》第 6 辑。、

《中法战争中的滇军》，《广西中法战争史论文集》，广西人民出版社 1984 年出版。

《论岑毓英在中法战争中的作用和地位》，《广西社会科学》增刊，1986 年。

《近代中越宗藩关系刍议》，广州暨南大学《东南亚研究》1987 年第 1~2 期。

《目前中法战争史研究中的几个问题》，《研究集刊》1987 年第 1 期。

《蒙自研究》之一,《云南现代史料丛刊》1987 年第 1 辑。

《杰出的回族改革家赛典赤》,《云南师范大学学报》1987 年第 2 期。

《〈万福攸同碑〉考》,《云南方志》1987 年第 2 期。

《绚丽多姿的滇南古代文化——蒙自研究之二》,《研究集刊》1987 年第 2 期。

《云南中法战争史学术讨论会综述》,《云南社会科学》1987 年第 2 期,中国人民大学报刊复印资料《中国近代史》1987 年第 4 期全文转载。

《锡都人民的抗法斗争》,《云南画报》1987 年第 1 期。

《清代初期中越关系刍议》,北京中国外国语学院《亚非》1987 年第 7 集。

《评中法战争中的岑毓英》,北京《中央民族学院学报》1987 年第 4 期,中国人民大学报刊复印资料《中国近代史》1987 年第 8 期全文转载。

《渊翁风骨自雄奇》,《广西中法战争史论文集》第 2 集,1987 年出版。

《论中法战争中的霆军》,《研究集刊》1988 年第 1 期。

《帝国主义与中法战争》,《研究集刊》1988 年第 2 期。

《岑毓英与台湾防务》,四川《历史知识》1989 年第 1、2 期合刊。

《中法战争中滇军的后继之师——霆军》,《云南文史丛刊》1988 年第 2 期。

《近代云南经济初探》,《云南方志》1988 年第 4 期。

《评中法战争后期和战后的岑毓英》,《云南社会科学》1988 年第 6 期。

《对'东方人'的考察与研究》,《东南亚》1987 年第 4 期。

《云南政区的变化与社会发展》,《当代中国的云南》,当代中国出版社 1991 年出版。获"云南省 1990—1992 年社会科学优秀成果"特别奖。

《赫德与中法战争》,《研究集刊》1989 年第 1 期。

《14 世纪中叶至 19 世纪中叶中越关系述评》,《社科文集》1989 年第 1 集。

《旧中国云南的社会经济概况和各族人民的英勇斗争》,《社科文集》1989 年第 1 集。

《杨自元、周云祥——中国早期工人运动的先驱》，《云南工运》1989年第5期。

《刀背岩歼敌记》，《山茶》1989年第3期。

《赫德的调停与中法和约的签订》，《云南社会科学》1989年第5期，中国人民大学报刊复印资料《中国近代史》1989年第12期全文转载。获"云南省1979—1989年社会科学优秀成果"三等奖。

《列强的干预与中法战争的结局：中国不败而败，法国不胜而胜》，广州《东南亚研究》1989年第3期，中国人民大学报刊复印资料《中国近代史》1990年第2期全文转载。

《关于马江战役中的几个问题》，《研究集刊》1989年第2期。

《早已森严壁垒，更加众志成城——镇海战役研究之一》，《研究集刊》1990年第1、2期合刊。

《马江海战三题析辨》，北京中国社科院《近代史研究》1990年第3期。

《法国修筑滇越铁路是件"好事"吗?》，广州《东南亚研究》1990年第3期。

《中法战争给了我们什么启示?》，《云南文史丛刊》1990年第2期。

《19世纪末20世纪初滇南矿工武装斗争述评》，《云南师范大学学报》1990年第3期。

《从滇越铁路的修筑看法帝国主义的经济侵略》，《中国近代史》1991年第1期。

《古代蒙自地区文化概览》，《云南民族学院学报》1990年第4期。

《对和平演变必须保持高度的警惕》，《坚持四项基本原则论文集》，云南大学出版社1991年3月出版。

《镇海战役研究》，上海《军事历史研究》1991年第4期。

《清代云南边疆的开发》，《国际清史学术讨论会论文集》，1991年5月。

《中法战后的中越边界》（上），《研究集刊》1991年合刊。

《中法战后的中越边界》（下），《研究集刊》1992年合刊。

《评中法战争中的杨玉科》，北京《中央民族学院学报》1992年第1期。

《评何如璋传》，《苏州大学学报》1992年第1期。

《甲申马江之役析疑三题》，《思想战线》1992 年第 2 期，中国人民大学报刊复印资料《中国近代史》1992 年第 5 期全文转载。获 1994 年云南省社科院科研成果优秀奖。

《中越界务滇越段会谈及勘定》，北京中国社科院《中国边疆史地研究报告》1991 年第 3、4 期合刊。

《中越界务桂越段会谈及勘定》，北京中国社科院《中国边疆史地研究报告》1992 年第 1、2 期合刊。

《中越界务粤越段会谈及勘定》，广州《东南亚研究》1991 年第 4 期。

《〈万福攸同碑〉与滇南都龙边地的变迁》，北京中国社科院《中国边疆史地研究报告》1993 年第 1、2 期合刊。

《中法战争前法国对越南的侵略活动》，《东南亚》1993 年第 3 期，中国人民大学报刊复印资料《世界史》1993 年第 12 期全文转载。

《论发展我国的海洋战略》，《亚洲探索》1993 年第 3 期。获 2000 年国际人文学科优秀论文奖。

《诗雄毛泽东》（上），《南中》1994 年第 3 期。

《诗雄毛泽东》（下），《南中》1994 年第 4 期。

《明清时期的中越关系》，广西《东南亚纵横》1994 年第 4 期，中国人民大学报刊复印资料《中国古代史》1995 年第 5 期全文转载。

《关于白龙尾岛屿及附近海域主权应归中国的研究报告》，1993 年海军司令部召开的南海问题专家研究会论文，刊于中国社科院《当代中国边疆问题调研》（1993 年）。报告为中越边界的谈判和划分提供了有利的历史凭证，被收入国务院《领导决策文库》。

《关于将海南省更名为南海省并增设西沙、南沙市及增加两地天气预报的建议报告》（1993 年 4 月 8 日寄全国人大常委会、国务院），1993 年 5 月 1 日起中央电视台增加西沙、南沙的天气预报；2012 年 6 月，国务院批准设置三沙市。另：2012 年 4 月 10 日向温家宝建议增加钓鱼岛天气预报的建议亦被采纳。

《清政权半殖民地化研究评介》，《云南民族学院学报》1995 年第 5 期。

《二战的反思：教训与经验》，《云南社会科学》1995 年第 4 期，《新华文摘》以重要文章篇目推介。

《孙中山与潘佩珠》，北京《跨世纪改革战略文论》，1998 年。获 2001 年世界人文学科优秀论文奖。

《云南的第一任"省长"——赛典赤·赡思丁》，《云南文史丛刊》1998 年第 1 期。

《17~19 世纪越南华侨的移居活动与影响》，广州《东南亚研究》1997 年第 6 期。

《中法战后的法国与云南》，《中国西南文化研究》第 3 辑，云南民族出版社 1998 年 12 月出版。

《中缅界务始末》，《云南省社会科学院建院二十周年献礼论文集》，1999 年 9 月。

《澳门沧桑四百年》，《云南社科动态》2000 年第 2 期。

《中缅界务的由来、交涉及和平解决》，《中国西南文化研究》第九辑，云南民族出版社 2006 年 12 月出版。

《孙中山与越南革命》，中国国际交流出版社，2001 年香港。获 2001 年国际人文学科优秀论文奖。

《历史科学必须走出象牙塔的研究为现实服务》，《云南省社会科学院专家学术自述》，云南民族出版社 2008 年 3 月出版。

《值得关注并亟需研究的中越宗藩问题》，云南省社科院《秋实集》，云南民族出版社 2016 年 1 月出版。

《关于野人的一件真事及其考察》，为中国社科院、中国科学院 1994 年召开的揭开世界四大之谜科研会提供并宣读的论文，获突出贡献奖。

《论中法战争的历史经验与中华民族的觉醒》，《中国西南文化研究》第四辑，云南民族出版社 1999 年 12 月出版。

说　明：

1. 以上是作者 1982 年调入云南省历史研究所后的主要科研成果，以前的未计。

2. 其它发表在报刊上的评论、散文、随笔、诗词、书法、摄影等作品数百篇（首、幅）一并略去。

图书在版编目（CIP）数据

龙永行学术文选／龙永行著．—昆明：云南大学
出版社，2016
（云南文库·学术名家文丛）
ISBN 978 - 7 - 5482 - 2582 - 9

Ⅰ.①龙… Ⅱ.①龙… Ⅲ.①社会科学—文集 Ⅳ.
①C53

中国版本图书馆 CIP 数据核字（2016）第 062330 号

出 品 人：吴 云
统筹编辑：柴 伟 陈 曦
责任编辑：李春艳
特约编辑：李兴和
责任校对：何传玉
封面设计：刘文娟

书　　名	龙永行学术文选
作　　者	龙永行 著
出　　版	云南大学出版社　云南人民出版社
发　　行	云南大学出版社　云南人民出版社
社　　址	昆明市翠湖北路 2 号云南大学英华园内
邮　　编	650091
网　　址	www. ynup. com
E-mail	market@ ynup. com
开　　本	787mm×1092mm　1/16
印　　张	27. 25
字　　数	466 千
版　　次	2016 年 4 月第 1 版第 1 次印刷
印　　刷	昆明卓林包装印刷有限公司
书　　号	ISBN 978 - 7 - 5482 - 2582 - 9
定　　价	80. 00 元

本书若有质量问题，请与印厂调换。（联系电话：0871 - 67461883）